明治憲法における「国務」と「統帥」

統帥権の憲法史的研究

荒邦啓介 著

成文堂

目　次

第一部　歴史的展開

第六章　有賀長雄の統帥権理論……297

凡例

一、旧漢字・旧仮名遣い等の一部を改めた。
一、〔　〕内は、特に記していない限り、筆者による注記である。
一、昭和二〇年八月以前の著作から引用する場合は、特に記していない限り、註で示した版の第一刷のものを参照した。

初出一覧

一　本書は、学位論文「明治憲法における『国務』と『統帥』——統帥権の歴史的・理論史的研究」（東洋大学大学院法学研究科・平成二五年度）を基に、大幅に加筆・修正したものである。既に発表済みの論文は、以下の通りである。

「明治憲法における国務大臣の責任制度形成過程——ふたつの責任論の相克」『東洋大学大学院紀要（法・経営・経済）』四六集（平成二二年）、本書第三章

「有賀長雄と軍令・軍政——大臣責任論の視点から」『東洋大学大学院紀要（法・経営・経済）』四七集（平成二三年）、本書第六章

「中野登美雄の統帥権論」『東洋大学大学院紀要（法・経営・経済）』四九集（平成二五年）、本書第七章

「戦中の辻清明——明治憲法の割拠性を考える上での一視角」『東洋法学』五七巻三号（平成二六年）、本書第八章

一　また、上記学位論文に、既に発表済みの以下の論文を付け加えている。

「自衛隊法七条の憲法七二条との整合性——『最高の』を軸とした自衛隊法七条制定過程の再検討」『比較憲法学研究』二七号（平成二七年）、本書終章

はじめに

一　近衛の「要綱」、松本委員会の「要綱」

昭和二〇年八月、我が国はポツダム宣言を受け容れた。
長らく貴族院に籍を置き、総理大臣も務めた近衛文麿は、昭和二〇年一一月、いわゆる「帝国憲法改正要綱」を昭和天皇へと提出した。「帝国憲法ノ改正ニ関シ考査シテ得タル結果ノ要綱次ノ如シ」という書き出しで始まるこの「要綱」には、次のような一節がある。

「軍ノ統帥及編成モ国務ナルコトヲ特ニ明ニス、〔明治憲法〕第十一条及第十二条ハ之ヲ削除又ハ修正スルコトヲ考究スルノ要アリ(1)」。

内大臣府で調査を進めた格好の近衛とは別に、政府内での作業チームが憲法問題調査委員会（松本委員会）であった。同委員会は、昭和二一年一月、松本烝治の手になる「憲法改正試案」を原案として「憲法改正要綱」を作成し、翌月八日、それをGHQに提示した。こちらの「要綱」中では、次の二点が指摘されている。
「〔明治憲法〕第十一条中ニ『陸海軍』トアルヲ『軍』ト改メ且第十二条ノ規定ヲ改メ軍ノ編制及常備兵額ハ法

律ヲ以テ之ヲ定ムルモノトスルコト」。

「第五十五条第一項ノ規定ヲ改メ国務各大臣ハ天皇ヲ輔弼シ帝国議会ニ対シテ其ノ責ニ任スルモノトシ且軍ノ統帥ニ付亦同シキ旨ヲ明記スルコト」[2]。

また、この松本委員会の「要綱」と同時にGHQに提出された「憲法中陸海軍ニ関スル規定ノ変更ニ付テ」という説明資料には、次のような一節がある。

「従来ノ憲法上ハ軍ノ統帥ハ国務ニ非サルモノトシ軍ハ天皇ニ直隷シ内閣ノ支配下ニ属セサルモノトセリ是レ過去ニ於テ恐ルヘキ過誤ト災禍トヲ生シタル所以ナリ仍テ改正案ニ於テハ軍ノ統帥ハ内閣及国務大臣ノ輔弼ヲ以テノミ行ハルルモノトセントス」。

「従来ノ憲法上ハ軍ノ編制及常備兵額ハ天皇ノ大権ニ依リテ定メラルルモノトセルモ改正案ニ於テハ法律ヲ以テ之ヲ定ムヘキモノトセントス」[3]。

ここにいう「恐ルヘキ過誤ト災禍」が具体的には何を指すのかはいわれていないが、昭和期の、特にロンドン海軍軍縮条約問題や満州事変以降の、政治と軍事とをめぐる様々な混乱が念頭に置かれていたと見て、まず間違いはあるまい。

以上、昭和二〇年後半から同二一年初頭にかけてなされた二つの憲法調査から、軍制関連のものを抜き出した。そこで明らかなのは、近衛の調査も松本委員会の調査も、同一の見解に辿り着いているということである。両者は、「統帥」を「国務」に収め、統帥権にも国務大臣の輔弼を求めるよう憲法を改めるべきだとした。二つの「要綱」には、軍の「統帥」を「国務」であると再定義・再確認し、政治家がそれについて対議会責任を負うことで「国務」と「統帥」との分立構造を克服するという、当時の施政者たちが考えた明治憲法の課題とその解決策が示されていた。

ここで彼らが乗り越えなくてはならないと考えた憲法問題の正体は、明らかである。すなわち、《統帥権の独立》であった。

二　統帥権の独立

しばしば昭和期における軍部の暴走といった言葉とセットで語られる統帥権独立制度に対しては、日本近代憲法史上、政治的全体秩序を破壊するものであったとの評価が多く与えられてきたといえる。

統帥権の独立という明治憲法下の一制度の存在は、議会政治によって運営される近代立憲国家において、責任政治原理が妥当しない領域があったことを意味する。天皇の大権の一つであった統帥権は、国務大臣の輔弼（明治憲法第五五条）の外にあるとされ、一般の「国務」から独立したものだと考えられていた。責任政治原理から除外された理由は、軍事の性質そのものや、慣行・慣習等に求められた。

近代日本の憲法学が大いにその理論・学説を参考にした欧米――主にドイツ――の学者たちによれば、戦争は国内の法秩序の外にあり(4)、軍隊は外敵の動きに即して行動するものである(5)。対外作用たる戦争では国内的な立憲主義の要請を考える必要もなく、対議会責任を負う国務大臣が軍隊の行動を逐一チェックするとなれば、外敵の動きへの適当で迅速な対応は困難になろう。ここには、《立憲主義と軍隊との関係》、《国家と軍隊との関係》をめぐる問題がある。そしてこれは、いつの世にもどの国にも存在する事実の力を、どのようにして制御するかという普遍的課題でもある(6)。

ただし、明治憲法下において、軍隊に関するものの全てが責任政治原理から除外されていた訳ではない。当時の憲法学説上及び実務上では、軍事に関する事務を「軍政」と「軍令」という領域に分かち、論者によって差はあるものの、少なくとも純粋に「軍政」であるとされたものは責任政治原理から除外されないと考えられていた。軍政事項（純軍政事項）は、国務大臣が輔弼しその責任を負うもの――すなわち、憲法上のコントロールを受ける対象であった。蓋し、軍政は責任政治原理の範囲内にあり、軍令はその範囲外にあった。

明治憲法における軍政及び軍令の最も簡潔な定義と思われるものによれば、軍政とは「帝国憲法第一二条（天皇ハ陸海軍ノ編制及常備兵額ヲ定ム）の規定による軍事に関する国務」であり、軍令とは「帝国憲法第一一条（天皇ハ陸海軍ヲ統帥ス）に規定する軍の統帥即ち作戦用兵を中心とする事項及びそれと密接な関係ある事項」である(7)。しかしながら、この両概念の線引きは、実務上、極めて曖昧にならざるを得なかった。それ故、論争の的になる。論争の最頂点が昭和五年のロンドン海軍軍縮条約問題であった。

三　「国務」と「統帥」との分立構造――《権力の割拠性》の一事例

統帥権が観念的に国務大臣の輔弼の対象範囲の外にあるとしても、実態的には、国政全体との連絡が必要になろう。つまり、「国務」と「統帥」とがいかに分立していようとも、両者の調和――《「国務」と「統帥」との調和》――が求められる。

しかしそもそも、当時、統治構造上の権力の割拠的・分立的あり方は、「国務」と「統帥」との間にだけあったものではなかった。歴史学者の鳥海靖は、明治憲法下の統治構造に関する特色の一つとして、「権力の割拠性」というものを挙げている。鳥海はいう。

「すなわち、明治立憲制においては、統治権の総攬者として、憲法上、広範な大権を保持する天皇を機軸に、そのもとで内閣・帝国議会（貴族院・衆議院）・枢密院・軍部の統帥機関（参謀本部・海軍参謀部→海軍軍令部）・内大臣府など多くの国家機関が横のつながりを余りもたないまま、分立的に存在していた(8)」。

鳥海は、明治憲法下の統治構造全体を見渡した時、諸権力・諸国家機関が割拠的・分立的に存立していたことを指摘している(9)。「国務」（内閣）と「統帥」（統帥機関）との関係はまさしくその中の一つであって、統帥権独立制度がこれを基礎付けていた。

鳥海はまた、この割拠分散した諸国家機関を統合するのは天皇であるというのが「明治憲法上の建前」であったという。ただし、天皇はその力を能動的に用いることはほとんどなかった。代わりに諸国家機関をまとめていたのが、元老(10)であった。鳥海は次のように述べている。

「明治立憲制において、万般の重要国務について天皇の相談相手となり、自立性の強い諸国家機関、あるいはそれらに依拠した諸政治勢力を調和的に統合して国政の円滑な運営をはかり、国家意思を一元化する役割を果したのは、元老と呼ばれる長老政治家たちの集団であった(11)」。

要するに、明治憲法下の統治構造は、諸権力・諸国家機関が割拠的・分立的に存立していた。ただし、それら割拠的・分立的な諸権力・諸国家機関は、建前としては天皇によって、実態としては元老集団によって統合されていた。「国務」と「統帥」もまたそうであった、ということである。

しかし、そうだとすると、元老亡き後の時代には、どうなってしまうのか。これが、明治憲法体制それ自体に内在した問題であった(12)。その際、国家と事実の力（軍隊）との調和は、尚のこと、困難をともなうであろう(13)。《「国務」

と「統帥」との調和》が困難化する時代が、元老たちの死によって到来する。従来元老たちが担ってきたその役目を、天皇が——建前と一致させて——担うのは簡単ではなかった。明治憲法下の軍制を研究した藤田嗣雄は、「国務」と「統帥」との調整機関としての天皇が、その調整の力を発揮できなかった点に問題の本質を見出している(14)。

明治憲法における統帥権をめぐる問題の多くは、この《「国務」と「統帥」との調和》が課題となったものだといえる(15)。本書の関心は、畢竟、《権力の割拠性》という明治憲法下の統治構造の一大特色を背景として、その中から「国務」と「統帥」との分立構造を特に取り出し、両者の《調和》をめぐる議論を追うことにある。

四　本書の課題と構成

先に掲げた松本委員会のGHQ宛て説明文書「憲法中陸海軍ニ関スル規定ノ変更ニ付テ」では、「国務」と「統帥」との分立構造が「過去ニ於テ恐ルヘキ過誤ト災禍トヲ生シタル所以」だという歴史認識が示されていた。では、「過去ニ於テ恐ルヘキ過誤ト災禍トヲ生シタル所以」だと名指しされたもの、特にその中心にあった統帥権独立制度は、そもそもどのような歴史過程の中に生成し、どのような具体的法構造をもって展開したものであったのか。また、それに関する憲法学説は、いかなるものであったのか。憲法学説の中には、明治憲法体制下の権力の割拠的・分立的なあり方に対し、例えばそれをある程度まで修正することを狙ったものもあろう。統帥権理論の中には、何らかの道筋をつけて、《「国務」と「統帥」との調和》を狙ったものがあったのではないか。

これらについて、少なくない重要な先行研究があるのも事実である。ただ、とりわけ憲法理論的な対立や、その位置付け等々、再整理・再検討の余地が全くない訳ではないように思われる。本書の課題は、すなわちこれである。

ここで、本書の見取り図を簡単に示しておきたい。

本書は、序章、第一部・歴史的展開（第一章〜第四章）、第二部・理論史的検討（第五章〜第七章）、第三部・「国務」と「統帥」との間（第八章及び終章）からなる。

序章では、「国務」と「統帥」との分立構造から生じた実際政治上の問題に触れた後、ロンドン海軍軍縮条約問題に目を向ける。ロンドン軍縮問題は、我が国憲法史上、統帥権理論の対立が最も激化した時であった。その意味で、そこに登場した法学者たちは、統帥権理論史の流れを追う上での重要人物たちである。しかし、彼らの統帥権理論を、より精密に理解しようと試みるなら、そもそも統帥権の独立とはどのようなものであったのか、その制度形成史にまで一度立ち帰る必要があろう。統帥権理論は、明治憲法制定以前の軍令機関設置をめぐる諸問題（第一章）、憲法第一一条・第一二条の制定過程（第二章）、総理大臣・内閣による軍の統制を困難化させることとなった国務大臣の責任制度の形成過程（第三章）、そしてそれ以降のいくつかの統帥権に関する事件史を描写することによって（第四章）、我々の前に生きたかたちで現れてくると考えられる。第一部を「歴史的展開」とし、第二部に備える所以である。

第二部ではまず、九人の法学者・政治学者の統帥権理論を紹介する（第五章）。これは、当時の代表的な法学者らがどのような理解を示していたのかを知る為、また、理論史上の二人の重要人物の学説を把握しやすくする為である。二人の重要人物のうち、有賀長雄は、軍内部にも大きな影響を与え、政府や軍の統帥権解釈のベースとなった議論を提供した人物であった（第六章）。もう一人は、中野登美雄である。中野の統帥権理論は、有賀や美濃部達吉といったそれまでの学者が論じてきたものを批判的に捉え、従来の統帥権理解に根本的な転回を求めるものであった（第七章）。時代的にも、理論史的な対立構図からしても、有賀は統帥権理論の《出発点》に、中野は《終着点》

にいた人物だといって良い。彼らの統帥権理論を取り上げる意味については、それぞれの章で述べる。

第三部は、昭和二〇年を跨ぐかたちで、二つの章から構成されている。一つ目の第八章では、「国防国家」という言葉を梃子にして、昭和一〇年代後半の「国務」と「統帥」との分立構造と、それに関する当時の議論に触れたい。

結局のところ我が国では、「国務」と「統帥」との分立が、明治憲法下では一貫して維持された。この割拠的・分立的なあり方が最終的に解消されたのは、昭和二〇年八月以降のことである。そしてその解消の瞬間を探す場合、一般的には、昭和二一年一一月の《新憲法》制定という時点に目が向けられるであろう。しかし本書では、この問題の解決は、昭和二九年ではなかったかという見立てを示したい(終章)[16]。

註

(1) 憲法調査会事務局『憲資・総第五三号 帝国憲法改正諸案及び関係文書(六)』増補版(昭和三六年)、二頁。
(2) 国立国会図書館憲政資料室蔵『佐藤達夫関係文書』、「二二 憲法改正要綱」。
(3) 同上、「二四 憲法中陸海軍ニ関スル規定ノ変更ニ付テ」。なお、憲法調査会事務局『憲資・総第九号 帝国憲法改正諸案及び関係文書(一)』(昭和三二年)、一一頁。
(4) Georg Jellinek, Allgemeine Staatslehre, 3. Aufl., 1966, S. 611.
(5) Lorenz von Stein, Die Lehre vom Heerwesen, 1872, S. 13.
(6) 立憲主義と軍隊との関係という視座を持つ憲法学研究として、小針司『防衛法制研究』(信山社・平成七年)、とりわけ近代日本軍制史に焦点を当てた箇所として、「序章 明治防衛法制概観」がある。また、帝国議会による関与の排除という視点から統帥権問題史にアプローチするものとして、富井幸雄『海外派兵と議会』(成文堂・平成二五年)中の「第三章 明治憲法下での軍の行動と帝国議会」がある。日本憲法史全体の中で、日本近代軍制のいくつかの制度が、「結果的には、明治立憲制に対して致命的な打撃を与え」たとするものとして、大石眞『日本憲法史』第二版（有斐閣・平成一七年）、三一〇頁以下。
（7）防衛庁防衛研修所戦史部『戦史叢書　陸海軍年表　付兵語・用語の解説』（朝雲新聞社・昭和五五年）、三三九頁、三四〇頁。ほとんど同内容の定義を掲げるものとして、秦郁彦編『日本陸海軍総合辞典』第二版（東京大学出版会・平成一七年）、七二五頁、七二九頁。
（8）鳥海靖『日本近代史講義』（東京大学出版会・昭和六三年）、二七〇頁。
（9）加えて鳥海は、「諸国家機関内部についても、それぞれの構成要素が分立的割拠的」であった点を指摘している。つまり、内閣の内部においても、統帥機関の内部においても、それぞれの大臣・省・部局等が「分立的割拠的」に存立していた。内閣の内部に関することについては本書第三章で扱う。統帥機関についても、陸軍と海軍とのことについて必要な限りで言及したい。
なお、「国務」と「統帥」との分立のありように関しては、伊藤孝夫が整理した三つの対抗関係が参考になる。すなわち、第一に「議会と政府」の対抗関係、第二に「政府」内部における「内閣と軍部」の対抗関係、第三に「軍部」内部における「軍政機関と軍令機関」の対抗関係である（伊藤孝夫『大正デモクラシー期の法と社会』（京都大学学術出版会・平成一二年）、一九七頁）。「国務」と「統帥」との分立は、このうち、第二及び第三の対抗関係に関するものであった。
（10）元老制度それ自体については、参照、伊藤之雄『元老』（中央公論新社・平成二八年）。
（11）前掲鳥海『日本近代史講義』、二七一頁。
（12）北岡伸一『官僚制としての日本陸軍』（筑摩書房・平成二四年）、一五～一六頁。なお、大本営陸軍参謀を務めた経歴もある瀬島龍三も、ここでの北岡とほぼ同じ問題意識を持った明治憲法理解を示している。国務と統帥とを統合できるのは天皇のみであったが、昭和天皇は英国流の憲法運用にこだわったが為に両者の統合に積極的ではなかったという近衛文麿の言葉を引用する瀬島は、「しかし私は陛下に問題があったのではなく、明治憲法にこそ問題があったものと確信してやみません」と昭和四七年の講演の中で述べている（瀬島『大東亜戦争の実相』改版（ＰＨＰ研究所・平成二〇年）、四七頁）。瀬島が「実に旧憲法下における日本のごとく、その国家権力が分散牽制して、集中統一性を欠いたものは少ないと確信します」（同上、四四頁）とも述べるように、内閣や軍が割拠的に国家運営に臨んでいたことは確かである。その中で天皇が統合の役割を果たせなかったことを、近衛のように考えるか、あるいは立憲君主として聡明であったが為であると瀬島のように考えるのか（同上、四五頁）は、意見の分かれるところであろう。

(13) 政軍関係論の代表的論者であるハンチントンによれば、近代国家では、軍の最高指導者らは、彼らの担う国防の責任によって、資源の配分や軍事計画・政策といった問題で政治指導者らと対立してしまう。Samuel P. Huntington, "Civil-Military Relations", David L. Sills (ed.), *International Encyclopedia of the Social Sciences*, vol. 2, 1968, p. 491. ハンチントンのこの指摘と戦前昭和の日本政治とを併せて考えてみると、両者の調停役を務める人物ないし合議等の制度が必須のものであったことに誰もが気付く。戦時・平時を問わず、その調停に失敗した国家は内部分裂を招き、政治・軍事の指導者らは、その場しのぎの手打ちを断続的に行う他ない。なお、政軍関係研究については、参照、三宅正樹『政軍関係研究』(芦書房・平成一三年)、『戦略研究』八号(平成二二年)所収の三つの論文(五百旗頭真「日本の政軍関係」、三宅正樹「政軍関係研究の回顧と展望」、戸部良一「戦前日本の政軍関係」)、長尾雄一郎「政軍関係の過去と将来」石津朋之編『戦争の本質と軍事力の諸相』(彩流社・平成一六年)。

(14) 防衛庁防衛研修所『研修資料別冊第一三二号 明治・大正・昭和における政治と軍事の関係に関する歴史的考察』(防衛研修所・昭和三一年)、五一頁。

(15) なお、戸部良一は「戦争指導のキーワードは、三つの位相での『統合』にある」として、①「政治と軍事の統合、いわゆる政戦両略の一致」、②「陸軍と海軍の一致統合」、③「中央と出先の統合」を挙げている。そして、「この三つの統合は、それぞれ相互に関連している」という(戸部「『大本営』を読む」森松俊夫『大本営』(吉川弘文館・平成二五年)、二一七頁)。

(16) 本書そのものの性格について、若干述べておきたい。本書は憲法研究の一つでありながら、法制史研究の末席には加えてもらえるであろうものと考えたい。歴史学者・家永三郎は、自身の研究が「史学と他の隣接諸学との境界領域」にあったというが(家永『刀差す身の情けなさ』(中央大学出版部・昭和六〇年)、一五三頁)、本書もまた「境界領域」上にある。

ただ、この「境界領域」での研究が、現在の憲法理論・憲法解釈に対して一定の視座を提供している点は疑いない。例えば、そのような成果としては、大石眞『憲法史と憲法解釈』(信山社・平成一二年)が代表例であるし、ここ数年でも、現行憲法の制定・成立過程を検討することが憲法解釈においてどのような「利用価値」、「参照価値」があるのかを真正面から論じた笹川隆太郎「憲法学と歴史学」『公法研究』七三号(平成二三年)、宮沢俊義の戦後憲法学説中の信教の自由論を最新の国家神道史研究の知見等を交えながら再考する須賀博志「学説史研究と憲法解釈」『公法研究』七三号(平成二三年)や、日本国憲法第九条の成立経緯を確認してその歴史的事実関係を解きほぐし、そこでの共通了解の形成を狙い、憲法制定過程の実証研究が一定の解釈問題にも影響を与えることを示す鈴木敦「憲法制定史研究と憲法解釈」『比較憲法学研究』二四号（平成二四年）等が挙げられる。本書のメインテーマになる統帥権独立制度及び統帥権理論についても、例えば浦田一郎「文民統制」大石眞・石川健治編『ジュリスト増刊 憲法の争点』（有斐閣・平成二〇年）が明治憲法下の統帥権の独立に言及することで「文民統制」概念を説くように、なお現代的問題と《地続き》のものである。

佐々木髙雄『戦争放棄条項の成立経緯』（成文堂・平成九年）中の「はじめに」で示された憲法学者・憲法史学者への《戒め》を受け止めつつ、憲法理論・憲法解釈がより豊かなものとなることにつながるよう、資料に向き合う必要がある。とはいうものの、例えば明治憲法成立史研究をとってみても、本書第一部で多く参照するように、稲田正次や清水伸、小嶋和司といった諸学者らの大著が既にある。また、その数は憲法解釈学に比してみれば少ないものの、昨今、多くの研究者の手によって、実証的な研究が進んでいる（明治憲法史研究の近時の整理については、参照、須賀博志「明治憲法史研究の現在」『法学教室』三二八号（平成二〇年））。この点は、軍制史や、憲法学説史・理論史についても同様であろう。本書は、まずはこれらの先行研究を踏まえた上でのものとなる。また、新たな事実を積極的に解明したり、新資料を発掘したりといったものでもない。その意味で本書は、いわば一つの《習作》でしかない。

序　章　「国務」と「統帥」との分立及びロンドン海軍軍縮条約問題

一　「国務」と「統帥」との分立の一幕

統帥権の独立は、「国務」と「統帥」との分立を意味する。まずは、その割拠的・分立的なあり方が実際政治上で問題化した象徴的な事例を二つ、ここで見ておく。

一点目は、内閣総理大臣兼陸軍大臣であった東條英機が、昭和一九年二月、参謀総長の兼任を試みた事例である⑴。政戦略の一致や戦争指導の一元化等を狙い、「国務」と「統帥」との一層の一致を目指すべく講じられた兼任に対し、参謀総長・杉山元が強く反発した。杉山の求めに応じた参謀本部第一部長・真田穣一郎は次のような反論の為の案文を作成し、杉山はそれに基づき二月下旬に内奏を行った。

「陸相が参謀総長を兼ねては軍事行政と統帥とが混淆を来たし不都合なり。是れ憲法第十一条と第十二条に特に条を分ち、行政を掌る大臣と統帥輔翼の総長と別人を以てせざるべからざる所以なり。陸相と総長の兼任にして既に然り。

今回は、首相兼陸相たる東條大臣が総長を兼ねるのであって、我が伝統の筋道を誤ることは更に大きく、危害の及ぶ範囲も実に大きい。即ち国内行政百般を司る首相が、軍の編制、兵額の決定から戦時下に於ける軍の統帥運用の輔翼まで同一人を以て当るに至っては、幕府時代に逆戻りするので、許さるべきではない」(2)。

この杉山参謀総長の反対論では、明治憲法の第一一条と第一二条とがわざわざ分割して定められていること、「統帥輔翼」を任とする参謀総長と「行政を掌る」陸軍大臣とが別人を以て担われることの理由を、「軍事行政と統帥とが混淆」することで生ずる「不都合」を避ける為だとしている。そして、今回の東條による兼任は、陸相による参謀総長兼任というだけでなく、首相兼陸相による参謀総長の兼任という事例なので、「国内行政百般を司る首相」が、軍の編制・兵額決定、そして軍の統帥運用にまで輔弼・輔翼をすることになると指摘している。杉山の批判は、幕府政治を排した明治維新の理念そのものを理由として、東條の兼任に反対するものであった。杉山の見るところ、東條による首相・陸相・参謀総長の兼任は、幕府政治とさして変わらなかった。

このように、東條の兼任策に対する杉山の反対論は、明治憲法の条文に依拠しての批判であり、幕府政治への逆戻りだとする維新の根本精神に基づく批判でもあったが、それに加えて、この反論からは次の点も読み取れる。すなわち、平時のみならず、戦時にもなお、「軍事行政」(「国務」)と「統帥」とを混淆させないことが、明治憲法体制の伝統的・正統的な姿であるとされていた点である。戦時にもなお、「国務」と「統帥」との分立を維持したとしよう。平時において、それは尚のことである。

「国務」と「統帥」との分立の事例の二点目は、第一次近衛文麿内閣の下で起きた首相の「統帥」関与排除の事例である。近衛首相の手記から、第二次上海事変(昭和一二年八月)をめぐる閣議での一場面を以下に掲げる。

「臨時議会当時、大谷拓相が自分の諒解を得、他の閣僚とも相談した上、院内閣議で杉山陸相に対し、戦局が漸次拡大するのに閣僚には前途の事は一向判らぬ、或る程度で止めなければ足が抜けなくなる虞があるとて説明を求めたのであつた。
然るに杉山陸相が答へる前に米内海相は、
それは大体、保定・永定河の間で止めるのだ、
と答弁した処、杉山陸相は色を為して米内海相に向かひ、
君はなんだ、こんな所でそんなことを言つて貰つては困るじやないか、
と喰つてかゝつたので、米内海相も驚いた様子であつたが、そこはあゝいふ性格なので『さうかなあ』と引込んだが、それで漸く大体の見当だけは付いた様なこともあつた。陸海軍の間には話合ひのあつたことは是で判るが、閣僚には勿論首相にもその辺のことは一切知らしてなかつたのである」。(3)

近衛首相に対して陸海軍の行動が何も事前に知らされていなかったというこの証言を信じるならば、当時の日本で政戦略の一致を期するのは困難であったといわざるを得ない。近衛が述べるように、(4)明治国家で政府と軍との一致をはかれるのは、憲法上、天皇ただ一人であった。ただ、「英国流の憲法の運用」を念頭に置き、立憲君主として振る舞う昭和天皇は、両者の一致をはかるよう動くことには自制的であった。

「国務」と「統帥」とが分立した状況を克服すべく、内閣が軍の統制に乗り出した時期も確かに存在した。(5)ただ、その完全な修正は達成されないまま、日本は、第二次世界大戦を迎えた。遠くヨーロッパ大陸での戦争であり、日独が中国で戦火を交えた程度であった第一次世界大戦では、「国務」と「統帥」との分立に関して無反省であっても悲劇的な運命を辿らずに済んだ。しかし、第二次世界大戦は、日本もまた真に戦争当事国であった。

ところで、この「国務」と「統帥」との分立構造に由来する争いが最も激化したのは、昭和五年のロンドン海軍軍縮条約をめぐる一連の騒動の時であった。

二　ロンドン海軍軍縮条約問題と統帥権論争

周知のように、日本憲法史上、軍令権と軍政権との線引きをめぐって最も論争が激化し、対英・米との協調・非協調という当時の国際情勢判断にも関係しながら政治闘争へと進展したのが、昭和五年のロンドン海軍軍縮条約問題であった。それはまた、一つの憲法論争としても把握できる。ここではそのことを、《統帥権論争》と呼びたい。ロンドン海軍軍縮条約をめぐる問題の展開については、歴史学者による詳細な研究成果が既にいくつもある。[6]また、当時海軍省軍務局長を務めていた堀悌吉の手になる「倫敦海軍条約締結経緯」という文書が翻刻されており、それが収められている『現代史資料（七）』（みすず書房）に附された解説は、ロンドン海軍軍縮条約問題に関する全体的スケッチを我々に示している。[7]

本書がこの問題に何か新たな事実を指摘するようなことはできないが、ここではまず、先行研究や資料に依拠しつつ、ロンドン海軍軍縮条約をめぐるいくつかのポイントを述べ、軍令権と軍政権との線引きの難しさを浮かび上がらせておきたい。

ロンドン海軍軍縮会議は、日・英・米・仏・伊の五カ国の間で、昭和五年一月に始まったもので、この時の議論の対象は、いわゆる「補助艦」（巡洋艦・駆逐艦・潜水艦）であった。ロンドン軍縮に先立つワシントン海軍軍縮条約（大正一一年）では、同じく日・英・米・仏・伊の五カ国間での「主力艦」（戦艦・巡洋戦艦）の合計基準排水量の取り決めがなされ、例えば、日・英・米では、その比率を三：五：五と制限した。このワシントン会議の際、補助艦に対する制限提案もあったものの不調に終わり、この時は主力艦の制限だけが達成された。ロンドン軍縮は、ワシントン軍縮では調わなかった点をまとめようとするものであった。

このようにワシントン軍縮とロンドン軍縮とは密接な関連性を持っていたが、日本からの参加者のうち、どちらの会議にも深く関与し、とりわけロンドン軍縮時代には条約締結反対派を牽引する立場にあったのが、加藤寛治（ロンドン軍縮当時の海軍軍令部長）と末次信正（同じく軍令部次長）であった。この二人は、大正期のワシントン海軍軍縮会議にも随員として派遣されており、その際、加藤友三郎（会議全権）が前述の三：五：五の主力艦制限比率に合意しようとするのに対して強硬に反対したという、前歴があった。伊藤隆によれば、加藤・末次コンビは、「ともにワシントン条約の主力艦対米・英七割を主張して頑張った仲」であり、ロンドン軍縮問題当時の二人は、「海軍の強硬派の表面に立ったのは加藤寛治」で、「この加藤を鞭撻し、作戦を指導していたのは末次」といった役割であった。(8)ワシントン軍縮での主力艦の対英・米比率六割台制限を《押しつけられた六割》とし、ロンドン軍縮も国防上問題があると反対した加藤らの行動は、当時の国状を軍縮必須の財政的危機の時代と捉えた対英・米関係重視派に対し、確かに「『六割』の数字ノイローゼ(9)」といった印象を与えたであろう。

昭和五年ロンドン海軍軍縮条約での補助艦保有の対英・米比率につき、若槻礼次郎を全権とする日本側は、当初、対英・米比で七割を確保するという原則を持って会議に臨んだ。会議は行き詰まりを見せたものの、日米の妥協案として、日米の補助艦保有比率を〇、六九七五：一とする案が作成された。日本にいた浜口雄幸首相らは、この案がロンドンから送られてきた際、条約締結へ向けて合意すべきと考え、海軍省内も同様の考えでまとまった。しかし、同じ海軍でも、軍令機関たる海軍軍令部は、これに反対の姿勢を見せ始める。その時の海軍内の反対派の筆頭格が、先述の通り、加藤寛治であり、末次信正であった。この政府と海軍軍令部との意見の相違が引き金となり、枢密院や帝国議会、そしてまた当時の新聞雑誌等を舞台に、争いが拡大していく。(10)

加藤らが態度を硬化させ、浜口内閣との対決姿勢を露わにしたのは、倒閣運動にこの問題を活かせると思った政友会と軍令部とのつながり[11]、兵力量決定は内閣の輔弼事項であるとの見解に立った美濃部達吉の論文「海軍条約成立と帷幄上奏」（昭和五年四月）を受けて、「兵力量」は政府か統帥部かのどちらか一方で決定できるものではないとする参謀本部が海軍軍令部へと働きかけたこと等が[12]、その理由として挙げられている。

興味深いのは、昭和五年五月時点での海軍軍令部と海軍省との考えの違いである。軍令部は、軍令部長と海相がともに「輔翼」するとの考え（「協同輔翼」論）に立った編制大権の理解を示したが、これに対して海軍省は、憲法解釈の問題を切り離し、問題を海軍内のことであると限定し、海相が省部を代表する際には省部の意見一致があるべきで、しかもそれが今までの慣行であった旨、強調した[13]。両者の意見の相違については、山本英輔海軍中将が海相と軍令部長との間を取り持って[14]、最終的に、兵力量問題の処理方法につき、以下の内令（「兵力ニ関スル事項処理ノ件」[15]）が海軍内で発せられ、一応の解決へと導かれた。

「兵力ニ関スル事項ノ処理ハ関係法令ニ依リ尚左記ニ依ル議ト定メラル

海軍兵力ニ関スル事項ハ従来ノ慣行ニ依リ之ヲ処理スベク此ノ場合ニ於テハ海軍大臣海軍軍令部長間ニ意見一致シアルベキモノトス[16]」。

結局、決裁の主体も明示されず（海軍省では当初、明確に海軍大臣を決裁主体とする考えを示していた）、例えば、海相と軍令部長との間で「意見一致」が見られない場合にはどうするのかといったような問題は、この内令だけでは判然としない[17]。

当時の海軍内でのおおよその雰囲気を伝えるものとして、当時海軍省次官の枢職にあった山梨勝之進の次のような証言がある。彼は、戦後になってこの問題を回顧して、「統帥権問題に対する、海軍の全般的な態度は、もともと、憲法解釈は枢密院の権限であるのにもかんがみ、われわれが憲法論などをいつて見たところで世間の物笑いになるだけであり、アメリカの態度、予算の問題等で頭が一杯で、海軍省及び軍令部において考えたことも、いつたこともなく、興味もなければ研究もしたこともなかつた」状態から、政友会の倒閣運動につられるかたちで憲法問題にまで議論が発展したとしており[18]、憲法第一二条については、以下のように述べている。

「一二条の編成事項については、一般政務と同じように海軍大臣の責任であり、総理の審議を経て閣議決定によるのである。従つて軍令部としては、部外との交渉には無関係であり、主計局に対する予算説明、海軍省内の予算会議には関係しない。また慣例的に講話、視察報告部外関係にも関係しないことになつていたので、陸軍のやり方とは非常に違つていた[19]」。

山梨によれば、海軍では伝統的に、第一二条の問題は、海相ただ一人が輔弼し、その責を負ってきた。昭和五年に軍令部が主張した「協同輔翼」論は、海軍のそれまでの「やり方」とは異なっていたということになろう。中村隆英は「過去の軍縮会議においても、明治憲法第一二条によって、条約上の兵力量を決定するのは、海軍省を含む政府の責任とされていた[20]」と指摘しているが、これはやはり、昭和五年に海軍軍令部から出てきた「協同輔翼」論とは一線を画している。

このロンドン海軍軍縮条約締結問題時の憲法解釈問題は、第一一条及び第一二条がその主たる対象であった。第一一条については国務大臣の輔弼を要さぬと大多数の憲法学者が述べていたものの、第一二条の扱いはかなり曖昧であった。議会の予算議決権による掣肘を一定程度受けるのは当然だが、第一二条の編制大権それ自体は議会に拘束されるものではないという点では、なお一般的な解釈として通用していた。ただ、編制大権のある部分についていえば、第一一条の統帥大権と緊密な関係にあるという理由から政府・軍政機関のみでそれを決定するのではなく、軍令機関の《同意》を必須のものとするのか、或いは政府・軍政機関のみでそれを決定できるとするのかという対立があった。

ただし、もちろん問題の根っこは昭和五年以前にあった。本書第一章で追うものからも推測できるように、恐らくは昭和五年に至るまで、少なくとも陸軍では、兵力量決定権の所在は一か所にあるという解釈では処理してこなかったと思われる。複数当事者間での合議を踏まえて答えを出すというのが、ロンドン海軍軍縮問題までの編制大権運用の、いわば陸軍の《作法》であった。「兵力量決定権の所在を制度化せず、省部の協議事項として深刻な対立のないまま『編制』事項を運用してきた陸軍にとって、改めて軍内で突き詰める必要に迫られた」[21]のが昭和五年であったとの森靖夫の指摘があるように、この時の統帥権論争は、明治憲法制定前後より形成され、脈々と受け継がれてきた運用に対する疑義が沸点に達した故の事件である。陸軍は、昭和五年のロンドン軍縮が海軍の問題であったのにも係らず、動きを見せた。反応しなくてはならない問題性が、もとより編成事項の運用に秘められていたからであろう。

当時、この問題を陸軍がどのように考えていたのか。この点については、森が紹介・検討している[22]「所謂兵力量の決定に関する研究」（昭和五年五月二七日）[23]によって判明している。

同「研究」の重要部分は、参謀本部条例にいう「国防用兵」に関連し、更には国費を用い、臣民の権利義務にも関連していた兵力量の決定問題を、軍政・軍令両機関ともに、一方的に専決できないものだとした点にある。両機関の意見の一致を求め、それによってのみ、この問題は決せられる。同「研究」はその際、内閣・陸軍省・参謀本部それぞれの立場を理解して意見一致へと導く重要な職責を担うのが陸軍大臣だということを確認していた。

この「所謂兵力量の決定に関する研究」と並んで重要なのが、陸軍によって統帥権の憲法解釈のいくつかが比較・検討されている「統帥権に関する研究」（昭和五年五月三〇日）[24]である。そこでは、憲法学者らの統帥権理論が――名指しこそされていないが――いくつかのタイプに分類され、その上で、陸軍側の見解が添えられている。同「研究」は、憲法学者らの学説について、「統帥権問題は主として憲法第十一、第十二条及第五十五条の解釈に関して起る問題であるが之に関する意見の分類は先ず左の四通りに帰する」とした上で、次のように分類している。

「一、憲法第五十五条の国務大臣輔弼の責任は大権の総てに及ぶものである、統帥権を一般政務の外に、独立せしめて置くのは特殊な歴史的の一変態であつて之を一般政務の中に取入れ国務大臣輔弼の範囲内に置かねば国務の運行は円滑に行かぬ、之を国務大臣輔弼の範囲に入れて始めて〔ママ〕憲法政治は完成するものである

二、統帥権は憲法第十一条に関する限り之を一般国務以外に独立せしむべきものなるも第十二条は純然たる一般国務である、従て統帥権の作用を受けず政府独り之を決定すべきものである

三、憲法第十一条は純統帥にして一般国務の外に独立し憲法第十二条は国務大臣輔弼の責に任ずべき国務の部分をも含むものではあるが本条の重要なるものは統帥、国務の混成事項であつて之に付ては軍令機関と政府とが緊密なる協調を遂げなければ完全なる運行を望まれない、故に此事項に付ては軍令機関と政府とは完全なる協調を遂ぐべきものであつて共に相圧迫するを許さない

四、前項第三の解釈と略々趣を同うするも憲法第十二条が全部国務及統帥の混成事項であつて軍部大臣輔弼の責に任ずべきものではあるが一般国務以外に超然たるべきもので事の国防や兵力量に関する限りは軍部大臣以外の者の容喙を許さないものである[25]」。

このうち、第四説に対しては、この「統帥権に関する研究」においても「余りに固陋な考で適当でない」とされ、陸軍内部にあっても問題外のものと見られていた[26]。では、陸軍自身はどのように考えていたのか。

当時の陸軍側意見は、大正一四年の第五〇帝国議会当時（加藤高明内閣）の政府答弁とベースは同じであり（この政府答弁については本書第四章で扱う）、まずは統帥大権を大臣輔弼の範囲外にあるとした上で、次のようにいう。すなわち、「軍令軍政混成事項は純統帥と密接不可分の関係を有するものであるから之を軍政機関の身に委するときは平時を基礎とする政府の政策の為軍令機関の希望を充すことが出来ないで非常時の為の純統帥に非常な掣肘を受け遂に有事の日目的を達成し得ざるに至る」恐れがある。それ故、「軍令軍政混成事項」については、軍政機関と軍令機関との意見の一致が必要である。そして、「軍部と政府との解釈は常に第十一条は大臣輔弼の責任外、第十二条中事の軍令と国務とに関するものは軍令機関と政府との完全なる諒解を要すと云ふに一致して来て居た(27)」、と。

陸軍では、軍令権と軍政権とが相互に影響し合う領域、つまり「軍令軍政混成」の領域の存在を認め、上の憲法学説の分類に従えば、その扱いについては第三説を採用していた(28)。ここで最も注意を向けたい点は、「軍部と政府との解釈は常に第十一条は大臣輔弼の責任外、第十二条中事の軍令と国務とに関するものは軍令機関と政府との完全なる諒解を要すと云ふに一致して来て居た」という、陸軍当局の認識である。彼らにとって、第一二条のうち、兵力量の決定を含むと考えられる「事の軍令と国務とに関するもの」は、「軍令機関と政府との完全なる諒解」を必要とするものであり、実際そのように処理されてきたものであった。

陸軍のまとめた上掲「統帥権に関する研究」では、第四説は陸軍内部でも問題外のものとされ、第一説及び第二説は駁撃の対象であった。本書第二部で紹介・検討していくが、昭和五年当時、第一説を採っていたのが早稲田大学教授の中野登美雄であり、第二説を唱えていたのが東京帝国大学教授の美濃部達吉らであった。彼らは、統帥権論争の渦中で、軍の憲法解釈に批判を加えた。では、昭和五年に中野や美濃部が挑戦を挑んだ軍の憲法解釈（第三説）は、どのように作られたものであったのか。これも第二部で検討するが、軍の憲法解釈の実体は、早稲田大学や陸・海軍大学校等で教鞭をとった有賀長雄が明治期に唱えた統帥権理論であった。

ロンドン軍縮当時を統帥権問題史上の一大到達点であったとした上で、それまでの理論史的展開にも視野を広げてその大要を示せば、おおよそ、以下のような流れとなる。

昭和五年統帥権論争における一方の解釈によれば、統帥大権との密接さの故に、第一二条中の「国務」と「統帥」との混成事項については軍政機関と軍令機関との「緊密なる協調」、「完全なる協調」が要請される。これは、明治時代に唱えられた有賀長雄の統帥権理論を踏まえ、当時の陸軍や、「協同輔翼」論に立った海軍軍令部が主張したものであった。軍令部は、憲法第一二条にいう常備兵額の決定について、「政務上の一方的処理のみに依り之を決定すべからざるものなり　従て政府が軍令部の計画に副はざるが如き独自の常備兵額を決定するの事実を認むることを得ず」とし、「若し仮りに政府が斯の如き独自の常備兵額を決定するとせば之れ統帥権の侵犯にして憲法違反と認めざるを得ず」と述べている(29)。このように、軍令部は、軍令部の計画に合わない常備兵額を政府が一方的に決定してしまうことは憲法違反であると断言した。

このような軍令部（・陸軍）の解釈に対抗する立場にあった代表的な憲法学者が、美濃部達吉であった。美濃部は、編制大権を――軍令部の上の言葉を借りれば――「政務上の一方的処理のみ」で決定できるものと解し、第一一条と第一二条とのそれぞれの輔弼者を完全に切り離した。ロンドン海軍軍縮条約の処理は、政府の専権事項だとしたのである（そして、浜口内閣は、基本的にはこの美濃部の理論に支えられていた）。

この点で確かに、美濃部の理論は、軍の憲法解釈への批判であった。しかし、美濃部のそれをも批判の対象とし、第一一条（統帥大権）も国務大臣の輔弼の及ぶものとしなければ「国務」と「統帥」との分立構造を克服できないとの危機感から統帥権理論を構築したのが、中野登美雄であった。有賀・美濃部・中野の三者の関係に限定した上で、それぞれの立ち位置を本書第二部に先立って整理すると、《昭和五年当時の美濃部の批判の矛先は、明治期に作られた有賀長雄の統帥権理論に向けられており、その美濃部の議論を更に越えようとしたのが中野であった》、といえそうである。

結局、ロンドン軍縮問題の過程で、はからずも露呈したのは、当時の浜口民政党内閣と軍（とりわけ陸軍）との憲法解釈の間にズレが生じているということであった。ただ、軍令部や陸軍の側の視点に立てば、大正時代の加藤高明内閣下での塚本法制局長官による答弁を踏まえると、陸軍の憲法解釈は決して突飛なものではなかった（この点、本書第四章で触れる）。従来の政府の憲法解釈を踏まえれば、この時に陸軍の示した理解は、簡単に一蹴されるべきものだとは、実はいえない。しかし、浜口雄幸率いる民政党内閣は、有賀長雄の統帥権理論を踏襲した従来の憲法解釈ではなく、むしろ美濃部達吉のそれに依拠するかたちで、海軍の兵力量決定問題を処理した。浜口自身は美濃部学説に乗り過ぎるのは軍部を必要以上に挑発することになると危惧していたとされる(30)。ただ、少なくとも軍の眼には、浜口らは美濃部学説に頼って行動しているように映ったであろう(31)。

軍縮の波に乗り、美濃部の理論と親和的な海軍の慣行に合致した行動を見せた浜口内閣の姿は、次は陸軍にも軍縮問題が波及し、海軍方式の兵力量決定、すなわち内閣による兵力量の一方的決定がなされてしまうのではないかという疑心を陸軍に与えたのではあるまいか。戸部良一は、「陸軍は、軍政・軍令の二元組織を基盤にして、そのような物事の決め方といいますか、組織のカルチャーのようなものを持っていたように思います。〔……〕軍政・軍令の両部門が並立していて、対立が生じると、ゆっくりと時間をかけて落とし所を探していく(32)」と述べている。これが陸軍の実務慣行として確立した意思決定の《作法》であったなら、浜口流の兵力量決定方法は、陸軍にとっては受け容れ難かったであろう。そこで陸軍は、軍令部とつながり、有賀の理論をベースにして反転攻勢に出た。

海軍軍令部・陸軍と浜口内閣との対立であったこの騒動を、[33] 憲法学説史・統帥権理論史という観点を加味して眺め直してみると、そこには有賀と美濃部との理論的対立が存し、更には、有賀・美濃部と中野との理論的対立があった。

昭和五年の統帥権論争における理論史的背景はおおよそこれまでに述べてきたようなものであったが、そもそもかような問題を生じさせた統帥権の独立は、いかなる生成過程を経たものであったのか。これを明らかにしなければ、有賀や中野といった学者らの問題意識を理解するのは難しいであろう。そこで次章以降では、統帥権独立制度の形成史及びそれに関連する諸問題を検討したい。

註

（1）東條首相兼陸相の参謀総長兼任の経緯については、稲葉正夫「資料解説」参謀本部編『杉山メモ』下巻（原書房・昭和四二年）、二六頁以下、鈴木多聞『「終戦」の政治史』（東京大学出版会・平成二三年）、九頁以下を参照。なお、東条自身が野に下ってから語ったところによれば、この時の参謀総長の兼任は、当時の海軍側の戦況や作戦を把握することが主たる目的であって、自身が参謀総長として陸軍の作戦を指導する立場にあれば、関連して、海軍の方のそれをも自然と知り得るようになると思ったからだという（内政史研究会『村田五郎氏談話速記録 四』（内政史研究会・昭和五六年）、一〇五～一〇六頁）。

（2）前掲稲葉「資料解説」『杉山メモ』下巻、三二頁。

（3）「近衛手記補遺」木戸日記研究会編『木戸幸一日記 東京裁判期』（東京大学出版会・昭和五五年）、四八三頁。

（4）同上、四八二～四八三頁。

（5）例えば大正期の原敬内閣における軍の統制について、雨宮昭一『近代日本の戦争指導』（吉川弘文館・平成九年）、一二五頁以下を参照。

（6）伊藤隆『昭和初期政治史研究』（東京大学出版会・昭和四四年）、関静雄『ロンドン海軍条約成立史』（ミネルヴァ書房・平成一九年）、伊藤之雄『昭和天皇と立憲君主制の崩壊』（名古屋大学出版会・平成一七年）、一三九頁以下等。なお、憲法理論への本格的な言及も含むものとして、増田知子『天皇制と国家』（青木書店・平成一一年）、一四九頁以下。
（7）小林龍夫「資料解説」小林龍夫・島田俊彦編集解説『現代史資料（七）』（みすず書房・昭和三九年）。
（8）伊藤隆「艦隊派総帥末次信正」同『昭和期の政治 続』（山川出版社・平成五年）、三三三～三三四頁。
（9）池田清『海軍と日本』（中央公論新社・昭和五六年）、六八頁。
（10）ロンドン軍縮問題が統帥《大権》の問題として政治的展開を見せた点について、筒井清忠による次の指摘は、近代日本の政治史を考える上で極めて示唆に富んでいる。すなわち、天皇・皇室に対する政府による冒涜を批判するという手法が、普通選挙制度成立と相俟って「劇場型政治」の中で大正末期から出現し、昭和五年の統帥権論争もまさにその延長線上に存していたというものである（筒井『昭和戦前期の政党政治』（筑摩書房・平成二四年）、五一頁以下）。筒井によれば、大正一五年の「朴烈怪写真事件」（大逆事件の犯人であった朴烈が予審調室で夫人の金子文子と抱き合う写真が明るみに出た事件）によって第一次若槻礼次郎内閣に対する倒閣運動が展開されたが、これは、「普通選挙を控え、政策的マターよりも大衆シンボル的マターの重要性が高まっていた事を意味してもいる」（同上、九六頁）。政府が天皇・皇室を蔑ろにしたという声に手際良く対処できないとなれば、「劇場型政治」の時代を迎えた普選政治の下では、与党はその地位を危うくする。「『天皇』の政治シンボルとしての絶対な有効性」を政党人の一部が悟った時でもあり、統帥権干犯問題や天皇機関説問題もまた、政党人によって「意図的に展開された」「劇場型政治」であった（同上、九八頁）。
（11）前掲関『ロンドン海軍条約成立史』、二二七頁。
（12）纐纈厚『近代日本政軍関係の研究』（岩波書店・平成一七年）、二九四頁以下。また、岡田昭夫「統帥権干犯論争と陸軍の対応」『法学政治学研究』一〇号（平成三年）、二〇七頁以下も参照。
（13）前掲伊藤『昭和初期政治史研究』、一六七頁。なお、海軍軍令部側が示した兵力量決定の「協同輔翼」論について、太田久元は、昭和八年に至り、「編制権内の事項であった兵力量の決定について、軍令部が起案権を持ち、そして成案に関しては海軍大臣と軍令部総長との協同輔翼事項となった」旨、指摘している（太田『戦間期の日本海軍と統帥権』（吉川弘文館・平成二九年）、一七一頁）。

(14) 前掲関『ロンドン海軍条約成立史』、三〇九～三一〇頁。
(15) 海軍が独自に用いた「内令」については、後藤新八郎『日本海軍の軍令』(後藤新八郎・平成二一年)、一〇五頁以下を参照。
(16) 海軍省編『海軍制度沿革』第二巻(原書房・昭和四六年〔復刻原本は昭和一六年刊〕)、二六二頁。同令発布経緯については、堀悌吉「倫敦海軍条約締結経緯」前掲小林他編『現代史資料(七)』、九四～九五頁。
(17) 前掲関『ロンドン海軍条約成立史』、三〇九頁。
(18) 海上自衛隊幹部学校編『山梨大将講話集』(海上自衛隊幹部学校・昭和四三年)、二五九頁。
(19) 同上、二六二頁。
(20) 中村隆英『昭和史』上巻(東洋経済新報社・平成二四年)、一四二頁。
(21) 森靖夫『日本陸軍と日中戦争への道』(ミネルヴァ書房・平成二二年)、七六頁。
(22) 同上、七六～七七頁。
(23) 稲葉正夫・小林龍夫・島田俊彦編集解説『現代史資料(一一)』(みすず書房・昭和四〇年)、二四頁以下(JACAR(アジア歴史資料センター)Ref. C08052001000、昭和五年ロンドン会議関係統帥権に関する書類綴(防衛省防衛研究所))。
(24) 同上、二八頁以下(JACAR: C08052002300、昭和五年ロンドン会議関係統帥権に関する書類綴(防衛省防衛研究所))。
(25) 同上、二八頁。
(26) 同上、三〇頁。
(27) 同上。このような第一一条及び第一二条の解釈とその構造に対して、この「統帥権に関する研究」では次のような陸軍の意見も示されている。すなわち、「統帥権が独立して天皇に専属し、軍令、国務の混成事項に付て両機関が緊密に協調して行ふ所に平時と戦時とを通ずる国家存立なる至高の目的の為我国の憲政運用上の妙味が存し我国体の美はしい特色が発現せられて居る」、と(同上、三二頁)。陸軍側の見解によれば、第一二条中の混成事項について、軍政機関(陸海軍省・政府)と軍令機関とが一致協力していくのは、「憲政運用上の妙味」であった。後に述べるように、陸軍の採っている統帥権理論を最初に日本で唱えたのは明治期の憲法学者・有賀長雄であったが、彼の遺した著作中で、日本における軍令機関と軍政機関との「連合相関シテ運転スル次第」が「頗ル妙味アル」制度と評価されていた点は、昭和五年の陸軍の意見との関係から注目に値する(有賀「国家と軍隊との関係」

『国家学会雑誌』一四巻一六一号（明治三三年）、三七頁）。

確かに、両機関一致協同しての編制大権の実施は、国政上の円滑さを確保するのに一役買う。しかし、両者の意見が全く一致を見ない場合の対処を「国務」と「統帥」との唯一の統合者・天皇に押しつけざるを得なくなった時、その調停の次第によっては、天皇の一身にその責任を問う声が出ないとも限らない。また、輔弼者が分立して曖昧化することで、対議会責任も曖昧なものとならざるを得ないであろう。軍政機関と軍令機関との調整が上手くいかない場合の調停は誰がどのように行うのか、そして、対議会責任をどのように定式化するのかが、有賀の学説やそれに基づく実務の課題であったといえる。

(28) なお参照、教育総監部編『軍制学教程』（成武堂・昭和三年）、五頁。

(29) 「海軍軍令部の法制局提示の問題に対する解釈」（昭和五年四月二四日）前掲稲葉他編集解説『現代史資料（一一）』、八頁。この海軍軍令部の憲法解釈に対して、陸軍省は、「政府の憲法違反」云々の一文は削除しているが、常備兵額を「政務上の一方的処理のみに依り」決定すべきではないとの点では海軍軍令部と同意見であった。「海軍軍令部の法制局提示の問題に対する解釈〔に関する陸軍省の意見――編者〕」前掲稲葉他編集解説『現代史資料（一一）』、一〇頁（両者ともに、JACAR: C08052000500、昭和五年ロンドン会議関係統帥権に関する書類綴（防衛省防衛研究所））。

(30) 原田熊雄『西園寺公と政局』第一巻（岩波書店・昭和二五年）、四二頁。

(31) 浜口は、議会答弁においては美濃部説に乗っかっていた訳では決してないとされる（加藤陽子『戦争の論理』（勁草書房・平成一七年）、一二六頁、同「総力戦下の政―軍関係」倉沢愛子他編『岩波講座　アジア・太平洋戦争二　戦争の政治学』（岩波書店・平成一七年）、九頁。また前掲伊藤『昭和初期政治史研究』、一〇八頁以下を参照）。しかし少なくとも、浜口内閣が美濃部の憲法理論に基本的に依拠していると理解されなければ、ここまで問題化しなかったように思われる。無論、そこに至るまでには、前述のように、陸軍の動きや政友会による浜口内閣への攻撃姿勢が軍令部を突き動かしたという事実があった。円熟味を増してきた《政党による政治》に自信を持ち、統帥機関に対しても積極的対応をとり得た浜口・民政党内閣による「やや性急な法解釈」と、従前の海軍内での省部間の力関係にあらがうような「やや強引な法解釈」を展開した軍令部との対立は（前掲加藤『戦争の論理』、一五九頁）、昭和八年に一つの答えを用意していた。すなわち、本章註（33）で述べる通り、この騒動が一因となって、昭和八年、従来の海軍の伝統的な軍政機関優位体制が変化した。なお参照、加藤陽子『昭和天皇と戦争の世紀』（講談社・平成二三年)、二二〇頁以下、二二七頁以下。

(32)　戸部良一「陸軍暴走の連鎖」NHK取材班編著『日本人はなぜ戦争へと向かったのか』上巻(NHK出版・平成二三年)、二三一～二三二頁。

(33)　この騒動の帰結点となったのが、昭和八年一〇月一日に定められた海軍省軍令部業務互渉規程(前掲海軍省編『海軍制度沿革』第二巻、二六一～二六二頁)であった。同規程第三条には「兵力量ニ関シテハ軍令部総長之ヲ起案シ海軍大臣ニ商議ノ上御裁定又ハ御内裁ヲ仰グ」とある(「商議」については前掲後藤『日本海軍の軍令』、一二二～一二三頁を参照)。

平松良太が明らかにしたように、ロンドン海軍軍縮での混乱のみならず、昭和七年の第一次上海事変での条約派による事変抑止の失敗を受けて、艦隊派は、海軍の伝統的な軍政優位構造の変革へと突き進んだ(平松「海軍省優位体制の崩壊」小林道彦・黒沢文貴編著『日本政治史のなかの陸海軍』(ミネルヴァ書房・平成二五年))。これが明治二六年以来用いられてきた省部事務互渉規程(前掲海軍省編『海軍制度沿革』第二巻、二六〇～二六一頁)を改正し、海軍省軍令部業務互渉規程を制定するという道筋を付けた。昭和八年の同規程は、海軍軍令部の組織を改めた軍令部令とほぼ同時期に制定された(軍令部令制定は九月二七日)。

このように、昭和八年九・一〇月は、海軍の省部関係上の一大変革が引き起こされた時であった。これに至るまでの重要な文書が、同年一月二三日に、恐らく帝国議会での質疑を受けて(伊藤隆「解説」同他編『続・現代史資料(五)』(みすず書房・平成六年)、xix頁)作成された「兵力量ノ決定ニ就テ」という申合せである。これには、参謀総長(閑院宮)、海軍軍令部長(伏見宮)、陸軍大臣(荒木貞夫)、海軍大臣(大角岑生)の印がある。その内容は、次のようなものであった。

「兵力量ノ決定ニ就キ次ノ如ク意見ノ一致ヲ見タリ。

兵力量ノ決定ハ天皇ノ大権ノ属ス。而シテ兵力量ハ国防用兵上絶対必要ノ要素ナルヲ以テ、統帥ノ幕僚長タル参謀総長、軍令部長之ヲ立案シ、其決定ハ此帷幄機関ヲ通シテ行ハルルモノナリ。

然レトモ此事タルヤ固ヨリ政治特ニ外交、財政トモ密接ナル連繋ヲ保タシムヘキモノナルカ故ニ其大権発動ノ最後的決定前ノ手続ニ於テハ政府トノ十分ノ協調ヲ保持シ慎重審議スヘキハ勿論ニシテ、両者間ニ扞格ヲ見ルヘキモノニアラス。之レ統帥及内閣ノ円滑ナル輔翼輔弼ノ責任ナリ。而シテ現ニ斯クノ如実行セラレアルモノトス」(前掲伊藤他編『続・現代史資料(五)』六二五頁)。

この軍部四首脳による申合せによれば、兵力量の「起案」は参謀総長・軍令部長が行うものであった。これは明らかに、本書一八頁に見た海軍の内令（昭和五年七月二日「兵力ニ関スル事項処理ノ件」）からは、直接には導き出せない内容である（伊藤隆もまた、この昭和八年申合せを、「昭和五年のロンドン条約問題の際に海軍部内で取り纏められた兵力量決定に関する覚書〔……〕をくつがえす内容であった」（伊藤「解説」前掲伊藤他編『続・現代史資料（五）』、xix頁）と評している。伊藤のいう「覚書」が同年七月の内令となった）。この昭和八年一月の陸海軍合同の申合せは、明治以来の海軍の伝統的な軍政優位構造からはあり得ないものであった。しかし結局、これが同年九月下旬の軍令部令制定と、先に見た一〇月の海軍省軍令部業務互渉規程制定とにつながっていった。

なお、海軍内における軍政優位構造を突き崩したこの軍令部令・海軍省軍令部業務互渉規程の制定に至る契機の一つを、平沼騏一郎とその周辺の動きと連動させて検討しているものとして、手嶋泰伸「平沼騏一郎内閣運動と海軍」『史学雑誌』一二二編九号（平成二五年）。

第一部　歴史的展開

第一章　日本近代軍制史と軍令機関の設置——明治憲法制定まで——

本章では、おおよそ明治維新から明治憲法制定に至るまでの、我が国における軍制構築過程を跡付けていく。そもそも、明治初頭の日本では、ある程度旧来のシステムを活かさざるを得ないという切実な事情を抱えながらも、対外問題に対処する為、新たな統一的近代国家として出発しなくてはならないという課題をいかに解決するのかが問われていた。

軍制史の観点からいえば、この時期は参謀組織が形成された時に当たる。序章で述べた昭和五年ロンドン海軍軍縮条約以降問題化する明治憲法第一一条（統帥大権）・第一二条（編制大権）に関する権限問題は、明治憲法そのものの制定に先立つかたちで生じていたともいえよう。

参謀組織の整備に伴って、陸軍省と参謀本部との権限分担の問題も発生していた。この問題を解決する為の試行錯誤の跡が見られるのも事実である。陸軍省と参謀本部との関係は「恰モ表裏ヲ相為シ相連合シテ同一体ヲ為ス可キ者」であるとされつつも、軍政機関の権限と軍令機関の権限とを、区別する必要があった。このことは、参謀組織が整備されていく過程で、明治国家のかなり早い時期から意識的に取り組まなくてはならないものであった。

本章では、軍政・軍令をめぐる組織上・権限上の問題に留意しつつ、先行研究を整理しながら、明治憲法制定前後までの日本軍制史を追跡したい。軍政・軍令をめぐる問題は、換言すれば、陸海軍本省と参謀組織との関係（省部関係）をめぐる問題である。それ故、本章では、明治二六年になって海軍軍令部を設置した海軍に関しては、情報は少なくなる。明治国家の参謀組織の形成をリードしたのは、陸軍であった。

ところで、本章の冗長な記述は、それを読む者に対して、取り上げられている制度形成史上の出来事が逐一紹介・検討するに値するものなのかとの疑念を抱かせるであろう。

何故に維新から憲法制定までの日本軍制史を追跡するのかと問われれば、差し当たり、次のように答えたい。すなわち、憲法制定に至るまでの軍政・軍令をめぐる問題を追うのは、第二部での学説史・理論史の検討を行う際の重要な素材を提供してくれるからだ、と。

第二部で詳述するように、後年の憲法学者の一部は、統帥権の独立を論じる際、慣行や慣習に言及していた。彼らがそう述べるのであれば、我々は、彼らがいうところの慣行や慣習を知るべく、憲法制定以前にまで目を向ける必要がある。この作業を抜きにして当時の憲法学説を読んだとしても、彼らがどのような実態を踏まえていたのかという、学説の背景への理解がぼやけるであろう。今日の我々が往時の憲法学説を理解する為には、この種の作業は欠かせない。かような意味で、第一部は、第二部に入る前の予備的・準備的作業となる。

さて、本書では、以上の作業を行う際、陸軍省官制や参謀本部条例等の中に発見できる「編制」なる字句に特に注意したい。

果たして、軍の「編制」事務は、軍政機関（陸軍省・海軍省）の担うものなのか、軍令機関（参謀本部・軍令部）の担うものなのか。加えてその場合、内閣はどのような立場に置かれるのか――序章で述べたように、統帥権が最も問題化したのはロンドン海軍軍縮条約（昭和五年）時の論争であったが、その論争は、上掲の問いが引き起こしたものだといえる。《編制大権は「国務」なのか「統帥」なのか》という問題は、《編制大権の輔弼（輔翼）者は誰なのか》という問いと裏表の関係にある。「『統帥権干犯』の名で流布されたこの問題の本質が、実はむしろ、憲法第一二条編制大権をめぐる解釈論争に他ならなかった」(1)と指摘される時、法制上、「編制」事項をその職掌に含むのはどの組織であったのかを追跡する作業は、無駄ではなかろう(2)。

ところで、明治国家の新軍制を築いたキー・パーソンとしては、幕末より兵学を修め、明治二年に兵部大輔を務めた大村益次郎を、そして大村と同じく長州出身で兵部大輔を務めたが萩の乱により斬罪とされた前原一誠を挙げなくてはならない。ただ、本章が対象とする軍令機関の設置沿革等の問題からは、大村・前原よりも、山縣有朋や桂太郎、或いは西周といった面々に目を向ける必要がある。大村・前原亡き後に活躍した者たちによって、軍令機関の設置や基本法制の整備が進められた。山縣・桂・西の三者については、古典的な伝記が存在し、加えて、ここ数年の間にも決定的な評伝が刊行された(3)。それ故、本章では各人のライフ・ストーリーには立ち入らず、取り上げるいくつかの事件の中で、彼らの活躍に触れるに留まる。

では、維新前後を起点としつつ、明治軍制における軍政・軍令機関の権限等を追跡しよう。

一　明治初頭の軍事官衙

慶応三年一〇月、大政奉還によって、天皇を中心とした新政治体制への模索が本格化した。しかしながら、軍に関して観察すれば、そこに日本の《国軍》はなく、各藩が独自に維持管理する藩兵があるのみであった。変革期の当時、内乱への憂慮が存する中で、新政府の喫緊の課題の一つは、新政府の軍事力をどのように創設・維持するのかというものであったといえる。

この変革期において、軍官制の萌芽として挙げられるのは、明治元（慶応四）年一月三日付の「軍事総裁被仰付」という極々短い一文である。慶応三年一二月の王政復古令では、「王政復古国威挽回ノ為」、「自今摂関幕府等」を廃絶し、「即今先仮ニ総裁議定参与之三職」を置くとした。(4) その「総裁」には、その後明治天皇を陸軍軍人として支えた「有栖川帥宮」（有栖川宮熾仁）が充てられた。この王政復古令に続き、戊辰戦争の開始と同時期に設置されたのが、上述の軍事総裁職である。「軍事総裁」には小松宮彰仁が就き、彼は一月四日には徳川征討の為に「征討大将軍」に補せられた。この時点の軍制に関する松下芳男の整理に従うならば、「総裁」は一切の国務に加えて軍令の範囲にまで及ぶ広範な権限を有しており、「軍事総裁」は天皇の軍令権の下に立つ軍隊指揮官の権限を有し、「征討大将軍」は出征軍司令官の権限を有するという構図になる。(5) ただ、それらの権限は余りにも不明瞭であり、軍政・軍令の関係を意識した組織構成ではなかった。

明治元年一月一七日、三職分課制を以て政府が再構成されると、軍務については、海陸軍務課が設置され、海陸軍務総督及び海陸軍務掛に後述の人物らが任命された。(6) 「三職」とは①「総裁」（宮）、②「議定」（宮、公卿、諸侯）、③「参与」（諸藩士、「都鄙有才」の者）の三つで、政府諸部は①「神祇事務」、②「内国事務」、③「外国事務」、④「海陸軍務」、⑤「会計事務」、⑥「刑法事務」、⑦「制度寮」の七つに分けられていた。人的構成としては、議定の者がそれぞれの事務の総督に就き、参与の者がそれぞれの事務の掛に任じられる。つまり、海陸軍務総督には議定が、海陸軍務掛には参与が充てられた。海陸軍務総督は、「海軍陸軍練兵守衛緩急軍務ノ事ヲ督ス」任を与えられた。これには、副総裁や会計事務総督を兼務した岩倉前中将（岩倉具視）に加え、任和寺宮（嘉彰、小松宮彰仁）、薩摩少将（島津忠義）の三名が就いた。海陸軍務掛には、廣澤兵助（真臣）と西郷吉之助（隆盛）が充てられた。この辺りは、長州藩と薩摩藩とのバランスを考えた人事でもあろう。政治評論家の鵜崎鷺城の著作『薩の海軍・長の陸軍』（明治四四年）(7)に代表されるような、陸海軍が長州閥と薩摩閥によって牛耳られていったという評価の淵源は、この辺りにもあるだろう。明治維新の立役者や維新政府が主に誰によって運営されていたかを考えれば当然だが、既にこの時期、陸海軍の藩閥的性格の萌芽が見られた。

ただ、王政復古令当時と変わらず、この時においても軍政と軍令との別が意識的に考慮された痕跡は見当たらない。無理矢理に軍政と軍令という枠組みを用いて評価するならば、海陸軍務総督が軍政機関としても軍令機関としても機能していたといえる。

この三職分課制に対して翌月の明治元年二月三日に改革が加えられ、三職八局制へと移行した(8)。三職は、①総裁、②議定、③参与と変わらない。ただし、参与の人選について「公卿諸侯徴士任之」とあり、「公卿諸侯」が参与に任ぜられることも可能となった。また、参与の多くは「判事」に任じられた。更に、参与ではないが各局で事務に当たる者も出てきた（この場合、ほとんどが「権判事」に任ぜられている）(9)。例えば、幕末の国学者であり、岩倉具視の腹心であった玉松操がその例である。玉松は参与の肩書を欠いているが、内国事務局で権判事としてその名が記されている(10)。

前月では七つに分けられていた事務は、この三職八局制の下、①総裁局、②神祇事務局、③内国事務局、④外国事務局、⑤軍防事務局、⑥会計事務局、⑦刑法事務局、⑧制度事務局へと再編された。このうち、「海軍陸軍練兵守衛緩急軍務ノ事ヲ督ス」任を有したのが軍防事務局で、実質的には、前年の三職分課制から名称が変わった程度であった(11)。

局のトップにあたる「督」には、議定の小松宮彰仁が留任した。「輔」は空席、「権輔」には参与の烏丸侍従（烏丸光徳）が就いた。西郷及び廣澤は、戊辰戦争の現地軍参謀として出征する為[12]、判事には参与の吉田良栄、吉井幸輔、津田信弘、土肥修平が就いた。この間、明治元年四月一一日には、江戸開城が果たされている。

さて、太政官制制定の前日に当たる明治元年閏四月二〇日、全国を対象とした陸軍編制に関する達が、以下の通り、発せられた。

「一高一万石ニ付
　　兵員　十人
　　　当分之内三人
　　　　但京畿ニ常備九門及ヒ畿内要衝之固所其兵ヲ以テ警衛可被仰付候間追而御沙汰可有之候事
一高一万石ニ付
　　兵員　五十人
　　　但在所ニ可備置事
一高一万石ニ付
　　金三百両
　　　但年分三度ニ上納兵員ノ給料ニ充ツ
右之通皇国一体総高ニ割付陸軍編制被為立候條被仰出候間此旨申達候事
　但勤方心得方等仔細ノ儀ハ軍務官へ可伺出事[13]」。

翌日より実施される太政官制下の官名である「軍務官」の名が見えるこの陸軍編制法は、各藩に対して、それぞれの石高に応じて兵員・軍資金を拠出させるものであった。

再度、政府機構の改編に目を転じよう。明治新政府の政治体制に対する大きな変更は、明治元年閏四月二一日に布告された「政体書」に則った改革によってなされた(14)。「天下ノ権力総テコレヲ太政官ニ帰ス」とした太政官制が、実施された。この太政官制下での軍事行政は、先にその名を見た軍務官が担った(15)。軍務官の管轄については、「管二局四司曰海軍局曰陸軍局曰築造司曰兵船司曰兵器司曰馬政司」との定めがあった。管轄する「二局」とは海軍局と陸軍局とを指し、「四司」は築造・兵船・兵器・馬政の各司を指す。ここでは、いまだ陸軍と海軍とが軍務官の下で統一されている点のみを指摘しておく。

軍務官のトップは「知官事」であり、職掌の定めには「掌総判海陸軍郷兵招募守衛軍備」とある。いまだ軍政と軍令との別といった考えは生じていない。知官事の他、「副知官事」、「判官事」、「権判官事」、「判官事試補」、「書記」、「筆生」が置かれた。知官事には、軍務事務局の時と同じく小松宮彰仁が就き、副知官事には長岡護美、大村益次郎、有馬頼咸が、判官事には吉井友実、大村益次郎、十時維恵、長谷川景隆、桜井直養、海江田信義、河田景与がそれぞれ任ぜられた。

二　兵部省の設置

当初の太政官制の下で、軍務官が軍に関する任を担っていたのは、以上の通りである。しかし、太政官制それ自体が変化していく中で、軍務官もまた変化を遂げていく。

ここでは、兵部省の設置とその官制を追う。また同時に注目をすべきは、この兵部省時代、陸軍参謀局なる組織が設置された点である。その任務は、後年の参謀本部の機能の一部に該当した。ただ、それが兵部卿のコントロールの下にあった点にも、留意しなくてはならない。

さて、軍務官をその軍事官衙としていた太政官制は、明治二年七月、二官六省の制度へと移行した。すなわち、神祇官及び太政官を置き、太政官の下に、民部省や大蔵省等が設置された。軍務官もまた、兵部省として再スタートし、職員令によれば、そのトップの「卿」には「掌総判海陸軍郷兵招募守衛軍備兵学校等事」という任が与えられた。また、「大輔」、「少輔」等が設置された。(16) 卿は小松宮彰仁が一一月まで務め、有栖川宮熾仁がその後任となった。大輔は大村益次郎、前原一誠、山縣有朋（少輔も経験）が、少輔は久我通久、山縣有朋、川村純義が順に務めた。ただ、「軍政機関と軍令機関との区別なきことは、旧制と全然同様である」(17) との松下芳男の指摘がある通り、依然として、この時期も軍政と軍令との別が考慮された痕跡はない。

兵部省時代に定められた軍制上注目すべきものは、陸海軍がどの国の制度を採用して自軍の編制を進めるのかという、いわば軍制の《模範国》を定めた点である。明治三年一〇月二日、次のような布告が各藩へ示された。

「兵制之儀ハ皇国一般之法式可被為立候得共今般常備兵員被定候ニ付テハ海軍ハ英吉利式陸軍ハ仏蘭西式ヲ斟酌御編制相成候條先ツ藩々ニ於テ陸軍ハ仏蘭西式ヲ目的トシ漸ヲ以テ編制相改候様被仰付候事」(18)。

これによって、全国画一に、陸軍はフランスを、海軍はイギリスを範とすることとなった。以後、日本の海軍はイギリスを模範とし続けたが、周知の通り、陸軍はその《模範国》をフランスからプロイセン及びドイツ帝国へと転換することになる。この点については、後に述べよう。陸軍はフランスを、海軍はイギリスを——と書いたが、しかしこれは、多少暫定的な措置であったとも見える。この点は、先に引用した布告を出すように求めた兵部省の上申（明治三年九月二七日付）から推測できる。以下、その上申を掲げる。

「海陸兵制之儀前途何レ皇国一般ノ式可被立候得共先渠ニ依リ専ラ研究不仕而ハ不相叶儀ニ付兼テ於朝廷御内決相成居候儀ハ海軍ハ英ヲ以相学陸軍ハ仏ヲ以テ相御定メ相成候ニ付左之通御布告被仰出度候

兵制之儀前途何レ皇国一般ノ式可被立候得共今般現石一万石ニ付先ツ常備兵役人ノ外六十人ノ兵員被為定候ニ付而ハ海軍ハ英吉利式陸軍ハ仏蘭西式ヲ御採用斟酌御編成相成候ニ付藩々ニ於テ右ヲ目的トイタシ漸ヲ以テ兵制変改候様被仰出候事

右御決定至急御布告被下度此段申進候也[19]」。

この上申から推測できるのは、いずれ「海陸兵制」の「皇国一般ノ式」を決めねばならないが、政府内ではその「研究」を未だ終えていないので、今のところは、朝廷において「御内決」のあった通りに至急布告を出す、というのが実相であったのではないかということである。ただ、より現実的・実際的な理由としては、前述の通り、そもそも徳川幕府末期、陸軍についてはフランス式を、海軍についてはイギリス式を幕府が採用していた点を挙げなくてはならない[20]。

また、明治四年二月には、次のような達が出された。「鹿児島藩歩兵四大隊砲兵四隊山口藩歩兵三大隊高知藩歩兵二大隊騎兵二小隊砲兵二隊為御親兵被召出其省〔兵部省〕管轄被仰付候事[21]」。これは、国軍的性格を持つものと評価される御親兵の設置を意味した[22]。同年四月になると、東山道鎮台（本営、石巻）と西海道鎮台（本営、小倉）とが設置され、八月には廃藩置県を受けて更に四つの鎮台が増設された[23][24]。

明治四年七月、太政官制は再度の組織改編を加えられ、二官六省は三院八省となった。ただ、兵部省の名称は変わらなかった。明治四年七月の職員令[25]によると、卿は「本官少将以上」とその資格が限定されており、「海陸軍賦壮兵海防守備征討発遣兵学操練等ノ事ヲ総判ス」。また、大輔と少輔についても、それぞれ「本官大佐以上」「本官中佐以上」とその資格が限定された。組織としては、陸海軍別に秘史局や軍務局が設置され、陸軍では砲兵や築造、海軍では造船や水路といったように、両軍の任務に関係する部局が設けられた。

更にここで注目したいのは、「陸軍参謀局」という名称で、後年の参謀本部の機能の一部を果たす組織が設置された点である。(26)

この陸軍参謀局は、「機務密謀ニ参画シ地図政誌ヲ編輯シ並ニ間諜通報等ノ事ヲ掌ル」もので、陸軍参謀局のトップである参謀局都督は「大輔兼之」、すなわち兵部大輔が参謀局都督に就く。また、参謀局に属する者は、「各鎮諸軍団中ニ出張スルヲ定例トシ省内ニ在ル者ハ地図ヲ増補スルヲ専任トス」とされる。この時の兵部大輔は山縣有朋で、制度上、彼が参謀局都督を兼任していたことになる。加えて、この時は兵部卿が欠員であった為、山縣はまさしく「兵部省の最高責任者」であった。(27)

先に述べたように、兵部省の名称は変わらなかった。ただ、三院八省となったタイミングで、兵部省内部において、兵部省陸軍部内条例が定められた。(28)この条例は、内部の権限・職務の関係をより明確化せんとして定められたものであった。この点については、条例に次の如き前書きが附されている為、容易に判明する。すなわち、「兵部省陸軍部内各局各分課ニ於テ事務ノ取扱簡畧ニシテ齊一ナラシメ及ヒ諸官員奉仕ノ職務ヲ明了ニ開示スル必要ノ諸規則ヲ確定セント欲シ今此条例書ヲ撰ンテ之レヲ当七月二十八日ヨリ挙行セシム故ニ従前ノ定規中此条例ト相矛盾スル者ハ悉ク廃止ニ属ス因テ諸官員ヘ遺漏ナク此条例書一本ヲ給与シ其身ノ職務ニ関係スル処ノ諸箇条ヲ厳密ニ遵守セシメント欲スル也」とあるからである。

兵部省陸軍部内条例の第一条以下では、陸軍部内の事務の分担が定められている。具体的には、兵部省陸軍部内に設置される秘史局（第一局）、軍務局（第二局）、砲兵局（第三局）、築造兵局（第四局）、会計局（第五局）に対してそれぞれの職掌が、また更に各局の分課及びその職掌が掲げられていた。

明治四年七月には、陸軍部内条例に続き、省内別局条例[29]が定められた。ここにいう「省内別局」とは、「大宰機要ニ関スルノ設ニシテ省ノ本務ト別ナリト雖トモ其一部トシテ」みなされる組織を指す（第一条）。「省ノ本務」とは別物だが、その一部として見るべきもので、兵部省の統制下にある。陸軍参謀局は、この省内別局の一つであった。また、参謀局都督が「直チニ卿ニ隷スル」立場にあった点も見過ごせない（陸軍部内条例第二一条[30]）。参考の為、省内別局条例の中、参謀局に関係する条文を挙げておく。

第八条

一参謀局ハ大輔ヲ都督トシ大中少佐大中尉数員局内ニ出仕シ余ハ各鎮台諸軍団ニ分駐スル事

第九条

一其中佐以下数員ハ専ラ地理図誌ヲ任トシ一人ハ都督ノ副官トシテ其所労不参ノ缺ヲ補ヒ一人ハ間諜都指揮使トシテ間諜隊ヲ総管スル事

一間諜隊ハ平時ニ在リ是ヲ諸地方ニ分遣シ地理ヲ測量セシメ地図ヲ製スルノ用ニ供スル事

第一〇条

一平時ニアリテハ参謀局ノ将校鎮台ノ大小弐ニ任シ其事務ヲ弁理スヘキ事

一参謀局将校ノ缺員ハ参謀学校ノ少尉ヨリ補セラル、事

一総テ将校ノ転任拝除ハ大輔ヨリ卿ヘ推挙ノ上奏聞拝任アルヘキ事

一試補此局ノ人員ニ属セス猶本隊ノ人別タル事

一兵学寮ニテ業期試業ニ付入隊ノ後一箇年ニ満タサル者ハ此局ヘ選挙ヲ許サ、ル事

第一一条

一参謀局ノ将校ハ三兵隊中へ実地研究ノ為メ試補若クハ新任ノ間遣ハシ置ル、事

一参謀局ノ将校若クハ死没シ若クハ退職スル時ハ其預リタル書類図書等官ニ返納シ若クハ後任へ付与スヘシ自己ノ資費ニテ製シタル物モ官務ニ係リタル品ハ同一例タル事

第一二条

一地理測量探偵等ノ事ニテ旅行スルトキハ各其階級ニ準シ加棒ヲ賜ハル事

以上が、明治四年七月の兵部省の官制であった。この時期の軍政と軍令との関係について注意を要する点として、両者が兵部卿に掌握されていたことが挙げられる。先述のように、兵部卿は「海陸軍賦壮兵海防守備征討発遣兵学操練等ノ事ヲ総判ス」との任を与えられていた。松下芳男に従えば、新たに加えられた「征討発遣」なる字句は、「軍政以外の軍令事項と見るべきものであつて、事は多く用兵作戦に関するものである」。この字句が兵部卿の任務の中に含まれていたことと、本省別局とはいえ新設の陸軍参謀局が兵部省の一組織に過ぎなかったこととを考慮すれば、軍政・軍令の両権を兵部卿が一手に有していたと結論付けられる。この点を踏まえれば、当時の官制は、明治二年に設置された「海陸軍務総督以来の軍政軍令両権限の一元的組織を、初めて明文を以つて明瞭にしたもの」との評価も可能であろう。(31)

三　陸軍省・海軍省の設置

ここまでで追跡してきたように、兵部省では、陸軍・海軍がその下で統一的に監督されていたのみならず、軍

政・軍令もまたその一元的な管理下にあった。この兵部省が分割され、我々がよく知る後年の形態――陸軍省及び海軍省の並立的な構造――となったのは、明治五年二月のことである。しかし、軍令を担う組織は、依然として省・卿によるコントロールを受けた。省からの分離独立は、明治一一年まで待たねばならない。ここでは、陸海軍省の設置の経緯を眺めておく。

兵部省の廃止及び陸海軍省の設置を定めた太政官達には、「兵部省被廃陸軍省海軍省被置候事(32)」とあるのみである。それ故ここでは、「兵部省伺」とそれに関する「左院答議」とを確認したい。まずは、明治五年一月一三日付の兵部省伺である。

「方今文明開化ノ秋ニ方シ各国互ニ兵威ヲ張リ陸軍常備水師日進ノ期ニイタリ旦ニ海軍ノ拡張ヲ議シタニ陸軍ノ盛大ヲ謀リ護国ノ道ヲツクサ、レハ兵部ノ任ニ堪ユルコト能ハス己巳開省以来海陸課ヲ分ツトイヘトモ同一省中ニアツテ海軍ニ属スルノ諸局ハ根省ト隔離ス故ニ事務繁雑ニシテ無益ノ冗費有之旁以泰西各国ノ規律ヲ照シ其所置ヲ研窮仕候処海軍ト陸軍ハ全ク其局ヲ異ニシ其官員モ又海陸混任スルコトナシ此レ其職ノ自カラ別ナルヨリ斯ノコトシ因テ兵部ノ省名ヲ革メ更ニ海軍陸軍ノ両省ヲ置レ候様被為在度奉懇望候右御採用相成候へハ海軍諸局一場ニアツマリ簡ニ事務ヲ掌リ冗費ヲ省キ愈以テ海軍御拡張ノ御趣意ニモ相叶ヒ順次無遺漏進歩可仕ト奉存候ニ付速ニ御評決被為在度此段申出仕候也(33)」。

これに対する左院答議（明治五年一月二三日）は、以下の通りである。

「海陸軍ヲ両省ニ分建シテ事ヲ簡ニシ費ヲ省キ益両軍ノ盛大ヲ謀リ護国ノ道ヲツクシ候ハントノ見込熟議仕候処右ハ固ヨリ各国同律至当ノ事ト存シ候間兵部省中立ノ通速ニ御改革有之度存候事(34)」。

兵部省の自己評価では、陸海軍に関する部局が一省の下に集められていることで、「事務繁雑」となり、「無益ノ冗費」を生んでいた。そこで、西洋諸国の例を研究した。すると、陸軍と海軍とが全く別の組織を持っており、人員も別にされていることが分かった。これを範とし、我が兵部省を同様の組織構成へと改編するようお願いしたい。すなわち、兵部省を「海軍陸軍ノ両省」に分離すべきだという。左院もまた、兵部省を陸海軍の「両省ニ分建」することに賛成した。

「事務繁雑」にして「無益ノ冗費」が生じているとの兵部省自身による弊害の指摘もさることながら、「泰西各国ノ規律ヲ照シ其所置ヲ研窮」した結果であるとの一節は、当時の新政府内部ではかなりの説得力を持つものであっただろう。この辺りにも、西洋の国家のあり方を吸収しようと努める新政府の姿があった。

さて、兵部省が陸海軍省に分割されて以降、軍制上、最も重要な最初の出来事は、徴兵令の制定（明治六年一月一〇日）[35]であろう。まずは、徴兵令発布の際の「詔書」である。

「朕惟ルニ古昔郡縣ノ制全国ノ丁壮ヲ募リ軍団ヲ設ケ以テ国家ヲ保護ス固ヨリ兵農ノ分ナシ中世以降兵権武門ニ帰シ兵農始テ分レ遂ニ封建ノ治ヲ成ス戊辰ノ一新ハ実ニ千有余年来ノ一大変革ナリ此際ニ当リ海陸兵制モ亦時ニ従ヒ宜ヲ制セサルヘカラス今本邦古昔ノ制ニ基キ海外各国ノ式ヲ斟酌シ全国募兵ノ法ヲ設ケ国家保護ノ基ヲ立ント欲ス汝百官有司厚ク朕カ意ヲ体シ普ク之ヲ全国ニ告諭セヨ」[36]。

次に、上掲の詔書を受け、「普ク之ヲ全国ニ告諭」された太政官名での「徴兵告諭」を、長文だが、引用しておく。

「我朝上古ノ制海内内挙ヲ挙テ兵ナラサルハナシ有事ノ日天子之カ元帥トナリ丁壮兵役ニ堪ユル者ヲ募リ不服ヲ征ス役ヲ解キ家ニ帰レハ農タリ工タリ又商売タリ固ヨリ後世ノ双刀ヲ帯ヒ武士ト称シ抗顔坐食シ甚シキニ至テハ人ヲ殺シ官其罪ヲ問ハサル者ノ如キニ非ス抑神武天皇珍彦ヲ以テ葛城ノ国造トナセシヨリ爾来軍団ヲ設ケ

衛士防人ノ制ヲ定メ神亀天平ノ際ニ至リ六府二鎮ノ設ケ始テ備ル保元平治以後朝綱頽弛兵権終ニ武門ノ手ニ堕チ国ハ封建ノ勢ヲ為シ人ハ兵農ノ別ヲ為ス降テ後世ニ至リ名分全ク泯没シ其弊勝テ言フ可カラス然ルニ大政維新列藩版図ヲ奉還シ辛未ノ歳ニ及ヒ遠ク郡県ノ古ニ復ス世襲坐食ノ士ハ其禄ヲ減シ刀剣ヲ脱スルヲ許シ四民漸ク自由ノ権ヲ得セシメントス是レ上下ヲ平均シ人権ヲ齊一ニスル道ニシテ則チ兵農ヲ合一ニスル基ナリ是ニ於テ士ハ従前ノ士ニ非ス民ハ従前ノ民ニアラス均シク皇国一般ノ民ニシテ国ニ報スルノ道モ固ヨリ其別ナカルヘシ凡ソ天地ノ間一事一物トシテ税アラサルハナシ以テ国用ニ充ツ然ラハ則チ人タルモノ固ヨリ心力ヲ尽シ国ニ報セサルヘカラス西人之ヲ称シテ血税トス其生血ヲ以テ国ニ報スルノ謂ナリ且ツ国家ニ災害アレハ人々其災害ノ一分ヲ受サルヲ得ス是故ニ人々心力ヲ尽シ国家ノ災害ヲ防クハ則チ自己ノ災害ヲ防クノ基タルヲ知ルヘシ苟モ国アレハ則チ兵備アリ兵備アレハ則チ人々其役ニ就カサルヲ得ス是ニ由テ之ヲ観レハ民兵ノ法タル固ヨリ天然ノ理ニシテ偶然作意ノ法ニ非ス然而シテ其制ノ法極メテ精密ナリ然レトモ政体地理ノ異ナル悉ク之ヲ用フ可カラス故ニ今其長スル所ヲ取リ古昔ノ軍制ヲ補ヒ海陸二軍ヲ備ヘ全国四民男児二十歳ニ至ル者ハ尽ク兵籍ニ編入シ以テ緩急ノ用ニ備フヘシ郷長里正厚ク此ノ御趣意ヲ奉シ徴兵令ニ依リ民庶ヲ説諭シ国家保護ノ大本ヲ知ラシムヘキモノ也(37)」。

天皇親政論を中心とした復古の理念が維新を支えていたことを考える時、ここにもその考えが流れ込んでいたことが分かる。「有事ノ日」には、「天子」が「元帥」となって敵を圧してきたという「上古ノ制」から説き起こされているこの「告諭」は、徴兵制そのものが決して今日この時から始まる新たな制度ではなく、我が国では古来存在したものであったという点で、復古の理念と通じている。

ところで、この徴兵令が後年の参謀本部設置の伏線としての意味を持っていた点については、井上寿一が以下のように説いている。すなわち、山縣有朋らの企図した「国民軍」の創出は、軍事的な観点からの国民の「平準化」をもたらす。それは制度設計者らの意図を越えて、「民主化」につながる。ここで山縣を悩ませたのが、「国民軍の創出のためには、『民衆』の動員が欠かせない。他方で『民衆』を引き入れる以上、そのままでは軍隊に『民衆』のイデオロギーが波及することは避けがたい」というものであった。国民軍の創設は確かに重要だが、それによって民権運動の思想が軍内部に強く影響を与えることは避けたい。「山県はこのジレンマを解消するために、いくつかの政治的な工夫と制度を作り出す。具体的には、『軍人訓誡』と『軍人勅諭』、参謀本部の設置と統帥権の独立」であった、と。(38) この井上の説明に従えば、参謀本部の設置及び統帥権の独立は、徴兵令制定によって生じる問題、つまり民権運動思想の軍への流入を防ぐ為の「政治的な工夫と制度」であった。

四　明治六年第六局の設置

ここまで、維新後数年間の日本近代軍制のおおまかな背格好を概観してきたが、軍政機関と軍令機関との間で、昭和二〇年まで尾を引いた本書の中心問題が芽を出し始めたのは、明治六、七年頃のことである。明治六年、陸軍省内部に第六局が設置された。後年の参謀本部につながる組織であったといって良い。(39)

三月一二日に定められた陸軍省職制及び陸軍省条例を見ると、陸軍省職制の職制表から、陸軍省に、卿官房の他、第一局（通報・軍務）、第二局（歩兵・騎兵）、第三局（砲兵）、第四局（工兵）、第五局（陸軍会計事務）、第六局（陸軍文庫）、第七局（北海道兵備）、陸軍会議が設置されたことが分かる。

この職制表の中で興味深いのは、第六局局長について、「局長将官一人」とその任用資格を限定していた点である。省内の筆頭部署とおぼしき第一局では「局長中少将一人」とその任用資格が定められており、第一局及び第六局以外の局長は「少将一人」となっている。制度上、第六局局長の座に、第一局局長よりも階級の高い将官が就くこともあり得るように見える。この第六局局長の任用上の資格制限は、第六局が参謀局として陸軍省の職制表から外れるまで変更がなかった。しかし、すぐ後に見る陸軍省条例では、第六局に関し、「局長少将一人」となっており、この辺りの違いが生じた理由は分からない。

陸軍省職制及び陸軍省条例が太政官から陸軍省へ達として送られたのは同日（明治六年三月二二日）であったが、陸軍省条例を陸軍省が省内に達として発したのは三月二三日、陸軍省職制を陸軍省が布告として発したのは同二四日のことであった。上に述べたように、第六局局長の任用資格制限規定に関する陸軍省職制と陸軍省条例との間の差異が、実際にはどういう意味があったのかは不明である。ただ、武官等級の改正に伴って改訂された同年六月一八日の陸軍省職制表を参照してみても、(40)相変わらず第六局のみが「局長将官一人」と記載され、第一局が「局長中少将一人」、第二局以下が「局長少将一人」とされているから、単なる誤記や勘違いの類いによるものだとも思われない。なお実際の人事としては、陸軍省第六局の局長には陸軍少将の鳥尾小弥太が就いた。また、明治七年二月には、当時陸軍中将の山縣有朋（陸軍卿）が就いた。

では次に、陸軍省条例の中から、第六局に関する規定を拾っておく。その職掌等については、以下のようにあった。

「第六局　陸軍文庫

測量地図　絵図彫刻　兵史並兵家政誌蒐輯

局長少将一人

課長参謀大佐一人　　参謀中少佐　　参謀尉官若干人

文庫主管少佐一人

一日本全国兵家歴史ニ係ル自筆書類ノ収蔵並ニ部類分ノ事
一版本ノ収蔵並ニ部類分ノ事
一兵史蒐輯並ニ出版ノ事以上主管之ニ任ス
一日本全国琉球並ニ樺太島地図製造ノ為メ測地学並ニ地図学上ノ諸業課ノ事
一星学上並ニ測地学上ノ算数点検類集ノ事
一参謀部ニテ図稿ヲ立テタル原本ノ収蔵ノ事
一星学測地学地図学ノ器械収蔵ノ事
一諸地図建築図等地図学上ノ彩色ニ掛ケテ正本製造ノ事
一地図彫刻並ニ銅板校合ノ事
一陸軍用写真ノ事
一銅板図増加若クハ改正ノ為メ電気台ノ設ノ事
一戦争記記注ノ事
一日本並ニ外国ノ兵家政誌ニ関スル書籍ノ採集ノ事
一日本並ニ外国ニテ出版セル兵書図記等ノ検査ノ事
一本局学術日記並ニ兵史日記記注ノ事
一彩色戦争図ノ製造ノ事

一書籍地図歴史料買入ノ事
一絵図ノ印刷並ニ石版重子摺ノ事
一本局ノ日記並ニ出版スヘキ書籍印刷ノ事
一手写原図彫刻図彩色戦争図額並ニ其外諸品収蔵ノ事
一本局ノ諸費経理清算ノ事(41)」。

ここでは、松下芳男が指摘する通り(42)、「機務密謀ニ参画」するといった明治四年参謀局に見られた職掌事項が削除された点には注意を要する。明治六年第六局は、要するに、作戦用兵を研究する為の素材を収集し、或いはまた、内外の関連書籍の購入や、印刷、測量製図作業も行う一種の資料収集・研究機関であったと思われる。事実、例えば第六局に対しては、「皇国之兵制古来ヨリ今時ニ至ル迄沿革之次第」を取り調べて編纂せよという命が明治六年に下され、後年、『日本兵制沿革誌』が編まれている(43)。また、陸軍省内で必要になる書籍の購入に際しては、各部署が買い入れるのではなく、一度官房へ申し立て、第六局がそれを受けて書籍を購入し、各部署に貸し渡すというシステムを作っている(44)。

陸軍省内での資料収集・研究が、この第六局の主な仕事であった。明治六年第六局に対する評価としては、次の一節が正鵠を得ていよう。

「かくて第六局がやがて又軍令機関たる参謀局になるにせよ、改正官制の第六局そのものには、軍令機関たる性質は殆んど見られず、改正官制に於いては、純然たる軍政軍令統一の一元的組織になつたということが、非常な特色をなすものと考えられる(45)」。

なお、軍の「編制」に関する事務は、第一局の任とされていた。第一局第一課（一般往復・軍務・庶務）の職務として、次のものが挙げられている。

「一全軍ノ員数並ニ現役軍団ノ編制取扱ノ事[46]」。

この時点では陸軍の「編制」については、第一局第一課、すなわち後年の参謀本部に連なる組織ではなく、陸軍省本省の一部局にその権限が与えられていた。

五　明治七年参謀局の設置

このように、明治六年第六局は、主に資料収集・研究部門であったといって良い。その第六局が後年の姿――参謀本部――へと徐々に変化し始めたのは、翌七年のことであった。

明治七年二月二二日、次のような陸軍省への達が発せられた。「其省中第六局被廃参謀局被置候條此旨相達候事[47]」。ここに第六局は廃止されて参謀局が置かれ、同年六月一八日、参謀局条例が定められた[48]。重要な条文を掲げておく。

第一条

参謀局ハ東京ニ於テ之ヲ置キ陸軍省ニ隷属ス

第二条

局長ハ将官一人ヲ選任ス其階級ハ予メ定メス唯其人ヲ以テス

第三条

参謀局長ハ陸軍卿ニ属シ日本総陸軍ノ定制節度ヲ審カニシ兵謀兵略ヲ明カニシ以テ機務密謀ヲ参画スルヲ掌ト

ル平時ニ在リ地理ヲ詳カニシ政誌ヲ審カニシ戦時ニ至リ図ヲ案シ部署ヲ定メ路程ヲカキリ戦略ヲ区画スルハ参謀局長ノ専任タリ

この明治七年参謀局では、局長（「将官」）の下、七つの課が置かれた。すなわち、①総務課（総務課内に「課報提理」も設置）、②亜細亜兵制課、③欧亜兵制課、④兵史課、⑤地図政誌課、⑥測量課、⑦文庫課である。その名称からは、②亜細亜兵制課から⑦文庫課までの任務は、第六局時代とさほど大きな変化はなかったように思われる。

注目すべきは、参謀局条例によって局長の任務や立場が明確に整備された点であろう。そして、「参謀大佐一人」をその課長に充てると規定された参謀局総務課は、局内で大きな権限を有する筆頭格の課であったと考えられる。(49)ただ、この時点ではいまだ、軍政機関と軍令機関とが対峙するという構図にはない。参謀局条例が示すように、参謀局は「陸軍省ニ隷属ス」。つまり参謀局は、陸軍省からの組織的な独立を果たしていない。更に、参謀局長は「陸軍卿ニ属」するともあった。あくまでも陸軍省・陸軍卿のコントロールを受けながら、「日本総陸軍ノ定制節度ヲ審カニシ兵謀兵略ヲ明カニシ以テ機務密謀ヲ参画スルヲ掌ト」り、「平時ニ在リ地理ヲ詳カニシ政誌ヲ審カニシ戦時ニ至リ図ヲ案シ部署ヲ定メ路程ヲカキリ戦略ヲ区画スル」というのが参謀局長の専任事務であった。

参謀局長の任務が明確に示された一方で、参謀局・参謀局長がなお陸軍省・陸軍卿のコントロールを受ける旨も明確に示されていた点は、無視できない。明治七年参謀局設置について、「二元的組織の確立となる後の参謀本部の独立、すなわち陸軍軍令機関の独立は、ここに明瞭にその第一歩を踏み出したものと見るべき」(50)との評価は確かに適切だが、いまだ「第一歩を踏み出した」程度のものであったことは軽視できない。参謀局を軍令機関のはしりと見ることが許されるならば、この時点では、軍政機関が軍令機関を完全に抑えることが可能であった。

ところで、この明治七年参謀局は、そもそも誰が献策をして設置されるに至ったものなのか。この点、当時三年以上に及んだベルリン留学から帰朝して間もなかった桂太郎が[51]、次のように語っている。

「抑も此参謀局を特別任務として、行政と分離せざるべからずといふ事は、我が建議したる所にして、従来参務〔謀──宇野俊一注〕事務を陸軍省第六局に於て執り来りしを、特に之を分離して参謀の一局を置かるゝに至りしは、我が建議に依て行はれたるなり[52]」。

この『自伝』を素直に読む限り、参謀局を設置するよう「建議」したのは桂であったということになる。ただ、『自伝』からは、桂の目指した陸軍省（行政）と参謀局との「分離」がどのような「分離」を指すのか、今一つはっきりとは分からない。ただ、設置された実際の参謀局と陸軍省との関係こそが桂の目指した「分離」であったと仮定すれば、小林道彦が指摘するように[53]、「分離」とはいいつつも、陸軍卿による参謀局のコントロールを桂が志向していたということになろう[54]。桂は、参謀局設置後、陸軍少佐に進級し、参謀局諜報提理に任じられている。

この参謀局設置の後の明治七年一一月二五日、陸軍省本省の条例が改正された。ほとんど同じ時期（同年一〇月二二日）、職制表も一部改訂された。統帥権問題史上で注目すべき「編制」は、明治六年と同様、すなわち参謀局設置以前と同様、陸軍省第一局第一課の任務となっている（「全軍ノ員数並ニ現役軍団ノ編制取扱ノ事[55]」）。そして歩兵や騎兵、砲兵などの各兵科別の「編制」の事務も、明治六年と同じく、陸軍省内の各兵科に関する事務を担う各局の任とされている。この「編制」業務の担い手が陸軍省本省なのか、或いは後年の参謀本部へと連なる参謀部局なのかという点は重要なものだと思われる。というのも、この時点では陸軍省本省が「編制」を担っていたが、官制上、明治一一年参謀本部条例の制定後、それが変わるからである。

この「編制」管轄の問題と同時に、明治一一年参謀本部設置を境にして、もう一点明らかな変化があった。変更前のそれがあるのは、明治八年一一月二五日制定の陸軍職制及事務章程である。この陸軍職制及事務章程は、「省内職務ノ制」、「所管官庁ノ職制」、「奏請ヲ経テ施行スル者ト陸軍卿ノ専決ニ属スル者トノ分」を各章にて明らかにしたもので、その第一条には「陸軍省ハ陸軍兵馬ニ関スル一切ノ事務ヲ管理スルノ所トス」とある(56)。参謀機能を含め、「一切ノ事務ヲ管理」するのが陸軍省の役目であった。

しかし、この陸軍省の役目は、参謀本部の設置を契機に変化した。上の陸軍職制及事務章程は、参謀本部設置後の明治一二年一〇月に改正され、陸軍職制と陸軍省職制事務章程との二つに分割された(57)。陸軍職制は陸軍省や参謀本部等を含めた帝国陸軍全ての組織に関する職制を一括して定めたものであり(58)、陸軍省職制事務章程は陸軍省を対象とした職制・事務章程であった。

この明治一二年の陸軍職制・陸軍省職制事務章程では、先の明治八年陸軍職制及事務章程の「陸軍省ハ陸軍兵馬ニ関スル一切ノ事務ヲ管理スルノ所トス」に該当する条文は、次のように改められている(59)(60)。

陸軍職制第二条

陸軍省ハ陸軍所属ノ軍人軍属ヲ統理シ進退黜陟会計給与一切ノ事務ヲ総理スルノ所トス

陸軍省職制事務章程第一条

陸軍省ハ陸軍軍人軍属ヲ統括シ進退黜陟会計給与ニ関スル事務及ヒ近衛鎮台要塞並ニ憲兵ニ関スル軍務ヲ総理ス

参謀本部設置前の陸軍省は、「陸軍兵馬ニ関スル一切ノ事務」(明治八年)という、ほとんど留保なき管轄の権限を示された組織であった。しかし、参謀本部設置後の陸軍省は、「陸軍所属ノ軍人軍属ヲ統理シ進退黜陟会計給与一切ノ事務」、或いは「陸軍軍人軍属ヲ統括シ進退黜陟会計給与ニ関スル事務及ヒ近衛鎮台要塞並ニ憲兵ニ関スル軍務」という留保を附されたかたちでその管轄の権限を示されることとなった。

そして、この明治一二年時点で、統帥権問題史上で注意を要する「編制」事務が、陸軍省から離れ始めていたと思われる。それは、明治一一年一二月の参謀本部条例制定（後述）の後の明治一二年の陸軍省条例から、見当がつく。

明治七年時点での陸軍省条例では、先述の通り、陸軍省の第一局第一課が「全軍ノ員数並ニ現役軍団ノ編制」を取り扱うとあり、各兵科別の「編制」事務も、兵科別に設置された各局に割り当てられていた。しかし、参謀本部設置を受けた後の陸軍省条例（明治一二年一〇月一〇日改正）では、[61]陸軍省の権限から「編制」が大幅に削除されている。「編制」の字句を探してみると、第一局から改称された総務局において、[62]「軍法会議ノ編制」が総務局軍法課の職掌中に見られる程度である。歩兵、騎兵、砲兵、工兵に関する事務を担当していた人員局歩兵課と騎兵課、砲兵局人員課、工兵局人員課辺りが、明治八年陸軍省条例にて設置されていた兵科別各局の「編制」事務の担当課の後継と思われるが、それら各課に示された職掌中に「編制」の字はない。

では、陸軍省の中から外された「編制」事務はどこへ行ったのか。それは、明治一二年一〇月の陸軍省条例の改正に先立つことおよそ一〇カ月、明治一一年一二月制定の参謀本部条例の中に発見できる。

六　明治一一年参謀本部条例

ここで改めて確認したいのは、明治一一年参謀本部以前の参謀組織が「陸軍省ニ隷属ス」る立場（前述の参謀局条例第一条）にあった点である。この「隷属」的立場を変えたのが、明治一一年一二月の参謀本部の設置であった。まずは、参謀本部条例から重要な条文を掲げておく。[63]

第一条
参謀本部ハ東京ニ於テ之ヲ置キ近衛各鎮台ノ参謀部ヲ統轄ス
第二条
本部長ハ将官一人勅ニ依テ之ヲ任ス部事ヲ統括シ帷幕ノ機務ニ参画スルヲ司トル
第三条
次長一人将官ヨリ之ヲ任ス本部長ト相終始シテ部事ヲ整理ス但之ヲ置クハ事務ノ繁閑ニ従フ而シテ其官階モ予シメ定メス時宜ニ依ル
第四条
凡ソ平時ニ在リ陸軍ノ定制節度団体ノ編制布置ヲ審カニシ予メ地理ヲ詳密ニシ材用ヲ料量シ戦区ノ景況ヲ慮リ兼テ異邦ノ形勢ヲ洞悉シテ参画ニ当リ遺算ナキハ本部長ノ任ニシテ之ニ就テ其利害ヲ陳スルヲ得
第五条
凡ソ軍中ノ機務戦略上ノ動静進軍駐軍転軍ノ令行軍路程ノ規運輸ノ方法軍隊ノ発差等其軍令ニ関スル者ハ専ラ本部長ノ菅知スル所ニシテ参画シ親裁ノ後直ニ之ヲ陸軍卿ニ下シテ施行セシム
第六条
其戦時ニ在テハ凡テ軍令ニ関スルモノ親裁ノ後直ニ之ヲ監軍部長若クハ特命司令将官ニ下ス是カ為メニ其将官ハ直ニ大纛ノ下ニ属シ本部長之ヲ参画シ上裁ヲ仰クコトヲ得
第七条
此事情ノ洞悉ヲ詳密ナラシムル為ニ本部長ノ下ニ管東管西ノ二局ヲ置キ本部長大中佐ノ中各一人ヲ撰ミ局務ヲ

督理セシム

第一四条

本部長ノ下別ニ一課ヲ置キ総務課トシ以テ部内ノ庶務会計等ノ事ヲ司ラシム課長副官中少佐ノ内一人之ヲ総理シ課内書記官若干員ヲシテ人員布令図籍版刻等ヲ分掌セシメ又会計官ヲシテ給料其他諸費計算ノ事ヲ掌ラシム

第一五条

以上二局一課ヲ以テ部ノ本体トシ而シテ其支部トシテ参謀伴属ノ諸課ヲ置ク其一ヲ地図課トシ其二ヲ編纂課トシ其三ヲ翻訳課トシ其四ヲ測量課トシ其五ヲ文庫課トス

第一六条

此伴属諸課ハ本部ノ管東管西二局ノ佐尉官ヲ以テ其課長ニ任シ若クハ他ノ陸軍将校其技術ニ通スル者ヲ選ミ之ニ任ス必ス一定セス時ノ宜シキニ従フ皆本部長ノ命ヲ奉シ其課僚技術上ノ功程ヲ督視ス

一読してまず、明治七年参謀局条例では参謀局が陸軍省に「隷属」し且つ参謀局長は「陸軍卿ニ属シ」ていたのが、この明治一一年参謀本部条例ではそれに該当する文言がない点に気付かされる。

加えて、明治七年参謀局長の任と明治一一年参謀本部長の任とを読み比べて気付かされるのは、「団体ノ編制布置」なる字句が追加された点である。「編制」という字句が陸軍省本省の権限から消えた理由は、新たに制定された参謀本部条例が答えを示している。

さて、この参謀本部条例の制定直前に作成されたもので、『法規分類大全』では「陸軍省定額金ヲ増加シ参謀局ヲ皇張セシム」との件名を附された陸軍省の上申がある。参謀本部設置過程を考察していく上で、特に重要な一史料である為、その全文を引用したい。

「陸軍ノ事項タル類ヲ分チ門ヲ別ケ之ヲ数フレハ指屈スルニ遑アラスト雖モ其大要タル事務ハ区シテ二大別トナスヘシ曰ク政令ナリ曰ク軍令ナリ而シテ其政令ノ如キハ自カラ本省ノ奉行スル所ニシテ軍令ニ至テハ則参謀局ノ専任スル所タリ今試ニ其大綱ヲ挙ンニ参謀局長ノ任ハ日本総陸軍ノ定制節度ヲ審カニシ兵謀兵略ヲ明カニシ以テ機務密謀ヲ参画シ平時ニ在テハ地理政誌ヲ審カニシ戦時ニ在テハ図ヲ案シ部署ヲ定メ路程ヲ限リ戦略ヲ区画スル等ニ在リ夫レ本総陸軍ノ定制節度ヲ審カニシ兵謀兵略ヲ明カニスルハ其任極メテ重大ニ属シ地図政誌ヲ審カニシ戦略ヲ区画スルハ其責固ヨリ少小ニ非サルナリ然ハ則同局ノ規模体裁権限ノ如キモ亦凡ソ本省ノ政令ト相並立セサルヘカラス然リ而シテ明治七年六月初テ陸軍参謀局ヲ置カレシヨリ今ニ四年ナリ其任スル所ノ事蹟挙カラサルニハ非サレトモ未タ十分ニ其本務ヲ皇張スルニ至ラサルモノアルカ如キハ他ナシ陸軍ノ創設尚十年内外ニ在リ殊ニ同局ノ設置ハ月日更ニ浅短ニシテ其間又多少ノ事変ニ遭遇シ掣肘ノ憾ミ少ナカラサルノ致ス所ナリ今ヤ陸軍本省政令ノ諸規ハ月ニ年ニ確立シ学科技術ハ日ニ週ニ進歩スルヲ覚ヘ之ヲ旧年ニ比スルニ頗ル面目ヲ一新シタリト謂フヘシ去レハ今日ニ在テハ総陸軍ノ根基ニシテ軍令ヲ掌ル所ノ参謀局モ亦其負担スル上件諸般ノ本務ヲ皇張シ以テ他ノ進歩ノ度ニ副セサルヘカラス且欧州一二文明国ノ陸軍参謀局ヲ観ルニ其規模広大ニシテ局長ノ権力ハ殆ト陸軍卿ト相頡頏セリ其任トスル所戦時ハ勿論平時タリトモ苟モ軍令ニ係ル者ハ尽ク局長ノ関カリ知ラサルナキヲ以テ聊モ渋滞凝塞スルコトナク機密ノ規画内ニ成テ遠大ノ謀略外ニ行ハル如此ニシテ然シテ後ニ始メテ以テ陸軍ノ根基タルヘシ今我参謀局ノ規模ヲ以テ我邦現今陸軍政令ノ進歩ニ対シ欧州陸軍参謀局ノ体裁ニ照スニ権衡已ニ其平ヲ失ヒ程度又遠ク及ハサル者アリ其源因ハ上ニ縷述スルカ如ク已ムコトヲ得サルヨリ出ルモノニシテ亦深ク咎ム可ラスト雖モ之ヲ要スルニ今ノ参謀局ハ明治十一年度ノ参謀局タルニ足ラス日本帝国ノ参謀局タルニ足ラサルナリ然ハ則チ之ヲ為ンコト如何其条例ヲ改正シ其定額金ヲ増加シ以

テ之ヲ皇張スルニ在ルノミ其条例ハ当サニ省議ヲ罄シ不日改正ノ案ヲ草シ以進止ヲ取ラントス定額金ニ至テハ是マテ一年度僅カニ八万円有余ノ分賦ニ過キサレハ実ニ以テ事ヲ成スニ足ラス是モ亦目途ヲ立テ諸項ヲ別タハ蓋シ若干ノ増加ヲ要スル者アラントス然ルニ陸軍ノ総定額金ハ屢々上申シタルカ如ク毎歳減削ノ余ヲ以テ諸隊諸官庁必用ノ事務ヲ挙行スルモノナレハ縦令ヒ参謀局皇張ノ為メナルモ彼レヲ扣除シテ此ニ那移スヘキ者アルコトナシ願クハ前條ノ旨意ヲ明察セラレ増額ノ分ハ定規外ニ於テ別ニ支給セラレンコトヲ謹テ明裁弁可ヲ仰ク」(64)。

この陸軍省上申の中で最も注目に値するのは、「陸軍ノ事項タル類ヲ分チ門ヲ別ケ之ヲ数フレハ指屈スルニ遑アラスト雖モ其大要タル事務ハ区シテ二大別トナスヘシ曰ク政令ナリ曰ク軍令ナリ」という、冒頭の一節である。上申曰く、陸軍省は「政令」を担い、参謀局は「軍令」を担う。ここでの「政令」と「軍令」との別は、まさしく軍政と軍令との別を意味しよう。

そもそも陸軍省の担うべき軍事行政に関して、当時最も精通していた一人が、明治七年参謀局は自分の「建議」の故に設置されたのだと『自伝』で語った桂太郎であろう。ここで再び、彼の『自伝』を引用したい。まず、明治八年、桂は、ドイツ公使館附武官を命ぜられた際、陸軍卿の山縣有朋に対して次のように述べたという。

「我は伯林に在留中軍政の事を研究するを重なる目的と為さんとす。何となれば軍事行政は最も緊要にして、未だ我国の陸軍に於て其順序方法を十分に研究する所あらざるを以てなり」(65)。

そもそも桂の持っていた印象としては、当時の陸軍では、「軍事行政と軍事との区域未だ判然たらざりし」(66)といった有りさまであった。公使館附武官としてドイツに赴き、また時々オーストリアへも「兵備諸般講究視察」せよ(67)と命じられた桂の帰朝は、明治一一年七月のことであった。桂の帰朝後、西南戦争の恩賞等への不満から一部の将兵が叛乱を起こした（竹橋事件）。そして、西南戦争及び竹橋事件を受けて、「参謀事務を改良せざるべからず」[68]との議論が起こったという。しかし、桂は、当時盛り上がりを見せた「参謀事務」改良論に簡単に与することはしなかった。曰く、

「然れども其論者〔「参謀事務」改良論者〕と雖も、参謀事務とは如何なるものなりやは、未だ其脳裡に明々白々にはあらざりしならん。兎に角参謀事務の不完全といふ点より、参謀本部を置かざるべからずといふことゝなれり。此参謀本部設置を唱和したる人々と、我が参謀本部を置くといふ論とは、大に径庭ありしもの丶如し。然れども陸軍の一大改革を為すべき気運の来りしには相違なかりしなり[69]」。

軍事行政をドイツ及びオーストリアで吸収してきた軍制理論家・桂太郎からすれば、日本国内で起こっていた「参謀事務」改良論は、そもそもではその「参謀事務」とは何かと問われるならば、その不明瞭さが露わになってしまう程度のものであった。とはいえ、桂がこの件と無関係でいられるはずがなかった。「参謀事務」改良論の高まりに伴って、帰朝間もない桂に対して、何らかの意見を述べよとの命があるのは当然であろう。事実、桂が語るところでは、彼は「如何にして参謀本部を組織すべきやの諮問」を受けた。桂は次のように述べている。

「此に依て従来参謀局は陸軍省に隷属せしが、此年の十二月に、参謀本部は天皇の直轄たらざるべからずとし、純然たる軍事を陸軍省と引分け、軍命令は直轄となり、軍事行政は政府の範囲に属すべしといふ自然の空気が起こりしなり。然れども未だ如何なる方法、如何なる組織といふ研究をなして此の論を立てたるにはあらず。而して愈々参謀本部を置くに決し、我は参謀本部の方に従事することゝなり、如何にして参謀本部を組織すべきやの諮問をうけたり。本来我が計画は軍事行政を整頓し、その残余の事務が即ち純然たる参謀本部の事務なりと推考せしに、この全体の意向とは反対したれども、俗にいふ田を往くも畔を往くも同じ道理なりと決心

し、最初参謀本部御用係を命ぜられ、同本部の組織に参与し、此時を以て陸軍中佐に進み、次で同本部管西部長に補せられたり」[70]。

この一節からは、小林道彦の指摘するように、桂が「この時の陸軍の大勢を占めていた参謀本部設置論にはかなりの違和感を覚えていた」[71]ことがよく分かる。そもそも、参謀本部を設置するのでその組織や任務を選定せよという参謀本部設置への手順が、桂には不服であった。

桂の考えでは、まずは「軍事行政を整頓」して陸軍省の担うべき軍政を確定しなくてはならず、そして、その「残余の事務」が参謀本部の負うべき任務となる。参謀本部の組織論から考えるのか、陸軍省の担う軍事行政からまず考えるのか。「田を往くも畔を往くも」云々との一節は、この違いを明瞭に示している。もっとも、参謀本部の設置は、「政令」と「軍令」との別の為だけで行われたものではなかったが[72]、この桂のエピソードは、彼が軍というものをどのように考えていたのかを推し測る際の良材である。桂が軍事行政の重要性を唱える時、それは国家と軍隊との関係を視野に入れたものであった。明治八年、留学中の桂が木戸孝允に宛てた手紙（八月二五日付）には、次のようにある。

「小子本邦に罷在候節、毎々言上仕候事に有之候通、陸軍は素より政府人民を保獲〔護――千葉功注〕するの一器械に而、素より平時に御坐候へは殆んと無用に属する物而已ならず、兵政悪き時は却而政府之害に相成可申は、欧州各国之暦〔歴――千葉功注〕史上に而も審なる事に御座候。然処今日位之文明開化之度に而は、中々以海陸軍無之候而各国併立と申訳には参り兼候故、何卒々々政府に対し陸軍の何物たると、陸軍に対し政府の何物たると相互に審かにし、共に其の国家を保獲〔護〕するの良法を得を以て急務と奉存候。其の良法と申候は決而他に有之間敷、独乙語に而申処の heerwesen《ママ》（兵の其の国に在りて兵の兵たる所謂の道の云なり。即ち政事学の一部なり）並に heeresverwaltung〔ママ〕（兵を維持するの云。即ち軍事会計も此の一部なり）の両科を能くするの外手立有之間敷、右両科相調ひ候上は、兵士之規律等は不云して相調可申候故、近く本邦陸軍に従事する者之最も着目勉励する之専要する処に奉存候」(73)。

当時日本にあって国内行政の改革作業に当たっていた木戸に宛てたこの手紙からは、桂がとりわけ Heerwesen（兵制）と Heeresverwaltung（軍事行政）とを重視していたことが判明する。このように、桂は、軍隊が或いはかえって政府にとって害悪にさえなり得る場合を認め、国家と軍隊との関係を解明することの重要性を説いた。その際、彼がキー・ポイントと見たのが、兵制・軍事行政であった。

また、『桂太郎伝』中に紹介されている真鍋斌（明治七年から一三年まで陸軍省に勤務）の証言は、桂が果たした軍制上の貢献を以下のようにまとめている。

「陸軍制度改正に就て、桂公の一番苦心されたのは、従前の仏蘭西の軍制を基礎として陸軍が出来て居つた、又総べての学問上の点からも、制度の点からも仏国式であつた、其れを桂公が独逸に行かれて、彼地の制度を取調べられた結果、何うしても独逸式でなければ可かぬ、今日で云へば、或は議論があるかも知れぬが、其の時の桂公の考では、仏国の制度では可かぬ、其の理由は日本の陸軍の制度とするには、仏国よりは独逸の調子が、全く日本の国民性に適つて居る点が多い、之れで遣れば、詰り日本の国民性の上に立つた陸軍制が、出来ると云ふのが、大体の考であつたと思ふ。そこで其れを成立せしむると云ふには、当時仏蘭西学者の勢力が非常に強い、なかなか之を独逸の制度に変へると云ふ事は、困難である。此の点に就ては、桂公が一番苦心された事であらうと思ふ(74)」。

桂による「独逸式」への転換は、明治一一年以後に制定された多くの陸軍関係法令の中に見出せる。参謀本部条例のみならず、監軍部条例、陸軍検閲条例、陸軍会計部条例等を含め、「公が曾て独逸に在りて修めたる学理と、実地練習したる経験とを応用し、以て我か国民性に適すへく起案したるものに基きたる所、蓋し鮮少ならさりしか如し」[75]。明治三年、「兵制之儀ハ皇国一般之法式可被為立候得共今般常備兵員被定候ニ付テハ海軍ハ英吉利式陸軍ハ仏蘭西式ヲ斟酌御編制相成候條先ツ藩々ニ於テ陸軍ハ仏蘭西式ヲ目的トシ漸ヲ以テ編制相改候様被仰付候事」という命が下されていたことは、先に紹介した。それから一〇年ほどを経て、桂を理論家兼実務担当者として、陸軍軍制の「独逸式」への再編が始まったことになる[76]。

以上のように、桂太郎が具体的な設計者となって、軍政と軍令との別に基づき、参謀本部は明確に陸軍省より独立した。その軍政と軍令との別は、桂がプロイセン・ドイツで実際に見聞してきたものに由来する。その後の陸軍組織のあり方を規定した考えを日本に根付かせ、参謀本部の独立に関して理論的に寄与したという点は、桂の留学の最も大きな成果であったともいえよう。では、そもそも桂が学んだプロイセン・ドイツの軍制とはどのようなものであったのか。以下、項を改め、プロイセン・ドイツ軍制について概観したい。

七　プロイセン・ドイツ軍制とその受容

明治国家の軍制のモデル、すなわち近代日本の新軍制の「模範国」[77]であったプロイセン・ドイツへの視察・留学を経験した面々には、山縣有朋や大山巖、桂太郎らのように、日本陸軍の指導者が含まれていた。とりわけ桂は参謀本部の設置過程でも活躍し、彼がその折、軍事行政の重要性や「参謀事務」の何たるやを問うていたことは先に見た。

ここでプロイセン・ドイツ軍制に触れることで、桂が学んだものを大まかながら知ることができよう。プロイセンでは、ナポレオンとの戦争に敗れたことで生じた改革によって、軍事に関する権力の全てを一度陸軍省に集約した（一八〇九年）。その後のプロイセン・ドイツ帝国における軍制史は、この集約された権限を徐々に切り離していく歴史であった。桂が学んだプロイセン・ドイツ軍制は、まさにその歴史の渦中にあった。そこでまずは、一八〇〇年代初頭になされた陸軍省への権限の集約体制構築期から、プロイセン・ドイツの軍制を概観していきたい(78)。

(一) プロイセン陸軍省の創設――軍事権限の統合化

プロイセン及び一八七一年以降のドイツ帝国の軍制は、ナポレオンとの戦争に敗れた後に行われた軍制改革を基礎とした。

一八〇六年のイェナ・アウエルシュテットの戦いで、プロイセンはナポレオン軍に大敗を喫し、多額の賠償や領土の割譲等を認めたティルジット条約が締結された（一八〇七年）。シュタイン（Heinrich Friedrich Karl vom und zum Stein）とハルデンベルク（Karl August von Hardenberg）による有名な国政改革は、ナポレオンに屈したプロイセンを立て直すべく行われたものであったが、当然、軍制改革も進められた。往時のフリードリヒ大王の軍事的名声を高めた古い軍隊の滅亡は、新たな軍隊を創出する為の改革を必要としていた(79)。

この軍制改革の陣頭指揮に当たった軍人が、シャルンホルスト（Gerhard von Scharnhorst）であり、その下にいたグナイゼナウ（August Neidhardt von Gneisenau）らであった。なお、彼らによる軍制改革の全体像については、既に、それを簡潔に提示する優れた研究があるが(80)、本書で問題として扱っている軍政機関と軍令機関との関係という観点から検討すべきは、一八〇九年のプロイセン陸軍省（Kriegsministerium）の創設と、その陸軍省に集められていた軍事権限が段階的に解体されていく様子とである。

陸軍省創設は、軍事権限の集約化にその意義を求めることができる。そもそも、一八〇六年の対ナポレオン戦争で見られたプロイセン軍の構造的欠陥は、その戦争指導が、国王直属の軍隊再編委員会（Immediat-Militärreorganisationskommision）や最高戦争会議（Oberkriegskollegium）等のいくつかの機関によって分裂的に担われていた点にあった。(81) シャルンホルストらによって主導されたプロイセンの陸軍省創設は、この構造的欠陥を克服すべく進められたものであった。かような目的の下で創設された為、当然、陸軍省には軍事的な権限の全てが集約されなくてはならない。一八〇九年設立当初の陸軍省は、軍令や人事を含め、全ての軍事業務に関する独占的な権限を――平時に限ってではあったが――有する官庁であった。(82) つまり、この時のプロイセン陸軍省は、軍事権限統合の府として登場した。

当初の陸軍省は二部局制であり、一方は軍司令（Kommando）及び組織（Verfassung）を担い、参謀本部機能をも含むもので、もう一方は経済的な行政を担うものであった。(83) 軍制改革を主導したシャルンホルストは前者の長に就き、事実上、彼の下で軍事業務の全体的な指導が行われていた。軍令権、軍事行政、人事部局、参謀本部といった、後年ばらばらに分裂していくものは、この時、シャルンホルストの主導によって陸軍省において統合されていた。(84) 軍事権限の一元的な管理こそが、陸軍省創設の最大の成果であった。

しかし、シャルンホルストらによって企図された陸軍省本省による軍事権限の集約体制は、永続的な体制とはなり得なかった。シャルンホルストの後継者であり、対ナポレオン解放戦争（一八一三年～）中に陸軍大臣となったボイエン（Hermann von Boyen, 陸相在任は一八一四～一八一九年）が退任すると、徐々に、シャルンホルストらの作り上げた体制に変化が生じ始める。ミュッフリンク（Karl von Müffling）が一八二一年に参謀総長（Chef des Generalstabs der

Armee）に就くと、参謀本部は徐々に独立化への動きを見せた[85]。また更に、人事に関しても、一八二四年、その業務を担うべく、陸軍省に第三の部局が創設されるに至ったが、これは後に陸軍省を離れ、軍事内局（Militärkabinett）として議会の干渉を受けない組織へと発展する（両組織については後述[86]）。つまり陸軍省は、シャルンホルストとボイエンとの下でのみ、軍事権限を包括的にその管理下に置く組織であって、ボイエン退任後、徐々にその体制が崩れていった[87]。それは、参謀本部及び軍事内局が組織的・権限的な独立を少しずつ手にしたからである。

ただし、陸軍省に集められた軍事権限を分散させる決定的契機は、一八四八年の革命と、その後の憲法争議とにあったといえる。軍事に対する議会の追及を回避するには、陸軍大臣の軍事権限を削げば良い。後年、陸軍省はもっぱら行政事項を担う組織とされ、参謀本部及び軍事内局を陸軍省から独立的に分立させたのは[88]、議会対策でもあった。

（二）参謀本部と軍事内局——軍事権限の再拡散化

プロイセン軍の敗北から始まった軍制改革の成果であった陸軍省による軍事権限の統合は、ボイエン退任後、徐々にその構造が崩れ始めた。その際、鍵となった組織は、参謀本部と軍事内局であった。ここでは、両組織の独立過程を、ドイツ帝国成立以降にも対象を拡げて見ていきたい。

まずは、プロイセン参謀本部についてである。一八一四年、参謀本部は陸軍省本省の一部局（Generalstabsdepartement）として編入されたが、一八二一年に陸軍省に関係なくミュッフリンクが参謀総長に任命されたことによって、陸軍省による統合が解体へと進み始めた。陸軍省の一部局であった参謀本部は、一八二五年に陸軍省から独立する。ただし、参謀総長は国王に直隷するものではなく、直接上奏の権限を有していなかったことには注意をすべきである。(89) この点、日本の参謀本部（長）とは大きな違いがあった。日本の参謀本部では、明治一一（一八七八）年の創設と同時に、直接に天皇へと上奏する権限（つまり帷幄上奏権）を参謀本部長に対して与えていた。(90) この違いについては、後に少々言及したい。

プロイセンの参謀総長に直接上奏権が与えられたのは、モルトケ（Helmuth Karl Bernhard von Moltke）参謀総長の時代であった。ただ、モルトケが参謀総長に就任したのは一八五八年であるが、すぐさま参謀総長に直接上奏の権限が与えられた訳ではなかった。三つの戦争、すなわち対デンマーク戦争（一八六四年）、対オーストリア戦争（一八六六年）、そして対フランス戦争（一八七〇年）を経て、参謀総長に直接上奏の権限が付与される。

それぞれの戦争で、参謀総長モルトケは、国王への軍事的な助言を行う機会を得ていた。彼は、対デンマーク戦争の時には陸軍大臣ローン（Albrecht von Roon）の計らいによって、対オーストリア戦争の時には軍事内局長トレスコウ（Hermann von Tresckow）の計らいによって、軍事的な助言を国王へと行った。(91) 更に、対オーストリア戦争中の一八六六年七月に出された政令（Kabinetsorder）では、参謀総長は戦時において直接に軍司令部に対して命令を伝達し、陸軍省に対しては通知をするのみで足るとされた。(92) ここでも、陸軍省の権限が縮減され、参謀総長の権限が拡張されたことになる。ただし、対フランス戦争でも功績をあげたモルトケであったが、プロイセン宰相ビスマルク（Otto von Bismarck）の政治的指導に服する姿勢をとり続けたのもまた事実であった。この点は、一八七一年のドイツ帝国成立後も変わらなかった。

帝国成立後も、モルトケが戦争中に得た地位、すなわち戦争への戦術的・戦略的な準備を決定し、作戦計画について国王の直接的助言者であるという地位は維持された。しかし、この時の直接上奏の権限は、モルトケ個人に与えられたもので、参謀総長職に付与された訳ではなかった。これはモルトケに対して個人的に与えられた名誉的権限であり、皇帝のその都度の要請によって上奏が許されているに過ぎなかった(93)。

直接上奏権はモルトケ個人に与えられたものであり、参謀総長職に与えられたものではないという帝国創設後の状況を一変させたのが、一八八三年五月二四日の政令（Kabinettsorder）であった。この政令は、参謀総長に定期的な直接上奏の機会を認めるものであった。

以上、プロイセン・ドイツでの参謀本部の権限拡大の過程を追跡した。先述のように、プロイセン・ドイツの参謀総長が直接上奏権を獲得するまでの長い道のりは、日本の参謀本部長がその職の設置と同時に帷幄上奏権を有していたことと大きく違った。一八二五年に陸軍省から参謀本部を独立させたプロイセンでは、参謀総長に直接上奏の権限を即座には認めず、一八八三年に初めて、法令上、定期的な直接上奏の機会を参謀総長に与えたのである。モルトケ個人の力量によってこの直接上奏権の獲得が叶った面もあろうから、或いは彼が参謀総長でなかったならば、また違った歴史を辿ったかも知れない。

このプロイセン・ドイツ帝国の事例と比較してみると、日本では、明治一一（一八七八）年の参謀本部設置以来、参謀本部長に帷幄上奏の機会が与えられていたという、軍制の《模範国》との違いに気付かされる。日本が参謀本部を設置した時、プロイセン・ドイツでは、参謀総長の定期的な直接上奏権はいまだ獲得されておらず、先述の通り、一八八三年の政令まで待たなければならなかった。ただ、モルトケが個人的に与えられた名誉的特権として、直接上奏の機会を提供されていた時期ではあった。

日本の参謀本部設置に奔走した桂太郎の初めてのドイツ留学出発は明治三（一八七〇）年末のことであった。ビスマルクやモルトケの政治・戦争指導による対フランス戦争勝利は、桂をして、ドイツ軍制の日本への輸入を決心させるに余りあるものであったに違いない。日本の参謀本部の前身であった明治七（一八七四）年設置の陸軍省参謀局も桂による提唱があった故とされるが、ドイツ軍制に関する造詣を深め、参謀組織への関心もあったのだから、モルトケが直接上奏を行っていた実態について桂が知っていた可能性は充分にあろう。

次に、軍事内局についてである。既述のように、対ナポレオン解放戦争（一八一三年）当時、全ての軍事権限は、シャルンホルストらによって陸軍省に集約された。しかし、ボイエンが陸相の座を去った一八一九年以降、人事を処理する陸軍省の人事課（Abteilung für die persönlichen Angelegenheiten）は、徐々に独立傾向を強めた。そして、後に軍事内局（Militärkabinett）として国王の直接的な助言者・協力者として仕えることとなる。(94)

プロイセン憲法争議の時期にマントイフェル（Edwin von Manteuffel）がこの長に就くと（在任期間は一八五六〜一八六五年）、軍事内局は事実上、陸軍大臣の下の一部署という位置付けを越えて、陸相ローンとの対立を深めた。この時は、マントイフェルが軍事内局長から解任されることで収拾がついたが、陸相の下にありながらも国王の直接的な助言者・協力者としても仕えるという軍事内局の不明確な二重的性格は、一八七一年のドイツ帝国創設以降も続いた。(95)

帝国成立後は、ローンの後任の陸相カメケ（Georg von Kameke）と、一八七一年から軍事内局長に就任したアルベディル（Emil von Albedyll）との対立が先鋭化した。このアルベディルの時代に、軍事内局長は、陸軍大臣の管理下から外れることに成功している。一八八三年三月五日の政令（Kabinettsorder）によって、士官人事は陸相に左右されずに軍事内局で処理され、軍事内局長に対して正式に定期的な直接上奏権が付与された。(96)

シャルンホルストが創り出した軍事権限を一手に収めていた陸軍省は、一八八三年を画期として、参謀本部と軍事内局との鼎立的地位へと引きずり降ろされたことになる。ドイツ憲法史家フーバーは、この一八八三年という時こそが、陸軍省に軍事権限を集約させようとしてシャルンホルストらが創り出した軍制を最終的に打ち壊した年であったという(97)。陸軍内部でのこのような権限の拡散は、もちろんそれぞれの部署の権限を拡張したいとの野心的理由による面もあったであろうが、当時の議会主義化の傾向が深く関係していた。

(三)　対議会責任の回避としての陸軍省権限の縮小

陸軍省に集められた権限の再拡散化は、プロイセン国家にも否応なく押し寄せてきた議会主義化の波から、国王の軍令権を守る為になされた措置でもあった。

陸軍大臣が対議会責任を負うことを考慮すれば、陸軍省を単なる行政官庁として再編・縮小し、議会政治に備えるという方策は有効であろう。軍令事務を陸軍省の業務範囲から取り除くことで、議会の影響を免れ得る。参謀本部及び軍事内局は独立性を徐々に得つつ、陸軍省から切り離され、両者の長は国王に直隷する地位を獲得した。陸軍省が士官人事の問題と戦時の作戦に関する準備の任務とを失ったのは、対議会責任を軍事領域で無力化することを狙ったものであった。しかしまた、その代償として、軍事権限は拡散し、シャルンホルストらによって主導された集権的機関としての陸軍省を単なる軍事行政を担うだけの官庁にしてしまった(98)。

プロイセンにおいて軍事と議会との関係が最も問われたのは、いわゆる憲法争議の時であった。プロイセン憲法争議については、本書第二章でも触れるが、ここでも必要な限りで簡単に言及しておこう。プロイセン憲法争議は、一八六〇年に陸軍大臣ローンが軍制改革案を議会に提示するも、それを議会が拒否したことで始まった。この混乱期に登場した宰相ビスマルクは、予算不成立時の憲法規定の欠陥を理由として、その際は政府が支出を決定できるとの憲法解釈を採用した。一八六六年になって、事後的ながら議会が政府の支出を認める免責法を議決することで、この争議は終幕した。

これは、議会からすれば、国王の有する軍司令権にまで議会の関与を認めよと迫る絶好のチャンスにもできた。しかし、結果からいえば、ビスマルクらは、国王の軍司令権を完全に守り切り、プロイセン憲法の本質的に君主制的な基盤である軍の独立を維持した[99]。

下院は、兵制の議会主義化と、政治的な体制そのものの完全な議会主義化とを目指していた。国王の軍司令権を切り崩し、軍隊を《議会の軍隊》（Parlamentsheer）とすることによって、である。しかし、国王ヴィルヘルム一世は、ビスマルクとローンの協力の下、軍司令権を守り、軍隊を議会から切り離すことに成功した。つまり、このプロイセン憲法争議がもたらしたものは、成文憲法で創り出されたはずの議会制度から、軍事秩序は継続的に区別されるということであった[100]。これは政治と軍事との分立であり、《国王には近く、議会とは遠い》という軍隊の特殊な性格が規定されるに至った[101]。このプロイセン憲法争議の結末は、プロイセン及びドイツ帝国が、あらゆる面で立憲君主制国家であるのか、或いは軍制についてはなお多少の専制的性格を持つものであるのか[102]との問いに対する施政者側の回答であったといえよう。そして、国法学の多くの著作も、大臣副署を不要とし、対議会責任のない国王の軍司令権が温存されたさまを、そのまま踏襲した[103]。

ところで、このプロイセン憲法争議の最中に示された一八六一年一月一八日の勅令（Allerhöchste Kabinettsorder）は、理論的な研究においても、更に実務においても、重要なものとして扱われた[104]。また更に、この政令の内容は、日本にも一定程度の影響を与えている。次章で述べる通り、日本における明治憲法起草作業において、大臣責任の除外事項を探る為の有用な指針として、ロエスレルがこの政令の内容を井上毅に教示していた。

ここに、三浦裕史によるこの一八六一年勅令の全文訳を引用しておく。

「即位の後、朕が汝に口頭で述べて置いたのは、軍隊に対する命令の告示に関して変更を加えたいということであった。

従来、個々の軍隊命令と様々な内容の命令には副署がなく、その一方で、他の軍隊命令と大部分の指令は、副署を伴って、軍隊や関係司令部等に告示された。こうした手続は勤務にとって不便である。この手続から錯誤と不確実が生じ、また、指令が副署を伴うことから、遠征において即時に処理すべき緊急事項に関して遅延が生じたのである。このことは、朕の軍旅に軍務大臣が随行していない場合、特に最近の動員に際して、しばしば明らかとなった。この欠陥は開戦時や戦時中において益々現出するであろう。従って、秩序を確定することが必要である。朕は、軍隊に告示する朕の命令すべてに軍事的命令の資格を付与したいと思う。但し朕は軍務大臣の地位も憲法規範も変わるべきではないと考える。

そこで朕は汝の上奏に基づき次の如く規定する。

一、軍隊命令、及び朕が軍事勤務事項や人事事項に関して発する命令は、副署を伴わずに送達される。

二、これらの命令が軍事予算に影響する場合や軍事行政の他の部門に関連する場合には、以下の手続を行う。

a　これらの命令が軍務大臣以外に対するものである場合には、当該規定を特別の命令を用いて発出させ、それから軍務大臣が副署をする。

b　これらの命令を軍務大臣に送付し更に適当な処置をとらせる場合には、記録に保存するため軍務大臣が副署する。但し命令の本文は軍事命令として、副署を伴わずに軍隊や関係司令部等に告示される。

三、その他、朕が軍隊事項について定めた規定で、命令を用いて軍務大臣に告示しないものは、従来の手続に依拠することとする。よって軍務大臣は適当な時期にすべてを知ることになる。

四、他のすべての命令で、軍事行政の全般ないしは個々の部門にのみ関連するもの、及び予算を変更するかまたは統治行為を含むものは、従来通り、送達の前に軍務大臣が副署する。

汝は本件に必要な措置を取らなければならない。

ベルリンに於いて、一八六一年一月一八日

〔親署——訳者〕ヴィルヘルム

〔副署——訳者〕フォン・ローン

軍務大臣へ[105]」。

この勅令が示すのは、陸相の副署の要否の別に加え、陸相が副署したにも係らず、命令の本文にはそれが隠匿されて告示されるという「秘密副署」制度の存在である[106]。陸相の副署の要否は、軍令事務と軍政事務との原則的な区別の提示と受け取られたであろうし、「秘密副署」は、陸相の対議会責任を覆い隠すことに貢献する。参謀本部及び軍事内局が陸軍省から切り離された当時、この勅令は、政治と軍事との分立を一層加速させた。プロイセンで形成されたこの政治と軍事との分立構造は、ドイツ帝国にも暗黙的に受け継がれた[107]。そしてそれは、明治日本の憲法体制にも、その流入の形跡が残っている。

（四）　組織と対議会責任

以上、非常に簡単ながら、プロイセン・ドイツ軍制に触れた。その上で明治日本の軍制に目を向けると、既に良く知られた事実ではあるものの、「国務」（政治）と「統帥」（軍事）との並立的な組織体系や、対議会責任と統帥権との関係について、明治日本がプロイセン・ドイツから学んでいたということが改めて分かる。

まずは、組織についてである。陸軍大臣から離れ、国王と直接的な関係に立つことを許された参謀総長と軍事内局長は、対議会責任を含めた政治との関係に気を配る必要がなかった。参謀総長の直接上奏権は、モルトケの個人的力量を原動力として、総長職設置からかなり経って与えられたものであった。この点、日本の参謀本部長が設置当初から帷幄上奏権を得ていたこととの違いは先に指摘した通りだが、参謀組織の長が陸軍省・陸軍大臣（日本では陸軍省・陸軍卿）から切り離され、別組織として自律化した点は、桂太郎を通じて、日本がプロイセン・ドイツ軍制から吸収したものであった。

次に、対議会責任の問題についてである。プロイセン憲法やドイツ帝国憲法では、国王の行為の全てに責任のある大臣の副署を要求したにも係らず、軍司令権に限ってはその例外としていた。日本もまた、同じ構造を採用するに至る。明治憲法第五五条と第一一条との関係は、まさしくその現れであった。この点は第二章で述べるように、憲法起草作業に当たった伊藤博文や井上毅がそれぞれ欧州留学や翻訳書等を通じて軍政と軍令との別を知ったことで、明治憲法体制に取り込まれていく。蓋し、プロイセンにて形成された「国務」と「統帥」（政治と軍事）との分立構造は、ドイツ帝国に受け継がれ、また更に、我が国の明治憲法体制の中にも流れ込んだのである。

普仏戦争後のプロイセン・ドイツは、世界で最も先端的な軍制を持つ国家であった。日本が新たな軍制の《模範国》をプロイセン・ドイツに設定したというのは、少なくともこの点では理由があったといわねばなるまい。

八　「本省ト本部ト権限ノ大略」及び「省部事務合議書」

さて、明治国家における参謀本部の設置は、先に見た。その参謀本部の権限は、当然、例えばそれまでの参謀局と比べ、大きなものとなる。その結果懸念されるのは、陸軍省と参謀本部との間で軋轢が生じるのではないかということであった。明治天皇も、この点を心配していた[108]。参謀本部の設置に伴い、陸軍省との関係を整理しなくてはならなかった。

もちろん、先に見た陸軍省上申の言葉を借りれば、「政令」事務と「軍令」事務との二大別があり、それぞれを陸軍省と参謀本部とで担うとする説明方法がある。ただ、それで万事が整うならば、後年のロンドン軍縮条約時における混乱は起こらなかったであろう。そういった混乱が起こったのは、「政令」事務と「軍令」事務との区別がはっきりとさせ得ないものだったからである。

ただ、区別の難しさがありながらも、区別の為の努力があったのも事実である。「政令」事務と「軍令」事務とに関して、陸軍省と参謀本部との権限関係を可能な限り明確にするという努力の痕跡として、「本局議案十一年十二月四日　陸軍卿上申本省ト本部ト権限ノ大略並ニ陸軍参謀本部条例[109]」中の「本省ト本部ト権限ノ大略」がある。参謀本部が一二月五日に置かれているので、それ以前に俎上にのぼっていたものである。以下、「本省ト本部ト権限ノ大略[110]」の全文を掲げる。

「一省部共ニ直隷タルニ相違ナシト雖モ主務タル事項ニハ差別無キ能ハス即チ左ニ開列ス

一人員黜陟並ニ入費向ノ事ハ本省ノ主務タルヘシ是カタメニ検閲ハ黜陟ニ関シ築造製造ノ事ハ入費ニ関スルヲ以テ本省ノ主務トス然レトモ将校ノ職務ヲ命シ或ハ之ヲ免スル等ノ事ニ於テハ陸軍卿本部長ニ移シテ上裁ヲ乞ハシム

一陸軍外ニ係ル事ハ何事ニ拘ハラス本省ノ主務タルヘシ是カ為ニ徴兵恩給ハ勿論其外官省院使府県ヘ照会スル亦本省ノ主務タリ

一前條ノ理由ニ依テ本部ニテ施行セント欲スル権内ノ事項モ陸軍外ニ渉レル時譬ヘハ某ノ地ヲ測量セント欲シ若クハ行軍演習ヲ行ハントシテ府県ニ照会スルカ如キハ本省ヲ経由セサレハ行フ可カラス又府県ヨリ本部ヘ照会セントスル事項モ本省ヲ経由スヘシ

一軍令ハ専ラ参謀本部ノ措置ニ係ルヘシ故ニ軍隊ノ出張進止分遣路程ノ規則等ハ但シ休暇兵ノ通行規則ハ猶本省ノ主管タルヘシ本部ノ主務ニ属ス

一右ノ理由ニテ軍令ノ事ニ就キ本部長参画シテ軍令ノ措置定リタル上ハ之ヲ本省ニ移シ陸軍卿ノ名ヲ以テ之ヲ発行スヘシ

一右ノ理由ニ就テ各鎮台ヨリノ伺届等ハ本省ヲ経由スヘシ其発令ハ勿論指令モ固ヨリ陸軍卿ヲ経由スヘキヲ以テ卿ヨリ長ニ移シ参画シテ措置定リタル上指令案ヲ以テ卿ヘ移シ之ヲ下行ス

一軍令ノ事ニ就テハ本部長創議（インチヤチフー）ノ権ヲ有スヘシ譬ヘハ定例ノ野営ヲ行フヘキカ如キモ其期日方法等ヲ予備シテ参画シ且卿ト施行ノ都合ヲ議決ス又軍隊ノ編制節度等ニ就キ本部長其利害ニ於テ改革セント欲スル時ハ亦創議ノ権ヲ有スヘシ然レトモ新設改革ノ事ハ孰レモ省部合議ノ上ニ非レハ施行スヘカラサルヲ以テ其特権ハ唯創議ニ止マルナリ」。

この「本省ト本部ト権限ノ大略」について、松下芳男『改訂明治軍制史論』に次のような記述がある。

「〔本省ト本部ト権限ノ〕大略は〔……〕当時如何なる理由であつたか、遂に制定されなかった。そして翌年一月に『省部事務合議書』が制定されたけれども、之れは〔本省ト本部ト権限ノ〕大略に代わるべきものではなく、全く事務的の内規に過ぎなかつた[111]」。

松下は、「本省ト本部ト権限ノ大略」は制定に至らず、翌年一月に「省部事務合議書」なるものが定められたという。ただ、それは「全く事務的の内規」であって、決して「本省ト本部ト権限ノ大略」の代わりとできるものではなかったとも指摘している。確かに、松下『改訂明治軍制史論』でも多数引用されている『法規分類大全』では、先にも記したように、「本局議案十一年十二月四日　陸軍卿上申本省ト本部ト権限ノ大略並ニ陸軍参謀本部条例」としか書かれていない。その後、この「議案」がどうなったのかは書かれていないので、これは「議案」に留まり、制定にまでは至らなかったと解しても良かろう。

ただ、この「議案」は決して単なる「議案」に留まるものではなかったのではないかと思わせるものがある。当時参謀本部副官であった堀内文次郎が明治三五年に編纂した「参謀本部歴史草案」では、それが制定されたとの認識に立っていたように見受けられる。

「従来陸軍省統轄ノ下ニアリシ参謀部ノ此際新タニ独立シタル結果執務上互ニ其職域ヲ明カニスル為メ同月〔明治一一年一二月〕七日陸軍卿ヨリ太政官ニ稟請シテ省部ノ権限ヲ定メタルコト左ノ如シ」(112)。

以上の一節に続き、先程の「本省ト本部ト権限ノ大略」が掲げられている。堀内は、一二月七日に「陸軍卿ヨリ太政官ニ稟請シテ省部ノ権限ヲ定メ」たと、記録を残している(113)。

更に、「省部事務合議書」は、「本省ト本部ト権限ノ大略」の代わりとして制定されたものではなかったのではないか。むしろそれは、「本省ト本部ト権限ノ大略」を《補充》する為に制定されたものであったのではないか。この点については、「省部事務合議書」の第一項から推測できる。

第一項

陸軍省ト参謀本部トハ恰モ表裏ヲ相為シ相連合シテ同一体ヲ為ス可キ者ニシテ其大体ニ於テハ本部条例及権限ノ大要ニ掲載スルト雖モ瑣事ニ至テハ悉ク分界ヲ定メ難シ故ニ今日常ニ施行スル事項ノ該目ヲ掲ク順序錯雑ナ

カランカ為メニス然レトモ尚此箇條ニ就テ実践上支障アルカ或ハ洩漏スルモノハ其時々熟議ヲ遂ケ改正増補スルモノナリ

この第一項は、次のように読めると思われる。すなわち、陸軍省と参謀本部の権限については、「本部条例及権限ノ大要」が存在するが、それだけでは細かな点までは「分界ヲ定メ難シ」。それ故、この「省部事務合議書」によって、日常的に施行するような事項について細かく規定する、と。事実、例えば「参謀本部諸官辞表待罪書結婚願」の事務をどのように陸軍省と参謀本部とで処理するのか等といった規定が並んでおり、この「合議書」の定める内容は細かい。ここに出てくる「本部条例及権限ノ大要」のうち、「本部条例」はいうまでもなく参謀本部条例を指す。では、「権限ノ大要」とは何を指すか。時期からしても、「本省ト本部ト権限ノ大略」を指すと解するのが自然ではないか。

以上のことを踏まえると、例えば次のように推測することが可能であろう。すなわち、陸軍内部では、陸軍卿から太政官に「稟請」されて定められたと参謀本部副官・堀内文次郎が記録した「本省ト本部ト権限ノ大略」が、陸軍省と参謀本部での無用な権限争いを避けるべく何らかのかたちで逐次参照を受けていた。そして、それを補充すべく細かな規定を定めたのが「省部事務合議書」であった、と。陸軍内部では、と強調したのは、実際のところは、やはり「本省ト本部ト権限ノ大略」は制定されていなかったようだからである。遠藤芳信によれば、明治一一年一一月及び一二月分の『公文録』を編纂した太政官の書記官が、「本省ト本部ト権限ノ大略」について「此件未タ御達ニ相ナラズ」と附箋に記載しているという(114)。実際には制定されなかったという訳だが、しかし、陸軍内部ではそれが制定されたも同然に取り扱われ、権限画定の為の有用な指針として用いられたのではないか。

九　軍人訓誡と軍人勅諭

明治一一年の参謀本部設置と、それに伴って練られた省部の権限分担に関する対策は以上のようなものであった。この明治一一年には、もう一つの注目すべき軍制史上の出来事があった。軍人訓誡の制定である。

(一)　軍人勅諭と憲法学

軍人訓誡は後年の軍人勅諭（明治一五年）へとつながっていくものであったが、軍人勅諭の方は、憲法解釈に際して言及を受けることがあった。例えば、戦前憲法学を牽引した一人であった美濃部達吉は、軍人勅諭を引用しつつ、次のように述べている。

「帝国軍隊の統一と共に、天皇が大元帥として親ら之を統帥したまふことが、確定不動の原則として承認せらるゝこととなつた。殊に明治十五年一月四日に陸海軍軍人に賜はつた勅諭は最も明白に此の原則を宣示せられたものである。その中に曰く

朕幼くして天津日嗣を受けし初め征夷大将軍其政権を返上し大名小名其版籍を奉還し年を経ずして海内一統の世となり古の制度に復しぬ是れ文武の忠臣良弼ありて朕を輔翼せる功績なり歴世祖宗の専ら蒼生を憐み給ひし御遺澤なりと雖も併我臣民の其心に順逆の理を弁へ大義の重きを知るか故にこそあれされは此時に於て兵制を更め我国の光を輝さんと思ひ此十五年か程に海陸軍の制をは今の様に建定めぬ夫れ兵馬の大権は朕か統ふる所なれは其司をこそ臣下には任すなれ其大綱は朕親之を攬り肯て臣下に委ぬへきものに

あらす子々孫々に至るまて篤く斯旨を伝へ天子は文武の大権を掌握するの義を存して再中世以降の如き失体なからんことを望むなり朕は汝等軍人の大元帥なるそされは朕は汝等を股肱と頼み汝等は朕を頭首と仰きてそ其親は特に深かるへき朕か国家を保護して上天の恵に応し祖宗の恩に報いまゐらする事を得るも得さるも汝等軍人か其職を尽すと尽さゝるとに由るそかし我国の稜威振はさることあらは汝等能く朕と憂を共にせよ我武維揚ありて其栄を輝さは朕汝等と其誉を倶にすへし汝等皆其職を守り朕と一心になりて心を国家の保護に尽さは我国の蒼生は永く太平の福を受け我国の威烈は大に世界の光華ともなりぬへし

天皇が親ら帝国の一切の軍隊を統帥したまふことの大義は、之に依つて明白であつて、本条〔明治憲法第一一条〕は唯此の既定の原則を宣言したものに外ならぬ(115)」。

美濃部は、明治二二年制定の憲法第一一条「天皇ハ陸海軍ヲ統帥ス」とはそれまでの「既定の原則」を、すなわち明治一五年に示された軍人勅諭に現れている天皇親率理念を改めて宣言したものでしかないと説明している。かように美濃部が統帥権独立制度を支える屋台骨の一つとして軍人勅諭を扱っていたのであれば、憲法理論史を射程におさめようとする本書としては、軍人勅諭、そしてその前身たる軍人訓誡についても言及する必要がある。ここでは、明治一一年の軍人訓誡及び明治一五年の軍人勅諭の成立について、先行研究にその多くを負いながら概観しておきたい。

(二)　軍人訓誡

軍人訓誡は、西周の起草になるもので(116)、山縣有朋の名で明治一一年に訓示された（訓誡本文の末尾に附された日付は「明治十一年八月」となっているが、実際にこれが陸軍部内に頒布されたのは同年一〇月一二日(117)）。この明治一一年という年は、軍令機関が初めて独立しただけでなく、西南戦争（明治一〇年）直後でもあり、また更には、その西南戦争における論功行賞や待遇への不満から近衛砲兵が叛乱を起こした竹橋事件（明治一一年八月）に見舞われた年でもあった。このような状況下で示されたのが、軍人訓誡であった。伊藤之雄が指摘するように、西南戦争と竹橋事件とが軍人訓誡制定へと山縣を駆り立てたのである[118]。すなわち、作戦の実質的な最高責任者であった山縣と別動の部隊を率いていた黒田清隆との対立が鮮明となった西南戦争と[119]、陸軍軍人による直接の武力を用いた反逆行為であった竹橋事件とが、「その要旨は軍の統制と紀律の厳正とを出でぬ[120]」と評される軍人訓誡を生んだ。

では、以上のような背景から生まれた軍人訓誡は、どのような内容であったのか。ここでは、その内容のうち重要な点を二つ指摘しておきたい。まずは、「軍人の精神を維持する三大元行」として「忠実」・「勇敢」・「服従」という三つが挙げられている点である[121]。これは、上述の西南戦争での経験――山縣と黒田の作戦上の対立――が契機となったものだといえよう。軍人訓誡本文にもあるように、当時の陸軍の状況は、「陸軍法規規則は、漸く緒に就きたりと雖ども、唯是れ外形に関はる事のみにして、内部の精神に至りては発達猶未だしき事許多なり[122]」といった風で、陸軍軍人の「内部の精神」を高める為に必要なのが「忠実」・「勇敢」・「服従」という「三大元行」であった。軍人訓誡から読み取れるのは、これら「軍人の精神」を支えるものが今後も欠けたままならば、「内部の精神に至りては発達猶未だしき」状態である為、再び西南戦争の如き作戦上の不統一や竹橋事件の如き兵士の叛乱が引き起こされるのではないかとの、山縣ら陸軍中枢の懸念である。

本書の関心からして重要なもう一点は、陸軍軍人は「政治」と距離をとれという、いわば政治不関与・政治容喙禁止に関する一節である。これは時期的に見て、明らかに、自由民権運動思想の軍内部への流入を警戒した措置であった。以下、軍人訓誡中のその一節を掲げておく。なお、引用文中の（　）内は、軍人訓誡の訂正版（明治一四年一〇月）を参観して、徳富蘇峰が書き入れたものである。

「朝政を是非し、憲法を私議し、官省等の布告、諸規を譏刺（評論）する等の挙動は、軍人の本分と、相背馳する事にて、一人之あれば衆皆尤に倣ひ、竟には在上を軽蔑する端を生じ、其の流弊測られざる者あり。軍人と雖ども、朝政、（自身本分の事）利害に於て、真に見る所あらば、穏当なる方法にて、其意を達することも難きに非ず。然るを喋々論弁を逞うし、動もすれば、時事に慷慨し、民権などを唱へ、本分ならざる事を以て自ら任じ、武官にして処士の横議と書生の狂態とを擬し、以て自ら誇張するは固より有る可らざるの事にして、深く戒むべき事たるは勿論、且（本分の事たるも）軍秩の次序を歴ずして、建言（議）をなすも許されざる所なるをや。況や所管ならざる官憲に対し、建言等を為すをや。是固より重き禁制たり。又新聞雑誌に匿名書を投じ、時事を論ずる等も亦本分に背くなり。畢竟軍人は軍籍に列するの初めに当り、皇上を奉戴し、朝廷に忠ならんことを誓ひし者なれば、一念の微も此初心に愧ることなかるべし[123]」。

引用冒頭にある「朝政を是非し、憲法を私議し、官省等の布告、諸規を譏刺（評論）する等の挙動は、軍人の本分と、相背馳する」という一文は、軍人訓誡に含まれる重要な要素であった。この一文が示すのは、軍人が「時事に慷慨し、民権などを唱へ」る事態を何とか防ぎたい山縣らの意向を受け、軍隊の非政治化に寄与すべく軍人訓誡が作られたということである。

（三）　軍人勅諭

明治一五年の軍人勅諭[124]もまた、軍人訓誡と目指すところは同じであった。後に見るように、軍人勅諭にも軍人の政治不関与・政治容喙禁止に関する一節がある。蓋し、自由民権運動等の影響を軍内に波及させてはならないというのは、この時期の一貫した課題であった。

梅渓昇による軍人勅諭制定過程の研究によれば、軍人勅諭渙発計画は、少なくとも明治一三年には始まっていたという。なぜなら、軍人訓誡の起草者でもあった西周の手になる軍人勅諭の草案が、明治一三年時点で作成されていたからである。[125] このように、西は軍人訓誡・勅諭に関して山縣を最も近くから支えた人物であったといって良い。参謀本部の設置過程では桂太郎が、「軍人精神」を示す作業では西が、それぞれ山縣を支えた。

軍人勅諭の内容を見る前に、その起草過程中の諸草案について、梅渓の研究に依拠しながら簡単に整理しておこう。梅渓によれば、軍人勅諭の草案類には、大正九年に臨時帝室編輯局が影写した八種のものがあるという。[126] すなわち、①西が起草し山縣の加筆の痕跡が残るもの（「草案第一種ノ一」）、②「草案第一種ノ一」を基に簡略化され修正箇所が見受けられるもの（「草案第一種ノ二」）、③井上毅起草と思われるもの（「草案第二種」）、④「草案第一種」を修正したもの（「草案第三種」）、⑤福地源一郎起草と思われるもの（「草案第四種（訂正一、二を含む）」）、⑥「草案第四種」を修正したもの（「草案第四種ノ訂正三」）、⑦「草案第四種ノ訂正三」を更に修正したもの（「草案第四種ノ訂正四」）、⑧字句上の訂正がなされているが、内容的には「草案第四種ノ訂正三」及び同「訂正四」と変わらないもの（「草案第五種」）の八種である。[127] それぞれについては梅渓が翻刻しているが、起草者として挙がっている名前は『公爵山県有朋伝』の記述とも符合している。[128]

軍人勅諭の中身としては、以下、二つの点をここでは挙げておきたい。[129] 一つは、美濃部がその憲法解釈の際に触れていた、天皇が軍を統率・統帥するのだということを述べている点である。軍人勅諭には冒頭から「我国の軍隊は、世々天皇の統率し給ふ所にぞある[130]」とあり、天皇が兵馬の大権を掌握する旨を明言している。美濃部が着目していたのはまさしくこの点であり、それを以て統帥権独立制度を支える一論拠としていたことは先に見た通りである。

二つ目は、軍人の政治不関与・政治容喙禁止について述べられている点である。軍人勅諭では、いわば総論に当たる部分と、それに続いて五つの項目が立てられ、それぞれ「忠節」・「礼義」・「武勇」・「信義」・「質素」という徳目が語られている。軍人の政治不関与・政治容喙禁止については、「軍人は忠節を尽すを本分とすべし」との項目中で述べられている。該当箇所を、以下掲げておく。

「凡生を我国に禀くるもの、誰かは国に報ゆるの心なかるべき。況して軍人たらん者は、此心の固からでは、物の用に立ち得べしとも思はれず。軍人にして、報国の念堅固ならざるは、如何程技芸に熟し、学術に長ずるも、猶偶人にひとしかるべし。其隊伍も整ひ、節制も正くとも、忠節を存せざる軍隊は、事に臨みて烏合の衆に同かるべし。抑国家を保護し、国権を維持するは兵力に在れば、兵力の消長は是国運の盛衰なることを弁へ世論に惑はず、政治に拘らず、只々一途に己が本分の忠節を守り、義は山嶽より重く、死は鴻毛よりも軽しと覚悟せよ。其操を破りて不覚を取り、汚名を受くるなかれ[131]」。

この一節によれば、「兵力」は「国家を保護」するもので、「国権を維持」するものである。その「兵力の消長」は、「国運の盛衰」そのものにつながる。軍人は、「忠節」を有する良き軍人であらねばならず、一時の「世論」や「政治」に右往左往するようなものであってはならない。ここに描かれたのは、「政治」と「軍事」との分立構造下での軍人のあり方である。まさしく統帥権独立制度を支える思想的基盤であった。軍人による政治的活動は、更に、陸・海軍刑法（明治一四年一二月）によっても禁じられた。これら軍人の政治的活動の禁止に関連して、次に掲げる三浦梧楼による回想は興味深い。

「我輩は〔……〕開拓使官有物払下事件が祟つて、西部監軍部長を罷められ、ズツト降つて陸軍士官学校長に左遷せられた。それのみならずその翌明治十五年正月には、軍人に賜はる勅語が降つた。随分長文であるが、其中に軍人は政治に携はるべからずと云ふことがある。此れは軍人に対する一種の嵌口令であるが、全く我輩の為めに出来たのである(132)」。

三浦は、明治一四年の開拓使官有物払下げ事件を機に、谷干城、鳥尾小弥太・曾我祐準とともに議会開設や憲法制定を訴えた。この四将軍上奏事件は、明らかに、軍人訓誡によって示された軍人の政治不関与・政治容喙禁止というルールに反する行動であった。三浦は、西部監軍部長を追われ、陸軍士官学校長へと「左遷」された。その最中に軍人勅諭が出されたので、三浦は、これは自分達に宛てて作られたものだ（「全く我輩の為めに出来た」）という。ただ、松下芳男がいうように、この三浦の回想は、「少し過言(133)」であろう。我々は、西周の軍人勅諭草案が早くも明治一三年の時点で作成されていることを知っている。明治一四年の四将軍上奏を契機として軍人勅諭が作成されたのだという三浦の見解を、そのまま完全に支持するのは難しい。西による明治一三年草案でも、既に、「或は徒を結び党を立て、或は政道の是非、王統の争論、果ては家々の争などに与し、近日は又主義の論党なども ある如く(134)」云々とあって、軍人による政治不関与について述べられている。西草案のこの箇所は、山縣の手によって「故ニ軍人タル者ハ世論ノ党派ニ拘ハラズ政治ノ如何ヲ論セス其本分ヲ守テ(135)」云々という一文がその直前に挿入され、西の書いた「或は徒を結び党を立て」以下を削除するよう指示したと思しき痕跡が残っている。この山縣の書入れが明治一四年の四将軍上奏を受けて急遽なされたものである可能性は、決してゼロではない。ただ、明治一三年に作成された西の原案の時点で、軍人の政治不関与・政治容喙禁止に関する一節があった点からすれば、三浦梧楼の「全く我輩の為めに出来た」という回想を全肯定することはできない。

とはいえ、では三浦のここでの述懐がひどく自意識過剰なものかと問われれば、それもまた過言である。軍人勅諭布達の前後に任官した新進の将校らの回想を検討した大江洋代が明らかにしたところでは、「軍人勅諭布達の瞬間に居合わせた彼らは、政治と軍事を分けられない旧藩士族出身武官を戒めるものとして、勅諭を受け止めた」[136]とされる。明治一五年当時陸軍中将、長州藩・奇兵隊出身の旧士族軍人であった三浦は、まさしくここで戒めを受けたと考えられた象徴的な人物であった。

軍人訓誡・勅諭では、文官と武官との違いを武官本人に強く認識させることで、一方で武器を持つ軍人による政治への干渉を戒め、他方で自由民権運動等の動きから軍を守ることが目指されたのである。

一〇　「編制」事務——陸軍省官制と参謀本部条例における重複——

参謀本部の設置、それに続く軍人訓誡及び軍人勅諭については、大略、以上の通りであった。ここからは、陸軍省と参謀本部とが分離し、それぞれの権限の分担を、より明確に示す必要が出てきた明治一一年以降の問題を取り上げたい。具体的には、明治一一年参謀本部条例のその後を、重要な改正点を取り上げて検討していく。陸軍省の部局が担う事務から「編制」の字がほぼ見られなくなり、代わりに参謀本部条例の中にそれを見出せることは、先述の通りである。これ以後の過程で注意を向けたいのは、明治一九年の段階で、陸軍省と参謀本部の両方の職掌に「編制」の字句が重複していた点である。ただし、まずは順を追って、陸軍省と参謀本部の官制の変化を検討していこう。

まず、明治一七年九月八日に行われた参謀本部条例の改正である[137]。この時に改められたものの一つは、総務課長の任用が「参謀大佐」に限定されたことである。それまでは「参謀大中佐」として規定されていた。

明治一八年七月二二日、参謀本部は、管東局・管西局体制から第一局・第二局体制へと移行した。第一局及び第二局に関する条文を含めて、この時点での重要条文を掲げる。[138]

第一条
参謀本部ハ東京ニ於テ之ヲ置キ各監軍部近衛各鎮台ノ参謀部並ニ陸軍大学校軍用通信隊ヲ統轄ス
第二条
本部長ハ将官一人勅ニ依テ之ヲ任ス部事ヲ統轄シ帷幕ノ機務ニ参画スルヲ司ル
第三条
次長一人将官ヨリ之ヲ任シ本部長ヲ補佐シテ部事ヲ整理ス但シ之ヲ置クハ事務ノ繁閑ニ従フ
第四条
凡ソ平時ニ在リ陸軍ノ定制節度団体ノ編制布置ヲ審カニシ予シメ地理ヲ詳密ニシ材用ヲ料量シ戦区ノ景況ヲ慮リ兼テ外国ノ形勢ヲ洞悉シテ参画ニ当リ遺算ナキハ本部長ノ任ニシテ之ニ就テ其利害ヲ陳スルヲ得
第五条
凡ソ軍中ノ機務戦略上ノ動静進軍駐軍転軍ノ令行軍路程ノ規運輸ノ方法軍隊ノ発差等其軍令ニ関スル者ハ専ラ本部長ノ管知スル所ニシテ参画シ親裁ノ後直ニ之ヲ陸軍卿ニ下シテ施行セシム
第六条
其戦時ニ在テハ凡テ軍令ニ関スル者親裁ノ後直ニ之ヲ監軍即チ軍団長ニ下ス是カ為メニ其将官ハ直ニ大纛ノ下ニ属シ本部長之ヲ参画シ上裁ヲ仰クコトヲ得
第七条

此事情ヲ詳悉ナラシムル為メニ本部長ノ下ニ第一第二ノ二局ヲ置キ又海岸防御ノコトヲ詳悉ナラシムル為メニ海防局ヲ置キ共ニ参謀大佐各一人ヲ以テ其長トシ局務ヲ督理セシム

第八条

第一第二ノ局内各三課ヲ置キ課長参謀中少佐一人トシ課員参謀少佐及ヒ大中尉若干トシ以テ管掌ノ事務ヲ分担セシム

第九条

第一局ハ出師ニ係ル計画団体ノ編制布置及軍隊教育ニ関スル演習等ノ事項ヲ調査規画スルヲ任トス

第一〇条

第二局ハ外国ノ兵制地理政誌及運輸ノ便否方法ヲ調査シ全国ノ地理政誌ヲ詳悉シ又諸条規ノ調査ヲ任トス

第一九条

本部長ノ下ニ一課ヲ置キ総務課トシ以テ部内百般ノ事務ヲ司ラシム課長副官参謀大佐一人次副官参謀中少佐ノ内一人之ヲ総理ス課内ニ課僚及ヒ書記若干員ヲ置キ人員布令通報並図籍版刻等ヲ分掌セシム

第二〇条

以上三局一課ヲ以テ部ノ本体トシ而シテ其支部トシテ測量局並電信編纂翻訳文庫ノ四課ヲ置キ之ヲ伴属トス

参謀本部そのものの任務や、参謀本部長の資格等について、大きな変更は見られない。第一局・第二局体制は、この後しばらく続いた。

明治一九年二月二六日に各省官制通則が制定されると、(139)これと同時に、従来の陸軍省条例を廃し、新たに陸軍省官制が制定されている。(140)陸軍省は、例えば先に見た明治八年陸軍職制及事務章程にあったような官庁、すなわち

「陸軍兵馬ニ関スル一切ノ事務」を取り仕切る官庁では既になく、「陸軍大臣ハ陸軍軍政ヲ管理シ軍人軍属ヲ統督シ及所轄諸部ヲ監督ス」（第一条）とあり、「陸軍軍政」を担うものとされた。

しかし、問題とすべき規定は他にある。陸軍省総務局第三課の職掌中にそれは存する。

第八条

第三課ニ於テハ左ノ事務ヲ掌ル

一、軍隊ノ建制及編制ニ関スル事項

（以下略）

ここに至って再び、陸軍省本省において「編制」事項をその職掌に挙げられた部署が出てきたことになる。参謀本部設置後の陸軍省条例の改正（明治一二年）でそれまで本省条例中に定められていた「編制」の語がことごとく削除され、参謀本部条例中に「団体ノ編制」なる語句が登場したという経緯は、先に見た。しかし、明治一九年二月の陸軍省官制で、「編制」の語が再び本省側の職掌中に登場したことになる。[141] なお、騎兵隊・輜重兵隊・砲兵隊・工兵隊の「編制」に関しては、それぞれを担当する省内の局課の職掌中に、「調査研究審議立案」すべき事項として「建制及編制調査ニ関スル事項」が挙げられている。[142]

では、次の参謀本部条例改正の時に、参謀本部の権限から「編制」の語は除かれたのであろうか。この点に注意しつつ、明治一九年三月の改正へと目を向けてみよう。

明治一九年三月一八日の参謀本部条例改正は、その法令の形式においても注目に値する。それは、伊藤博文のイニシアティブによる明治一八年一二月の内閣制度発足に伴って整備された法令形式、すなわち「勅令」として定められたものであった。明治一九年三月の参謀本部条例の改正は、「勅令」の副署式によっているので、伊藤博文

（内閣総理大臣）、大山巌（陸軍大臣）、西郷従道（海軍大臣）の副署が備えられており、「朕参謀本部条例ヲ改正スルノ必要ヲ認メ茲ニ之ヲ裁可ス」との上諭が附されている。

更にまた、この明治一九年改正は、従来、陸軍の組織として機能していた参謀本部を、陸軍及び海軍の参謀組織とした点で画期的な改正であった。もちろんその為には、組織のトップに大きな求心力を有する人間を配置する必要があった。実際、本部長には「皇族」が充てられる定めが置かれている。明治一九年三月の参謀本部条例の重要条文を挙げておく。(143)

第一条
参謀本部ハ陸海軍軍事計画ヲ司トル所ニシテ各監軍部近衛各鎮台各鎮守府各艦隊ノ参謀部並ニ陸軍大学校軍用電信隊ヲ統轄ス

第二条
本部長ハ皇族一人勅ニ依テ之ニ任ス部事ヲ統轄シ帷幄ノ機務ニ参画スルヲ司ル

第三条
本部次長二人陸海軍将官ヨリ之ニ任シ本部長ヲ補佐シテ部事ヲ分担整理ス

第四条
本部長不在ノトキハ本部次長各分担ノ部事ヲ代理ス

第五条
凡ソ平時ニ在リ陸海軍ノ定制節度ヲ審カニシ団体ノ編制布置艦隊ノ編制警備艦ノ布置ヲ画定シ予シメ地理水路ヲ詳密ニシ材用ヲ料量シ戦区ノ景況ヲ慮リ兼テ外国ノ形勢ヲ洞悉シテ参画ニ当リ遺算ナキハ本部長ノ任トス

第六条
凡ソ軍中ノ機務戦略上ノ動静進軍駐軍転軍ノ令行軍航海路程ノ規運輸ノ方法軍隊艦隊ノ発差等其軍令ニ関スル者ハ専ラ本部長ノ管知スル処ニシテ参画シ親裁ノ後直ニ之ヲ陸海軍大臣ニ下シテ施行セシム
第七条
其戦時ニ在テハ凡テ軍令ニ関スル者本部長之ヲ参画シ親裁ノ後直ニ之ヲ監軍即チ軍団長艦隊司令官鎮守府長官ニ下ス
第八条
参謀本部ハ陸海軍ノ二部ニ分チ各部ニ三局ヲ置キ共ニ参謀大佐各一人ヲ以テ其長トシ各主務ヲ督理セシム
第九条
陸海軍各部局内各二課ヲ置キ課長参謀中少佐ノ内一人トシ課員参謀少佐及ヒ大中尉若干トシ以テ管掌ノ事務ヲ分担セシム
第一〇条
陸軍部第一局ハ陸軍出師ニ係ル計画ヲ掌トリ団体ノ編制及布置ヲ規定スルヲ任トス
第一一条
陸軍部第二局ハ外国ノ兵制地理政誌ヲ詳悉シ作戦ノ計画ヲ掌トリ団体一般ノ教育ニ係ル事項ヲ調査規画スルヲ任トス
第一二条
陸軍部第三局ハ陸地海岸防御ノ方法ニ係ル事項ヲ規画シ全国地理政誌ヲ詳悉シ運輸ノ弁否方法ヲ調査スルヲ任

トス
第一三条
海軍部第一局ハ艦隊ノ編制及作戦ノ計画ヲ掌リ一般ノ教育ニ係ル事項ヲ調査規画スルヲ任トス
第一四条
海軍部第二局ハ海軍出師ニ係ル計画ヲ握リ沿岸防御ノ方法ニ係ル事項ヲ調査規画スルヲ任トス
第一五条
海軍部第三局ハ外国諜報ヲ司トルモノトス
第二一条
本部長ノ下ニ副官部ヲ置キ陸海軍各部内一般ノ事務ヲ司トラシム副官参謀大佐一人次副官参謀中佐一人各其主任ノ事務ヲ総理ス各副官部ニ三課ヲ置キ庶務制規文庫ノ事ヲ司トラシメ課長少佐一人及課僚書記ヲ置ク
第二二条
以上ノ局部ヲ以テ部ノ本体トシ而シテ其支部トシテ陸地測量局及編纂課ヲ置キ之ヲ伴属トス但職員ノ配当及官等ハ総テ別表ニ従フモノトス

陸軍省に「編制」の事務を担うべくその職掌が定められたにも係らず、参謀本部にもまた、「編制」の語が登場している（第五条）。ただ、例えば、「編制」のことを立案するのが参謀本部で、施行するのが陸軍省であるというような理解も可能かも知れない。しかし、そうであるなら、わざわざ明治一一年参謀本部条例制定の際、陸軍省条例から「編制」の字句を削除する必要は生じなかったように思われる。《立案》と《施行》という単純明快な棲み分けが難しいからこそ、明治一一・一二年の段階では、参謀本部条例に「編制」の字句を入れ、陸軍省条例から

「編制」の字句を削ったのではないか。であるならば、何故に明治一九年から、省部両方に「編制」の字句を書き入れたのだろうか。それは、問題となっている事務が、省部両方にまたがる事務（すなわち軍政か軍令かという二者択一が不可能な事務）であったからと考える他なかろう。そして、「編制」が省部両方にまたがるものであり、実務的に永らく省部が協調的にその処理に当たってきたからこそ、後年のロンドン海軍軍縮条約の時、浜口雄幸民政党内閣の手によって兵力量を一方的に決められてしまったと軍令機関側が異論をさしはさむという事態が生じた。

ここに、官制上、陸軍省も参謀本部も、「編制」については、少なくとも一方的には決められない体制が整ったのだといえる。

二　「省部権限ノ大略」及び「上裁文書署名式」

以上の明治一九年参謀本部条例とほとんど同時期に作成された重要な史料として、「省部権限ノ大略」と「上裁文書署名式」（明治一九年三月二六日）がある。これらは、陸軍省と参謀本部との権限関係を、より明確にする為のものであった。

まずは「省部権限ノ大略」であるが、注目すべきは、「内閣総理大臣ヨリ参謀本部長陸海軍大臣へ通牒」とある点である。また、この「省部権限ノ大略」につき「御裁可」を得たので回付する旨、伊藤博文（内閣総理大臣）から有栖川宮熾仁（参謀本部長）宛の史料が残っている。(144) 伊藤が総理大臣として、省部関係について一定の指導力を発揮したということになる。以下、その全文を掲げよう。(145)

「一省部共ニ直隷タルニ相違ナシト雖トモ主務タル事項ニハ差別ナキ能ハス即チ左ニ開列ス

一人員黜陟並入費向ノ事ハ省ノ主務タルヘシ是カ為メニ検閲ハ黜陟ニ関シ築造製造ノ事ハ入費ニ関スルヲ以テ省ノ主務トス然レトモ将校ノ職務ヲ命シ或ハ之ヲ免スル等ノ事ニ於テハ陸軍将校ハ陸軍大臣海軍将校ハ海軍大臣決議ノ上本部長ニ移シテ上裁ヲ請ハシム

一陸軍或ハ海軍外ニ係ル事ハ何事ニ拘ハラス省ノ主務タルヘシ是カ為メニ徴兵恩給ハ勿論其外内閣及省院使府県ヘ照会スルモ亦省ノ主務タリ

一前條ノ理由ニ依リ本部ニテ施行セント欲スル権内ノ事項モ陸軍或ハ海軍外ニ渉レル時譬ヘハ某地又ハ沿岸等ヲ測量セント欲シ若クハ行軍演習艦隊ノ運動等ヲ行ハントシテ府県ニ照会スルカ如キモ省ヲ経由セサレハ行フ可カラス又府県ヨリ本部ヘ照会セントスル事項モ省ヲ経由スヘシ

一軍令ハ専ラ参謀本部ノ措置ニ係ルヘシ故ニ軍隊或ハ艦隊ノ出張進止分遣陸海路程ノ規則等但休暇兵ノ通行規則ハ猶本省ノ主務タルヘシ本部ノ主務ニ属ス

一右ノ理由ニテ軍令ノ事ニ就キ本部長参画シテ軍令ノ措置定リタル上ハ之ヲ省ニ移シ陸海軍各主任大臣ノ名ヲ以テ之ヲ発行スヘシ

一右ノ理由ニ就テ陸軍各鎮台海軍各鎮守府等ヨリノ伺届ハ省ヲ経由スヘシ其発令ハ勿論指令モ固ヨリ陸海軍主任大臣ヲ経由スヘキヲ以テ大臣ヨリ長ニ移シ参画シテ措置定リタル上指令案ヲ以テ大臣ヘ移シ之ヲ行下ス

一軍令ノ事ニ就テハ本部長創議《イニチカ〔ア?〕チーフ》ノ権ヲ有スヘシ譬ヘハ定例ノ野営或ハ艦隊ノ運動ヲ行フカ如キモ其期日方法等ヲ予備シテ参画シ且大臣ト施行ノ都合ヲ議決ス又軍隊或ハ艦隊ノ編制節度ニ就テ本部長其利害ニ於テ改革セント欲スル時モ亦創議ノ権ヲ有スヘシ然レトモ新設改革ノ事ハ孰レモ省部合議ノ上ニ非サレハ施行ス可カラサルヲ以テ其特権ハ唯創議ニ止マルナリ」。

また、この「省部権限ノ大略」に続き、「上裁文書署名式[146]」が定められた。

「一将校ノ職課命免ノ陸軍ニ係ルハ陸軍大臣参謀本部長署名捺印シ海軍ニ係ルハ海軍大臣参謀本部長署名捺印ス

一参謀本部ノ条例改正ニ係ル起草案等ノ上裁ニ関スル如キハ陸海軍大臣参謀本部長各連署捺印ス

一陸海軍諸隊進軍転軍行軍演習或ハ艦隊ノ航海ニ係ルハ主任大臣部長会議ノ後部長署名捺印シ裁可ノ上大臣ニ移ス

一陸軍監軍部近衛条例ノ改正其他陸海軍団体ノ編制条例等ニ係ルハ陸海軍主任大臣ト参謀本部長連署捺印シ可決ノ上主任大臣ニ移ス」。

これらは、明治一一年一二月の参謀本部設置に際して検討された「本省ト本部ト権限ノ大略」とその大要を同じくしている。先述のように、「本省ト本部ト権限ノ大略」は、陸軍省と参謀本部との間で、無用な権限争いを避けるべく制定が目指されたもので、それを補充すべく更に細かな規定を置いていたのが「省部事務合議書」であったと考えられる。

本書がこれまで注目してきた「編制」のことも、この明治一九年「省部権限ノ大略」で触れられている。すなわち、「軍隊或ハ艦隊ノ編制節度ニ就テ本部長其利害ニ於テ改革セント欲スル時モ亦創議ノ権ヲ有スヘシ然レトモ新設改革ノ事ハ孰レモ省部合議ノ上ニ非サレハ施行ス可カラサルヲ以テ其特権ハ唯創議ニ止マルナリ」という最後の一節がそれである。

これによれば、「編制」については、参謀本部長が自身の職務に関係して「改革」したいと考えた時、参謀本部長はそれを「創議」(＝発議)できる。しかし、「新設」も「改革」も、「省部合議」を要する。参謀本部長は、あくまで「創議」の権限を有するのみで、決定権までをも持つものではないということになろう。例えばロンドン海軍軍縮条約の如き問題が生じたとすれば、この規定に従うなら、「兵力量」のことは参謀本部長が「創議」をする権を有し、「省部合議」を以て意思統一をはかるものだと考えられる。つまり、陸軍大臣と参謀本部長とが協同して決する事項だというようになる。そして、「上裁文書署名式」に従い、「陸海軍主任大臣ト参謀本部長連署捺印シ可決ノ上主任大臣ニ移ス」という手順を踏んでいく。

しかし、そもそも現実のロンドン海軍軍縮条約問題は、昭和五年という時点で、そして海軍の問題として、起こった。明治憲法や公式令、そして軍令が制定されており、加えて政党内閣が組織されていた昭和五年は、明治一〇年代とはやはり環境が違っていた。

二　軍令機関と内閣

以上検討してきた「省部権限ノ大略」は、総理大臣たる伊藤博文が関与して制定された、いわば省部関係に関する《内規》であった。ただし、総理大臣が軍令機関を完全に統制し得ていたのかとなれば、少なくとも制度上は、そうではなかった。ここでは、太政官制度から内閣制度への移行によって、軍令機関の独立が強まった点に触れておきたい。

そもそも明治一一年一二月の参謀本部の設置後も、軍事に関する事務の全てが太政官正院による統制を受け、正院廃止後も「内閣」による統制を受けるものであり続けた。例えば、山縣有朋の参謀本部長就任が伊藤博文や岩倉具視らによって実質的に決められていた点については、本章註（72）にて伊藤之雄の見解を引いた通りである。いまだ太政官正院等の統制を受けていたことを踏まえて考えれば、参謀本部設置当初の実相は、あくまで陸軍内部での軍政機関と軍令機関との分離であった。

かような構造に変化をもたらしたのが、明治一八年の内閣制度への移行であった。内閣制度それ自体の検討は次章に譲って、ここでは簡単にその性格を描写しておく。そもそも何故に太政官制度から内閣制度へと移行したのかという点は、明治一八年一二月の三条実美（太政大臣）の「奏議」から、その大要を知ることができる。「大宝ノ制ニ依リ太政官ヲ以テ諸省ノ冠首トシ諸省ヲ以テ隷属ノ分官トス」といった当時の政治体制に対し、三条は次の如く述べた。

「諸省ハ専ラ指令ヲ太政官ニ仰キ太政官ハ批ヲ下シテ施行セシメ凡ソ文書ノ上奏スル者ハ皆太政官ニ経由シ往復ノ間省ノ寮ニ於ケルニ均シ此レ蓋一時ノ権宜ニシテ独親政統一ノ体ヲ得サルノミナラス亦各省長官ノ責任ヲ軽クシ徒ニ曠滞ノ弊ヲ為ス者ナリ(147)」。

三条は、余りにも太政官の権限が強大であった為、上奏文はすべて太政官を経るといったような事務の繁雑さが目立ち、しかもそれは各卿らの責任を軽くしてしまうことにもつながっていたとし、制度改正の必要を説く。

「太政官諸省ニ冠首タルノ制ヲ改メ併セテ太政官諸職ヲ廃シ内閣ヲ以テ宰臣会議御前ニ事ヲ奏スルノ所トシ万機ノ政専ラ簡捷敏活ヲ主トシ諸宰臣入テハ大政ニ参シ出テハ各部ノ職ニ就キ均シク陛下ノ手足耳目タリ而シテ其中一人ヲ撰ヒ専ラ中外ノ職務ニ当リ旨ヲ承ケテ宣奉シ以テ全局ノ平衡ヲ保持シ以テ各部ノ統一ヲ得セシムヘシ此レ乃祖宗簡実ノ政親裁ノ体制ニシテ立憲ノ義亦是ニ外ナラス(148)」。

内閣制度への移行の理由は、太政官の権限の強大さを改めることにあった。各省卿（大臣）に権限をより多く与える必要がある。その中から「一人ヲ撰ヒ」、「全局ノ平衡ヲ保持シ以テ各部ノ統一ヲ得セシム」。ただ、その内閣総理大臣も、太政官制度下の太政大臣になってはならない。この意味で、万事を掌る存在は内閣制度下では存在しないという、閣内での割拠的構造を正当化する思想が既にこの「奏議」の時からあった。しかし他方、「全局ノ平衡ヲ保持シ以テ各部ノ統一ヲ得」る為の存在、すなわち内閣総理大臣が一定程度のリーダーシップを執る必要もある。内閣職権（明治一八年一二月）には、その為の規定が多く見られる。ただしそれと同時に、内閣職権は、参謀本部長に対して帷幄上奏を明示的に認めていた。以下、その第一条及び第六条を掲げておく。

第一条
内閣総理大臣ハ各大臣ノ首班トシテ機務ヲ奏宣シ旨ヲ承テ大政ノ方向ヲ指示シ行政各部ヲ統督ス

第六条
各省大臣ハ其主任ノ事務ニ付時々状況ヲ内閣総理大臣ニ報告スヘシ但事ノ軍機ニ係リ参謀本部長ヨリ直ニ上奏スルモノト雖モ陸軍大臣ハ其事件ヲ内閣総理大臣ニ報告スヘシ

内閣職権は、総理大臣に対し、強力なリーダーシップを与えた。ただ、「参謀本部長ヨリ直ニ上奏スルモノ」（帷幄上奏）が存在することを一方で認めた。参謀本部長は、内閣を経ずに直接に天皇へと上奏することを可能とする帷幄上奏権を持っていた。この帷幄上奏の内容は、陸軍大臣を通じて総理大臣へと報告されることになってはいたが、総理大臣の管理に積極的に服さない存在がここに許容されていたことになる。内閣職権の後継たる明治二二年一二月の内閣官制(149)においても、帷幄上奏が認められていた。

第七条
事ノ軍機軍令ニ係リ奏上スルモノハ天皇ノ旨ニ依リ之ヲ内閣ニ下付セラルルノ件ヲ除ク外陸軍大臣海軍大臣ヨリ内閣総理大臣ニ報告スヘシ

内閣官制では「参謀本部長ヨリ直ニ」との字句が削られ、陸軍大臣や海軍側の帷幄上奏もまた、認められることとなった。先に見たように、内閣職権によって明示的に認められていた帷幄上奏の主体は「参謀本部長」のみであった。しかし、陸軍大臣による帷幄上奏が、黒田清隆内閣下で慣行化していた(150)。内閣職権が内閣官制へと改正された一つの原因は、軍事勅令の実態及びその副署者に関する問題にあった(151)。総理大臣の副署の対象を狭めた内閣官制は、総理大臣の関与できる範囲を縮め、閣内の割拠的・分立的傾向を強める。また、帷幄上奏権が黙示的ながら認められるに至った陸軍大臣への総理大臣の干渉も、排除される。これらのことに伊藤博文が危惧の念を抱いていたことを示す資料が残っている。それは、内閣官制の改正案であり(152)、関係する条文は第八条及び第九条である。

第八条

他ノ法令ニ於テ定メタルモノノ外左ノ各件ハ閣議ヲ経ヘシ

（中略）

五、陸海軍ノ編制及常備兵額

第九条

凡ソ戦略上事ノ軍令ニ関スルモノハ天皇ノ旨ニ依リ内閣ニ下附セラル、ノ件ヲ除ク外陸軍大臣海軍大臣ヨリ内閣総理大臣ニ報告スヘシ

明治二六年五月までには書かれていたと思われるこの内閣官制改正案では(153)、まず、明治憲法第一二条の「陸海軍ノ編制及常備兵額」を閣議にて決すべき事項とする。また、「事ノ軍機ニ係リ参謀本部長ヨリ直ニ上奏スルモノ」（明治一八年内閣職権）とか、「事ノ軍機軍令ニ係リ奏上スルモノ」（明治二二年内閣官制）といった文言を「甚タ精密ナラス」と批判した上で、「陸軍海軍ニ関スル現行ノ例規」を参照して「戦略上事ノ軍令ニ関スルモノ」と改正すべ

きだと主張する。[154]

そもそも上掲の内閣官制改正案は、明治二三年陸軍定員令制定以降の、陸軍による「軍機軍令」概念の拡大解釈化への対策であった。陸軍定員令（明治二三年一一月制定）は、「軍機軍令」に当たるものだとされ、閣議を経ないまま陸軍大臣・大山巌の帷幄上奏によって裁可を得た後、内閣に下付された。これは、陸海軍の編制と関係のある陸軍各官衙、軍学校等を「陸軍定員令」という枠内に押し込み、それを内閣官制第七条にいう「軍機軍令」であるとして、帷幄上奏を成功させた事例である。[155]

伊藤博文の内閣官制改正案が閣議事項として「陸海軍ノ編制及常備兵額」を挙げたのは、この種の帷幄上奏を阻止したいが為であった。

また更に、日清戦争後の明治二九年四月二九日には、伊藤博文総理大臣から陸海軍大臣に宛てて、以下のような通牒が発せられている。これは、陸軍が上述の陸軍定員令の後継に当たる「陸軍平時編制」（明治二九年三月）を閣議を経ずに帷幄上奏によったこと、そして同年四月には大山巌陸軍大臣が「陸軍下士若クハ判任文官欠員ノ補充ニ充ツル雇員給料ニ関シ勅令発布ノ件」について、帷幄上奏を行い、その後、閣議でその給与支給を求めたことに対する、[156]いわば《警告書》の如きものであったと思われる。

「事ノ軍機軍令ニ係リ奏上スルモノハ首トシテ軍ノ機密軍事命令ニ属スルモノニ在ルヘキハ今更論ヲ俟タサル儀ニ候処其分界明劃ナラサルヨリ往々行政事項に〔ママ〕属スル事件モ帷幄上奏ニ依リ允裁ヲ経ルノ虞ナキニ非サルニヨリ其行政事項ニ直接関係アル者或ハ閣議ヲ経ルニ非レハ行政各部ノ統一ヲ保持スルに〔ママ〕支障ヲ生スルニ付テハ上奏前予メ閣議ヲ経候様御取計有之度此段及通牒候也」[157]。

伊藤曰く、そもそも軍令と軍政との「分界」は明瞭にし得ない。帷幄上奏の内容如何によっては、「行政事項」

に直接関係するものもあるだろうし、行政各部の統一保持に支障をきたしかねない。それ故に、「行政事項」に直接関係があったり、行政各部の統一保持に支障をきたすような内容の帷幄上奏であれば、事前に閣議を経べしというのが、この通牒の内容である。

憲法制定に最も深く携わった伊藤博文を当事者とする以上の二例は、軍政機関に対する総理大臣の統制の実が徐々に危うくなってきた証拠といえる。

以上の流れを踏まえ、太政官制度の時代を含めて、軍令機関の独立への道筋を再論するならば、おおよそ次のようになる。

まず、各省卿が太政官に「隷属」していた時代では、参謀本部が設置されたとはいえ、人事等での参謀本部への統制が伊藤博文や岩倉具視らによって行われていた。かような太政官期の構造は、内閣制度移行に伴って変化した。伊藤らは、人事面での影響力をなお参謀本部へと行使し得た。しかし、内閣職権によって参謀本部長の帷幄上奏が認められ、また、内閣官制によって陸海軍大臣にまでも帷幄上奏が認められたことで、総理大臣の関与可能な軍事事務の範囲が制限された。伊藤博文がわざわざ内閣官制改正案を有していたのも、陸海軍大臣への統制力が減ったことを憂慮したからであろう。先に見た通り、伊藤は、本来ならば閣議を経るべき一般行政に関係する事務（軍事行政）をも帷幄上奏によっているのではないかとの、警告的な通牒を陸海軍大臣へと送った。これは、陸軍大臣らへの統制が効きづらくなっていた証拠である。その後の日本では、政党勢力の伸長に対抗して軍部大臣現役武官制を確立したことによって、加えて、軍部大臣の《文官》制が実現した場合の対策として陸軍省から参謀本部へと一部権限を移管したこと等によって、軍は、総理大臣の統制がより効きづらい存在となっていく。

一三　「検閲」事務をめぐる「権限争議」——陸軍省と参謀本部の対立——

さて、陸軍省と参謀本部の権限問題へと戻ろう。明治一九年に至って、陸軍省官制と参謀本部条例の双方に「編制」の字句がその職掌中に掲げられていた点は、先に触れた。

明治二〇年五月三一日、陸軍省官制が改正されたが[158]、相変わらず官制上、「軍隊ノ建制及編制ニ関スル事項」は総務局第三課が掌る事務とされていた。ただ、「輜重ノ編制」（第一六条）を除き、騎兵局・砲兵局・工兵局に対してそれぞれの兵科別に与えられていた「建制及編制調査ニ関スル事項」の任は削除されている。

この明治二〇年五月陸軍省官制改正では、ここで見ておきたい改正点がもう一つある。それは、総務局第三課が掌る事務として、新しく「検閲ニ関スル事項」が追加されていることである。これは、陸軍省が管理するものとして、「検閲」が加えられたことを意味する。

しかしそれまで「検閲」は、監軍部が担うものであった。当時直近の監軍部条例（明治一八年五月一八日）によれば[159]、監軍部は東・中・西の三部制であり（第一条）、「各監軍部ニハ監軍ヲ置キ大中将ヲ以テ之ニ任シ直ニ大纛ノ下ニ隷シテ管下ノ軍令出師ノ準備軍隊ノ検閲ヲ管掌セシム」（第二条）。また、「有事ノ日」には、「監軍ハ軍団長ノ職ヲ帯ヒ管下ノ常備二師団ヲ統率シテ方面ノ敵衝ニ御スルヲ任トス」（第三条）。監軍の任務とは、平時には「軍令出師ノ準備軍隊ノ検閲ヲ管掌」することで、戦時には「軍団」の長として指揮統率に当たることであった。これら監軍部の任務の中で、「軍隊ノ検閲」が、明治二〇年五月、官制改正によって陸軍省総務局第三課へと移ったこととなる。移された理由は簡単で、監軍部が廃止されたからである。ただ問題なのは、監軍部廃止の過程で起きた陸軍省と参謀本部との間での権限問題であった。

監軍が「直ニ大纛ノ下ニ隷シテ」いたという点で、監軍部もまた、参謀本部と同様の地位にあった。監軍部の前身である監軍本部の任からすれば、監軍は「軍令執行機関」であった[160]。軍令の計画機関としての参謀本部、その発令・下行機関としての陸軍省、そして最後にその執行機関としての監軍部――という構造になっていた。この構造を崩し、そもそも監軍部を廃止して、陸軍省から直接各司令官へと軍令を移すべきだと考え、その旨建議をしたのは桂太郎であった。この辺りの事情はいくつかの研究書でも紹介されているので[161]、ここではそれらに従い、時系列的に整理しておくに留めたい。

監軍部廃止の発端となったのは、ドイツより招聘していた軍人のメッケル（Jakob Meckel）による意見書であった。明治一八年、メッケルは「日本陸軍高等司令官司建制論」[162]を著し、日本の軍隊編制は師団で以て足るとし、監軍の任務とされていた「軍団」を不要のものだと断じた。この意見書に沿い、同年、桂太郎（当時、陸軍省総務局長）は軍事行政の改革について建議をなした[163]。これらに基づき、監軍部条例は明治一九年七月に廃止された。同時に陸軍検閲条例が改正されているが、この陸軍検閲条例が理由となって監軍部が廃されたことは、明治一九年七月二四日の閣令から明らかである[164]。新たな陸軍検閲条例によると[165]、検閲を行うのは、監軍部ではなく、勅を受けた将官や、近衛都督や鎮台司令官等であった（第三条、第四条、第五条）。

明治二〇年五月三一日（陸軍省総務局第三課が「検閲」事務をその職掌に収めた官制改正と同日）、監軍部条例が制定され、再び監軍部という組織が創設された[166]。しかし、その任務は、以前の監軍部とは違い、「陸軍軍隊練成ノ斉一ヲ企画」（第一条）することであり、「検閲」をその任とはしていなかった。ただ、監軍部トップの「監軍」は、「直ニ天皇陛下ニ隷ス」（第二条）。この明治二〇年監軍部は、後の教育総監部である。

これらの過程を経て、陸軍省総務局第三課は「検閲」をその権限に収めた。陸軍省・参謀本部・監軍部が「鼎立して天皇に直隷する体系」[167]それ自体は変わらないが、陸軍省が監軍部の「検閲」の任を吸収したのだから、その分、陸軍省は重みを増したであろう。反発も当然であったはずであり、とりわけ、参謀本部長の有栖川宮熾仁と参謀本部次長の曾我祐準は検閲条例改正に反対していた。陸軍省と参謀本部との間に起こったこの問題は、総理大臣・伊藤博文の調停によってようやく収束へと向かったが、当事者の一人であった曾我祐準が指摘したように、まさしく「陸軍省と参謀本部との権限争議」[168]が起こっていたのである。一口に《陸軍》といっても、その中で、権限争議が生じる可能性は充分にあった。

一四　参軍官制から参謀本部条例・海軍軍令部条例へ

明治一一年以来続いてきた参謀本部条例は、一度、廃止された経験を持っている。

明治二一年五月一二日、「朕参謀本部条例ヲ廃止シ、参軍官制制定ノ件ヲ裁可シ茲ニ公布セシム」という上諭に続いて黒田清隆（内閣総理大臣）・大山巌（陸軍大臣）・西郷従道（海軍大臣）の三大臣による副署を備えた勅令によって、参軍官制が定められた。[169]全体的な構造としては、陸海両参謀本部を統轄するかたちで、「参軍」なる「帝国全軍ノ参謀長」を置くというものであった。以下、参軍官制の全文を掲げておく。

第一条

参軍ハ帝国全軍ノ参謀長ニシテ皇族大中将一名ヲ以テ之ニ任シ直ニ皇帝陛下ニ隷ス

第二条

参軍ハ帷幄ノ機務ニ参画シ出師計画国防及作戦ノ計画ヲ掌ル
　第三条
凡ソ戦略上事ノ軍令ニ関スルモノハ専ラ参軍ノ管知スル所ニシテ之カ参画ヲナシ親裁ノ後平時ニ在テハ直ニ之ヲ陸海軍大臣ニ下シ戦時ニ在テハ参軍之ヲ師団長艦隊司令長官鎮守府司令長官若クハ特命司令官ニ伝宣シテ之ヲ施行セシム
　第四条
参軍ハ陸海軍ノ参謀将校ヲ統轄シ其教育ヲ監督ス
　第五条
参軍ノ下ニ陸軍参謀本部海軍参謀本部ヲ置キ陸海軍将官各一名ヲ以テ其長トシ参軍ヲ補翼シ部事ヲ管掌セシム
　第六条
参軍ニ陸海軍参謀本部副官少佐大尉ノ内各一名宛ヲ専属ス

参軍官制第五条の示す通り、「帝国全軍ノ参謀長」である参軍の下、陸軍参謀本部と海軍参謀本部とが設置される。次に、陸軍参謀本部条例の主要条文を挙げる。(170)

　第一条
陸軍参謀本部ハ参軍ノ下ニ在テ出師計画国防及作戦計画並陣中要務規定ノ事ヲ掌リ交通法及外国ノ軍事ヲ調査シ兼テ内外地誌外国政誌及戦史ノ編纂ヲ掌ル所トス
　第二条
本部長ハ陸軍将官ヲ以テ之ニ補シ部内一切ノ事務ヲ統理シ参軍ニ対シ其責ニ任ス

第四条
本部ニ左ノ二局一課ヲ置キ部事ヲ分担セシム
　第一局
　一　出師計画及団隊編制
　二　交通法ノ調査
　第二局
　一　国防及作戦計画並ニ陣中要務ノ規定
　二　外国軍事ノ調査
　編纂課
　一　内外地誌外国政誌及戦史ノ編輯
　一　外国書ノ翻訳

海軍参謀本部条例についても、ほとんど同様だが、確認の為、その一部を掲げる。(171)

第一条
海軍参謀本部ハ参軍ノ下ニ置キ海軍軍事計画ヲ掌ル所トス
第二条
本部長ハ海軍将官ヲ以テ之ニ補シ部内一切ノ事務ヲ統理シ参軍ニ対シテ其責ニ任ス
第四条
本部ニ左ノ二局ヲ置キ部事ヲ分担セシム

第一局
一　艦隊編制
一　作戦ノ計画
一　諜報ノ調査
第二局
一　出師準備ノ計画
一　海防ノ計画
一　海上運輸法ノ調査

統帥権問題史を考える上での重要な指標となる「編制」のことは、参軍官制の下にあっても、陸軍のそれを陸軍参謀本部第一局が、海軍のそれを海軍参謀本部第一局がそれぞれ担うとされていた。
上掲の参軍官制及び陸・海軍参謀本部条例は、早くも明治二二年三月七日には廃止され、参謀本部条例が改めて制定された。これは、明治憲法の制定から間もなくの出来事であった。以下、明治二二年参謀本部条例の主要な条文を掲げておこう。(172)

第一条
参謀本部ハ之ヲ東京ニ置キ出師国防作戦ノ計画ヲ掌トリ及ヒ陸軍参謀将校ヲ統轄シ其教育ヲ監督シ陸軍大学校陸地測量部ヲ管轄ス
第二条
陸軍大将若クハ陸軍中将一人ヲ帝国全軍ノ参謀総長ニ任シ天皇ニ直隷シ帷幄ノ軍務ニ参シ参謀本部ノ軍務ヲ管

理セシム
第三条
参謀次長一人ヲ置キ陸軍中将若クハ陸軍少将ヲ以テ之ニ補シ参謀総長ヲ補佐ス但之ヲ置クハ事務ノ繁閑ニ従フ
第四条
凡ソ戦略上事ノ軍令ニ関スルモノハ専ラ参謀総長ノ管知スル所ニシテ之カ参画ヲナシ親裁ノ後平時ニ在テハ直ニ之ヲ陸軍大臣ニ下シ戦時ニ在テハ参謀総長之ヲ師団長若クハ特命司令官ニ伝宣シテ之ヲ施行セシム
第八条
参謀本部ニ左ノ二局一課ヲ置キ部事ヲ分担セシム
第一局
一　出師計画及団隊編制
二　交通法ノ調査
第二局
一　国防及作戦計画並ニ陣中要務ノ規定
二　外国軍事ノ調査
編纂課
一　内外地誌外国政誌及戦史ノ編輯
一　外国書ノ翻訳

参謀総長は、「陸軍大将」か「陸軍中将」から任命され、「天皇ニ直隷」する。また、「帝国全軍ノ参謀総長」とあるので、海軍も、参謀の機能という点では参謀総長に服すると解せる。

また、参謀本部条例第八条によれば、「編制」事項は第一局の職掌とされた[173]。ここでも、参謀本部の職掌に「編制」の語を見出せる。ただ、「編制」のことを検討するに当たっては、この時期からは、それまでとはやや別個の配慮を要する。なぜなら、いまだ憲法の施行時期（明治二三年一一月）には至っていないものの、明治憲法が既に制定されていたからである。

さて、参軍官制廃止に伴う参謀本部条例の復活に際して、海軍の方では海軍参謀部条例が制定された。海軍参謀部は、「海軍大臣ノ下ニ」置かれるという特徴があった。以下、海軍参謀部条例を見ておこう[174]。

第一条

海軍大臣ハ各省官制ニ掲クルモノ、外帷幕ノ機務ニ参シ出師作戦海防ノ計画ニ任スルモノトス

第二条

海軍大臣ノ下ニ海軍参謀部ヲ置キ軍事ノ計画ヲ掌ラシム

第三条

海軍参謀部ニ長一人ヲ置キ将官ヲ以テ之ニ補シ部務ヲ総理セシム

第四条

海軍参謀部ニ第一課第二課第三課ヲ置キ部務ヲ分掌セシムルコト左ノ如シ

第一課　作戦出師準備海上運輸ノ計画

第二課　海岸防御

第三課　諜報

海軍参謀部では、以前と違い、「艦隊編制」がその職掌中で掲げられていない。なお、海軍ではその後、海軍軍令部条例が制定されたが（明治二六年五月一九日）[175]、こちらは明治二二年三月の海軍参謀部条例とは違って、海軍の参謀の長も、陸軍のそれと同様、「天皇ニ直隷」することとされ、海軍大臣の下にある組織ではなくなった。明治二六年海軍軍令部条例を見ておく。

第一条

海軍軍令部ヲ東京ニ置ク出師作戦沿岸防御ノ計画ヲ掌リ鎮守府及艦隊ノ参謀将校ヲ監督シ又教育訓練ヲ監視ス

第二条

海軍大将若クハ海軍中将ヲ以テ海軍軍令部長ニ親補シ天皇ニ直隷シ帷幄ノ機務ニ参シ部務ヲ管理セシム

第三条

戦略上事ノ海軍軍令ニ関スルモノハ海軍軍令部長ノ管知スル所ニシテ之カ参画ヲ為シ親裁ノ後平時ニ在テハ之ヲ海軍大臣ニ移シ戦時ニ在テハ直ニ之ヲ鎮守府司令官艦隊司令長官ニ伝令ス

第六条

海軍軍令部ニ左ノ二局ヲ置キ部事ヲ分担セシム

第一局

一出師作戦、沿岸防御ノ計画、艦隊軍隊ノ編制及軍港要港ニ関スル事項

第二局

一教育訓練ノ監視、諜報及編纂ニ関スル事項

第六条に、海軍軍令部第一局の職掌として、「艦隊軍隊ノ編制」の語が見える。

次に、海軍軍令部条例制定時に改正された海軍省官制を確認しておきたい[176]。海軍軍令部第一局が「艦隊軍隊ノ編制」を担う旨、海軍軍令部条例に記されていたが、しかし、海軍省官制においても、全く同一の文言が海軍省軍務局の管掌事項中に挙がっていた。

第一条

海軍大臣ハ海軍軍政ヲ管理シ軍人軍属ヲ統督シ所轄諸部ヲ監督ス

第六条

海軍省ニ左ノ二局ヲ置ク

軍務局

経理局

第七条

軍務局ニ於テハ鎮守府艦団体ノ建制、艦隊軍隊ノ編制、役務並一般ノ職務、教育、訓練、演習、検閲、准士官下士卒ノ進退及其他ノ人事、兵員ノ徴募、軍紀風紀、懲罰、裁判、監獄、戒厳、徴発、礼式、服制、海上保安、水路、望楼、艦船兵器弾薬ノ製造修理、兵器弾薬ノ経理、船体機関艦装兵装、艦船ノ保安、工場及武庫ニ関スル事項ヲ管掌シ第一課第二課第三課ヲ置キ其事務ヲ分掌セシム

ここには、「編制」事項が軍政でも軍令でもあるという理解があったと考えられよう。そこでは当然、海軍省と海軍軍令部との間で、争いを回避する為、何らかの対策が必要となる。明治二六年五月二二日、権限争いの可能性を縮減すべく制定されたのが「省部事務互渉規程」であった[177]。この制定は、海軍独自の軍令機関を備えるに至ったことで、陸軍と同様に、海軍内でも軍政機関と軍令機関との間での権限調整の要が生じた結果であったといえよ

う。

省部事務互渉規程は、少なくとも平時においては、海軍大臣と軍令部長とが緊密に連携するよう策定されていた。例えば、同規程第一項には、「在外人民ノ保護密漁密商ノ監視難破船漂流人ノ救助水路測量探検及教育訓練等ノ任務ニ関シ軍艦ノ差遣ヲ要スルトキハ海軍大臣軍令部長ニ商議シ部長軍艦発差ヲ計画シ上裁ヲ経テ海軍大臣ニ移シ大臣之ヲ施行ス」とあったが、この規定に見られる「商議」の字は、他の規定の中にも多く見られた。海軍大臣と軍令部長との「商議」が非常に重視されていたことが分かる。

なお、後年のロンドン海軍軍縮条約で問題となるはずの定めは、省部事務互渉規程第六項であった。すなわち、「艦船及砲銃弾薬水雷並ニ其属具ノ創備改廃修理ノ如キ兵力ノ伸縮ニ関シ又経費ニ渉ルモノハ省部互ニ意見ヲ問議ス」、と。この規程では「平時編制」と「戦時編制」との違いが明示的には定められていないが、「不文律的な処理方式」があったとされる。[178] それによると、「平時編制」については、海軍大臣が商議の発動と編制案の計画をし、軍令部長が上奏し、そして海軍大臣が実施した。他方、「戦時編制」については、軍令部長が商議の発動と編制案の計画をし、軍令部長又は海軍大臣が上奏し、そして海軍大臣が実施した。[179]

さて、最後に、本書の観点からは非常に印象的な改正に映る明治二六年一〇月三日改正の参謀本部条例を見ておく。[180] その第七条は、次のようになっていた。

第七条

参謀本部ニ第一局、第二局及編纂課ヲ置キ其各局課長ヲシテ左ニ掲クル事務ヲ分担シ其責ニ任セシム

第一局

動員計画ノ調査

平戦両時団隊編制ノ起案
兵器材料弾薬装具ノ審議
戦時諸条規ノ起案
運輸交通ノ調査及計画

第二局
作戦計画ノ調査
要塞位置ノ撰定及其兵器弾薬ノ審議
団体布置ノ審議
外国軍事ノ調査
外国地理ノ調査及其地図ノ輯集

編纂課
内外兵要地誌及政誌ノ編纂
戦史ノ編纂
外国書ノ翻訳

明治二六年の参謀本部条例によれば、参謀本部第一局は、「平戦両時団隊編制ノ起案」を行う。参謀本部で「起案」された「編制」の案をどうするかという時点に入ると、陸軍省の関与があるのだというように参謀本部条例から読み取れるようになっている。この点は、明らかに従来の参謀本部条例中の言葉遣いとは異なっている。そして、陸軍省側では、陸軍省軍務局第一軍事課が「編制、建制ニ関スル事項」をその職掌としていた。(181)

この参謀本部条例にいう「起案」とは、先に見た伊藤博文（内閣総理大臣）からの通牒「省部権限ノ大略」（明治一九年）にあった規定、すなわち「編制」については参謀本部長が「創議」（＝発議）の権を有するという規定と、ほとんど同じ意であると思われる。そうだとすれば、「編制」の「起案」は参謀本部で行われ、「省部合議」を経て決定されるというプロセスが、この明治二六年時点でもなお有効であったことが分かる。加えて、この明治二六年参謀本部条例でも、「編制」事項は軍政と軍令とにまたがるものとされていた点も判明する。

一五　小　結

本章で検討した点をまとめれば、次のようになる。まず、「編制」事項は、官制上、ある時期まで軍政機関か軍令機関かのどちらかが担うとされていた。しかし、明治一九年以降の官制を追うと、軍政機関と軍令機関とがそれぞれの職掌中に「編制」を含めるという、重複が見受けられる。ただ、明治一九年時点では、総理大臣であった伊藤博文の通牒によって、「編制」に関して軍令機関の長が「創議」の権を有するとしつつ、結論を得る為には「省部合議」が要請され、上奏の際には陸海軍大臣との「連署」が求められるというルールが確立された。このような実質的な《協同輔弼（輔翼）》制度の確立は、無用な権限争議を引き起こさない為に重要であった。

しかし、明治二二年には、明治憲法が制定される。それまでは、陸軍省官制と参謀本部条例とを基礎とし、事務的な内規や通牒によって補充された安定的な運用を可能としたルールがあった。そこに、憲法が統帥大権・編制大権を規定し、加えて国務大臣の輔弼責任を定めたことによって、軍政と軍令とをめぐる諸問題が、統帥大権・編制大権との絡みで、すなわち《憲法問題》として、議論される可能性が出てきたのである。ロンドン海軍軍縮問題が《統帥権論争》として、つまり《憲法問題》として展開したことに鑑みれば、明治憲法における軍制関係条項の成立過程では、明治憲法では、どのようにして軍制関係の規定が成立したのであろうか。をひとまず押さえておく必要がある。

第二章では明治憲法第一一条・第一二条の制定過程を、第三章では第五五条の制定過程を検討したい。

註

（1）前掲伊藤『大正デモクラシー期の法と社会』、一九五頁。

（2）なお、明治初期から昭和期に至るまでの統帥大権・編制大権に係る軍事法制を通史的に扱う研究としては、神田文人「統帥権と天皇制（一・二・三の上・三の下）」『横浜市立大学論叢』人文科学系列、三七巻二・三号（昭和六一年）、四〇巻一号（平成元年）、四三巻一号（平成四年）、四四巻一・二号（平成五年）及び前掲伊藤『大正デモクラシー期の法と社会』の第三章「編制大権をめぐる法と政治」等がある。堀悌吉「軍機軍令制度ノ沿革概観」大分県立先哲史料館編『堀悌吉資料集』第一巻（大分県教育委員会・平成一八年）は、関係法令や内規を逐次掲げた資料である。また、維新前後からの日本軍隊の基本的構造を辿った手引き的文献として、秦郁彦「日本軍隊の創設と発展」同『軍ファシズム運動史』復刻新版（河出書房新社・平成二四年）。

（3）伊藤之雄『山県有朋』（文芸春秋・平成二一年）、小林道彦『桂太郎』（ミネルヴァ書房・平成一八年）、清水多吉『西周』（ミネルヴァ書房・平成二二年）。

（4）内閣記録局編『法規分類大全』官職門・官職総（明治二二年）、一頁以下。なお、『法規分類大全』については、岡田昭夫『明治期における法令伝達の研究』（成文堂・平成二五年）、三二〇頁以下を参照。岡田によれば、『法規分類大全』は「帝国議会の開設との関連で誕生した総合法令集ということができ」、法令の本文のみならず関係の公文書等を一緒に収載することで「その法令の制定改廃の経緯を明らかにするとともに、政府部内の執務の用に供することを目的として編纂された」ものであったという（三二〇～三二一頁）。

(5) 松下芳男『改訂明治軍制史論』上巻（国書刊行会・昭和五三年）、五頁。
(6) 前掲『法規分類大全』官職門・官職総、五頁以下。
(7) 鳥谷部春汀著者代表『明治文学全集 九二 明治人物論集』（筑摩書房・昭和四五年）、一〇一頁以下所収。
(8) 前掲『法規分類大全』官職門・官職総、一〇頁以下。
(9) なお、「参与」となる者についての規定は以下のようになっていた。三職分課制では、「諸藩士及都鄙有才ノ者選挙抜擢参与職ニ任ス下ノ議事所ニ在リ則議事官タリ又分課ニ因テ其課ノ掛トナル者其事ヲ専務ス　選挙ノ法公議ヲ執リ抜擢セラル則徴士ト命ス在職四年ニシテ退ク広ク賢才ニ譲ルヲ要トス若其人当器尚退クヘカラサル者ハ又四年ヲ延ヘ在職八年トス衆議ニ執ルヘシ」とある（同上、六～七頁）。「三職八局」制では、「諸藩士及都鄙有才ノ者公議ニ執リ抜擢セラル則徴士ト命ス参与職各局ノ判事ニ任ス又其一官ヲ命シテ参与職ニ任セサル者アリ在職四年ニシテ退ク広ク賢才ニ譲ルヲ要トス若其人当器尚退クヘカラサル者ハ又四年ヲ延テ八年トス衆議ニ執ルヘシ」とある（同上、一一頁）。
(10) 同上、一三頁。
(11) 前掲松下『改訂明治軍制史論』上巻では、「要するにこの時の改正は、課が局になりしと、総裁局が新たに設けられたると、職制の整備と、多少の字句の改正とに過ぎない」とされている（七頁）。
(12) 内閣記録局編『法規分類大全』兵制門・陸海軍官制・陸軍二（明治二三年）、三九二～三九三頁。
(13) 内閣記録局編『法規分類大全』兵制門・兵制総（明治二三年）、五頁。
(14) 前掲『法規分類大全』官職門・官職総、一九頁以下。
(15) 内閣記録局編『法規分類大全』兵制門・陸海軍官制・陸軍一（明治二三年）、二六〇頁以下。
(16) 同上、二六一頁。
(17) 前掲松下『改訂明治軍制史論』上巻、四六頁。
(18) 前掲『法規分類大全』兵制門・兵制総、三二頁。
(19) 同上、三三二～三三三頁。
(20) 藤田嗣雄著、三浦裕史編『明治軍制』（信山社・平成四年（翻刻原本は昭和四二年刊））、四一頁。

(21) 同上、四三頁。

(22) 戸部良一『逆説の軍隊』(中央公論新社・平成一〇年)、三三頁では次のようにいう。「この御親兵こそ日本陸軍の実質的な母胎である。言うまでもなく、御親兵は国軍として設けられた」。

また、廃藩置県に関連して御親兵設置に向かわざるを得ない新政府側の事情につき、松下芳男は次のように説く。「廃藩置県は当然に藩主の兵権奪還を意味するものであつて、軍部当局者の廃藩置県に熱意を有するや当然である。藩兵隊にして藩主に直隷しつゝ、天皇の軍令下に立つというが如き二重統帥下にある軍隊は、兵力としても薄弱なるは言を俟たぬ。けれども廃藩には各藩主の反対を覚悟しなければならぬが、政府に如何なる実力あつてか、この廃藩の難問題を解決することが出来るであろうか。廃藩の前提条件としては、どうしても強力なる天皇直属軍隊の必要があるのであつて、ここに中央政府の苦悶あり、天皇直属軍隊の存在を繞つて、重大矛盾に当面するわけである」。そこで山縣有朋らは各藩から将士一名を選んで大阪兵学寮で訓練し、帰藩後に兵士を率いさせ、彼等を糾合して御親兵を作りたいと考えたが、それでは時間がかかり過ぎる。「然らばそれに代わる案としては、必然的に雄藩の献兵に依る御親兵組織ということになるであろうが、廃藩の原動力たるべき天皇直属の軍隊を、それに依つて廃されんとする藩より得んとするものであるから、その容易ならざるは理の当然」であった、と(前掲松下『改訂明治軍制史論』上巻、七五頁)。軍隊を持たぬ天皇を中心として国内をまとめる難しさがここにはある。この点、一八七一年のドイツ帝国が、強力な軍隊を擁する国・君主によって統一されたものであったことは好対照であろう。

(23) 御親兵は明治五年三月、「近衛兵」と改称された。同上、五二頁。

(24) 同上、四六〜四七、四八頁。

(25) 同上、二六三頁以下。

(26) 前掲『法規分類大全』兵制門・兵制総、二六九頁。

(27) 前掲伊藤『山県有朋』、八四〜八八頁。

(28) 前掲『法規分類大全』兵制門・陸海軍官制・陸軍一、三五〇頁以下。なお、海軍についても兵部省海軍部内条例が制定されているが、ほとんど陸軍部内条例の構成と変わらなかった。海軍部内条例は、内閣官報局編『法令全書』明治四年九月日闕、七七三頁以下。

(29) 同上、三六五頁以下。
(30) 同上、三五六～三五七頁。
(31) 前掲松下『改訂明治軍制史論』上巻、一〇三～一〇四頁。松下はそこから更に、「何故陸軍参謀局を兵部省の別局としたか」、すなわち「等しく兵部卿の管掌下にありながら、何故内局と別局とに区別したか」を問うた。松下の答えは、例えば同じく省内別局とされた三兵本部がその後に監軍本部・教育総監部として本省と分離されたことも踏まえ、参謀局もまた同じ道を辿るべく、「既に独立的萌芽を見せ、一元的組織がここに崩壊的傾向を辿れるものと解するより他はあるまいと思う」というものであった（同上、一〇四～一〇五頁）。
(32) 前掲『法規分類大全』兵制門・兵制総、五一頁。
(33) 同上、五二頁。
(34) 同上。
(35) なお、徴兵令の審議を通じての元老院による軍事に対するコントロールを題材とした研究として、尾原宏之『軍事と公論』（慶応義塾大学出版会・平成二五年）がある。本書の関心から興味深いのが、明治一六年の徴兵令改正審議の過程である。この時政府から提出された改正原案では、それまでの明治一二年改正徴兵令に記されていた兵員数や編制に係る条文が完全に削除されていた。この時の政府は、兵員数や編制の決定から元老院の関与を排除することを目論んでいた（二六四頁以下）。尾原が「議会的なもの（＝元老院）は軍隊にどう向き合うか」（二六四頁）とのタイトルを使っているのが示唆的であるように、この問題は、後年の憲法制定作業にも通ずるものである。すなわち、軍隊の兵員数・編制を、「議会的なもの」ないし真正の議会による議決を要する《法律》事項とするのか、それとも天皇大権によって決することを可能とする《勅令》事項とするのかとの議論とつながっている。明治憲法では、これを《法律》で決するという選択をしなかった。そして更には、憲法起草者や陸軍高官らを巻き込んで、《勅令》でのみ決するものとするのか、それともそれ以外の決定を排除しない《勅裁》という言葉で落としどころを見付けるのかという、枢密院での議論に至る。
(36) 前掲『法規分類大全』兵制門・兵制総、五六頁。
(37) 同上、五六～五七頁。

(38) 井上寿一『山県有朋と明治国家』(日本放送出版協会・平成二二年)、四〇頁以下。引用箇所は四〇頁、四五頁。
(39) 前掲『法規分類大全』兵制門・陸海軍官制・陸軍一、二七三〜二七四頁。
(40) 同上、二七五〜二七六頁。
(41) 同上、三八三〜三八四頁。
(42) 前掲松下『改訂明治軍制史論』上巻、一七五頁。本書でも後に述べるが、松下曰く、明治四年参謀局から明治六年第六局への変化と権限縮小に「対応するものは、新官制第一局の管掌事項の増加と、その局長の権限の伸長と、その資格の向上とであつて、〔中略〕然も第一局の管掌事項は単に増加というばかりでなく、〔後年の〕軍務局に少かりし軍令事項が著しく増加している」(同上、一七五〜一七六頁)。いわばこの時、第一局に後年の参謀本部的機能が一時移管されていた。
(43) 前掲『法規分類大全』兵制門・陸海軍官制・陸軍二、三九六頁。
(44) 同上。
(45) 前掲松下『改訂明治軍制史論』上巻、一七八頁。
(46) 前掲『法規分類大全』兵制門・陸海軍官制・陸軍一、三七〇頁。陸軍省条例に従えば、この時の陸軍省は、第一局(通報、軍務、庶務)、第二局(歩兵、騎兵)、第三局(砲兵)、第四局(工兵)、第五局(監督部、軍吏部、会計事務)、第六局、第七局(北海道兵備)とで構成されていた。本文中にて見たように、第一局第一課が「全軍ノ員数並ニ現役軍団ノ編制」を取り扱うが、各兵科別の「編制」のことは、例えば歩兵及び騎兵の「編制」については第二局が、砲兵のそれについては第三局がそれぞれ担当した。
(47) 前掲『法規分類大全』兵制門・陸海軍官制・陸軍二、三九八頁。
(48) 同上、三九九頁以下。
(49) 参謀局条例第一一条によれば、総務課の職掌は「第一　参謀科人員履歴ノ調並ニ参謀局出仕文官工人使役人等ノ調ノ事」、「第二　局中官禄給料ヨリ諸雑費ノ調並ニ図籍買入版刻石版写真測量等諸出費ノ調ノ事」、「第三　本省並ニ該轄諸寮司並ニ鎮台等トノ通報ノ事」、「第四　局内諸課々程総監督ノ事」、「第五　太政官諸省陸軍省布達下令指令等記注ノ事」。第四については特に注目に値するし、各課の文書往復や会計についてはすべて総務課で管理するという規定も見出せる(第二九条)。更に、総務課長の任用は

「参謀大佐」に限られているが、その他の課長は「本準参謀佐官」とあって、中少佐の補職を排除していなかったようである（第二八条）。また何よりも「局長病気其外ニテ不参ノ節ハ総務課ノ課長之ヲ代理シ」云々（第三一条）との規定が総務課長の立場の強さを明らかにしている。

また、第三条には「参謀局長ハ陸軍卿ニ属シ日本総陸軍ノ定制節度ヲ審カニシ兵謀兵略ヲ明カニシ以テ機務密謀ヲ参画スルヲ掌トル」とあるが、実際に「定制節度兵謀兵略ニ関スル事件陸軍卿ヨリ諮問アルトキハ先局長ニ呈シ事務担当ノ該課ニ分与シ而ル後該課長ノ考案ヲ附シ第一課ニ致シ以テ局長ノ可否裁決調印ヲ受ク」（参謀局第一課職務概則、前掲『法規分類大全』兵制門・陸海軍官制・陸軍二、四〇五頁）とある。参謀局内のいわば総合調整機能を担い、重要任務について局長と各課とを連結させるのも総務課の仕事であった。

明治九年一二月二日の陸軍省達では、参謀局の定員表が定められた。それによれば、参謀局長は中少将、第一課（総務課）長は大佐（課報提理は少佐）、その他諸課長は少佐を充てるとされた（同上、四一三頁）。明治七年設置の参謀局では、一貫してその総務課長の職が重視されていたといえよう。

(50)　前掲松下『改訂明治軍制史論』上巻、一九七頁。

(51)　桂太郎とドイツ軍制受容についての全体像を記述するものとして、山中倫太郎「桂太郎とドイツ」『海外事情』六一巻一〇号（平成二五年）。

(52)　桂太郎著、宇野俊一校註『桂太郎自伝』（平凡社・平成五年）、八二頁。なお、徳富蘇峰編著『公爵桂太郎伝』乾巻（原書房・昭和四二年（復刻原本は大正五年刊））、三三四頁も参照。

(53)　前掲小林『桂太郎』、三四～三五頁。

(54)　明治七年参謀局（局長）と陸軍省（卿）との関係だけに絞れば、桂の構想よりも、むしろ山田顕義の「建白書」（明治六年九月）に現れた軍制思想に近しかったように思われる（明治文化研究会編『明治文化全集』第二五巻・軍事篇・交通篇（日本評論社・平成五年（復刻版））に収められている）。この建白書は、明治四年一一月から始まった岩倉遣欧使節団に理事官として参加した山田が、帰国後の報告書として著したものである。建白書曰く、まず諸国の制度として、「陸軍卿ハ上皇帝又ハ国王大統領ノ勅ヲ奉シ下諸軍吏ヲ総督シ、国体ニ遵ヒ国法ニ準シ諸務ヲ統理スルノ権アリ。然トモ決シテ兵隊ヲ号令シ士官ヲ褒貶黜陟シ法令ヲ交換スル等ノ権ヲ有セス。然而省中ノ事務数十課アリ諸国大同小異而国各数ヲ異ニス之ヲ大別シテ二部トス。曰参謀、曰給養トス、之ヲ総理スル則陸軍卿ノ本務也」（同上、一八頁）、日本の陸軍省の組織を今後どのようにすべきかとの問題については、「諸局許多ノ数務ヲ合一シ、参謀給養ノ二大別トシ、之ニ二部長ヲ置キ諸務ヲ主宰シ、之ニ付スルニ参謀士官並ニ会計軍吏各数十名ヲ以テシ、而陸軍卿之ヲ統轄シ、参謀士官数名ヲシテ卿ニ隷セシメン事ヲ要ス」（同上、二〇頁）、と。この建白書から、山田が明治六年段階で既に軍政（「給養」）及び軍令（「参謀」）の両事務の区別に着目していたことが分かる。更に、両事務を担うべく「給養」及び「参謀」の各「部長」を置き、それを陸軍卿が統轄するという組織に関する提言であった。参謀機能を担う参謀局を置くも、なお参謀局長が陸軍卿に属するという明治七年の陸軍の姿は、この点では、山田の建白書通りの造りであったといえよう。

(55)　前掲『法規分類大全』兵制門・陸海軍官制・陸軍一、三九七頁。

(56)　同上、二七九頁。

(57)　同上、二八六頁以下、二九一頁以下。なお、陸軍省の事務章程を含め、明治一四年一一月に各省の事務章程が廃止され、諸省事務章程通則が定められた（同上、二九九頁以下）。

(58)　陸軍職制を定めた目的として、職制の冒頭に次のようにある。「明治五年二月兵部省ヲ廃シ更メテ陸軍省並ニ海軍省ヲ置ク爾来陸軍ノ事一切陸軍省ニ統轄シ六軍管並ニ陸軍所属ノ諸官庁悉ク本省ニ隷属シテ分管スル所ナシ而ルニ明治十一年十二月ニ至リ更ニ参謀本部ヲ置キ其十二年一月ニ至リ又監軍本部ヲ置キ六軍管ヲ分割セシム是ニ於テ陸軍省並ニ各部管轄隷属ノ法旧轍ニ異ナル者アリ其分管ノ事務ニ至リテハ陸軍省参謀本部監軍本部六管鎮台等ノ条例アリテ之ヲ委悉スト雖トモ猶管轄所属ノ法ニ於テ明亮ナラサル者アリ故ニ陸軍職制ヲ著ハス」（同上、二八六頁）。明治一一年一二月以前は、陸軍省が陸軍関係の全官庁を管理していた。しかし、参謀本部や監軍本部が設置されるにつれ、旧来の制度とは異なる様相を呈してきた。それ故に、この陸軍職制によって陸軍諸官庁の権限関係等を明瞭に示そうとしたのである。

(59)　同上、二八七頁。

(60)　同上、二九一頁。

(61)　同上、四二一頁以下。

(62)　明治一二年一〇月一〇日より、陸軍省各局が改称され、第一局は総務局、第二局は人員局、第三局は砲兵局、第四局は工兵局、第五局は会計局と改められた。同上、二九四頁。

(63)　前掲『法規分類大全』兵制門・陸海軍官制・陸軍二、四二二頁以下。

(64)　同上、四二〇～四二一頁。

(65)　前掲桂『桂太郎自伝』、八八～八九頁。

(66)　同上、九一頁。

(67)　同上、一五頁。

(68)　同上、九四頁。

(69)　同上、九四～九五頁。

(70)　同上、九五頁。

(71)　前掲小林『桂太郎』、四四～四五頁。

(72)　ここに見た陸軍省上申では、参謀本部を独立させることについて、「政令」と「軍令」との区別に立脚した理由が述べられているのみである。もちろんこの区別は、ドイツ留学を経た桂太郎の影響が色濃く見られる点で、ドイツ軍制思想の流入現象として解することができるし、より技術的な理由としては西南戦争の経験がよく取り上げられてきた。西南戦争の経験をその理由に掲げるものとしては、徳富蘇峰編述『公爵山縣有朋伝』中巻（原書房・昭和四四年（復刻原本は昭和八年刊））、七八五頁がその代表例であろう。すなわち、「明治七年、公（山縣）は参謀局を設置し、陸軍省に隷属し、作戦事務を総轄せしめたが、西南戦役の結果、参謀事務の不備を認め、作戦独立の必要を痛感し、是に於て、欧州大陸に於ける軍令機関の組織に準じて、参謀本部を組織するの急務を主張」し、明治一一年一〇月の建議に至った、と。西南戦争での陸軍の参謀業務を追跡したものとして、齋藤達志「西南戦争にみる日本陸軍統帥機関の成立過程とその苦悩」『軍事史学』五二巻三号（平成二八年）がある。

ただ、明治一一年一〇月の陸軍省上申では、藤田嗣雄が指摘するように、参謀本部設置に向かわざるを得ない潜在的な「政治的理由」が述べられていない（前掲藤田『明治軍制』、八六～八七頁）。藤田によれば、その「政治的理由」としては、軍人の政治干渉を戒めた山縣有朋の軍人訓誡（参謀本部設置を求める陸軍省の上申が提示された直後の明治一一年一〇月一二日に陸軍部内で頒布された）と関連付ければ、次の二つを指摘できるという。すなわち、「第一に国会開設運動及び政党の樹立に対して、当時強大ではなかった軍隊という絶対制的勢力を防衛する」こと、「第二には、明治初年以来政治的指導者であった藩閥の人々が次々にひき起し、明治一〇年の西南の乱で頂点に達した政治的闘争から、軍隊を隔離するため、軍隊を非政治化及び中立化した」ことが参謀本部独立の「政治的理由」である（同上、八三頁）。

藤田とほぼ同旨の「政治的な理由」にも言及するものとして、前掲戸部『逆説の軍隊』、七四〜七七頁。戸部は、西南戦争後の戦略・作戦指導の不備を改善するという機運が生じたこと（上述の技術的な理由）だけではなく、「政治的な理由」も絡んでいたとして、①西郷隆盛の再現を防止すること、②軍隊を政治から切り離し、その政治的中立性を確保すること、③軍令機関を直隷として、軍人の天皇への忠誠を強化すること、の三点をその理由として挙げている。

なお、日独近代史を研究する山田千秋は、参謀本部独立の理由について、西南戦争の教訓であるとする説に対しては、「軍事作戦を効果的に進めるためには参謀活動を活発にする必要はあっても、あえて参謀本部の独立まで突き進む必要はまったくない」と論評し（山田『日本軍制の起源とドイツ』（原書房・平成八年）、二三九頁）、また、上掲の藤田嗣雄に代表される「政治的理由」説に対しては、議会主義化の影響から軍隊を守るというのであれば、そもそも明治一一年一二月時点では議会はいまだ存在しないのだから、議会開設に向けての準備過程で「議会の（軍事に関する）権限を実質的になくしてしまう方が安全であり確実」であったはずではないかという（同上、二三九〜二四〇頁）。山田自身の見解は、普仏戦争におけるプロイセンの勝利が同国参謀本部の貢献によるところが大きいと当時喧伝されていたことを重視する点に特徴があろう。山田は、当時の日本の軍事関係者が「プロイセンの参謀本部のシステム、つまり参謀本部の独立を讃美する意見を受け入れて、プロイセンの勝利の原因が独立した参謀本部という制度にあったとみなして、日本においても参謀本部の独立を実現するよう求めていった」点等を挙げ、明治一一年一二月の参謀本部独立に「決定的に作用したのは普仏戦争におけるプロイセンの勝利であった」と結論付ける（同上、二四〇〜二四三頁）。

また、永井和の研究（永井「太政官文書にみる天皇万機親裁の成立」『京都大学文学部研究紀要』四一号（平成一四年）、永井「万機親裁体制の成立」『思想』九五七号（平成一六年）、永井「朕は汝等軍人の大元帥なるぞ」佐々木克編『明治維新期の政治文化』（思文閣出版・平成一七年））では、参謀本部設置（統帥権の独立）が何故に明治一一年というタイミングであったかについて、そもそも天皇が日常的に親裁をなすようになったのが明治一〇年西南戦争後のことであり、親裁をもって初めて確立される統帥権独立制度がそれ以前に成立するはずがないとの見解が示され、加えて、天皇が事実上、大元帥として日常的に軍令の親裁をなすのが定着したのは、参謀本部設置からやや遅れて明治一二年一〇月末以降であった点が指摘されている。この他に、統帥権問題と関連する上掲以外の永井の明治憲法体制研究として、永井「輔弼をめぐる論争」同『青年君主昭和天皇と元老西園寺』（京都大学学術出版会・平成一五年）がある。

近現代史学者の雨宮昭一は、統帥権独立の「機能的」な意義（軍政及び軍令の分業・分担）と「政治的」な意義（立憲主義的影響に軍がさらされないようにして、「藩閥勢力」の統治を防衛・補強する、すなわち上述の藤田らの指摘する「政治的理由」とほぼ同じ）という区別を提示する（前掲雨宮『近代日本の戦争指導』、四〇頁以下）。雨宮によれば、このように統帥権の独立（参謀本部の設置）は二つの意義を有していたが、実態としては、日露戦争までは政治指導者と軍事指導者とが不即不離であった為に「国務」と「統帥」との分裂を避け得ていた。つまり、「政治指導者即軍事指導者」であった面々からなる「藩閥勢力が政府を支配している限り、統帥権の政府からの独立は、『事務執行上の便宜』すなわち機能的意義以上のものをもたない」（同上、七九頁）。しかし、藩閥勢力に代わって政党が内閣を構成するようになると、それまで表出する機会のなかった統帥権独立の「政治的」意義が姿を現してくるようになった、と。

更に、比較的近時の研究では、次のような主張もある。すなわち、①西南戦争で作戦・戦略を担当する専門の機関が必要だと明らかになった、②西南戦争の恩賞をめぐって生じた竹橋事件によって山縣有朋が陸軍卿に留まれない危険が出てきた（陸軍卿であり、西南戦争後の勲功調査委員でもあった為）、③作戦・戦略担当の専門機関設置の必要と山縣の危機とが存在する中、陸軍で高まってきた参謀局の充実をはかるべしとの要求に対し、伊藤博文や井上馨、岩倉具視らの主導の下、参謀局拡充要求に合わせるようにして山縣を参謀局長・参謀本部長に鞍替えさせることで政権の安定化をはかった、④加えて、当時は兵部省時代から一貫して、軍の統率が人事・戦略ともに大久保利通や木戸孝允、伊藤といった非武官によってコントロールを受けていたので、陸軍が将来的に政府の干渉をはねのけるようになるとは、伊藤らは心配していなかった、と（前掲伊藤『山県有朋』、一六九〜一七九頁）。山縣の処遇という藩閥勢力内の課題を取り上げ、それと当時の参謀局拡充要求とを併せて考えるのが、伊藤之雄説の特徴であろう。なお、大久保や伊藤らが、例えば陸軍卿の人事にも充分に関与し得たのは、太政大臣・右大臣・参議の会議（閣議）によって万事が事実上決定されていたこと、そして明治六年後月には太政官の職制・事務章程が改正されて勅任官人事には閣議が明文を以て求められるようになったことからも明らかだとされる（同上、一〇五〜一〇六頁、一一七〜一一八頁）。これは、太政官正院事務章程中にある「凡ソ勅任官ノ推挙免黜ハ宸断ニ出ルト云トモ必ス内閣議官ニ諮リ太政大臣之ヲ補賛シテ進退ス」との条文による（内閣記録局編『法規分類大全』官職門・官制・太政官内閣一（明治二二年）、一六二頁）。また、同事務章程によれば、兵制改革・兵員増減のこともまた正院の「専掌スル事務」とされていた（同上、一六四頁）。なお、太政官正院の権限を定めた規定は、明治八年四月に改正され（同上、一七六頁以下）、人事に関する規定は「凡ソ奏任官以上ノ進退黜陟ハ其具状ヲ勘シ其履歴ヲ審ニシテ後上奏制可ヲ乞フヘシ」（第五条）となり、更に、正院の「称」自体は明治一〇年一月時点で廃止されていたが（同上、一八六頁）、伊藤之雄によれば、陸軍卿や新たに創設される参謀本部長の人事については、実質的に伊藤博文や岩倉らの参議・大臣がそれを決していたとされる（前掲伊藤『山県有朋』、一七七頁、なお同旨として伊藤之雄『伊藤博文』（講談社・平成二一年）、一四二～一四五頁）。

なお、人事について、永井和が注意を向けるように（前掲永井「太政官文書にみる天皇万機親裁の成立」、一〇二頁）、武官人事には、①特定の階級に就く「任官」と、②特定の職務・部署・役職に就くことを命じる「職課命免」とがある。永井の詳密な調査によれば、明治一一年一二月以後、確かに勅任武官の「任免」については省卿が上申して閣議を経たり、或いは省卿の上申なくして内閣が議決するものであった。しかし、「職課命免」については奏任以上の将校の場合、帷幄上奏（参謀本部長と陸軍卿が連署して上奏）によった（同上、一六八頁以下及び一七三～一七四頁）。この差異が意味するのは、伊藤らは将校「任官」に対してならばその影響力を行使できたが、「職課命免」については影響力を直接には行使できないということであり、「同じ陸軍大佐でも、陸軍省軍務局軍事課長になるのと、第十六師団司令部附となって京都の私立大学に配属されるのとでは、陸軍内で発揮しうる権力の大きさは天と地ほどにちがう」という永井の指摘（同上、一〇二頁）を考慮する時、「職課命免」が帷幄上奏マターとなっていく様子は、この時から既に、伊藤らによる人事的なコントロールの力が減殺される傾向にあったことを物語っていよう（なお参照、秦郁彦『統帥権と帝国陸海軍の時代』（平凡社・平成一八年）、六八頁以下）。

そして、以上のような構造は、明治国家の体制運用史において更に変化を遂げていく。明治一一年段階での構造が、同一八年の内閣職権及び同二二年の内閣官制での帷幄上奏の規定、そして政党勢力の増大に伴って陸軍側が規制線を張った軍部大臣現役武官制（同三三年）、文官の陸海軍大臣登場が予期された際の省部権限内規見直しによる陸軍省（陸軍大臣）の権限の参謀本部（参謀総長）への移譲措置（大正二年）等々に左右されつつも、「国務」と「統帥」との分立という基本骨格を維持しながら明治・大正・昭和の日本憲政史において展開していくことになる。

(73) 千葉功編『桂太郎発書翰集』(東京大学出版会・平成二三年)、一六五～一六六頁。なお同書簡は、前掲徳富編著『公爵桂太郎伝』乾巻、三五八～三六一頁にも紹介がある。

(74) 同上、三八三頁。

(75) 同上、三八三～三八四頁。

(76) ただし、明治三八年に刊行され、山縣有朋の「監査ノ下ニ編纂」された堀内文次郎・平山正編『陸軍省沿革史』(前掲明治文化研究会編『明治文化全集』軍事篇・交通篇に収められている)では、海軍＝英式、陸軍＝仏式という明治三年に定められた兵制は、「爾後各国ノ制ヲ取捨折衷シ、我兵式ヲ制定セルヲ以テ、此制ハ自ラ消滅スルニ至レリ」とされている(一二二～一二三頁)。また、桂本人も、後年次のように述べたという。すなわち、「帝国の陸軍は、仏式と云ひ、独式と云ふか如く、碌々他に模倣して其の制度を定めんとするか如きは、吾人未た其の可なるを見ず、帝国陸軍は、確乎不抜の方針を樹立して、其の本領を発揮せさる可からす。其の本領とは何ぞや、仏式にも非ず、独式にも非す、即ち欧洲兵制の模範たる独逸の兵制を折衷し、其の短を捨て、其の長を取り、日本特殊の兵制を創立せさる可からさること是なり。蓋し我か陸軍独逸兵制を折衷するを必要とする所以のものは、独り其の兵制の欧洲各国に冠たるのみならす、立憲君主主義の政体に於て、君民一致の国民性に於て、頗る相一致するものあるを以てなり」、と(前掲徳富編著『公爵桂太郎伝』乾巻、四二六～四二七頁)。この発言には、単にドイツに倣うのみならず、その長所短所を識別して受容すべしとの見解と、「政体」及び「国民性」の観点から日本とドイツの近しさが存することからもドイツの制度を学ぶべきとの見解が現れている。

(77) 山室信一『法制官僚の時代』(木鐸社・昭和五九年)に収められている論文「模範国・準拠理論の選択と知の制度化」は、山室自身が整理・再述するところによれば、「わが国における政治学や法律学の理論継受がいかなる国を模範とし、それが具体的な政治過程においてどう発現したか、その際どういう理論に準拠することで正当化弁証がなされたのか、ひいてはそれが国家の制度化や学会・大学・雑誌・討論などの知の制度化とどう係わっていたのかを追跡した」研究であるが(山室『近代日本の知と政治』(木鐸社・昭和六〇年)、二〇八頁)、そこで描かれている「模範国」探しと継受の過程は、当然、軍制の分野でも行われた。山室は、政体構想をめぐる理論闘争としての面も有していた明治一四年の政変が「軍制における模範国の選択の問題をも含み込んでいたのではないか」とし、次のように指摘する。「ドイツ派」と（本人達にどれだけ「フランス派」という自覚があったか等で問題点はあるものの）「フランス派」という二派の対峙が、明治一四年政変と時を同じくして生じた谷干城や三浦梧楼ら四将軍の建白とその後の彼らの左遷等によって「ドイツ派」の勝利に終わったというのは、「まさに十四年政変における英仏派からドイツ派への担い手の転化と雁行している」」、と（同上、二八三〜二八四頁）。この視点を借りれば、明治一四年の政変によって、それ以前から徐々に進められていたプロイセン・ドイツ軍制の受容がより一層加速したと理解できよう。

（78）なお、三宅正樹『日独政治外交史研究』（河出書房新社・平成八年）、一七頁以下は、この時期のプロイセン・ドイツ軍制史（「第二帝制」期の軍制史）について、ヴェーラー（Hans-Ulrich Wehler）の Das Deutsche Kaiserreich 1871-1918, 1973（邦訳として、大野英二・肥前栄一訳『ドイツ帝国一八七一〜一九一八年』（未来社・昭和五八年））に主に依拠しながら概説している。

（79）Marshall Dill Jr. Germany: A Modern History, new edition revised and enlarged, 1970, p. 81.

（80）鈴木直志「プロイセン軍制改革」清水多吉・石津朋之編『クラウゼヴィッツと『戦争論』』（彩流社・平成二〇年）。一八〇七年のティルジット条約締結後、プロイセンでは「軍隊再編委員会（Militär-Reorganisationskommision）」が組織され、その委員長に任命されたのがシャルンホルストであった。なお、鈴木論文では、シャルンホルストらの改革の要点を、①一般兵役制の導入、②兵士身分の再編成、③将校団の改革の三点にまとめている（一七〇〜一七六頁）。

（81）Ernst Rudolf Huber, Heer und Staat in der deutschen Geschichte, 2. erweiterte Aufl., 1943, S. 117. もちろん、このような分裂的構造は一朝一夕に形成された訳ではなかった。大選帝侯（フリードリヒ・ヴィルヘルム）時代から既に、中央における軍事部局間での不和が生じ始めていた。とりわけ、Generalkriegskommissariat（一六七三年〜）と Feldmarschall（一六八〇年〜）が並列的に中央の軍事権限に関与していたのは、フーバーによれば、後年見られた軍令事務（Kommandosachen）と軍政事務（Verwaltungssachen）との分離の萌芽であった（S. 116）。

なお、Huber, Heer und Staat in der deutschen Geschichte に対しては、その第一版（一九三八年）を対象としたものだが、清宮四郎による書評がある（Shiro Kiyomiya, Bibliographie. Heer und Staat in der deutschen Geschichte. von Ernst Rudolf Huber, in: Internationale Zeitschrift für Theorie des Rechts, Neue Folge, vol. 1, 1939, S. 160）。同書評については、石川健治が、当時の清宮の置かれた状況や戦後引き続いて清宮の有していた問題関心に絡めながら紹介している（石川「統治のヒストーリク」奥平康

弘・樋口陽一編『危機の憲法学』（弘文堂・平成二五年）、清宮書評を石川が「清宮『一般国家学』ふうに訳してみた」翻訳が五六頁にある）。

（82）Huber, a. A. O., Heer und Staat in der deutschen Geschichte, S. 119. なお、陸軍省の業務範囲は、一八〇八年一二月二五日の政令（Allerhöchste Kabinettsorder）によれば、陸軍の組織（Verfassung）、設立、維持及びその運用に関連するもの全てとされており、まぎれもなく軍事業務の全ての権限が陸軍大臣（Kriegsminister）に与えられていた（S. 120）。

（83）Ebenda, S. 120. なお、軍司令と組織に関する業務を担う一般軍事部（das Allgemeine Kriegsdepartement）と、経済行政をその管掌とする軍事経済部（das Militär = Ökonomie = Departement）とにそれぞれ設置された各課の担当業務については、以下も参照。Curt Jany, Geschichte der Preußischen Armee vom 15. Jahrhundert bis 1914, 2. ergänzte Aufl. (herausgegeben von Eberhard Jany), Bd. 4, 1967, S. 31ff. 集権的な陸軍省創設の立役者であったシャルンホルストは一般軍事部長に就任し、陸相には「国王の腹心」（渡部昇一『ドイツ参謀本部』（祥伝社・平成二一年）、九二頁）であるロットムが充てられた。この陸相の下、一般軍事部長と軍事経済部長とは同等とされていたが、陸相が任命されていない時に限ってだが、一般軍事部長が陸相の代理を務めた（Jany, S. 32.）。軍事経済部長と比べて一般軍事部長の方が、省内でより優越的立場にあった証左であろう。なお、「一般軍事部」及び「軍事経済部」の訳語は、前掲渡部『ドイツ参謀本部』を参考にした。

（84）Huber, a. a. O., Heer und Staat in der deutschen Geschichte, S. 120.

（85）Ebenda, S. 120f.

（86）Ebenda, S. 121.

（87）Jany, a. a. O., Geschichte der Preußischen Armee vom 15. Jahrhundert bis 1914, S. 125.

（88）Huber, a. a. O., Heer und Staat in der deutschen Geschichte, S. 122.

（89）Ebenda, S. 338f.

（90）太政官制下での参謀本部長の帷幄上奏、とりわけ法令制定に関する帷幄上奏については、永井和『近代日本の軍部と政治』再版（思文閣出版・平成一四年）の「補一　太政官制時代の帷幄上奏法令」（三八一頁以下）を参照。永井の調査によれば、参謀本部長の帷幄上奏に際しては、「必ず陸軍卿と参謀本部長の連署でなされている」ことから、永井は、「陸軍卿は、各省長官の一人としては、大臣・参議の頭越しに直接上奏する権限を制度的には有していないわけだが、参謀本部長との連帯であれば、特定の事項に限り直接上奏が可能だったことをこれは意味している」と結論付ける（三八三頁）。帷幄上奏の実態から、参謀本部長と並ぶことで、各省長官の一人にしか過ぎないはずの陸軍卿にはその他の各省長官に許されていない特権を付与したものとして永井は捉えている。ただ、全くの推測となるが、この連署・連帯の制度は、反面、陸軍卿による参謀本部長の独走の防止に作用したこともあったのではないか。

(91) Huber, a. a. O., Heer und Staat in der deutschen Geschichte, S. 340f.

(92) Ebenda, S. 341. 対デンマーク戦争当時は、参謀総長ではなく、陸軍大臣が国王の助言者として決定的な存在であった。しかし、一八六六年に、このような軍への命令権を参謀総長が獲得したことで、参謀総長を陸軍大臣と等しい独立的な地位へと押し上げた（S. 323）。

(93) Ebenda, S. 348.

(94) Ebenda, S. 332.

(95) Ebenda, S. 332f.

(96) Ebenda, S. 333.

(97) Ebenda, S. 348f.

(98) Ebenda, S. 324f.

(99) Ebenda, S. 242.

(100) Ebenda, S. 242f.

(101) Andreas Dietz, Das Primat der Politik in kaiserlicher Armee, Reichswehr, Wehrmacht und Bundeswehr, 2011, S. 55. ディーツの表現を借りれば、当時のドイツにおける政治と軍事とは、憲法上、並立しており、ドイツ皇帝の人格によってのみ結合されるという《二元主義》（Dualismus）を構成していた（S. 96）。政治秩序と軍事秩序とが並列している時に、その唯一の調停者である皇帝が積極的に統合に乗り出すならば両秩序の統合はかなうであろう。しかし、例えば我が国の場合、近衛文麿が次のような一節を記して嘆いたように、その唯一の調停者（＝天皇）が「消極的」であると、政治と軍事との一致がなされない事態が生じる。近

(116) 西周「軍人訓戒草稿」大久保利謙編『西周全集』第三巻（宗高書房・昭和四一年）、九七～一〇八頁。なお、同全集の大久保「解説　軍事篇」では、明治一〇年西南戦争から同一五年軍人勅諭制定に至るまでに残された西の業績・草稿の類いから、当時の彼の働きと軍人訓誡・勅諭の起草・成立の時期を明らかにしようと試みている（三頁以下、特に一五頁）。当時、西は欧亜兵制の調査を担う参謀局第三課長として、更には翻訳・通弁を担当する第一局第六課長であった。津和野藩に生まれた西は、四〇歳の時に明治改元を目の当たりにした。維新に至る前、西は蕃書調所での勤務を経て、オランダへと留学、ライデン大学にてフィッセリング（Simon Vissering）の講義を受け、帰国後は開成所教授となった（西の大まかな経歴等は前掲清水『西周』、オランダ留学については大久保健晴『近代日本の政治構想とオランダ』（東京大学出版会・平成二二年）の序章及び第一章をそれぞれ参照）。維新後、山縣や山田顕義に対し、西を有為の人材として推薦したのは勝海舟であったという（森鴎外「西周伝」『鴎外歴史文学集』第一巻（岩波書店・平成一三年）、一〇四～一〇五頁）。

　このように欧亜兵制調査や翻訳、そして軍人訓誡・勅諭の起草作業に携わった西であったが、この点、清水多吉による次の指摘は至言であろう。すなわち、「山縣有朋が元開成所教授の西周に求めたものは、あくまでも軍の理念、軍の組織、軍の紀律といった近代軍の基本にかかわる諸問題を、先進西欧諸国の事例に照らして、どのように考えるべきかということであった」、と（前掲清水『西周』、一四三頁）。

(117) 軍人訓誡全文は、前掲徳富編述『公爵山県有朋伝』中巻、七六四～七七九頁、前掲『明治文化全集』第二五巻、軍事篇・交通篇、九五～一〇二頁。なお、『公爵山県有朋伝』では漢字ひらがな交じり、『明治文化全集』では漢字カタカナ交じりにて表記され、両者の間には多少の字句の異同が存するものの、内容上大きく違うものではない。

(118) 前掲伊藤『山県有朋』、一七二頁。

(119) 同上、一五一頁以下を参照。

(120) 前掲松下『改訂明治軍制史論』上巻、四九九頁。

(121) 前掲徳富編述『公爵山県有朋伝』中巻、七六六頁。

(122) 同上、七六五頁。

(123) 同上、七七三～七七四頁。

(124) 軍人勅諭本文については、同上、八〇四～八一〇頁。
(125) 梅渓昇『増訂軍人勅諭成立史』(青史出版・平成二〇年)、一五〇頁以下及び一六五頁。
(126) 同上、一六四頁。
(127) 同上、一六五頁以下。
(128) 前掲徳富編述『公爵山県有朋伝』中巻、八一一頁。それによれば、軍人勅諭は、当時の「参事院議官井上毅」や「陸軍省出仕の西周」、「操觚者たる福地源一郎等」に「諮問」され、幾度もの改訂作業を経て作られたという。
(129) 軍人勅諭全体の要点については、前掲松下『改訂明治軍制史論』上巻、五〇九～五一四頁を参照。
(130) 前掲徳富編述『公爵山県有朋伝』中巻、八〇四頁。
(131) 同上、八〇七頁。
(132) 小谷保太郎編『観樹将軍回顧録』(政教社・大正一四年)、一三五頁。
(133) 前掲松下『改訂明治軍制史論』上巻、五一八頁。
(134) 前掲梅渓『増訂軍人勅諭成立史』、一七〇頁。
(135) 同上、一七六頁。
(136) 大江洋代「日清・日露戦争と陸軍官僚制の成立」前掲小林他編著『日本政治のなかの陸海軍』、六〇頁。
(137) 前掲『法規分類大全』兵制門・陸海軍官制・陸軍二、四三五頁以下。この時の改正では、既設の測量課が格上げされて「測量局」となった。新たに加えられた条文には、「測量局ハ本邦ノ全国地図及ヒ諸兵要地図ノ編纂ヲ掌リ局ヲ分テ三角測量地形測量地図ノ三課ト為シ尚ホ課ヲ数班ニ頒チ作業ヲ分掌セシメ課僚ヲ置キ局内ノ庶務及ヒ図籍器械ノ出納保存ニ服事セシム」とある。測量局への格上げについては、明治一七年八月一五日付陸軍省上申(同上、四三六頁)がその理由を述べているので引用しておく。「参謀本部測量課ノ儀ハ従前一小地ノ測量ニ従事致居即条例面地測量ノ組織ニ相成居候処追々事業相進ミ既ニ昨年来大三角測量ニ著手致シ有之且今般内務省所属大三角測量事務該部ヘ合併ニモ相成候ニ付此際全国測量ノ規模ニ相立度然ルニ従来測量課ノ組織ニテハ此ノ拡張ノ事業担当シ得難キ有之候間該部内ニ一局ヲ置キ右事務為取扱候様致度就テハ該部条例中測量ニ関スル条項其他改正ヲ要スル箇條別紙之通御改正相成度此段及上申候也」。測量局には、「参謀或各兵大中佐」が充てられる局長の下、三角測量課、地形測量課、地図課の三課が設置された。

更に、この測量部門については、明治一三年四月の参謀本部条例改正が（同上、四二九頁）、陸軍省から参謀本部側へと測量に関する管轄権限の比重を移した事例となっている。明治一三年四月一四日の条例改正では、測量課に関する規定が「測量課ハ土地ノ測量ヲ掌ル本部長一地方ヲ測量セント欲スルトキハ該課ノ人員ヲ派出シ実地ニ就テ測量セシメ料稿ヲ該管ニテ算査考定スルノ後成功ニ就クモノハ地図課ニ移シ本図ニ記上シ改正補足セシム其測量ニ就テ軍政上ニ関係アルトキハ之ヲ陸軍卿ニ合議ス」と改められた。注目したいのは、最後の「其測量ニ就テ軍政上ニ関係アルトキハ之ヲ陸軍卿ニ合議ス」との一節である。この部分は、改正前条文では冒頭に置かれており、「測量課ハ本部長陸軍卿ト合議ノ上」云々と規定されていた。その他の部分は変えられていない。測量課の人員がある土地へと実際に行って測量を試みる場合、改正前は必ず「本部長陸軍卿ト合議」をする必要があったが、それが改正後は「軍政上ニ関係アルトキ」のみ、陸軍卿との合議が求められる、というように読める。実務上、どの程度の変更があったのかを知るのは難しいが、ここでは、参謀本部の担当業務につき、陸軍卿の関与する可能性が減殺された一事例として数えておきたい。

(138)　同上、四三七頁以下。

(139)　前掲『法規分類大全』兵制門・陸海軍官制・陸軍一、三〇三頁以下。

(140)　同上、三一一頁以下。なお、この時の陸軍省官制制定につき、当時の陸軍省では、行政整理と経費節減を求められていたという。桂太郎が行政整理案として「軍務局」設置案を提示したが、それはこれまで兵科ごとに局を分けていたのを止め、軍務局の下で兵科別の課を置き、陸軍省内を軍務局・経理局・医務局の三局体制にすべしという案であった（前掲徳富編著『公爵桂太郎伝』乾巻、四一七～四一八頁）。ただ、この案の急激さに懸念を抱いた大山巌陸軍大臣が、桂案と大山の意見とを「折衷」したものを以て新官制とした。大山は「他日公（桂太郎）の意見を採用す可しとの条件」を附したとされ（同上、四一八頁）、事実、明治二三年に軍務局が設置された。

(141)　前註にて紹介したように、明治一九年二月の陸軍省官制の制定過程で、桂は行政整理案として「軍務局」設置案を有していた。この「軍務局」構想は、明治二三年三月の陸軍省官制改正によって実現され、各兵科のことが軍務局に集約された。

この桂の「改革」について、『公爵桂太郎伝』は、中村雄次郎（当時、軍務局砲兵課長）の次のような証言を載せている。「公の改革と云ふものは、経費を節約すると云ふことが一つの目的、編成を完全にして兵器を充実すると云ふ、是れが二つの目的でありますので、即ち陸軍部内の経費を非常に節約して、さうして其の経費を以て軍備の充実（是れは拡張に非すして現在ある所の充実を云ふ）を計るのが主眼で、此の為めに第一に陸軍省編成の職制を改正し、第二に経費を節約してさうして充実を計らうと云ふ事でありました。それで第一陸軍の予算と云ふものが、公〔桂太郎〕の意見に依て綿密な予算が出来ました」（前掲徳富編著『公爵桂太郎伝』乾巻、四二〇～四二三頁）。この証言によれば、明治二三年に実現した軍務局設置によって、桂は「軍備の充実」を計ることができると踏んでいたこととなる。

(142)　陸軍省官制第一三条、第一四条、第一七条、第二〇条。
(143)　前掲『法規分類大全』兵制門・陸海軍官制・陸軍二、四四一頁以下。
(144)　広瀬順晧監修・編集『参謀本部歴史草案』第七巻（ゆまに書房・平成一三年）、八七頁。
(145)　前掲『法規分類大全』兵制門・陸海軍官制・陸軍二、四四五～四四六頁。
(146)　同上、四四六頁。
(147)　前掲『法規分類大全』官職門・官職総、七五頁。
(148)　同上。
(149)　なお、内閣官制の制定の奏議では、「惟ふに憲法の主義に拠るに、万機を主宰するは、元首の大権にして、国務大臣は、各々其の職務の責に任ずべし、今ま総理大臣は、各大臣を統督し、法律勅令一切の文書、必ず主任大臣と倶に副署し、其の権力広大に過るの嫌なきこと能はず」として、内閣職権下の内閣のあり方の問題点を指摘している（前掲徳富編述『公爵山県有朋伝』中巻、一〇九四頁）。この点からいえるのは、内閣官制とは、太政大臣を思わせるような内閣職権下での総理大臣の権限を削ぎ、明治憲法第五五条における単独責任制度に内閣制度を近付ける為のものであったということである。閣議事項を列挙すること（内閣官制第五条）で内閣の一体性を担保しつつも、「各省専任ノ行政事務」であれば総理大臣の副署を不要とする（同第四条）。陸海軍大臣が「各省専任ノ事務」として、総理大臣の関与なしに勅令を発することができた。ただし、閣員がばらばらに行動して良いと山縣が考えていた訳ではなく、上掲の奏議中でも「内閣の組織は、同心一致を以て根本とすべく、内閣の各員は〔……〕政治上の方向は、必ず帰一の点に傾注せざるべからず」（同上、一〇九四～一〇九五頁）としている。

(150)　前掲永井『近代日本の軍部と政治』再版、三二一～三二五頁、三三〇～三三一頁。

(151)　この点については、前掲永井『近代日本の軍部と政治』再版によったが、詳しくは、本書第一部第二章及び第三章にて言及したい。

(152)　伊藤博文文書研究会監修『伊藤博文文書　秘書類纂　官制一』第九一巻（ゆまに書房・平成二五年）、八五頁以下、伊藤博文編、金子堅太郎・栗野慎一郎・伊藤博精・尾佐竹猛・平塚篤校訂『秘書類纂　官制関係資料』（原書房・昭和四四年〔復刻原本は昭和一〇年刊〕）、二九頁以下。

(153)　由井正臣『軍部と民衆統合』（岩波書店・平成二一年）、五六頁では、この内閣官制改正案を「明治二六年一〇月以前に作成されたと思われる」としている。これは、改正案に朱書きされている理由の中で、「陸軍海軍ニ関スル現行ノ例規」として、「凡ソ戦略上事ノ軍令ニ関スルモノハ専ラ参謀総長ノ管知スル所ニシテ之カ参画ヲナシ親裁ノ後平時ニ在テハ直ニ之ヲ陸軍大臣ニ下シ戦時ニ在テハ参謀総長之ヲ師団長若クハ特命司令官ニ伝宣シテ之ヲ施行セシム」（参謀本部条例第四条）が引用されており、それが明治二六一〇月改正の参謀本部条例では削除されている為、由井論文では明治二六年一〇月以前作成のものとしたのだと思われる。ただ、内閣官制改正案の理由では、参謀本部条例のみならず、明治一九年四月制定の海軍条例第一条「凡ソ事ノ軍令ニ関スル者ハ参謀本部長奏聞参画シ親裁ノ後海軍大臣之ヲ奉行ス」をも「陸軍海軍ニ関スル現行ノ例規」として引用している。そして、この明治一九年海軍条例は、明治二六年五月に廃止された。それに伴って制定された海軍軍令部条例では、「戦略上事ノ海軍軍令ニ関スルモノハ海軍軍令部長ノ管知スル所ニシテ之カ参画ヲ為シ親裁ノ後平時ニ在テハ之ヲ海軍大臣ニ移シ戦時ニ在テハ直ニ之ヲ鎮守府司令官艦隊司令長官ニ伝令ス」（第三条）とある。よって、ここでは、明治二六年五月以前に作成されたものとしておく。

(154)　前掲伊藤博文文書研究会監修『伊藤博文文書　秘書類纂　官制一』第九一巻、一〇〇～一〇二頁、前掲伊藤編『秘書類纂　官制関係資料』、三五頁。

(155)　前掲由井『軍部と民衆統合』、九頁。

(156)　参照、岩井忠熊「帝国憲法体制の崩壊」同編『近代日本社会と天皇制』（柏書房・昭和六三年）、一八～一九頁、前掲伊藤『大正デモクラシー期の法と社会』、一二五頁。

(157)　陸軍省編『明治天皇御伝記史料　明治軍事史』下巻（原書房・昭和四一年）、一〇〇〇頁。

(158) 前掲『法規分類大全』兵制門・陸海軍官制・陸軍一、三二六頁以下。
(159) 内閣記録局編『法規分類大全』兵制門・陸海軍官制・陸軍三（明治二四年）、一一頁以下。
(160) 前掲松下『改訂明治軍制史論』下巻、四九～五三頁、五四頁。
(161) 同上、五九～六五頁、前掲藤田『明治軍制』、九二～九四頁、前掲戸部『逆説の軍隊』、一二四～一二五頁、前掲伊藤『山県有朋』、二一二～二一〇頁。
(162) 伊藤博文文書研究会監修『伊藤博文文書　秘書類纂　兵政一』（ゆまに書房・平成二五年）、二一九頁以下、伊藤博文編、金子堅太郎・栗野慎一郎・伊藤博精・尾佐竹猛・平塚篤校訂『秘書類纂　兵政関係資料』（原書房・昭和四五年〔復刻原本は昭和一〇年刊〕）、七六頁以下。
(163) 前掲徳富編述『公爵桂太郎伝』乾巻、四三〇頁以下。
(164) 前掲『法規分類大全』兵制門・陸海軍官制・陸軍三、一四頁。
(165) 内閣官報局編『法令全書』明治一九年七月二四日、二九四頁以下。
(166) 内閣官報局編『法令全書』明治二〇年五月三一日、六〇頁以下。
(167) 防衛庁防衛研修所戦史部『戦史叢書　陸軍軍戦備』（朝雲新聞社・昭和五四年）、二四頁。
(168) 曾我祐準著、坂口二郎編輯『曾我祐準翁自叙伝』（曾我祐準翁自叙伝刊行会・昭和五年）、三四九頁。
(169) 内閣官報局編『法令全書』明治二一年五月一二日、七一頁。
(170) 同上、七二頁以下。
(171) 同上、七六頁以下。
(172) 内閣官報局編『法令全書』明治二二年三月七日、七二頁以下。
(173) なお、明治二三年三月の陸軍省官制改正を経ても、軍務局第一軍事課の職掌中に「一般ノ編制、及軍隊ノ編制、建制、軍隊配置、出師準備及戒厳、徴発ニ関スル事項」（内閣官報局編『法令全書』明治二三年三月二七日、六九頁）とあるのが見える。また、この時設置された各兵科を統一的に管理した「軍務局」が桂太郎の宿願であった点につき、前掲徳富編著『公爵桂太郎伝』乾巻、四一八～四一九頁を参照。

(174) 同上、七八頁以下。
(175) 内閣官報局編『法令全書』明治二六年五月一九日、四九頁以下。
(176) 同上、四七頁以下。
(177) 前掲海軍省編『海軍制度沿革』第二巻、二六〇～二六一頁。
(178) 防衛庁防衛研修所戦史室『戦史叢書 大本営海軍部・連合艦隊（一）』（朝雲新聞社・昭和五〇年）、四二頁。
(179) 同上。また、同書では次のような指摘もある。すなわち、省部事務互渉規程が、その後の海軍の発展とそれに伴う事務の増加によって次第に不備となってきた点、そしてその延長にロンドン海軍軍縮条約期の混乱があった、と（同上）。
(180) 内閣官報局編『法令全書』明治二六年一〇月三日、一九三頁以下。
(181) 内閣官報局編『法令全書』明治二六年八月三〇日、一六七頁。

第二章　明治憲法第一一条・第一二条の制定過程

前章では、主に参謀本部の設置過程を中軸にすえて、関連する法令・内規等に注目しながら、軍政機関と軍令機関との関係を追跡してきた。その軍政機関・軍令機関の形成期においては、明治憲法もまた、その制定の時を迎えている。本章では、その明治憲法の中から、第一一条・第一二条の制定過程を検討する。なお、大臣責任制度を定め、明治国家における内閣の性格を特徴付けた明治憲法第五五条や内閣職権・内閣官制等については、本章でも必要な範囲で触れるが、第三章に譲る。

一　岩倉具視「大綱領」

「明治日本における憲法思想全体を問題にすればともかく、帝国憲法に直接つらなる憲法構想としては、明治十四年七月の岩倉具視の『大綱領』〔……〕を最初にかかげるのが適当であろう」(1)との指摘に従って、まずは、岩倉具視「大綱領」の中から明治憲法第一一条・第一二条に「直接つらなる」箇所を見ることから始めよう。

明治一四年七月六日、岩倉は三条実美太政大臣らに、いわゆる「大綱領」を差し出した。岩倉はその中で、「憲法起草ニ付凡ソ大綱領ト為ルヘキ条件別紙ニ記載仕候聖上御参考迄ニ御奏上有之度候」と書き、「別紙」に憲法起草に関して眼目となるべき諸点を列挙した。

「大綱領

一　欽定憲法之体裁可被用事

一　帝位継承法ハ祖宗以来ノ遺範アリ別ニ皇室ノ憲則ニ載セラレ帝国ノ憲法ニ記載ハ要セサル事

一　天皇ハ陸海軍ヲ統率スルノ権ヲ有スル事

（中略）

一　法律命令ニ大臣署名ノ事

（以下略）」[2]

この岩倉「大綱領」では、欽定憲法とすること等と並び、既に後年の明治憲法第一一条（「天皇ハ陸海軍ヲ統帥ス」）の原型ともいうべき指針、つまり、天皇が陸海軍を「統率」する旨が示されていた。

また、この「大綱領」についてその趣意をより詳しく示した「綱領」の中には、次のような一節がある。

「聖上親ラ陸海軍ヲ統率シ外国ニ対シ宣戦講和シ外国ト条約ヲ結ヒ貨幣ヲ鋳造シ勲位ヲ授与シ恩赦ノ典ヲ行ハセラル、等ノ事[3]」。

ここでも、天皇によって陸海軍が「統率」される旨が示されている。注意したいのは、前章での検討の通り、この明治一四年には、既に日本の近代的軍制の建設が進行中であった点である。例えば、岩倉が「大綱領」を提示した明治一四年時点では、参謀本部が既に設置されていた[4]。

周知のように、上掲の岩倉具視の「大綱領」の実質的な執筆者は、井上毅であった。岩倉の「綱領」の下敷きであった井上の「憲法綱領意見」（明治一四年六月）では、「聖上親ラ陸海軍ヲ統率シ列国ニ対シ宣戦講和シ外国ト条約ヲ結ヒ貨幣ヲ鋳造シ勲位ヲ授与シ恩赦之典ヲ行ハセ玉フ等之事」[5]とある。多分に理念的ではありながらも、天皇が自ら軍を統率するという《天皇親率》の観念は、明治憲法の制定過程では自明のこととされつつ、第一一条「天皇ハ陸海軍ヲ統帥ス」へと行き着く。

問題となるのは、井上「憲法綱領意見」では「大臣執政ノ責任ハ根本ノ大政ニ係ル者ヲ除ク外、主管ノ事務ニ付各自之責任ニ帰シ連帯責任之法ニ依ラザル事　付法律命令ニ主管之執政署名之事」とあって[6]、岩倉「大綱領」では「法律命令ニ大臣署名ノ事」とあった点が、軍事とどのような関係に立つのかということである。すなわち、大臣責任と軍事との関係という問題である。後年の議論をここで先取りして紹介しておけば、憲法制定作業の最中、陸軍から「帝国陸軍将来必要ト認ムル要件」という文書が提示されたが、これに対して、井上毅は反論文書を提出した（これらについては後述）。陸軍の意見書は、軍事に関係する勅令をそれ以外の勅令と区別し、「軍令」という名称で大元帥の命令として発するものとすべしと主張していた。これに対して井上は、それでは徒らに大臣責任を軽くし、立憲制に悖ると反論した。

二　滞欧憲法調査――憲法起草作業までの伊藤博文――

以上のように、まずは、岩倉具視の「大綱領」とその草案的文書であった井上毅の「憲法綱領意見」から、後年の明治憲法第一一条につらなる一文を見出した。岩倉の「大綱領」がそもそも何故に明治一四年七月のタイミングで提出されたものであったかといえば、それは明治一四年三月の大隈重信上奏書の存在があったからである。よく知られるように、大隈の上奏を契機として政府内での憲法制定作業が本格化していくが、そもそも岩倉の「大綱領」がその作業の順序を示すものであったことの理由もそこにあろう。[7] ただ、大隈上奏と明治一四年の政変が持つ明治憲法制定史上の重要性は、本章の対象である明治憲法第一一条・第一二条においてではなく、第五五条及び内閣職権・官制によって現れた内閣制度において特に存する。

本章の関心からすれば、ここで検討すべきは、桂太郎らを中心にしてプロイセン・ドイツ流の軍制が陸軍内部で構築されていく時期に、憲法起草作業に当たった伊藤博文や井上毅が、どのような軍制理論を修め、そしてそれをどのように憲法へ埋め込んだのか、である。そこで、ここではまず、伊藤博文に焦点を当て、特に、滞欧憲法調査において彼がどのような知見を獲得したのかを検討したい。[8]

そもそも伊藤による憲法調査は、明治一四年政変を受けて決定された国会開設の日程を踏まえ、憲法制定の必要から、欧州各国の憲法制度の組織及び運用を取り調べることにその目的があった。[9] 瀧井一博が指摘するように、伊藤に対しては、「日本にいてはよく把握することのできない、ヨーロッパの立憲政治のプラクシスと慣習を、いわば体で感じ取ることが何よりも要請されていた」。[10]

まず、ドイツとオーストリアでの伊藤の足取りを確認しておけば、[11] 明治一五年五月一六日、ベルリン到着。同一九日にはグナイスト（Rudolf von Gneist）と会い、同二五日からグナイストの弟子、モッセ（Arbert Mosse）の講義が始まっている。八月八日、ウィーン到着。同日中にシュタイン（Lorenz von Stein）と会い、早くも同一一日、伊藤は岩倉宛て書簡中に「心私かに死処を得るの心地」であるという有名な一節を記している。[12] その後、伊藤はベルリン及びパリへ赴き、九月一八日からウィーンでのシュタインの講義が開始された。

伊藤による滞欧憲法調査中、ドイツとオーストリアにおいて彼が受けた講義はどのようなものであったのか。とりわけ、伊藤がモッセやシュタインから得たもののうち、後年の明治憲法第一一条・第一二条に該当する知見とはどのようなものであったのか。このことを以下、確認していこう。まずは、ベルリンで伊藤が聴いたモッセによる講義からであるが、憲法と「軍務」につき、モッセは以下のように説いている。

「立法ト云ヒ行政ト云ヒ、国王ノ下ニ一定ノ機管ヲ備ヘ各其事ニ参預スヘキカ故ニ、国王ハ凡百ノ国権ヲ挙テ之ヲ其掌中ニ総攬スト雖トモ、亦敢テ之ヲ随意ニ施行スル事を得サルノ理由ハ、既ニ前ニ叙述スル所ヲ以テ之ヲ了解スヘシ。然ルニ国王ノ専断随意事ヲ行フ事ヲ得ヘキモノアリ、曰ク軍務、曰ク外交、即チ是ナリ。軍務ノ事ニ至テハ憲法第四十六条ニ定ムル如ク、国王ハ軍兵ノ元帥タリトアリ。此ノ元帥ノ字或ハ誤解ヲ来スノ虞ナキ能ハス。元帥ハ軍兵ノ進退ヲ総督スルノ義ニシテ、其所掌ハ軍政ニマテ及ホズモノニ非ス。事軍政ニ渉ルモノハ軍務卿ノ副署ヲ待ツテ施シ行フヘク、軍隊ノ都督ニ至テハ一ニ国王ノ親裁ニ出ツヘシ」(13)。

ここで確認しておくべきことは、モッセによる講義がプロイセン憲法を念頭に置いたものであったという点である。モッセの挙げる「憲法第四十六条」、「国王ハ軍兵ノ元帥タリ」というのは、一八五〇年のプロイセン憲法第四六条 "Der König führt den Oberbefehl über das Heer."(14) を指す。そして、モッセ曰く、この「元帥」(これがOberbefehl を指すということになろう) の字句は、「誤解」をきたす恐れがあるという。これは、「軍兵ノ進退ヲ総督スル」ことを意味し、決してその権限を「軍政ニマテ及ホス」ものではない。「軍政」については、「軍務卿ノ副署」を待って初めて施行される。伊藤に対してモッセが行ったのは、軍政と軍令との別に関する説明であった(15)。伊藤がモッセから学んだものは、少なくともこの講義筆記によれば、軍隊の「進退ヲ総督スル」面では君主は大臣の副署を要せず、しかしながらその君主の権限 (＝Oberbefehl) は軍政にまで及ぶものではなく、軍政に関しては大臣の副署を要するということであった。

以上がモッセ講義にある軍制関連の記述だが、では、ウィーンにおけるシュタイン講義はどのようなものであったのか。伊藤博文に「心私かに死処を得るの心地」といわしめたシュタインによる講義だが、しかし軍制に関しては、モッセの講義と大差はなかったようである。以下、シュタインの講義記録から、軍関係の重要箇所を引用しておく。

「軍兵ハ順従ノ原則ヲ実行スル機関力ナリ。軍兵ハ議論ヲ用ヒス、唯タ恒ニ号令ヲ奉シ、其体制権利皆ナ順従ノ義ニ存スヘシ。其旨トスル所実ニ此ノ如クナルトキハ、能ク軍兵ノ意思ヲ実行スルコトヲ得。百万ノ兵衆ク〔ヲ〕シテ一任ノ意ニ服従セシムルヲ得ヘシ。故ニ軍兵ノ原則ハ唯タ順従ノ義ニ在リ、決シテ之ヲ外ニスルコト能ハス。軍務卿ハ軍兵ノ元帥ニ非ラス。其故果シテ如何。実ニ現時憲法上ノ一大疑目ナリ。乃チ軍兵ハ唯タ一ニ服従ヲ旨トスヘキモノナルニ、之カ統率ヲナスヘキ元帥ノ側ニ如何シテ軍務卿ノ能ク併立スルコトヲ得ヘキ乎ニ在リ。且ツ従来ノ成蹟ヲ考フルニ軍兵ノ都督及ヒ軍政ノ施措共ニ一人ノ手ニ在ル者ハ、必ス赫々ノ功アリ。近クハ則チ普魯士孤軍ヲ以テ墺地利及ヒ欧洲各国ニ当リ、終ニ屈スルコトナシ。若シ当時普魯士ノ軍兵ヲシテ一人ノ統率及ヒ施政ニ服セサラシメハ、必ス此衆敵ニ抗スルコト能ハサルヘシ。然レトモ此例、唯タ之ヲ偏小ナル君主専作ノ国ニ施シテ方サニ利アリトス。立憲政治ヲ用フル大国ニ至テ、此例得テ行ハルヘカラス。必ス其武備ノ機関ヲ分テ二トナサヽルヘカラス。即チ専ラ軍政ヲ弁理シ詔令（ヲルトナンス）ヲ以テ其職権ヲ施ス者之ヲ軍務卿トシ、軍兵ヲ統率シ号令ヲ以テ其策略ヲ施行スル者之ヲ元帥トス。元帥ハ決シテ憲法上ノ各機関ニ対シテ責任アルモノトスヘカラス。然レトモ立憲政体ノ国ニ於テハ必ス軍政餉棒等ニ関シテ責任ヲ有スルノ人ナカルヘカラス。其責任ヲ負フ者之ヲ軍務卿トス。元帥ハ勝敗ノ責ニ任スヘカラス。軍兵統率ノ権ハ必ス一人ニ属スルヲ要ス。軍兵ノ進止動作専ラ立法部ノ指揮ニ出テ、立法部兵権ヲ有スルモノ、之ヲ国会軍（パルリヤメンタリーアル「ミ〔――清水伸注〕」ー）ト云フ。国会軍ハ其指揮号令共ニ全ク実際ノ形勢機宜ヲ知ラサルモノニ出ツルヲ以テ、其害勝テ計ルヘカラス」(16)。

ここでシュタインがわざわざ事例を挙げて説明したのは、結局、軍政と軍令との別についてである。「軍政ノ施措」と「軍兵ノ都督」との権限を同一人が兼ねて担う時、「必ス赫々ノ功アリ」。しかし、いまやこれは「立憲政治ヲ用フル大国」では行われていない。「立憲政治ヲ用フル大国」では、「軍務卿」（「専ラ軍政ヲ弁理シ詔令（ヲルトナンス）ヲ以テ其職権ヲ施ス者」）と「元帥」（「軍兵ヲ統率シ号令ヲ以テ其策略ヲ施行スル者」）とを分けている。そして、「軍務卿」は「軍政餉棒等」について憲法上の責任を負う。しかし、「元帥」はそのような責任を負わない。それは、シュタインによれば、「軍兵ノ進止動作」にまで「実際ノ形勢機宜」を知らない議会が干渉することを避ける為であった。

再び、シュタイン講義の一場面から引用する。

「既ニ軍兵ノ設アレハ軍務ヲ理スル制規ナカルヘカラス。軍務ノ機関ハ自ラ人体質ヲ備フル一部体ヲ成シ、統領二人アリ。軍務卿（ミニストル）及ヒ元帥是ナリ。軍務卿ハ軍務（アドミニストレーション）ニ（「ノ」か）長トシ、元帥ハ征伐用兵ノ事ヲ掌ル。軍務卿ハ諸大臣ト同ク亦タ国会ニ対スルノ責任アリト雖トモ、元帥ハ唯タ責ヲ国主ニ負フノミ。軍務卿ノ命令ハ詔令ヲ以テ之ヲ発行シ、元帥ノ命令ハ則チ軍兵ノ指揮ニ在リ」(17)。

つまり、シュタイン曰く、「軍務ノ機関」には二人の「統領」が存する。軍政を担う「軍務卿」と、軍令を担う「元帥」とである。対議会責任を有するか否かが両者の差であり、「軍務（アドミニストレーション）」を担う「軍務卿」はその責任を負い、「元帥」は負わない。

以上が、伊藤博文がドイツ・オーストリアで行った憲法調査における、モッセ及びシュタインの講義筆記中の軍制に関するものであった。つまり、ベルリンにおけるモッセの講義とウィーンにおけるシュタインの講義は、憲法と軍との問題についてはほとんど同じであった。結局、その重要な点とは、①軍政は「軍務卿」の副署を要し、対議会責任が生じるものであること、②軍令は「元帥」によって担われる「軍兵ノ都督」、「軍兵ノ進止動作」であって議会の干渉を受けないものであることであった。既に陸軍省と参謀本部との併設体制が整っていた日本から来た伊藤博文は、軍令への議会コントロールを排除する議論を含め、軍政と軍令との別を、ドイツ・オーストリアで当地の公法学者・国家学者から学んだのである。

だが、伊藤がベルリン・ウィーンで学んだのは、軍政と軍令との別のみではなかった。伊藤は、立憲政治の根幹でもある対議会関係についてのアドバイスも受けていた。モッセの師であったグナイストは、伊藤に対するアドバイスとして、外交・予算・兵制は議会に干与させてはならないと述べた[18]。また更に、ドイツ皇帝からは、国費の徴集を議会の諾否によって左右されないようにすべきだとアドバイスされている[19]。これらは、プロイセン憲法争議という彼らの体験に基づく忠告であった。

プロイセン憲法争議は、一八六〇年、当時のプロイセン陸軍大臣ローンが議会へ兵制改革案を提示したことに始まる。ローンの提示した案は、毎年の新兵を増加させ、常備軍を増やすものであった。しかし、議会はこれに応じず、議会解散を経た一九六二年、兵制改革の全費用を削除した。この時、ビスマルクがプロイセン首相に就任した。議会との対立は続いたが、ビスマルクは、議会の同意なしに兵制改革を実施した。プロイセン憲法では予算不成立の際の規定を欠いており、ビスマルクは、予算不成立の場合、政府が意のままに行動できるとの解釈を採った。結局、一八六六年の対オーストリア戦争の勝利を受け、政府に対立的であった進歩党の選挙大敗後の議会は、一八六二年以降の政府による議会承認なしの支出を事後承諾する免責法（Indemnitäts-gesetz）[20]を可決した。ここにプロイセンの憲法争議は幕を閉じた[21]。

この一連の騒動の法的な対立点は、兵制改革は議会の「法律」（Gesetz）による必要があるのか、それとも、兵制改革は国王・政府の「命令」（Kommandoakt）で足るのかという点にあった[22]。同時にこのプロイセン憲法争議は、実質上、軍事予算の決定権を議会が握っているのか否かとの問題を浮かび上がらせた。ドイツ憲法史家のフーバーは、議会主義化の影響によって軍隊に関しても徐々に国王らが譲歩を強いられていくのか、それとも軍隊の君主制国家的性格がそのまま維持されていくのかという分岐点を、このプロイセン憲法史上の一大問題の中に見出している[23]。軍隊の性格付けそのものを問うこの問題は、国軍を創設して間もない日本から来た伊藤らにとって無関心ではいられなかったであろう。

このプロイセン憲法争議のことを踏まえると、憲法制定作業が大詰めを迎えていた明治二二年一月二七日、「常備兵額」の文字をわざわざ「編制」と並置するかたちで憲法に組み入れようと主張したのがまさに伊藤博文であったとの金子堅太郎の次の証言は、興味深い。金子はいう。

「伊藤〔枢密院〕議長は、若し此の修正案〔「天皇ハ陸海軍ノ編制ヲ定ム」〕の如く陸海軍の編制のみに止めて、其の兵力量に関し決定の条文を憲法に明記せざる時には、普魯西王国が千八百六十二年軍備拡張案を議会に於て否決せられ、爾後四年間困難に陥りたる実例もあり、〔……〕我が日本は神武天皇以来兵馬の大権は天皇の独占し給ふ歴史に基き単に陸海軍の編制のみならず常備兵額をも天皇の親裁に依り定むるものとし、其の件に付ては陸軍に於ては参謀本部、海軍に於ては軍令部にて、国防及び用兵に関する要件を精査考覈して私案を作り、帷幄上奏（内閣を経由せず）に依り親裁の後内閣総理大臣に内覧を命ぜられ、その返上を待つてこれを陸軍参謀本部又は海軍軍令部に下附せらるる方針を以て一つの修正案を作られたり[24]」。

つまり、伊藤が編制のみならず「常備兵額」をわざわざ憲法に書き入れようとしたのは、プロイセン憲法争議の影響があったのだと金子は証言している。ただし、伊藤発言とされているものの後半部分については、なお検討を必要とする。すなわち、帷幄上奏によって編制及び常備兵額の親裁を受け、その後に内閣総理大臣が内覧するといった「方針」を伊藤が持っていたとの点は、証言当時の金子の立場を考えると疑わしいという指摘がある。(25)むしろ、同年一月二九日の枢密院会議で伊藤が次のように語っていた点に、「常備兵額」挿入問題の本質が現れていると思われる。

「常備兵額ハ編制ノ中ニ包含セサルカ為メ之ヲ明記シテ後日ノ争議ヲ絶ツノ意ナリ現ニ英国ノ如キハ其ノ兵額ヲ毎年議スルノ例ナリ本邦ニ於テハ之ヲ天皇ノ大権ニ帰シテ国会ニ其ノ権ヲ与ヘサルノ意ナリ故ニ明ニ之ヲ本条ニ示ス(26)」。

この枢密院会議上での伊藤発言から分かるのは、常備兵額は大権によって決せられるということ、すなわち議会に毎年その原案を提出して議決を経なければならないという英国やプロイセンの如きプロセスを要するものではないということである。プロイセン憲法争議のような混乱を、この日本で起こさない為にはどうすれば良いか。この問題に対して伊藤の示した解決案は、常備兵額の決定を議会の議決を経る要のないものとすること、つまり大権として列挙するというものであった。そして、たとえ予算不成立の事態が生じたとしても、第六七条（「憲法上ノ大権ニ基ツケル既定ノ歳出〔……〕ハ政府ノ同意ナクシテ帝国議会之ヲ廃除シ又ハ削減スルコトヲ得ス」）にいう大権に基づく既定の歳出として(27)――その増額はかなわないが――陸海軍に関する費用はなお維持できる設計ともなっていた。

要するに、軍制に関して伊藤が滞欧憲法調査で発見したのは、軍政と軍令との別と、議会政治を迎える明治国家においても起こり得る憲法争議への対処の必要とであった。

三　『兵制学』とプロイセン憲法の翻訳——憲法起草作業までの井上毅——

以上、滞欧憲法調査にて伊藤博文が聴いたシュタインらの講義から、軍制に関するものを見てきた。そしてまた、伊藤がプロイセン憲法争議に基づく忠告を受けていた点にも触れた。伊藤が「常備兵額」との字句を挿入するよう主張したのは、日本でプロイセン憲法争議と同様の事態を生じさせない為の、政治家・施政者としての行動であった。

では、当時、国内に残っていた井上毅はどのような調査を行っていたのか。井上は、改めて指摘するまでもなく、伊藤らと共に憲法制定作業に最も深く携わった一人である。ここでは、その井上が、憲法調査へと旅立った伊藤らを見送った後、国内でどのような調査を行っていたのかを追う。井上が、とりわけ外国人法律顧問のロエスレル（Hermann Roesler）とボアソナード（Gustave Boissonade）、そしてモッセとの問答を通じて憲法への理解を深め、その設計に当たったことは良く知られている。本書では、井上の調査の痕跡が残るシュタイン著『兵制学』と、井上が重訳したプロイセン憲法に関する書籍とを素材として、国内での憲法調査の一端を検討したい。

まずは、シュタイン著『兵制学』（原著は Stein, Die Lehre vom Heerwesen, 1872）についてである。伊藤博文がウィーンにてシュタインの講義を受けたことは、先に見た。そのシュタインが著したものを、日本国内で憲法調査を行っていた井上毅も手に取っていた。彼は、伊藤留学中の明治一五年一〇月までに、木下周一・山脇玄によって訳されたシュタイン著『兵制学』を読んでいた[28]。この『兵制学』が「軍令」を説く箇所には、次のようにある。

「兵制ハ行政ノ一部トシテ憲法及法律ニ服従スルコト他ノ諸部ト異ナルコトナキハ疑ヲ容レサル所ナリ。然レトモ独リ兵制ニ於テハ古往今来憲法ノ域外ニ脱逸スル者アリ。憲法ハ兵ヲ作リ兵ヲ経理スルヲ得レトモ其能ハサル者一アリ。軍令即チ是レナリ。又法律ノ兵ノ活動ヲ限制スルト他ノ諸部ノ活動ヲ限制スルト甚タ其趣ヲ異ニス。是ヲ以テ法律ト兵トノ間ノ権衡ニ関スル問題興リ、是ヲ以テ此権衡ヲシテ単一ノ原則ニ基ツカシメントスルノ研究アリ。是ヲ以テ古原則ノ乏シキハ国ノ進歩ヲ済ス自由ノ大敵タリト云フ感悟ヲ生シ、是ヲ以テ法律ノ兵制ニ於テ其定ムル所密ニ過キレハ力ヲ害シ寛ニ過キレハ自由ヲ賊ナフト云フ感情ヲ来ス。世豈ニ此ノ如キ原則アランヤ。然レトモ此理由ハ甚タ解シ易キ者ニシテ、兵ノ職掌上自カラ此理アリテ存スル者ナリ。夫レ兵ノ実ニ為ス所ノ者ハ自国本来ノ事ニ非スシテ敵ノ意如何ンニ在リ。兵ハ転変不測ナル外来ノ危難ト戦ハサル可カラス。兵ノ任務ノ目的ハ自家ノ内ニ在ラスシテ自家ノ外ニ在ル敵手ニ在リ。是ヲ以テ兵ノ在ルハ国ノ意ニ由ルト雖トモ兵ノ為ス所ハ外勢ノ如何ンニ準ス。其危急ノ矇間ニ在リテハ曾テ自家ノ意ヲ有セス唯危難ノ大小ニ依リテ抑揚シ其指ス所唯敵而已。而シテ此意ノ此危難ト敵トニ応シ内ニ向フ者全ク無限専裁ニシテ、之ヲ名ケテ軍令ト呼ヒ軍令ノ糾マル所ハ法律ノ黙スル所ナリ。憲法ト法律トハ兵ノ元素ニ就テ決裁スルヲ得可シト雖トモ、敵前ニ立ツ所ノ兵ハ軍令ヲ以テ無限ノ服従ヲ国民ニ負荷ス。之ヲ要スルニ法律ハ兵ヲ制シ軍令ハ兵ヲ用ユルナリ。之ヲ反言スレハ兵制ハ法律ヲ奉シ軍隊ハ軍令ヲ奉ス。而シテ兵制ト軍隊トヲ統フル者ハ時ト国トヲ論セス国長一人ニ在リ。是レ則チ兵ノ国憲ニ対スル権衡ノ大綱ナリ」（傍点は井上自筆朱書き）(29)。

シュタインがこの『兵制学』の中で述べた重要な点は、本章の関心からすれば、「軍令」は憲法・法律で規律するものに非ずとの一点に尽きる。「兵制」は、他の「行政」と同じく憲法・法律の統制下にある。しかしながら、唯一、その「兵制」の中でも「軍令」だけは例外的に「憲法ノ域外ニ逸脱スル者」であった。

「軍令」が「全ク無限専裁ニシテ」、「軍令ノ糾マル所ハ法律ノ黙スル所」である所以は、兵が「転変不測ナル外来ノ危難ト戦ハサル可カラス」との理由による。「転変不測ナル」敵に対応せざるを得ない為に、「軍令」は他の「行政」と違って憲法上の統制に服すものではないというシュタイン『兵制学』のこの記述は、伊藤博文がウィーンにてシュタインから学んだこと、すなわち、「軍ノ進止動作」について、「実際ノ形勢機宜」を知らない議会に対して「元帥」は責任を負わないとの主張と同一思想に基づく。

井上毅が最も重視したのも、「軍令」が唯一、「憲法ノ域外ニ逸脱スル者」だという点であろう。「兵制」中で「憲法ノ域外ニ逸脱スル者」があり、「憲法ハ兵ヲ作リ兵ヲ経理スルヲ得レトモ其能ハサル者一アリ」、それはすなわち「軍令」である――井上は、まさにこの一節に傍点を附した。そして、明治一九年以降の憲法起草作業過程で、井上は、陸海軍の「編制」を勅令として定めることや、兵員数の決定について議会の関与をある程度認めることを主張するようになる。この点を考慮すれば、やはり井上がシュタイン『兵制学』中で重視したのは、「軍令」が唯一の例外として「憲法ノ域外ニ逸脱スル者」であり、その他については「兵制」であっても「憲法及法律ニ服従スルコト他ノ諸部ト異ナルコトナキハ疑ヲ容レサル所ナリ」という点であった。

井上はまた、プロイセン憲法の翻訳を、既に明治八年の段階で、フランス語書籍からの重訳として行っていた。「権中法官井上毅訳注」の『王国建国法　第二』（明法寮版・明治八年）(30)がそれで、プロイセン憲法第四六条は次のように訳されている。

　第四六条

　国王ハ、軍兵ノ元帥ヲ有ス、兵馬ノ権ヲ執ル、

他方、明治一五年の井上訳『孛国憲法』（博聞社印行）(31)では、井上は、次のように同条の翻訳を改めている。

第四六条

国王ハ、軍兵ヲ統帥ス、兵馬ノ権ヲ執ル、

この明治一五年版では、「統帥」の語が選ばれている。これは、明治一五年には井上が既に実質的に憲法制定作業に加わっていたことを考えると、注目に値する。井上は、明治一九年末頃から伊藤博文らとともに憲法を実際に起草していく。ただし井上は、後述のように、当初、後の明治憲法第一一条に当たる条文案の中で「統帥」の語を使おうとはせず、「統率」や「統督」といった語を用いた。明治二一年一月になって、ようやく、「統帥」の語を用いるべきだと彼は主張した。その「統帥」の語を、井上は、既に明治一五年刊の自身の翻訳書中で使っていたということになる。

この「統帥」の語の来歴については、前川透が明らかにしている。「統帥」の語は、明治一四年刊行の、ある翻訳書から使用例があった。翻訳書とは、直接に法制度設計を助ける為の書籍ではなく、陸軍が翻訳を行った『独逸参謀要務』前篇一（陸軍文庫・明治一四年）である。後にプロイセンの陸軍大臣となったシェーレンドルフ（Bronsart von Schellendorff）が一八七五（明治八）年（初版）に著したDer Dienst des Generalstabes[32]がその原著であった。つまり、「統帥」の語は、積極的に法制研究の為に創り出された言葉ではなく、軍事用語として登場した言葉であった。『独逸参謀要務』で「統帥」と訳されているのは、恐らく、原著Der Dienst des Generalstabesの中の“die Leitung der Kriegshandlung”だと思われる[33]。日本における「統帥」の語は、法制用語ではなく、「兵学」用語として登場した[34]。

井上毅は、憲法制定作業の過程で「統帥」の語を使うべしと主張するに至るまで、「統率」や「統督」といった語を用いて憲法草案を練った。恐らく、意図的に「統帥」の語を途中まで避けていたのではないか。井上は、陸軍が兵学上の用語として使っていた「統帥」という語をそのまま憲法へと輸入するのには、消極的であったように見受けられる。

四　伊藤・井上らによる憲法起草作業

(一)　大権の規定の方法

稲田正次の研究によれば、伊藤博文が井上毅に対して憲法の調査立案を委嘱したのは、明治一九年一一月頃のことであった[35]。その月の下旬、井上は、早くも伊藤に宛てて次のような手紙を送った。手紙で井上は、天皇の大権を憲法条章中に列挙しない方が良いのではないかとの「教示」を（恐らくは伊藤から）受け、その線に沿った試案を作ったので参考にして欲しいという。

「昨冬来追々教示を承候主義ニ依候ヘハ『ローヤルプレロガチーフ』を憲法ニ掲挙候ハ却而矛盾之嫌ある歟其故ハ憲法ニ王権を掲くるハ即チ議院之為ニ議権を掲くるに対し唯一之主権を両様ニ分割し各々其制限をふシ不可踰之範囲を確定したるものにして王家特権といへる語ハ即ち王権制限之意味を著したるものなり是れ白耳義及英国憲法之主義なるに似たり嘗而承候教示之旨ニ従ヘハムシロ帝王ノ大権ハ人民ニ明示スル為ニハ是ヲ詔勅ノ中ニ平叙し而して憲法條章之中ニハ掲ケザル方体裁之宜を得ル歟と奉存候因而試ニ別紙起草供御参考候猶今晩ニも可奉面命候[36]」。

そもそも井上が「帝王ノ大権ハ人民ニ明示スル為ニハ是ヲ詔勅ノ中ニ平叙し而して憲法條章中ニハ掲ケザル」ことを目指したのは、稲田の指摘の通り[37]、シュルツェ（Hermann Schulze）の Das Preussische Staatsrecht, Bd. 1, 1872 の影響と、それを受けてのロエスレルへの質疑という経緯があったからであろう。このシュルツェの著作は、『国権論』と題されて明治一五年に邦訳が出版されている。井上は、この邦訳書に「序」を寄せている(38)。シュルツェはこの著書の中で、国王の権限に属するものを列挙することはドイツの君主制国法に反するものだと主張している(39)。井上は、このシュルツェの論を受けて、ロエスレルに対して大権列挙に関する次のような質問をした。

「シュールチェー氏ノ説ニ従ヘハ憲法ニ君主ノ特権ヲ列挙スルヲ以テ独逸国法ノ旨ニアラストシ而シテ現ニ巴華里ノ国憲ニハ君主ハ諸般ノ国権ヲ総攬スト云フノ正文ヲ掲ケ其外ニ君主権ノ節目ヲ挙ケス然ルニ普魯西ノ憲法ニハ反テ明條ヲ以テ逐節国王ノ行政特権ヲ歴挙シタリ此レ憲法大義ノ係ル処其得失如何(40)」。

井上は、君主による国権の総攬規定を置いて大権を列挙していないバイエルン憲法型と、それに対して、大権を列挙しているプロイセン憲法型とがあるという前提の下で、両者の長短如何をロエスレルに問うた。この井上の質問に対するロエスレルによる回答は、簡単にいえば、バイエルン憲法に倣って国権の総攬規定を置き、且つ、プロイセン憲法にも倣って大権の列挙もすべきというものであった(41)。この時点では、①国権の総攬規定のみを置く、②大権を列挙する（総攬規定は置かない）、③国権の総攬規定に加えて大権を列挙する、という三つの可能性が残っていた。後年の明治憲法正文は、③を採った。ただ、いわゆる夏島草案（明治二〇年八月）が作成されるまでは、井上は①型の憲法案（井上甲案（明治二〇年五月））を作成している(42)。

井上毅は、大権をどのように定めるのか、或いは定めずに国権の総攬規定のみを置くのかといった問題関心を持った上で、伊藤博文をリーダーとする憲法起草作業に加わった。そして明治一九年、冒頭に引用した井上の伊藤宛書簡にあったように、伊藤の「教示」した「主義」に沿って井上が作成した試案が伊藤へと示される。それは、大権を上諭中に掲げるタイプの案であった。陸海軍に関する箇所を含んだ上諭案の一部分を、次に掲げる。

「大政ノ主権ハ朕カ是ヲ祖宗ニ承ケテ之ヲ子孫ニ伝フル所ナリ朕及朕カ子孫ハ将来此ノ憲法ニ循由シテ之ヲ施行シ及施行セシメントス両議院ヲ召集シ開閉シ既ニ開キタル議会ヲ中止シ又ハ解散スルハ総テ朕カ詔命ニ由ル、法律ヲ公布シ、法律ヲ施行スル為ニ必要ナル命令ヲ下付シ又ハ下付セシメ文武ノ官制ヲ定メ官吏ヲ任免シ爵位勲ヲ叙授シ陸海軍ヲ統率シ及編制セシメ兵役ヲ徴募シ外国ト戦争ヲ宣告シ和平ヲ媾盟シ及交際ノ条約ヲ締ヒ及交際スルハ総テ朕カ攬ル所ノ大権ナリ(43)」。

この上諭案は、井上が明治一五年に作っていた憲法試案(44)の中で大権として列挙されていたものを、そのまま上諭へと移したものである。これは、大権をどのように規定するのかといった年来の井上の研究成果の一端が伊藤の前で披露された瞬間であった。

しかし、伊藤博文の示した「主義」に沿って作成されたこの井上上諭案に対して、異論を唱えた人物がいた。ロエスレルである。先述の通り、ロエスレルは、シュルツェの影響から国権の総攬規定のみで良いのではないかと考え始めた井上に対し、国権の総攬規定に加えて、大権をプロイセン憲法のように列挙して規定すべきだと提案していた。井上上諭案へのロエスレルの反対は、この両者の考えの違いに起因している。

明治二〇年二月八日付でロエスレルは、井上の質問に答えるかたちで、大権を列挙する憲法試案を井上の許に提出した(45)。ロエスレルの試案は、第二条に国権の総攬規定を置き、更に天皇の大権を列挙するものであった。そこでの陸海軍に関する大権の規定は、「皇帝ハ、陸海軍ヲ指揮シ、平時戦時ニ於ケル兵員ヲ定ム。」(第一三条)となっており、後年の明治憲法正文第一一条・第一二条をまとめたものになっている。憲法起草作業が本格化した初期の段階で、既に明治憲法正文とかなり近いものが、ロエスレルの手によって提案されていた。

(二)　井上毅の甲案・乙案、ロエスレルの「日本帝国憲法草案」

ロエスレルによる試案が作られた後、井上は、明治二〇年三月頃、憲法案の「初稿」を作成した[46]。第一条「日本帝国ハ万世一系ノ天皇ノ治ス所ナリ」から始まるこの井上初稿は、未完成のもので、稲田正次が指摘するように、「軍兵の諸条項を全く欠いている」草案であった[47]。

初稿で欠けていた「軍兵の諸条項」が井上毅の草案中に登場したのは、いわゆる「甲案」(明治二〇年五月)及び「乙案」(明治二〇年四月中か[48])においてであった。甲案・乙案それぞれの性格として、井上自身は次のように記している。甲案は、「君主ノ特権並ニ他ノ綱要ノ部分ヲ『プレアンブル』ニ譲リ務メテ條章ヲ簡省ニスルノ方向ヲ取レリ」。それに対して、乙案は、「務メテ許多ノ條章ヲ列挙スルヲ以テ目的トシ」たものであるという。両者の差はつまり、大権を上諭に掲げるのか、それとも条文として列挙するのかという点にある。この点が井上らにとって主要問題であったことは先に述べた。

では、甲案・乙案での「軍兵の諸条項」はどのようなものであったのか。まずは甲案である。その上諭中に、明治一九年井上上諭案とほとんど変わっていない軍に関する記述がある。甲案上諭の一部を掲げておく。

「国ノ大政ハ朕カ是ヲ祖宗ニ承ケテ之ヲ子孫ニ伝フル所ナリ朕及朕カ子孫ハ将来此憲法ニ循由シテ之ヲ施行シ及施行セシメントス法律ヲ布告シ、法律ヲ施行スル為ニ及国ノ安寧ヲ保持スル為ニ必要ナル命令ヲ下附シ又ハ下附セシメ文武ノ官制及俸給ヲ定メ官吏ヲ任免シ爵位勲ヲ叙授シ陸海軍ヲ統率シ及編制セシメ兵役ヲ黜徴シ外国ト戦争ヲ宣告シ和平ヲ講盟シ交際ノ条約ヲ締ヒ及交際スルハ総テ朕カ攬ル所ノ大権《プレロガチフ》ナリ」。

この甲案上諭の一部と、明治一九年に井上が作った上諭案の該当箇所とを比べてみると、加筆・修正箇所がいくつか認められるものの、明治憲法第一一条・第一二条につながる「陸海軍ヲ統率シ及編制セシメ」という言い回しは同じである。その他の軍制に関する箇所についても、ただわずかに、「兵役ヲ徴募シ」が「兵役ヲ點徴シ」に改められているに過ぎない。また、甲案第六六条には「徴兵ノ方法ハ法律ノ定ムル所ニ依ル　平時ニ於テ毎年徴員ノ数ハ現時ノ定額ヲ増加スルトキニ限リ之ヲ議院ノ議ニ付スヘシ　戦時ニ於テ国民軍ヲ徴集スルハ勅令ニ依ル」とあり、甲案第六七条では「陸海軍ノ編制ハ勅令ノ定ムル所ニ依ル」とある。陸海軍の編制は、法律ではなく、「内閣総理大臣及主任ノ大臣又ハ臨時代理ノ大臣」が「奉勅対署」する勅令によって定められるものとされていた（甲案第一五条）。

次に乙案である。乙案では、先述の通り、大権を条文として列挙する方式が採用された。乙案第三条には、「天皇ハ陸海軍ヲ統督ス」とある。また、甲案第六六条・第六七条と全く同一の規定が、乙案第六九条・第七〇条に置かれている。大権を上諭に書き込むか、或いは列挙するかという違いはあるものの、乙案第三条にある「統督」の字句が甲案上諭の「統率」と異なる程度であった。

この井上甲案・乙案とほぼ同時期、ロエスレルが「日本帝国憲法草案」を作成している。前述のように、明治二〇年二月のロエスレル試案は、明治憲法第一一条・第一二条をまとめて一か条としたものであったが、明治憲法正文にかなり近いかたちとなっていた。では、明治二〇年四月作成の「日本帝国憲法草案」はどうであったのか。該当の条文を引用しておこう(49)。

ロエスレル日本帝国憲法草案第九条

天皇ハ陸海軍ノ最高命令ヲナシ平時戦時ニ於ケル兵員ヲ定メ及兵ニ関スル凡テノ指揮命令ヲナス

稲田正次も指摘するように、井上甲案・乙案と比較してみると、ロエスレル案第九条は、平戦両時において兵員を定める権限を一律的に天皇の下に集めていた点に特徴があったといえる(50)。

井上甲案・乙案とロエスレル草案を受けて、伊藤博文は、このロエスレル「日本帝国憲法草案」を最も重要な参考資料として、井上甲案を軸としつつ手を加えた案を完成させた(51)。その第一一条には、次のようにある。

伊藤修正案第一一条

天皇ハ陸海軍ヲ編制シ及之ヲ統率シ凡テ軍事ニ関スル最高命令ヲ下ス

伊藤によるこの修正案は、平時戦時の区別に関する字句はないが、全体としてはロエスレル案を受け入れ、その上で、「編制」や「統率」といった井上が従来から使っていた字句を用いたものとなっている。この伊藤修正案は、ロエスレルと井上の草案を総合したものであった(52)。

(三)　夏島草案

以上の伊藤修正案を更に発展させたものが、明治二〇年八月作成の「夏島草案」である(53)。伊藤博文、井上毅、伊東巳代治、金子堅太郎の四名で検討されたこの夏島草案では、後年の明治憲法第一一条・第一二条に当たる条文は、先に引用した伊藤修正案と同一であった(54)。

夏島草案第一五条

天皇ハ陸海軍ヲ編制シ及之ヲ統率シ凡テ軍事ニ関スル最高命令ヲ下ス

先に触れたように、この案は、ロエスレル草案を基本として、「編制」や「統率」といった井上毅草案の中で従来使用されていた字句を以て整理したものという性格を持つ。ただし、夏島草案（及びその基であった伊藤修正案）では、ロエスレル草案にあった「天皇ハ〔……〕平時戦時ニ於ケル兵員ヲ定メ」や、井上甲案・乙案に見られた「徴兵ノ方法ハ法律ノ定ムル所ニ依ル　平時ニ於テ毎年徴員ノ数ハ現時ノ定額ヲ増加スルトキニ限リ之ヲ議院ノ議ニ付

スヘシ　戦時ニ於テ国民軍ヲ徴集スルハ勅令ニ依ル」といった、兵員数を定める規定が全く削除されていた。兵員数を定める権限に関する規定を削った理由を直接的に示すものはないが、或いは伊藤の頭の中では、兵員数のことも「編制」ないし「軍事ニ関スル最高命令」に含まれると理解されていたのかも知れない。

ロエスレルは、この夏島草案に対して意見書をまとめている（明治二〇年一〇月一〇日頃）[55]。夏島草案第一五条に対するロエスレルによるコメントは、次の通りであった。

「天皇ハ必ス親ラ陸海軍ヲ統率スルノ要ナカルヘシ何トナレハ或ル場合ニ於テハ天皇親ラ陸海軍ヲ統率スルニ適当セサルコトアリ要スルニ本條ノ旨意ハ最高命令ヲ発スルノ権ハ独リ天皇ニ属シ全国ノ軍兵ハ決シテ施治ノ権ニ反シテ運動スヘカラサルモノタルヲ明カニスルニ在リ故ニ余ハ寧ロ左ノ如ク修正セラレンコトヲ勧告ス

上略　及陸海軍ヲ統御シ陸海軍ノ施政ニ関シテハ最高命令ヲ下ス

若シ此ノ如ク修正セサルトキハ本條ノ末文ヲ観テ陸海軍ノ施政ニアラスシテ単ニ軍事ノミノ最高命令ヲ下スノ意ナリトスルノ誤解ヲ生センコトヲ虞ルナリ

天皇陸海軍ノ兵ヲ増加セントスル時ハ天皇ハ国会ノ承認ヲ経ス唯本條ノ明文ニ依リテ之ヲ増加スルノ権アルヤ否ハ亦一ノ疑問タリ今与国ノ実例ヲ観テ此事ハ法律上ニ確定シタルモノナリト認ムル頗疑團ナキ能アサル所ナリ抑々一国ノ兵力ヲ挙ケテ国会議決ノ左右スルニ任セハ啻ニ危殆ノ恐レアルノミナラス亦国家ノ煩累タルヲ免レス故ニ天皇ハ戦時ト平時トヲ問ハズ陸海軍ノ兵力ヲ定ムルヲ得ルノ大権ヲ明條ニ掲ケサルヘカラス但一般ノ徴兵法律ニ率遵スルハ論ヲ待タサルナリ若シ此明條ナキトキハ年々歳々兵力ヲ左右スルノ請求ヲ受ケ遂ニ際限モナキ紛争ヲ官民ノ間ニ生ズルニ至ラン[56]」。

ロエスレル曰く、天皇が必ず自ら陸海軍を統率する必要はない。夏島草案第一五条の肝心な点は、「最高命令」

を発する権限を天皇が独占し、全国の軍兵はそれに反することができないとの点にある。また、天皇は「陸海軍ヲ編制シ及陸海軍ヲ統御シ陸海軍ノ施政ニ関シテハ最高命令ヲ下ス」と修正すべきだとロエスレルは主張しているが、彼の見立てでは、かような修正を施さないのであれば、天皇は軍の行動にのみ「最高命令」を下し得るという解釈が通ってしまう。また、「抑々一国ノ兵力ヲ挙ケテ国会議決ノ左右スルニ任セハ啻ニ危殆ノ恐レアルノミナラス亦国家ノ煩累タルヲ免レス故ニ天皇ハ戦時ト平時トヲ問ハズ陸海軍ノ兵力ヲ定ムルヲ得ルノ大権ヲ明條ニ掲ケサルヘカラス」という一節は、「陸海軍ノ兵力」決定プロセスから議会の関与を排除すべきだという、プロイセン憲法争議を踏まえた憲法論であった。

（四）　十月草案

ロエスレルの意見書を受けた後、伊藤博文らは、夏島草案の改訂作業に入った。そして、いわゆる「十月草案」を完成させた（明治二〇年一〇月）[57]。この十月草案中、陸海軍に関する規定は次の通りであった[58]。

十月草案第一五条

天皇ハ陸海軍ヲ統御ス

軍制ヲ定ムルハ天皇ノ大権ニ由ル

ここにある「統御」の文字は、ロエスレルの修正意見を受けて改められたものと見て良かろう。また、「編制」や「軍事ニ関スル最高命令」といった夏島草案にあった字句、そしてロエスレルの修正意見にあった「陸海軍ノ施政」といった字句は用いられず、「軍制ヲ定ムルハ天皇ノ大権ニ由ル」という簡潔な一文に改められている。この「軍制」という言葉を提案したのが誰であったのかは、分からない。

この十月草案に対して、井上は更に修正意見を提出した[59]。稲田正次によれば、恐らくこの井上の修正意見は、年を越して明治二一年の一月中旬ないし下旬に書かれたものであるという[60]。この井上修正意見では、十月草案第一五条に対し、次のような一文が書き記されていた。

「統御ハ統帥ニ作ルヘシ統御ハ文武ニ通スルノ熟字ナレハナリ[61]」。

十月草案で使用されている「統御」の文字は、「文武ニ通スルノ熟字」であるが故に、これが陸海軍への指揮統率権を示したものであることを明確にすべく「統帥」に改めよと井上は主張した。そして、この「統帥」の文字は、明治二一年二月の「二月草案」以降、一貫して用いられた。ただ、先に言及した通り、井上は、「統帥」なる語を既に明治一五年段階で、自分自身の翻訳書の中で用いていた。彼が何故に明治二一年初頭になるまで「統帥」の語を使うべしとしなかったのは、先にその推測を述べたが、確たる証拠は見当たらない。しかし、明治一四年に陸軍内で使われ始めたこの「統帥」の語と同じ表現が、明治二一年初め頃から、国法の領域で本格的に使用されるべく検討され始めたことだけは確かである。

(五)　二月草案

井上毅の修正意見が提出された後、再び伊藤博文らが集まり、明治二一年二月、いわゆる「二月草案」がまとめられた[62]。この二月草案における陸海軍条項は、次のようになっていた[63]。

二月草案第一二条

天皇ハ陸海軍ヲ統帥シ軍制軍政及軍令ニ関シテ最高命令ヲ下ス

この二月草案以後、「統帥」なる語が一貫して憲法草案にて使われるようになる。これは、井上毅による上記修正意見を受け容れた結果であった。

では、「天皇ハ……軍制軍政及軍令ニ関シテ最高命令ヲ下ス」の箇所は、どのようにして形成されたのか。十月草案では、「軍制ヲ定ムルハ天皇ノ大権ニ由ル」とあるだけであったので、十月草案と比べると、かなりの修正が施されている。この二月草案に多少近い既出の案は、ロエスレルが明治二〇年一〇月に提出していた修正意見中の「天皇ハ陸海軍ヲ編制シ及陸海軍ヲ統御シ陸海軍ノ施政ニ関シテハ最高命令ヲ下ス」というそれかと思われる。しかし「軍制」、「軍政」、「軍令」という表現がそこにはない。この「軍制軍政及軍令」といった辺りは、稲田正次の指摘によれば、この時期に陸軍が提出したと推測される意見書が反映された結果であった。(64)

そこで以下、二月草案作成に強い影響を与えたと見られる陸軍意見書を検討し、次に、その陸軍意見書に対する井上毅の反論を見ていこう。

（六）「帝国陸軍将来必要ト認ムル要件」と「陸軍提出案ニ付意見」

陸軍の提出した意見書は、「帝国陸軍将来必要ト認ムル要件」とのタイトルが附され、伊藤博文『秘書類纂』中に収められている。(65)ただし、この意見書の提出された時期を完全に確定するのは難しい。だが、ほぼ間違いなくこの陸軍の意見書を基にして上掲二月草案が作成されている点に鑑みれば、この意見書を明治二一年二月以前に作成されたものと仮定して大過はなかろう。(66)また、具体的な執筆者は残念ながら詳らかにし得ないが、明治二一年一月末に、当時の参謀本部次長・小澤武雄（陸軍中将）が憲法制定に関して陸軍関係の取り調べを任されたという記録が残っている。(67)小沢を中心として作成された意見書であった可能性が少なからずある。

この陸軍意見書は「帝国陸軍ノ兵力ヲ維持スルニ就テ将来必要ト認ムル要件ヲ大別シテ軍法《ミリタリーロー》、軍制《ミリタリーオルガニゼーション》、軍令《ミリタリーコマンド》、軍政《ミリタリーアドミニストレーション》トス」との一文を以て書き始められ、まずはこの四種類の「要件」の解説がなされている。

「軍法ハ憲法ニ基キ議院ノ議ヲ取リ以テ制定セラルヘキ軍ノ法律ナリ事皆ナ一国ノ大政ニ連帯ス

軍制ハ陸軍ノ組織編制統属主権ノ制ニシテ大元帥ノ親裁ニ出ルモノトス然レドモ其事項ニ因リ一国ノ大政ニ交渉セサルヲ得サルモノアリ例ヘハ団体ノ編制ヲ拡張シ兵額ヲ増シ官司ヲ新設シ躯員ヲ増スカ如キ其事タル定額以内ノ歳計ヲ以テ処理シ得ルモノハ論ナシ倘シ定額以外ニ渉ルトキハ必ス臨時経費ノ支出ヲ請求シ其事ノ結了ヲ俟テ始メテ実施スヘキモノアリ斯ノ如キ臨時ノ事業ハ成法ノ規程ニ従ヒ陸軍大臣ハ先ツ之ヲ内閣ニ提出シ閣議ヲ経テ然ル後更ニ大元帥ノ帷幄ニ奏上シ親裁ヲ仰キ軍令ヲ以テ宣布ス

軍令ハ大元帥ノ命令ニシテ陸軍ニ在テハ之ヲ陸軍令トス専ラ陸軍大臣之ヲ奉行シテ宣布ス但其事柄ニ因リ特ニ奏報ニ止メ裁可ヲ経テ之ヲ定メテ告示スルモノアリ

軍政ハ軍ノ経理事務トス法律ノ実施及記議改案経費収支等ニ関シ内閣ト連帯シ陸軍大臣其責ニ任ス」[68]。

陸軍の意見書によれば、①議会の議決を経る必要のある法律である「軍法」、②「大元帥ノ親裁」によるとされ、陸軍の「組織編制統属主権ノ制」である「軍制」（しかしこれは、「定額」以上の支出を要する場合、陸相から閣議に諮る必要があるとされる）、③「大元帥ノ命令」であり、陸相が「奉行」「宣布」する「軍令」、④「経理事務」である「軍政」がそれぞれ存在するという。

更に、「軍制」をより詳しく述べている箇所を引用する。

「陸軍ノ組織編制職任及統属主権ノ制ヲ立ツルモノヲ軍制トス

天皇陛下ハ大元帥トシテ親シク帝国ノ陸海軍ヲ統帥シ玉フコトハ憲法上明示セラル、処ナルヘシ是ヲ以テ我陸軍ノ軍隊ハ一ニ大元帥ニ直隷スルヲ基本トス故ニ国防、戦略ノ機務及軍衙職司ノ組織部隊ノ建制編成皆悉ク大元帥ノ親裁制可ヲ仰テ之ヲ奉スルモノトス」(69)。

この文書によれば、天皇が陸海軍を統帥する旨、憲法上、明示されるであろうから、帝国陸軍の軍隊は天皇に「直隷」する者となる。さすれば、「国防戦略ノ機務及軍衙職司ノ組織部隊ノ建制編成」は当然に「大元帥ノ親裁制可」を受けるものとされるべきである。具体的には、陸軍省本省や、陸軍省が管轄する組織についての官制を除いて、例えば参謀本部の官制等は「軍令」を以て「宣布」すべしという(70)。この「軍制」に関するものは、原則、帷幄上奏によって裁可を得て、その大部分を「軍令」として宣布するとしたのが、この陸軍意見書であった。

また、「軍令」を以て「宣布」すべきものに関して、「陸軍大臣ノ奏請スヘキ事項」、「参謀本部長ノ奏請スヘキ事項」、「監軍ノ奏請スヘキ事項」がそれぞれ示されている。これによれば、「平時戦時団体ノ建制編成」、「士官以上任免」、「将校職務命免」等に関しては、陸軍大臣が帷幄上奏をする。「国防ノ計画」、「出師ノ計画」、「参謀官ノ服務規程」、「戦時ニ係ル規典ノ類」に関しては、参謀本部長が帷幄上奏をする。最後に監軍は、「軍隊ノ練成」、「軍隊演習」等について帷幄上奏をする(71)。

そして、「軍令」については、内閣総理大臣の副署の必要がない。意見書では、陸軍の軍令は「陸軍令」と呼称するよう提案され、陸軍令は「其資格一般ノ勅令ニ同ジ」とされている。ただし、一般の勅令と違うのは、内閣総理大臣の副署を不要とする点であった。意見書の中では、「法律公布式」と「軍令宣布式」と題し、それぞれの公布・宣布の書式を例示している(72)。

まず、法律公布式を掲げよう。

「朕兵役令ヲ裁可シ茲ニ之ヲ公布セシム

御　名　御　璽

年月日

内閣総理大臣

陸軍大臣」

次に、例示されている軍令宣布式から、一つ挙げておく。

「朕平時（戦時）師団（旅団）ノ編制ヲ裁可ス

御　名　御　璽

年月日

陸軍大臣」

法律公布式と軍令宣布式との間に見られる明らかな相違点は、内閣総理大臣の副署の有無である。軍令宣布式が示す通り、軍令は、その奉行に責任を負うとされる陸軍大臣の副署のみで宣布される。つまり、総理大臣の関与を排除することが、勅令と並んで使用される法令形式である軍令の最大の特徴であった。

以上、「帝国陸軍将来必要ト認ムル要件」の大略を示してきた。この意見書が示している重要な点として、次のものが挙げられる(73)。まず、軍隊の編制や軍官衙の官制等を含めた「軍制」という非常に広範な概念を示し、それらは帷幄上奏によって決められるものとした点である。そして、勅令と同等の法令形式である「軍令」を認め、それは陸軍大臣の副署のみで宣布されるとした点である。軍令機関の長のみならず、陸軍大臣にも帷幄上奏が認められるような意見書となっている点にも注意を要するが、「軍令」が認められることになれば、内閣の関与は極端に制限されることとなる。この陸軍意見書の通りとなった場合、後の明治憲法正文を以て考えると、第一一条の統帥大権が第一二条の編制大権を完全に包摂するという構造をもたらすであろう(74)。

この陸軍意見書「帝国陸軍将来必要ト認ムル要件」に対して、井上毅が反論書を書いた。陸軍意見書を受けて作成されたと思われる二月草案（明治二一年二月）第一二条は、後述のように、浄写三月案（明治二一年三月）になると、井上の考え方に立脚した案へと回帰する。井上の反論があったからであろう。ただし、井上の反論書「陸軍提出案ニ付意見」は、浄写三月案が作成された後の明治二一年四月以降に書かれた可能性も残る（この点も後述）。井上「陸軍提出案ニ付意見」(75)は、以下のように、陸軍意見書に疑義を呈している。

まず、陸軍意見書では「平時兵額」を「軍法」（＝「憲法ニ基キ議院ノ議ヲ取リ以テ制定セラルベキ軍ノ法律」）に数えている。確かにこれは、各国の例に倣ってはいる。しかし、十月草案では、「平時兵額」を天皇大権に属すものとしている。この点での陸軍意見書と伊藤・井上らの構想との違いは明らかであった。また、軍隊の「編制」について、各国では「法律」を以て定めているが、日本では大権に属する。ただ、これは国務とも関係を有し、「内閣ノ議」を経て定められ、場合によっては枢密院への諮詢もなされるべきである。次に、陸軍意見書では、参謀本部等の諸官制を、帷幄上奏にて決し、「軍令」によって宣布するとしている。しかし、参謀本部等の諸官制も閣議を経なければならず、その後、陸軍大臣の責任で「勅令」を以て宣布すべきである。更に、井上曰く、「軍令」とは「憲法ニ於テ天皇ノ陸海軍ヲ統帥セラル、最高命令」である。例えばプロイセンでは、軍令の中でも、「純粋ノ軍令」は陸相の副署を要しない。しかし、「事ノ行政ニ連串スル者、及一般人民ニ宣布スル者ハ陸軍大臣之ニ副署」をする。(76)井上は、このプロイセンの例を引証することで、陸軍意見書のように「軍制」に関すること全てを「軍令」によろうとする考えを批判していた。

陸軍意見書では、「総テ軍事ニ係ル勅令ヲハ皆軍令ノ称呼ヲ与」えているが、井上はこれにも反論している。「参謀監軍ノ官制」等も「総テ軍令ヲ以テ施行セント」する陸軍意見書の示すやり方では、「軍事ニ係リ内閣大臣ノ責任ヲ軽クシ憲法ノ国務輔翼ノ精神ニ背馳シ而シテ後来必然ニ軍事内局ノ権限張大ニシテ内閣ト相頡頏スルノ日アルヲ見ン」[77]。

また、陸軍意見書では「陸軍省ヲ以テ大元師《ママ》ニ直隷スル軍司」だというが、これに対しても井上は真っ向から反論している。井上によれば、かように考えると、陸軍大臣を国務大臣の一人であるとする精神に反する[78]。井上の見るところ、陸軍意見書の批判されるべき要点は、「軍令」の網をひどく拡張させ、且つ陸軍大臣を憲法上の国務大臣として理解することが不十分となってしまう点であった。井上は反論書の結論に当たる部分で、次のように述べている。

「要スルニ、憲法ノ精神ニ依ルトキハ軍機軍務ノ専ラ陸軍部内ニノミ宣布スル者ヲ除クノ外ハ凡ソ軍事モ亦総テ国務ノ一部トシ勅令ヲ以テ施行シ国務大臣（総理大臣又ハ陸軍大臣）之ニ副署シ其ノ責ニ任スヘシ即チ責任副署ノ勅令ヲ一変シテ無責任ノ軍令トナスコトヲ得サルヘシ

故ニ軍事ノ勅令ヲ改メテ陸軍令ノ名称ヲ用ウルハ陸軍提出案ノ眼目ニシテ而シテ裁可セラレ難キノ第一要件トスルナリ」[79]。

陸軍部内にのみ示すものを除き、軍事のことも全て国務の一部として勅令を以て定めなくてはならないとの原則論から、井上は陸軍意見書を駁した。勅令であるから、国務大臣が副署をしてその責を負う。井上によれば、陸軍意見書の提案の正体は、この大臣副署・責任の制度を無視して、軍令という無責任の法令形式を創り出そうとの試みであった。プロイセンの事例でいう「純粋ノ軍令」以外にも「軍令」という名称を附して宣布することに、井上はあくまでも反対であった。

では、井上がプロイセンの例として挙げた「純粋ノ軍令」とは何か。「純粋ノ軍令」が確定できるならば、残りは勅令によって定めるという井上の議論は、より精度を増したものとして説得力を持つであろう。井上は、この為

の指南を、ロエスレルに求めた。井上は次のように質問をしている。英国の著者曰く、陸海軍に関する事務で国王の命令として発せられるものは、その他の行政と同じく「国務宰相ノ副署」を要する。国王の特権であるにも係らず、国王の帷幕において専断せず、全て内閣の責任のあるものとされているという。井上は、これに続けてドイツ帝国の事例をロエスレルに質問した。

「独逸帝国ニ於テハ帝王ノ軍事ニ係ル命令ニシテ内閣ヲ経由セス宰相ノ副署ヲ要セサルモノアリヤ若シ之レアラハ何ノ種類ナルヤ」[80]。

井上の質問は、ドイツ皇帝の軍事に関する命令中、大臣副署を不要とするものはあるのか、あればそれはどのような種類の命令なのかというものであった。この問いに対し、ロエスレルは次のように答えた（明治二一年四月四日付）。

「独逸帝国憲法第十七條ニ依ルニ皇帝ノ勅裁及ヒ勅令ハ其ノ効力ヲ得ルニ総ヘテ帝国宰相ノ副署アルヲ要ス此ノ條則ハ陸海軍ノ事件ニモ適用スヘキモノナリ但シ其ノ適用ハ陸海軍ノ行政ニ関スル事件ニ限ル之レニ反シテ単純ノ軍令及ヒ皇帝ノ特権ニ属スル最上命令ノ発布ニハ宰相ノ副署ヲ要セス」[81]。

ロエスレル曰く、ドイツ帝国憲法第一七条によれば、皇帝の勅裁・勅令が有効とされるには、帝国宰相の副署を要する。これは陸海軍に関するものでも変わりはない。しかし、それは陸海軍の「行政」に関するものに限られ、「単純ノ軍令」や「皇帝ノ特権ニ属スル最上命令」の発布については宰相の副署を必要としないという。そして、ロエスレルは、この副署の要否を選別する基準になっているのが、一八六一年一月一八日のプロイセンの勅令だという[82]。彼はこの勅令の要点をまとめているが、「陸軍服務上ノ事及ヒ軍人ノ人事ニ関シテ国王ヨリ発スル所ノ陸軍令及勅令」のうち、陸軍予算とその他の陸軍行政とに全く無関係のもののみが、陸軍大臣の副署を不要とするとい

う定めであった。その他の勅令は、陸軍大臣による副署を備えている。(83)

以上がロエスレルによる指南の内容であった。先に見た井上の反論書にあった、プロイセンの事例からの引証だという「純粋ノ軍令」なる言葉は、このロエスレル答議中の言葉（「単純ノ軍令」）を基にしたものであったようにも感じられる（この推測が正しいとすると、井上の反論書が書かれたのは明治二一年四月以降だという見方もあり得ない訳ではない）。プロイセンにおいて、陸軍大臣の副署を不要とするのは、「陸軍服務上ノ事及ヒ軍人ノ人事ニ関シテ国王ヨリ発スル所ノ陸軍令及勅令」のうち、陸軍予算とその他の陸軍行政とに全く無関係のもののみであった。井上は、これをもってプロイセンにおける「純粋ノ軍令」と呼んだ。陸軍意見書に示された「軍令」は、このプロイセンの事例よりも格段に広い範囲をカバーしようとするものであった。井上は、プロイセンの事例を引いて、陸軍意見書に反対したのである。

ここに見た陸軍の見解は、「軍令」という、勅令とは一線を画した新たな法令形式を創出することで、帷幄上奏により裁可を経たものをそれによって下そうとするものであった。対して井上は、あくまでも「勅令」という、「憲法ノ精神」とより合致的な法令形式を用いることを遵守せねばならぬという。近代史学者の永井和は、この両者の主張を、「軍令主義」、「勅令主義」と呼んでいる。(84)

（七）　浄写三月案

ここまで、井上毅とロエスレルの憲法草案や意見書等を参照しつつ、後年の明治憲法第一一条・第一二条へと近づく陸海軍に関する条文案の変遷を追跡し、また、陸軍が提出した意見書とそれに対する井上毅の反論書とを検討した。恐らくは二月草案（明治二一年二月）の作成中に、陸軍側から、軍に関する規定への注文があった。そして、井上毅はそれに対して、上述の通り、「軍事ニ係リ内閣大臣ノ責任ヲ軽クシ憲法ノ国務輔翼ノ精神ニ背馳シ而シテ後来必然ニ軍事内局ノ権限張大ニシテ内閣ト相頡頏スルノ日アルヲ見ン」として反対した。二月草案は、陸軍側の意見を取り入れたかたちで作成されている。しかし、以下で検討するように、明治二一年三月作成の草案は、陸軍側の意見を全く反映していないものとなった。

明治二一年三月作成の草案とは、いわゆる「浄写三月案」である。[85] この浄写三月案では、「天皇ハ陸海軍ヲ統帥シ軍制軍政及軍令ニ関シテ最高命令ヲ下ス」（二月草案）が、次のように修正されている。

浄写三月案第一二条
天皇ハ陸海軍ヲ統帥ス
陸海軍ノ編制ハ勅令ヲ以テ之ヲ定ム

二月草案中の「軍制軍政及軍令ニ関シテ最高命令ヲ下ス」が第二項へと下げられ、「最高命令ヲ下ス」という点は「勅令ヲ以テ」定めると修正された。また、「軍制軍政及軍令」という箇所も、「編制」の一言に改められている。

「編制」については「勅令ヲ以テ」定めるという修正について、稲田正次は、井上の意見書「陸軍提出案ニ付意見」が受け容れられたからこその修正であろうという。[86] つまり、稲田は、井上「陸軍提出案ニ付意見」を明治二一年二月までに作成されたものであると推測していることになる。だが、この井上の意見書「陸軍提出案ニ付意見」は、その内容からして、『井上毅伝』編者が注記を附したように、[87] 明治二一年四月四日付のロエスレル回答（井上からの質問は三月五日に発せられている）を基にして作られた可能性が残る。この『井上毅伝』編者の注記に従えば、井上の「陸軍提出案ニ付意見」は、浄写三月案の作成後に提出された反論書であったことになる。

とはいえ、井上反論書の作成が、浄写三月案作成の前であろうと後であろうと、「天皇ハ……軍制軍政及軍令ニ関シテ最高命令ヲ下ス」(二月草案)から「陸海軍ノ編制ハ勅令ヲ以テ之ヲ定ム」(浄写三月案)への修正それ自体は、井上毅の考えが反映されたものと解するのが自然である。井上が本来持っていた軍制への理解からすれば、軍の進止動作以外については勅令や法律によらなくてはならず、編制もまた勅令によって然るべきであるといった主張を、二月草案に対して井上が提起したとしても全く不思議ではない。本章で検討した通り、井上は、「軍令」のみが唯一「憲法ノ域外ニ逸脱スル者」で、「兵制」であってもその他の業務は一般の行政と何ら異なるところがないということを、シュタイン著『兵制学』から学んでいた。井上がこのシュタイン著『兵制学』から学んだ点を二月草案への批判としてぶつけ、その批判が有効なものと認められたなら、憲法草案は浄写三月案のかたち(一般行政と同じく編制もまた「勅令ヲ以テ之ヲ定ム」)へと改められることになろう。憲法起草作業のリーダーである伊藤博文は、シュタインから学ぶことで「心私かに死処を得る心地」にすら至った人物である。或いは井上が、シュタイン先生曰くと切り出し、伊藤を納得させた場面がここにあったのかも知れない。

伊藤博文、井上毅、伊東巳代治、金子堅太郎を中心とする憲法起草作業は、ひとまず、ここで終了となった。明治二一年三月の浄写三月案中の陸海軍に関する規定(第一二条)は、枢密院諮詢案でも変わっていない。これ以降の憲法制定作業は、明治二一年五月に開かれる枢密院という舞台に移った。その枢密院の議場で、浄写三月案第一二条、すなわち枢密院諮詢案第一二条に対して、いきなり陸軍大臣・大山巌によって修正の要求が突きつけられてしまう。陸海軍に関する規定は、枢密院でも大きく揺さぶられていく。以下、枢密院審議を追跡したい。

五　「勅令ノ令ノ字ヲ裁ト改メタシ」——枢密院審議の開始——

枢密院は、明治二一年五月、その開院式を済ませた。憲法案の審議は、翌月一八日から第一審会議が開始された。その後、第二審会議を経て、第三審会議の終了が明治二二年一月三一日のことであった。この間、明治天皇は欠かさずに臨御した。ここでの憲法審議は、他の諸法令の審議も進めなければならない為に断続的であったものの、およそ半年間に渡って行われた。

伊藤博文は、枢密院議長として、この憲法制定に関する枢密院の全体的な舵取りを任された。枢密院書記官長に就いた井上毅はもとより、憲法起草に尽力してきた伊東巳代治と金子堅太郎も、枢密院書記官の肩書で、審議に関係した。

さて、諮詢案中の陸海軍に関する規定は、次に掲げる通り、浄写三月案と同じものであった。

枢密院第一審会議諮詢案第一二条

天皇ハ陸海軍ヲ統帥ス

陸海軍ノ編制ハ勅令ヲ以テ之ヲ定ム

枢密院審議の様子を検討する前に、ロエスレルがそれに間に合うように作成した「憲法草案意見概要」をここで見ておこう。このロエスレル「憲法草案意見概要」は、審議開始前日の六月一七日に日本語訳が完成し、枢密院議長・伊藤博文に差し出された(88)。そこでの諮詢案第一二条に対するロエスレルのコメントは、次のようなものであった。

「抑陸海軍ノ編制ハ天皇ノ最高命令ニ属スヘキノ事項タリ故ニ内閣大臣ノ副署シタル勅令ノ発布ヲ要セサルモノナリ蓋最高命令ト通常ノ軍政トノ間ニ秩然トシテ一定ノ畛域ヲ画立スルハ甚タ難事ナルヲ以テ姑ク之ヲ実際ノ慣行ニ任スルモ亦可ナリ

本条第二項ノ目的ハ軍事上ニ関スル行政権ノ独立ヲ指定シ以テ徴兵法律及兵員定限法《コンチンゲント・ロー》即チ徴兵募集ノ最上限ヲ示スノ法律ニ循由スルノ外国会ノ承認ヲ経ルヲ要セサラシムルニ在ルカ如シ故ニ第二項ハ全ク之ヲ削除スル歟或ハ左案ノ如ク修正セサルヘカラス

陸海軍ノ施政ハ徴兵志願兵ノ法律ニ循由シテ之ヲ行フヘシ

第一項ニ於テ最高命令ハ天皇ノ総攬スヘキ所ナルモ詳細ニ渉リ之ヲ制限スヘキニ非ス独乙憲法第十一章殊ニ第六十三条第六十四条ニ於テハ其詳細ニ渉リ指定スルアルヲ見ルト雖亦未タ完全ナリト云フヲ得ス如何トナレハ独乙ニ於テ平和ノ時ニ当リテハ最高命令権ハ稍皇帝ト連邦君主トノ間ニ分属スルカ如キ実跡アルヲ以テナリ」(89)。

特にロエスレルは、諮詢案第一二条第二項に対して懸念を示した。「徴兵法律及兵員定限法」(法律)によって「徴兵募集ノ最上限」を示し、その範囲内での「徴兵募集」であれば、議会の承認を経る必要なしというのが第二項の「目的」だとロエスレルは主張する。それを反映させて「陸海軍ノ施政ハ徴兵志願兵ノ法律ニ循由シテ之ヲ行フヘシ」と修正するか、はたまた諮詢案第一二条第二項を削るかを迫っている。また、諮詢案第一二条第一項に対して、ロエスレルは、これ以上詳細な制限を附すような修正は不可と断じている。例えば、一八七一年ドイツ帝国憲法を参照すると、その第六三条・第六四条は、かなり細かなことが書かれた規定となっていた(90)。ロエスレルの主張は、このような詳細な規定を参考にする必要はなく、参考にすると、かえって害悪すらあるというものであった。

それでは、枢密院での審議では、諮詢案第一二条に関してどのような議論が展開されたのであろうか。審議に際しては、諮詢案とともにその説明書が提示された。この説明書は、枢密院での討議の参考資料とされ、その後、伊藤博文を執筆者として刊行された『憲法義解』の基になったものとされる(91)。この説明書中、諮詢案第一二条の説明は次の通りであった（全文）。

「恭テ按スルニ太祖実ニ神武ヲ以テ帝国ヲ肇造シ物部靫負部来目部ヲ統率シ嗣後歴代ノ天子内外事アレハ自ラ元戎ヲ帥ヰ征討ノ労ヲ親ラシ或ハ皇子皇孫ヲシテ代リ行カシメ而シテ臣連二造ハ其ノ褊裨タリ天武天皇兵政官長ヲ置キ元正天皇大ニ軍令ヲ修メ三軍ヲ総ブルコトニ大将軍一人アリ大将ノ出征ニハ必節刀ヲ授ク兵馬ノ権ハ仍朝廷ニ在リ其ノ後政綱一タヒ敗レテ兵柄武門ニ帰シ国体幾ト陵夷シテ振ハサル者七百有余年ナリ今上中興ノ初首メニ親征ノ詔ヲ発シ大権ヲ総攬シ爾来兵制ヲ釐革シ積弊ヲ洗除シ帷幕ノ本部ヲ設ケ自ラ陸海軍ヲ総ヘ玉フ而シテ祖宗ノ耿火余烈始メテ其ノ旧ニ復スルコトヲ得タリ本条ハ即チ兵馬ノ統一ハ皇室ノ大権ニシテ憲法ノ要義ナルコトヲ示ス者ナリ

第一項ハ陸海軍ノ統帥ハ帷幕ノ大令ニ存スルコトヲ示シ第二項ハ軍隊艦隊ノ編制モ亦至尊大権ノ親裁スル所ナルコトヲ示ス蓋軍団ノ編制ハ之ヲ欧洲各国ニ参照スルニ皆法律ヲ以テ定メタルモ但シ葡国ヲ除ク我カ憲法ハ之ヲ国体ニ考ヘ之ヲ時宜ニ照シ陸海軍ノ編制ハ帷幄ノ軍令ト同ク天皇ノ大権ニ属スヘクシテ而シテ議会ノ干渉ヲ容レサルコトヲ掲ケタリ

平時毎年ノ徴員ハ兵役法ニ準拠シ徴集スルモ其ノ数額ニ至テハ専ラ軍団ノ編制ニ関係スルヲ以テ固ヨリ本条第二項ノ包括スル所タリ彼欧洲諸国ニ於テ（葡国ヲ除ク）平時ノ徴員ハ毎年国会ノ議ヲ経ルヲ以テ法トシ憲法又ハ法律ヲ以テ之ヲ明言スルカ如キハ我カ憲法ノ取ラサル所ナリ英国著者ノ説ニ拠ルニ若議院ニ於テ徴員ヲ議定セ

サルトキハ政府新ニ徴聚スルコト能ハサルノミナラス又屯駐ノ常備兵士ハ散帰ノ権アリ」。前半部分は歴史記述であり、「兵馬ノ統一ハ皇室ノ大権」である旨を宣明すべく記されたものである。諮詢案第一二条第一項「天皇ハ陸海軍ヲ統帥ス」に関する説明量は少ない。伊藤や井上らも、枢密院で争点となり得るのは第二項「陸海軍ノ編制ハ勅令ヲ以テ之ヲ定ム」であるということを重々承知していたのであろう。

第二項の説明では、欧州各国との比較がなされている。諮詢案では、「軍隊艦隊ノ編制」を「至尊大権ノ親裁スル所」としているが、これは欧州各国ではほとんど見られないものであるという。欧州各国の多くは、議会の議決を要する「法律」でこれを定めている。これに対し、諮詢案では、統帥大権（第一項）と同様に、編制大権（第二項）もまた「議会ノ干渉ヲ容レサル」ものとされる。これは、欧州各国とは違って、編制を「法律」で定めるとはしていない旨を強調したものであった。

さて、枢密院審議では、この諮詢案に対して異論がぶつけられた。異論をぶつけたのは大山巌（陸軍大臣）である。枢密院第一審会議第二読会の席上、大山は、諮詢案第一二条第二項「陸海軍ノ編制ハ勅令ヲ以テ之ヲ定ム」に対して、次のように修正を要求した。

「茲ニ陸海軍ノ編制ハ勅令ノヲ以テ之ヲ定ムトアリ勅令ノ令ノ字ヲ裁ト改メタシ其理由ハ現時陸海軍ノ編制ヲ定メラル、上ニ於テ親裁ニ依ルモノト勅令ニ依ルモノトノ別アルヲ以テ宜シク勅裁ヲ以テ之ヲ定ムト修正セラレサルトキハ実際ニ於テ忽チ干格ヲ生スルノ虞アリ」。(92)

大山曰く、陸海軍の編制を定めるには、現状、「親裁」によるものと「勅令」によるものとが存在する。(93)「親裁」と「勅令」とを併せた「勅裁」によって編制を定めると修正しなければ、実務上の問題が生じかねない。この大山の要求は、議会の干渉を容れないとの伊藤・井上らの説明だけでは満足せず、勅令以外の方法でも編制を定めることを認めよというものであった。すなわちこれは、議会のみならず、内閣の干渉すらも容れざる命令の可能性を憲法上でひらくことを意味した。この大山意見に対して、有栖川宮熾仁及び佐々木高行が賛成の意を示した。

大山の修正要求発言に続いて、山縣有朋（内務大臣）が次のように発言している。

「十三番（＝大山）ヨリ述ヘラレタル所ノ第二項ニ付テハ従来軍法軍令ト二種ノ別アリ故ニ勅令ヲ以テ之ヲ定ムト制限スルトキハ現今取扱フ所ニ悖ルヘシ現行ノ制度ニ依テ其性質ヲ分釈スレハ乃軍法軍制軍令軍政ノ四個ニ区別シ更ニ細目ヲ分チ其区域ヲ判然定メラル、ニ於テハ軍隊ノ編制ニ関スルモノト雖モ陛下ノ親裁ニ依リ全ク軍令ニ属スルモノト又勅令ニ出ルモノトノ同シク軍制ノ中ニモ亦二種ノ性質ヲ有スルコトアリ故ニ勅令ヲ以テ之ヲ定ムトアレハ一概ニ勅令ヲ以テ之ヲ定メサルヘカラス若シ一朝此ノ如ク一概ニ断定スルトキハ彼此抵触ヲ生シ忽チ現行ノ取扱上ニ意外ノ変更ヲ来スヘシ此理由ヲ以テ勅裁ト修正セラレンコトヲ希望スト雖先ツ報告員ニ於テ各員ノ為ニ詳細説明アランコトヲ希望ス(94)」。

ここでの山縣の発言は、先の大山発言と内容上、異なるものではない。編制については勅令で定められているものもあるが、そうでないものもある。かような実態が存するにも係らず、諮詢案のように「陸海軍ノ編制ハ勅令ヲ以テ之ヲ定ム」としてしまうと、「一概ニ勅令ヲ以テ之ヲ定メ」る必要が出てくる。これでは「彼此抵触ヲ生シ忽チ現行ノ取扱上ニ意外ノ変更ヲ来ス」のではないかとの懸念を示したのが、この山縣の発言であった。

山縣による「詳細説明」の要求を受け、「報告員」の井上毅が答えている。長くなるが、ここに引用しておきたい。

「先ツ軍法ハ国会ノ関繋ヲ有シ国会ノ承認ヲ要スルト同時ニ君主ノ特権ニ属スルモノナリ国会ト君主トノ間ニ於ケル陸海軍ノ関係ヲ論スレハ各国ニ於テ君主国ナレハ軍法ハ国会ト君主トノ間ニ成立チ軍令即陸海軍ヲ統率

スル権ハ君主ニ属スルモノトス而シテ軍法ニ属スル事項ハ即チ此ノ陸軍刑法治罪法ナリ海軍モ亦同様ナリトス其他ノ各国ノ例ヲ挙レハ徴兵令ハ素ヨリ国民ノ義務ニ属スルカ故ニ法律ヲ以テ之ヲ定ムルナリ此憲法草案ニモ第二十条ニ法律ニ従ヒ兵役ノ義務ヲ有ストアリ已ニ法律トナレハ帝国議会ノ議ヲ経トアルモ尚之ヲ分析スレハ徴兵令ニ依リ毎年ノ兵額ヲ定ムルハ如何法律ヲ以テ之ヲ定ムヘキ歟将タ軍法ニ止マルヘキ乎此憲法ニハ兵役ニ就クノ義務ハ法律ヲ以テ定ムトセラレタレトモ兵額ノ事ヲ載セサルヲ以テ本條第二項ノ趣意ニ基キ陛下ノ宸裁ニ出ヘキモノトス之ヲ各国ニ徴スルニ各国ニテハ毎年国会ノ議ヲ経法律ヲ以テ定ムルナリ毎年兵額ヲ法律ヲ以テ定ムト雖実際ニ於テハ或ハ五年或ハ七年ト定ムルナリ其毎年兵額ヲ議スルコトハ不都合ナレトモ或ハ歴史上ノ沿革ヨリ来由スルモノニシテ英国ニ於テハ平和ノ時ニ当リ国会ノ承認ナクシテハ寸兵モ養フヲ得スト云フコトアルヨリ蓋シ各国ノ挙テ英国ニ真似タルニ非ルナキ乎独逸ニテハ連邦ニナリタル以来向フ七カ年ヲ以テ一期トシテ其兵額ヲ定ムルコト、シタリ葡国ニテハ国会ニ於テ別段ノ動議ヲ以テ兵額ヲ動カシ定ムル場合ヲ除ク外別ニ変動ヲ生セサル時ハ前年通ニ定メ置クナリ蓋此二国〔＝ドイツ帝国及びポルトガル〕ハ共ニ変例ニ従フナリ而シテ本案取調ノ際ニ当リテハ各国ノ例ニ依ラス毎年徴兵ノ数ハ本條第二項ノ主義ニ基キ国会ノ議ヲ経タル徴兵令ニ依リ皇帝陛下ノ叡慮ヲ以テ之ヲメラル、ノ積ナリ又軍法ニナルモノハ徴兵令徴発令要塞圜図諸陸海軍刑法治罪法要塞ノ圜図内ニ於ル建築法等ノ如キハ帝国議会ノ承認ヲ要スル法律ヲ以テ之ヲ定ムヘシ而シテ第十二條ニ於テハ専ラ天皇ノ大権ニ属スル所ノ軍令又ハ軍制ノ事ヲ掲ケタルナリ第一項ハ天皇陛下ノ最高命令即チ陸海軍ノ大元帥トシテ之ヲ統率シ玉フノ大権ヲ云フ此第一項ハ各国其例ヲ同クセリ第二項ノ編制ニシテ師団旅団鎮台ノ事ハ編制ニ係ルナリ独逸ニテハ之ヲ法律ノ項ニ入レ国会ニ付スト雖独逸人種ノ内澳国ニテハ軍令ヲ以テ之ヲ定ムト云フ此憲法草案ニ依レハ編制ヨリ生スル兵額ノ事ハ至尊ノ叡慮ヲ以テ定ムルナリ是レ第二項ノ主旨トス其他軍事上ノ会計給与即チ陸軍大臣ノ主掌ニ属ス陸軍政治（ミリタリー、アトミニストレション）ナリ是ハ軍法ト異ナリ是ヲ国会ノ議ニ付セスト雖交戦ノ時ニ施行スル命令ト同シク内閣ニ於テ旨ヲ奉シテ施行スル所ナリ之ヲ要スルニ第十二条ニ示ス所ハ天皇ノ大権ニ直接ニ属スル所ノモノヲ包括スルノ意ナリ[95]」。

山縣の「詳細説明」の求めに応じて、確かに井上は、「詳細」な「説明」をしている。ただ、先行研究も指摘するように、これでは大山・山縣の指摘に対する直接の回答になってはいない[96]。「詳細説明」を求められただけだからのようにも思われるが、議会の干渉を受けない旨を丁寧に説明しただけで、肝心の論点――「勅令」か「勅裁」か――については、何ら明確な返答を示さず説明を終えている。枢密院第一審第二読会では、結局、大山が主張した「勅令」を「勅裁」に改めるべきとの修正意見が賛成多数を得た。こうして諮詢案第一二条第二項は、「陸海軍ノ編制ハ勅裁ヲ以テ之ヲ定ム」と修正された[97]。

ただ、この大山による修正意見は、事前に伊藤、井上らとのすり合わせがなされていたようである。大山が「勅令」を「勅裁」と修正せよと述べたのは、明治二一年六月二二日のことであった。それに先立つ六月一九日付の伊藤宛の書簡で、井上は次のように書いている。

「内務、司法大臣より軍隊の編制は勅令を以て定むとの一項に対し、勅令は普通の公文式にして軍令と性質を異にするに付き勅裁と改むべきとの意見に有之、明日陸軍大臣より提出候筈に有之由に候。右は差支無之事に相見え候[98]」。

大山巌の提議は、実は、山縣有朋、そして山田顕義（司法大臣）によって唱えられたものであったことがこの書簡から判明する。当時、両者ともに陸軍中将であった。彼らから出た「勅令」を「勅裁」と改めるべきとの意見に対して、差支えなしと井上は判断した。二二日に提起された大山からの修正要求と山縣からの説明要求に対して、井上は、核心に触れるような説明を全くしなかった。伊藤と井上は、陸海軍の実務に合わせるかたちで「勅裁」と修正することに、大きな抵抗を見せなかった。従来、井上は、「編制」は「勅令ヲ以テ之ヲ定ム」べしという編制の勅令主義へのこだわりを持っていた。しかし、枢密院審議に入り、井上は編制の勅令主義を頑なに守るということはしなかった。(99)

六　黒田内閣案と伊藤らによる修正――枢密院審議の終結――

以上、枢密院第一審会議における諮詢案第一二条の修正を検討した。大山巌によって提起された「勅令ノ令ノ字ヲ裁ト改メタシ」との修正意見は、山縣有朋と山田顕義とによって主導されたものであり、陸海軍編制の実際において「親裁」によるものもあるとの理由から示されたものであった。井上毅は、この修正意見に対して「差支無之事に相見え候」と伊藤博文に事前に書き送っており、事実、この修正意見は賛成多数で可決された。編制の勅令主義にこだわりを見せていた井上であったが、実務上「親裁」によるものもあるからとして示された修正意見に、それ以上の反論はしなかった。

さて、枢密院第一審会議で修正された第一二条を含め、枢密院の決議を経た憲法草案は、明治天皇へと差し出された。天皇は、内閣総理大臣・黒田清隆を呼び、内閣での検討を要望したという。内閣での審議の経過は明らかでないものの、枢密院第一審会議で修正された第一二条は、ここで更に修正されている。清水伸によれば、明治二一年末か、明治二二年一月初め頃までには、黒田内閣での修正案が完成している。(100)明治二二年一月一六日から、黒田内閣修正案を基にして枢密院第二審会議が始まるので、それ以前に作成された修正案であることは確かである。

以下、枢密院第一審会議諮詢案（再掲）と、そこで修正を受けて決議された案、そして黒田内閣での修正案とを並べて掲げておこう。

枢密院第一審会議諮詢案第一二条
天皇ハ陸海軍ヲ統帥ス
陸海軍ノ編制ハ勅令ヲ以テ之ヲ定ム

枢密院第一審会議（第二読会）決議案第一二条
天皇ハ陸海軍ヲ統帥ス
陸海軍ノ編制ハ勅裁ヲ以テ之ヲ定ム

（なお、第一審会議第三読会（明治二一年七月一三日）において、「勅裁」は「勅命」と改められた。両者は同義である。「勅裁」なる字句は他の諮詢案条文中でも見受けられるので、それと区別する為にも、「勅命」の字句を用いることとした。[101]）

黒田内閣修正案第一一条
天皇ハ陸海軍ヲ統帥ス

第一二条
天皇ハ陸海軍ノ編制ヲ定ム

黒田内閣修正案では、それまでの第一二条が二か条に分割された。それまでの第一項が第一一条となり、第二項が第一二条となった。黒田内閣修正案第一一条は何ら修正されていないが、同第一二条の方は、「天皇ハ陸海軍ノ編制ヲ定ム」とされている。先に見たように、枢密院第一審会議第二読会では、「勅令」か「勅裁」かという議論があった。しかし、黒田内閣修正案は、その時に争われた点を表面化させていない案文となっている。これが、

「勅令」か「勅裁」かという議論をそもそも生じさせない為に施された修正なのか、或いはただ単に大権を定める他の条文と形式を合わせただけのことであったのか等、黒田内閣での審議経過を明らかにし得ない以上、その理由を断定するのは難しい。

枢密院第二審会議は、明治二二年一月一六日から始まった。第二審会議では、即日、黒田内閣修正案の第一一条・第一二条がそのまま議決された[102]。

この時点では、第二審会議決議案第一二条は「天皇ハ陸海軍ノ編制ヲ定ム」とあるだけで、「常備兵額」の字句はない。「常備兵額」の字句が挿入されたのは、枢密院第二審会議後、伊藤博文を中心にして、井上毅、伊東巳代治、金子堅太郎が再び集まって第二審会議決議案を見直した時であった。場所は、伊藤の高輪別邸である。ここで、伊藤が「常備兵額」を第一二条に挿入するよう主張したこと、そしてそれは帷幄上奏によって決せられるべきことと述べていたという金子堅太郎の証言は、先に引用した。また、この金子の証言について、伊藤が「常備兵額」の字句を挿入するよう主張したのは、プロイセン憲法争議の如き事態を日本で起こさせない為になされたものと理解できるが、他方、帷幄上奏によって「常備兵額」を決するとも伊藤が述べたとの箇所はやや扱いを慎重にせねばならない旨も確認した。伊藤博文が「常備兵額」の字句を枢密院第二審会議決議案第一二条中に入れるべきだと考えた理由は、明治二二年一月二九日の枢密院第三審会議の席上、彼自身が簡潔に述べている。先にも引用したが、ここでもその伊藤発言を再掲しておこう。

「常備兵額ハ編制ノ中ニ包含セサルカ為メ之ヲ明記シテ後日ノ争議ヲ絶ツノ意ナリ現ニ英国ノ如キハ其ノ兵額ヲ毎年議スルノ例ナリ本邦ニ於テハ之ヲ天皇ノ大権ニ帰シテ国会ニ其ノ権ヲ与ヘサルノ意ナリ故ニ明ニ之ヲ本条ニ示ス[103]」。

この発言は、「常備兵額」は「編制」には含まれないものだとの前提から、「常備兵額」を議会の決するところにしてはならないというものであった。第一二条に「常備兵額」の字句を挿入したのは、プロイセン憲法争議の日本版を生じさせない為になされたものであったことが分かる。なお、稲田正次によれば、伊藤は、「常備兵額」の字句の挿入を主張した高輪別邸での会議（明治二二年一月二七日）の直前、次のような第一二条案を作成していたという。(104)

高輪会議直前の伊藤修正案第一二条

天皇ハ陸海軍ノ編制及常備兵数其他法律ヲ以テ定ムヘキ限リニアラサル事項ヲ定ム

「常備兵額」ではなく「常備兵数」とあるものの、伊藤が何を狙っていたのか、充分に理解できる。(105) すなわち、「陸海軍ノ編制」と「常備兵数」はもちろんのこと、「其他法律ヲ以テ定ムヘキ」とされていない事項についても、それらは天皇の大権によって決するものであって議会の議決を要するものではないという点を強調したのが、この伊藤案であった。かような第一二条案を作成する伊藤であったから、「常備兵額」の字句を挿入せよとの主張の意は、自ずから明らかであろう。こうして、第一二条案は「天皇ハ陸海軍ノ編制及常備兵額ヲ定ム」となった。(106) この案は、そのまま枢密院第三審会議に提出され、上掲の伊藤発言があった明治二二年一月二九日、可決された。

確定された枢密院議決案（明治憲法正文）を、最後に掲げておく。

第一一条
天皇ハ陸海軍ヲ統帥ス
第一二条
天皇ハ陸海軍ノ編制及常備兵額ヲ定ム

こうして、伊藤らは、明治二二年二月一一日を迎えた。

七　小　結

本章では、明治憲法第一一条・第一二条の制定過程を検討した。我々はその過程にて、例えば、編制を定める法令形式は勅令に限られるのかといった争点があったことを発見できる。ここで、本章で検討したものの大まかな流れをまとめておきたい。

まず、憲法制定作業の中心人物であった伊藤博文と井上毅は、それぞれシュタインらの講義や著作等に触れ、軍政と軍令との別を学び取った。また、滞欧憲法調査の過程で、伊藤は、プロイセン憲法争議に基づく忠告を受けて、対議会関係を考える要を感じ始めたと思われる。他方、国内に残っていた井上は、プロイセン憲法を翻訳した際、既に明治一五年に「統帥」の語を選んでいたにも係らず、憲法草案にはしばらくの間、「統帥」の語を用いなかった。これは恐らく、「統帥」の語の出自が関係していたのではあるまいか。日本では明治一四年から使用例のあった「統帥」の語は、当初、兵学上の技術的な用語として陸軍が案出したものであった。これをそのまま法令用語として憲法典に直輸入することに、井上は躊躇したのではないか。

伊藤を中心とした憲法起草作業が本格化すると、井上は、彼の作った甲案・乙案に代表されるように、編制は「勅令ヲ以テ之ヲ定ム」という、編制の――永井和の言葉を借りれば――「勅令主義」に立脚して草案作成の作業に当たった。また、ロエスレルの憲法草案や修正意見も適時参照を受けていた。

明治二〇年一〇月には、それまでの「統率」「統督」の語に代わって、「統帥」の語が初めて憲法草案の中で使われた（十月草案）。翌年二月の草案（二月草案）は、陸軍から提出された意見書を大幅に受け容れたかたちで作成されたものであったが、これに対して井上は、従来堅持していた編制の「勅令主義」に従って反論を加えている。陸軍側の主張の要点は、勅令と同等の法令形式として、新たに「軍令」というものを創出し、内閣総理大臣の副署を排するこの「軍令」によって編制事項も処理できるようにすべしということにあった。井上は、編制の「勅令主義」に立っている以上、かような陸軍案には承服できなかった。彼は、陸軍の意見書に対して、「憲法ノ精神」によっていないとして厳しく糾弾した。この対決は、一時的ではあったが、井上の勝利に終わった。明治二一年六月、枢密院に諮詢された憲法草案が「陸海軍ノ編制ハ勅令ヲ以テ之ヲ定ム」となっていたのは、井上の考えが反映されたからである。

しかし、陸軍側は黙っていなかった。枢密院が開院され、憲法審議が始まると、その第一審会議の席上、陸海軍の編制は「勅令」のみならず「親裁」によっても決せられているとして、「勅令」の字を、「勅裁」（＝「勅令」＋「親裁」）に改めるよう、大山巌（及び山縣有朋、山田顕義）が修正を要求した。これは、実務の現状——編制は陸軍省達（いわゆる「ラル達」）でも定められている——を追認せよとの要求であった。これは、井上が唱える編制の「勅令主義」を切り崩す。第一審会議では、この大山の要求が認められ、「陸海軍ノ編制ハ勅裁ヲ以テ之ヲ定ム」と修正され（第一審第二読会）、更に、「勅裁」の部分を同義の「勅命」とする案へと改められた（同第三読会）。これは、内閣と軍との関係から改められたものだといえる。(107)

第二審会議の開始に先立ち、天皇から憲法草案を検討するよう命じられた黒田内閣は、その修正案を作成した。黒田内閣案で示された編制条項では、興味深いことに、枢密院第一審会議における《勅令か勅裁か》との議論の痕跡が消去されたものであったといえる（「天皇ハ陸海軍ノ編制ヲ定ム」）。この黒田内閣修正案第一二条は、第二審会議で可決された。

第二審会議終了後の明治二二年一月二七日、伊藤博文は、「常備兵額」――当初の伊藤案では「常備兵数」――の字句を第一二条に挿入するよう井上毅らの前で主張した。伊藤のこの主張は、プロイセン憲法争議の如き事態を日本で生じさせない為に考えられたものであった。この修正によって、「常備兵額」を定めるのは天皇大権によるとされ、「法律」で定める必要はないということになる。伊藤が「常備兵額」の字句を挿入するよう主張した理由は、議会の議決を経る要のないものとして明確にしたかったからであった。ただしこれは、帷幄上奏によって決めることを積極的に是としたものとまでは解せられない。「常備兵額」は、内閣と軍との関係から挿入されたのではなく、政府と議会との関係から挿入された。こうして、明治憲法第一一条・第一二条が成立した。

ところで、明治二二年制定の内閣官制の制定を視野に入れながら、上述の《勅令か勅裁か》という問題を整理したのが永井和である。本章を閉じる前に、永井の論をなぞっておきたい(108)。

永井はまず、第一次伊藤博文内閣と黒田清隆内閣とでは、通常の行政に関する勅令（一般勅令）と軍事行政に関する勅令（軍事勅令）についての基本的な考え方が違っていたとしている。伊藤内閣では、帷幄上奏による軍事勅令の制定をできる限り制限し、軍事勅令と一般勅令との間に原則的に差を認めなかった。永井は、このような立場を、軍事勅令についても一般勅令と同じようにその制定に閣議の議決を要するという面を指して、軍事勅令の「閣議議決主義」と表現する。しかし、黒田清隆内閣では、参謀本部長のみならず陸海軍大臣も帷幄上奏を行うようになった。更に、伊藤内閣下では一般勅令と同じ手続きで制定されていた陸軍諸学校の組織を定める官制が、黒田内閣下では帷幄上奏によって制定されるようになった。これは帷幄上奏による軍事勅令の制定を積極的に容認するもので、永井によって「帷幄上奏勅令積極容認主義」と評されている[109]。

この黒田内閣下で積極的に認められた帷幄上奏による勅令は、「勅令の副署式をめぐってひとつのディレンマ」を生むという[110]。というのは、内閣職権第五条と公文式第三条は、法律や勅令に必ず総理大臣の副署をも要求していた。帷幄上奏によって勅令が定められるとなれば、総理大臣はその制定過程にまったく与らないにも係らず、公布時にのみ副署を求められることになる。これでは、責任の所在を明示する機能を持つ副署制度そのものに、疑義が生じてしまう。

この「ディレンマ」を解消するには、①伊藤内閣下での「閣議議決主義」に回帰するか、②帷幄上奏によって制定される「軍令」を認め、そこには総理大臣の副署を不要とするという「軍令主義」にまで進むか、の二つの道があった[111]。ただ、①は軍部の利害に抵触する為、その強い反対を受けるであろう。また、②は本章でも紹介した陸軍提出の意見書「帝国陸軍将来必要ト認ムル要件」に現れていたものだが、井上毅の強い反対にあっている。この時の井上の反論は、「軍機軍務ノ専陸軍部内ニノミ宣布スル者ヲ除クノ外ハ凡ソ軍事モ亦総テ国務ノ一部トシテ勅令ヲ以テ施行シ国務大臣（総理大臣又ハ陸軍大臣）之ニ副署シ其責ニ任スヘシ」という、いわば「勅令主義」に立つものであった。

繰り返しになるが、枢密院に提出された当初の憲法草案中の規定（「陸海軍ノ編制ハ勅令ヲ以テ之ヲ定ム」）は、明確に井上の「勅令主義」に依拠していた。しかし、枢密院での議論を経て、「勅令」は「勅裁」「勅命」となり、井上の「勅令主義」は後退した[112]。陸軍が憲法起草作業中に提起した「軍令」は用いられずにいるものの、帷幄上奏による勅令はいまだ認められていた。これが、憲法制定までの軍事勅令に関する実態であった。結局、勅令の「閣議議決主義」も、井上の「勅令主義」も、陸軍提案の「軍令主義」も、軍事勅令に関する実態を充分に正当化するには至らなかった。

これを正当化するために編み出されたのが、勅令の「主任大臣副署主義」であった。これは、「総理大臣が必ず副署をするという現行の方式〔＝内閣職権〕をやめ、各省大臣の主任の事務に関わるものについては、主任の大臣が単独または連帯して副署する方式に勅令の副署式を改めることによって、〈副署式のディレンマ〉を回避しようとする方法」であった。(113) 永井和は、次のように指摘する。

「この方法を採用すれば、軍事勅令は軍部大臣の副署のみで公布できるわけであり、軍部大臣といえども憲法のいう国務大臣の一人にほかならないから、勅令には必ず責任大臣の副署を要するという大臣責任制の原則はきちんと守られることになる。しかもいわゆる省部の権限区分を定めた内規により、軍令機関の帷幄上奏であっても、上奏前には必ず軍部大臣と協議をする定めになっているので、軍部大臣がまったく関与しないままに裁可がなされることはまずありえない。つまり、この場合の軍部大臣の副署は実を伴っているのである。反対に、その過程に関与しなかった総理大臣はもはや勅令に副署しないのだから、〈副署式のディレンマ〉の発生する余地はどこにもない。これが〈主任大臣副署主義〉の理屈であった。そして、論理的可能性からいえば、〈勅令主義〉を維持したまま、〈帷幄上奏勅令積極容認主義〉と憲法の大臣責任制を両立させる方法は、じつはこの副署式の改変以外には他に存在しない(114)」。

「主任大臣副署主義」によるならば、国務大臣の責任制度を定めた明治憲法にも反せず、且つ総理大臣の副署を要求されない軍事勅令（陸海軍大臣の副署のみ）が認められる。軍令機関の帷幄上奏によって定められる軍事勅令であっても、事前に陸海軍大臣は軍令機関側と協議をすることになっているので、陸海軍大臣の副署は、永井のいう通り、「実を伴っている」。

この「主任大臣副署主義」を実行するには、主任の大臣のみならず総理大臣の副署をも要求する規定（内閣職権第五条及び公文式第三条）を改正する必要があった。これが内閣官制制定（主任の大臣の副署のみで勅令を公布できる）への途を開いた[115]――というのが永井の議論である。もちろん永井自身も指摘するように、この問題だけが内閣官制制定への契機であった訳ではない。軍事勅令をめぐる問題だけが内閣官制制定への原因であったとするのは、「明らかに言い過ぎ[116]」である。ただ、この問題が契機の一つであったと主張することは、充分に筋の通ったものである。なお、内閣官制制定については、次章以降で触れたい。

永井の議論の説得性は、内閣官制制定への一つの契機が軍事勅令に関する問題であったとする視座、つまりはこの問題が大臣責任制度ともダイレクトに関係するものであったとの枠組みを提供した点にもあるように思われる。軍の事務を近代立憲国家における大臣責任制度とどのように絡めていけるのか、どの範囲までが《統帥権の独立》として大臣責任制度の範囲外であると設定するのか。このような立憲主義と軍隊との関係をめぐる本質的問題へと通ずる点が、永井の議論が持つ憲法論上の価値であろう。

本章の主題は、明治憲法第一一条・第一二条の制定過程を追うことにあった。統帥権の問題性を考えようとする時、それは第一一条のみならず、第一二条にも目を向けねばならない。むしろ、第一二条の方にこそ真の争点が存する時もある。それは、井上毅が編制の「勅令主義」にこだわり、陸軍が「軍令主義」を提起し、枢密院会議では「勅裁」の字句への修正動議があったというように、憲法制定史上の一大争点が、第一二条をめぐってのものであったことからも窺える。ロンドン海軍軍縮条約（昭和五年）当時の争点も、同じであった。ロンドン海軍軍縮条約にまつわる憲法解釈問題の中心は、第一二条にいう「編制及常備兵額」を決するという天皇大権を輔弼・輔翼するのは一体誰なのかという点にあった。憲法運用史上の一大争点もまた、第一二条をめぐってのものであった。

もし、井上毅の「勅令主義」に立ち、第一二条が「陸海軍ノ編制ハ勅令ヲ以テ之ヲ定ム」という規定になっていたとするならば、内閣職権及び公文式によって、総理大臣の関与が確実に認められることになったであろう（とはいえ、問題は明治二二年からやや複雑化する。内閣職権は内閣官制へと改正され、公文式もそれに伴って修正されるからである）。しかし現実には、枢密院第一審会議において、「勅令」の字が「勅裁」と修正された。更には、黒田内閣修正案では「天皇ハ陸海軍ノ編制ヲ定ム」として、枢密院第一審会議での修正の痕跡を全く消し去ってしまった。「編制」のことは、国務大臣の副署を要する勅令によってのみ定められ得るのか、それとも「ラル達」のように親裁によって定めることも可能なのか。この問題は、憲法の条文それ自体だけでなく、前章で検討した陸軍省官制・参謀本部条例を抱き込むかたちで議論しなければならないものとなる。

統帥大権に関する解釈は、少なくとも伊藤や井上、そして山縣のような施政者らにとって、大きな問題はない。彼らは、軍政と軍令との別に触れ、統帥大権については大臣輔弼・副署を不要であると解し、それは国務大臣ではなく軍令機関が輔翼するものとするであろう。では、編制大権はどうか。伊藤や井上といった憲法制定過程を知っている者たちが政治の第一線にいる間は、大きな混乱もなく済む。彼らは、《勅令か勅裁か》という枢密院での議論も知っている。しかし、政治の第一線に立つ人々が代わり、政党が徐々に勢力を増す等して、環境が変化した時、どうなるか。

また、憲法学では、そのような変化が受け止められつつ統帥権理論が構築されていく。例えばその中では、第一一条と第一二条とを理論的に完全に分断し、後者を特に国務大臣輔弼によるものとして軍令機関の関与を何ら根拠のないものとする議論が出てくることもあろう。しかし、そのようにして軍政と軍令とを完全に裁断し、それぞれの領域の輔弼・輔翼機関を完全に分断し、一方が専決できるとしたならば、「国務」と「統帥」との分立構造はどうなるか。場合によっては両者の対立や抗争を招くこともあろう。

対立・抗争が危ぶまれる中では、例えば、編制大権は統帥大権と密接な関係を有するとして――混合的性質を有するものだとして――、国務大臣と参謀総長・海軍軍令部長との意見の一致を求めるという、軟着陸を目指す人物も出てくるであろう。しかし、その場合、国務大臣の責任はどのように論じられるのか。第一二条に関して、国務大臣の輔弼による責任を、何らかのかたちで曖昧化してしまうのではないか。また例えば、編制大権のみならず統帥大権すらも国務大臣の輔弼を要すると解することで、「国務」と「統帥」との分裂を避けようと試みる者も出てくるであろう。その時はしかし、軍部からの挑戦を真正面から受け止める覚悟が必要である。

統帥権理論を取り上げる前に、もう一つ検討すべきものがある。それは、明治憲法における国務大臣の責任制度についてである。明治憲法の大臣責任制度のあり方は、内閣による軍の統制は可能なのかとの問題と関係している。例えば、総理大臣は直接に、或いは閣議の場で、「編制及常備兵額」に関する何らかの実体的な関与が可能なのだろうか。大臣責任制度の設計如何では、「国務」内での分立をも招く。確固とした統一的な内閣が形成されないのであれば、「国務」内での分立は加速する。そのような内閣では、軍の統制という大問題に対処する機会を、容易には得られないであろう。次章では、明治憲法における大臣責任制度の形成過程を追いたい。

註

（1）筒井若水・佐藤幸治・坂野潤治・長尾龍一編『日本憲法史』（東京大学出版会・昭和五一年）、一〇一頁。

（2）多田好問編『岩倉公実記』下巻（原書房・昭和四三年）、七一七～七一八頁。

（3）同上、七二〇頁。

（4）この点、大江志乃夫は、明治一一年の参謀本部条例の制定等が後年の明治憲法制定論議に対する「牽制としての意味」を持っていたという（大江『日本の参謀本部』（中央公論新社・昭和六〇年）、三一〜三四頁）。すなわち、大江は、「牽制」の一例として、一八七一（明治四）年のドイツ帝国憲法第六三条第一項「帝国の全陸軍は、統一的な軍隊を形成する。この軍隊は、戦時及び平時において、皇帝の命令に服する」（高田敏・初宿正典編訳『ドイツ憲法集』第七版（信山社・平成二八年）、一〇七頁）と、明治一二年の陸軍職制第一条「帝国日本ノ陸軍ハ一ニ天皇陛下ニ直隷ス」（前掲『法規分類大全』兵制門・陸海軍官制一・陸軍一、二八六頁以下）とを並べ、恐らくは両者の近似性を理由として、陸軍職制に対し、「憲法で定めるべき条文を陸軍部内を律する法令に先取りした」ものであったとする（前掲大江『日本の参謀本部』、三三頁）。もちろん、明治一二年制定の陸軍職制に現れている《天皇に直隷する軍隊》像が、憲法制定論議に影響を与えなかったとは思われない。しかし、明治一一年の参謀本部設置過程から考えてみれば、当時の切実なる事情として、例えば藤田嗣雄の指摘する「政治的理由」（軍隊を非政治化・中立化しなくてはならない）等があったのであり（前章参照）、憲法制定論議への「牽制」の意味を持ったという見立ては、なお他の観点からも再吟味されるべきもののように思われる。

（5）井上毅伝記編纂委員会編『井上毅伝 史料篇』第一巻（国学院大学図書館・昭和四一年）、二三五頁。

（6）同上。

（7）岩倉「大綱領」では、憲法制定作業につき、大略、次のような提案がなされていた。第一に、憲法制定について何を定めるかについては「議論百出」になる恐れもある。それ故に憲法の「大綱領数箇条」を先に決し、「宸筆ヲ以テ」大臣に下付することで、「憲法起草ノ標準」を指示すべきである。第二に、「憲法起草手続」としては、①「公然ト憲法調査委員」を設ける方法、②「宮中ニ中書局又ハ内記局」を置き、大臣一人をその「総裁」とし、「内密ニ憲法ヲ起草シ成案ノ上内閣ノ議ニ附」する方法、③「大臣参議三四人内密ニ」起草し、「成案ノ上内閣ノ議ニ附」する方法という三案がある。第三に、憲法起草は「国家ノ大要件」であるので、必ず「内閣一致」がなくてはならない、と（前掲多田編『岩倉公実記』下巻、七一六〜七一七頁）。

（8）伊藤の滞欧憲法調査全体については、瀧井一博『ドイツ国家学と明治国制』（ミネルヴァ書房・平成一一年）、第五章を参照。

（9）春畝公追頌会『伊藤博文伝』中巻（春畝公追頌会・昭和一五年）、二四五頁以下。ただ、当初、伊藤による憲法調査に対しては政府要職者の間で懐疑的・消極的な意見が多かったこと、しかし井上馨が伊藤の渡欧を自己の渡米の布石として推し進め、且つ当時神経症的状況にあった伊藤の静養目的として考えられていたこと（そして井上馨による周囲への説得の力点は、むしろこの静養目的の方に置かれていたとも考えられること）を論じるものとして、前掲瀧井『ドイツ国家学と明治国制』、一七一〜一七二頁。

(10) 前掲瀧井『ドイツ国家学と明治国制』、一七四頁。

(11) 同上、一七五〜一七六頁。

(12) 前掲『伊藤博文伝』中巻、二九七頁。

(13) 伊東巳代治筆記「莫設氏講義筆記」清水伸『明治憲法制定史』上巻（原書房・昭和四六年）、四六三頁。

(14) Ernst Rudolf Huber, Dokumente zur deutschen Verfassungsgeschichte, Bd. 1, 1961, S. 405.

(15) なお、モッセが明治憲法制定後に行った講義の記録として、モッセ講述、花房直三郎通訳『大日本憲法講義』（信山社・平成七年〔復刻版。なお本書「凡例」（三浦裕史）によれば、原本の刊行経緯等は不明という〕）が残っている。『大日本憲法講義』にあるモッセの明治憲法第一一条・第一二条の説明は、次のようなものであった。

「サテ天皇が陸海軍を統帥なされる位地といふものは、国法上に是丈の価値が御坐ります、即ち天皇が軍隊の最高首長として命令を御発しになることがあれば、其命令は軍隊の最高首長の命令として別段国務大臣の副署を要しませぬ若し軍事に付ても猶天皇の命令に副署を要するといふことになると、斯う云ふ不都合な場合が生します、即ち今現に敵に対して戦争をする最中に、天皇が陸海軍ヲ統帥なさる所の位地を持て御在になる所から、戦地に臨で戦争をして御在になると云ふ場合、サウ云ふ場合に於ける天皇の命令も、ヤハリ軍務大臣の副署を待て発するといふことになると、戦争は出来ませぬ、サウ云ふ訳のもので御坐りまするから、即ち其命令には副署を要せぬので御坐ります」（同上、三九三〜三九四頁）。ここから分かるように、統帥権が何故に国務大臣の副署を要さぬかというのは、モッセの説明では、戦場での迅速な対応を害し、時宜に適した行動を軍隊に命令できなくなるのを避ける為ということになる。

また、軍政と軍令との別については、次のように説明されている。「ソコデ又国法上極めて大切で御坐りまするこトハ、即ち軍隊の指揮に関する命令といふことゝ、軍事行政上の命令との間に区別を付けることで御坐ります軍隊の指揮に係る命令で御坐りますれば、天皇ハ軍務大臣に御諮詢なさることハ固より出来まするが、シカシ必ずしも御諮詢なさらねばならぬといふこともなく、輔弼をお待ちなさることもなく随て又其副署を御待なさらねばならぬといふことは決して無いので御坐ります、此の命令の場合に於て天皇か御用ひなされる所の機関は、通常、参謀部で御坐ります、故に此の命令は、閣議に掛かる様なものでないといふことも自ら明かで御坐ります已に閣議に掛らぬ程のもので御坐りまするから、無論議会の議に上るべき性質の無いことハ、更めて申すまでも無いことで御坐ります右は、軍隊の指揮に渉る所の命令で御坐りますが、之に反して軍事行政に渉る命令は又大に其趣が違ひます軍事行政に渉る仕事といふものハ、是れハ皆軍務大臣の副署を要することで御坐ります、随て一般の行政事務にして議会の議を経ねばならぬ丈は、軍事行政事務と雖もヤハリ同く議会の議を経ぬければなりませぬソコデ、軍事の指揮に渉る所の命令と、軍事行政に渉る所の命令との区別、其区別の大切なることは、只今申ました所に依つて明かで御坐りませう、然るに此二ツの間に、ハツキリした分界が附き兼るから、其れが甚だ困つたもので御坐ります先つ一般に広く其の区別を申して見ますると、軍事の指揮に渉る所の命令と云へば、直接に兵の働きに関係する所の命令といふことで御坐ります、即ち其第一にハ軍隊なり軍艦なりの運動に関すること、次にハ軍器使用法、次にハ人員の用ひ方、次にハ出師事務の命令只今申しました諸項ハ、皆軍隊の指揮に渉る命令で御坐りまするが、之に反して軍事行政の命令は、軍隊の人なり、者なりの需用を充たすに関係する所の仕事で御坐ります、例へば軍隊に武器を支給すること、次にハ軍隊に糧食を支給すること、次にハ被服を支給すること大体申ますると此の如きもので御坐りまするが、シカシ何分にもハツキリと両方の間に区別を附けるといふことは、其国々に依つて別に之を定めませぬければ、外に定め方は御坐りませぬ、独逸におきましては、千八百六十一年一月十八日の勅令に委しく其の区別か出て居ります」（同上、三九四〜三九七頁）。

（16）伊東巳代治筆記「大博士斯丁氏講義筆記」前掲清水『明治憲法制定史』上巻、三七七〜三七八頁。

（17）同上、四二五〜四二六頁。

（18）「グナイスト氏談話」『西哲夢物語』明治文化研究会編『明治文化全集』第四巻・憲政篇（日本評論社・平成四年（復刻版））所収、四三二頁。この「グナイスト氏談話」は、伊藤一行ではなく伏見宮貞愛親王一行に対する談話筆記であるが、「伊藤を前にしてなされたものと大きなちがいはなかったはずである」とされる（堅田剛『独逸学協会と明治法制』（木鐸社・平成一一年）、二六〇頁）。この点は、松方正義宛の伊藤書簡中にある記述、すなわち、グナイストが「縦令国会を設立するも兵権、会計権等に喙を容させる様にては、忽ち禍乱の媒囮たるに不過、最初は其微弱の者を作るを上策とす」と伊藤らにアドバイスをしていたという記述からも窺える（前掲『伊藤博文伝』中巻、二七一頁）。なお、明治文化研究会及び『西哲夢物語』については、堅田剛『明治文化研究会と明治憲法』（御茶の水書房・平成二〇年）の特に第七章及び第八章。

(19) 伊藤は、松方正義宛の書簡において、ベルリンにてドイツ皇帝ヴィルヘルム一世との陪食を許された際の会話を記している。それによれば、ヴィルヘルム一世は伊藤に対して、「汝は国憲等の取調を為すと聞ゆる、然るに朕は日本天子の為めに、国会の開かるゝを賀せず」、「日本の形勢不得止して国会を開くに至らば、能く注意し、国法を定め、而して縦令如何様の事あるも国費を徴収するに、国会の諾否を不得は不出来様の下策に出る勿れ、若し其権を国会に譲れば、内乱の基と知るべし」と述べたという。前掲『伊藤博文伝』中巻、三一四頁。

(20) Ernst Rudolf Huber, Dokumente zur deutschen Verfassungsgeschichte, Bd. 2, 1964, S. 88f.

(21) プロイセン憲法争議については、差し当たり、山田晟『ドイツ近代憲法史』（東京大学出版会・昭和三八年）、三五～三六頁、小林孝輔『ドイツ憲法小史』改題新版（学陽書房・昭和六〇年）、一四七～一五一頁、石田光義『ドイツ立憲主義と議院の自律権』（成文堂・昭和六一年）、一八一～一九〇頁を参照。

(22) Huber, a. a. O., Heer und Staat in der deutschen Geschichte, S. 206.

(23) Ebenda, S. 199.

(24) 金子堅太郎『憲法制定と欧米人の評論』（日本青年館・昭和一三年）、一五九～一六〇頁。

(25) この「方針」について、伊藤孝夫は、「金子の虚構と断定してよい」とする。すなわち、「金子の書物〔『憲法制定と欧米人の評論』〕は天皇機関説問題発生後、文部省の講習会で行われた講演を契機として著されたものであるが、金子はロンドン海軍軍縮条約問題の紛糾当時、兵力量決定は統帥部の帷幄上奏事項であるという見解の強硬な主張者となり〔……〕、枢密院審査委員会で浜口内閣を糾弾する急先鋒となった。ここではその見解を当時の伊藤に勝手に仮託しているに過ぎない」からだ、と（前掲伊藤『大正デモクラシー期の法と社会』、二四二頁）。

(26) 国立公文書館蔵『枢密院会議議事録』第三巻（東京大学出版会・昭和五九年）、四〇～四一頁。なお、前掲金子『憲法制定と欧米人の評論』に残っている伊藤発言は、『枢密院会議議事録』と多少字句の異同があるのに加え、伊藤がプロイセン憲法争議のことにもここで言及したようになっている。すなわち金子は、「常備兵額は編制の中に包含せざるが為に、本條に明記して後日の争議を絶つの意なり。現に英国の如きは常備兵額を毎年議院に提出して議定するの例なり。又普魯西の如きも英国の先例に倣ひて憲法を制定したれば、千八百六十二年議会が常備兵額を削除したるが為に大に苦みたることあり。日本に於ては古来兵馬の権は天皇の大権に属するものなれば、之を議院に附与すべきものにあらず、依てこゝに本條に常備兵額を明記する所以なり」と伊藤が枢密院の席上で発言したと記している（前掲金子『憲法制定と欧米人の評論』、一六一～一六二頁）。

(27)『憲法義解』によれば、「憲法上ノ大権ニ基ツケル既定ノ歳出」とは、「第一章に掲げたる天皇の大権に依れる支出、即ち行政各部の官制・陸海軍の編制に要する費用・文武官の俸給並に外国条約に依れる費用にして、憲法施行の前と施行の後とを論ぜず、予算提議の前に既に定まれる経常費額を成す者を謂ふ」。伊藤博文著、宮沢俊義校訂『憲法義解』（岩波書店・昭和一五年）、一一二頁。

(28) 国学院大学日本文化研究所編『近代日本法制史料集 スタイン答議』第一八巻（国学院大学・平成九年）、五一頁によれば、井上所蔵のシュタイン著、木下周一・山脇玄訳『兵制学』第二巻（独逸学協会・明治一五年）の表紙には、「十五年十月閲梧陰」との朱書き（井上自筆）があるという。ただ、本書で以下引用した箇所は同『兵制学』第一巻（独逸学協会・明治一五年）からである。しかし、第一巻も第二巻も同じように井上自身による朱書き傍点等が認められる等、読書の痕跡が見受けられる。読了時点の確定は困難だが（『兵制学』第一巻の表紙等には「閲」のサインがない）、ここでは、同書第二巻と同時期に読まれたものとしておきたい。

(29) 前掲シュタイン著『兵制学』第一巻（前掲国学院大学日本文化研究所編『近代日本法制史料集 スタイン答議』第一八巻、所収）、八～九頁。シュタイン原著での該当箇所は、Stein, a. a. O., Die Lehre vom Heerwesen, S. 12f. なお、この原著に附されている副題（Als Theil der Staatswissenschaft）が示しているように、《兵制学》（Die Lehre vom Heerwesen）は国家学を構成する重要な一要素として位置付けられていた。シュタインの言葉を借りれば、兵制学を欠いた国家学は不完全なものであり、国家学を欠いた兵制学も、無原則なものに過ぎない（S. 3）。シュタインにとって、兵制学は、国家学中の不可欠な一大テーマであった。

(30) 井上毅伝記編纂委員会編『井上毅伝 史料篇』第三巻（国学院大学図書館・昭和四四年）、四二二頁以下。

(31) 同上、五〇四頁以下。

(32) 同書は版を重ね、その第四版では、"Generalstab des japanischen Heeres"という項目が登場した。そこでは例えば、以下のような諸点が記されている。すなわち、日本では（im Reiche des Mikado）、当初、ドイツ人士官ではなくフランス人士官が教育に当たっていた。しかし、日本陸軍の士官に対する専門教育は、メッケルに代表されるプロイセン参謀本部の人間によって担われるようになった。陸軍参謀総長は、ドイツと同じく、大元帥に直隷しており、陸軍大臣及び教育総監（Generalinspekteur des Erziehungs und Bildungswesens）も同様である。また、師団長は、行政事務については陸相の下にあるが、部隊教育については天皇（Mikado）へ直接に報告できる立場にある、といったことである。Bronsart von Schellendorff, Der Dienst des Generalstabes, 4 Aufl. 1905, S. 103.

(33) B. v. Schellendorff, Der Dienst des Generalstabes, 3 Aufl. 1893, S. 25f.

(34) 「統帥」の語について、①兵学用語としての使用法、②軍人勅諭中に見られる「統率」と同義の使用法、③軍制用語・法制用語としての使用法が軍内で存したことを検討するものとして、前原透「『統帥権独立』理論の軍内での発展過程」『軍事史学』二三巻三号（昭和六三年）、一九～二五頁。この分別された用語法を考慮すれば、『独逸参謀要務』に出てくる「統帥」は①の使用法であった。それに対して、明治憲法に出てくる「統帥」は、②と③を併せ持つ使用法となろう。

(35) 稲田正次『明治憲法成立史』下巻（有斐閣・昭和三七年）、二一頁。

(36) 伊藤博文関係文書研究会編『伊藤博文関係文書』第一巻（塙書房・昭和四八年）、三六三頁。

(37) 前掲稲田『明治憲法成立史』下巻、四頁。なお、以下の井上によるシュルツェ学説の受容過程は、稲田正次『明治憲法成立史』上巻（有斐閣・昭和三五年）、五三七頁以下によった。

(38) シユールチエ著、木下周一訳『国権論』第一号（独逸学協会・明治一五年）の「緒言」には、「独逸ノ学者其尤モ我党ノ心ヲ得ル者ヲ『シユールチエ』氏トス」（五頁）とある。この「緒言」には「訳者（木下周一）誌」とあるも、稲田曰く、井上遺稿に存する「主権論序」が全く同内容であることから、この「緒言」は井上の手になるとされる（前掲稲田『明治憲法成立史』上巻、五三七頁）。

(39) Hermann Schulze, Das Preussische Staatsrecht, Bd. 1, 1872, S. 159. シユールチエ著、木下周一訳『国権論』第三号（独逸学協会・明治一五年）、一一頁。なお、同書にも兵権に関する記述がある。すなわち、「兵権及ヒ外国事務ニ関シテハ立憲君主国ノ国権其憲法域内ニ在テ君主ノ意ニ任スルニ極メテ自由ナル余地ヲ以テス軍兵ハ国ノ力ニシテ専ラ服従ヲ主義トシ国王ノ外之カ首領タル者ナシ国王ハ平時及ヒ戦時ニ於テ軍兵ノ大元帥タリ唯タ軍政施行ノ文書ニ於テハ軍政大臣其責ニ任シ其対署ヲ要スルノミ而シテ軍政大臣ハ軍令ニ預カルコトナシ」（前掲シュールチエ著『国権論』第三号、一五頁及び Schulze, a. a. O., Das Preussische Staatsrecht, Bd. 1. S. 161.）。軍政の施行については「軍政大臣」の副署を要し、しかし軍令についてはそうではないとするシュルツェのプロイセン憲法の解説は、伊藤博文がベルリンにて受けたモッセ講義の当該部分と同趣旨である。

（40）　ルースレル著、三浦良春・青山大太郎共訳『国権論』附録第二（独逸学協会・明治一五年）、七頁以下（国学院大学日本文化研究所編『近代日本法制史料集　ロエスレル答議七』第七巻（国学院大学・昭和五九年）、四七頁以下）。前掲稲田『明治憲法成立史』上巻、五四二頁以下。

（41）　前掲稲田『明治憲法成立史』上巻、五四四頁。当時のロエスレルは、憲法起草作業に当たる伊藤や井上にとって最良の法制アドバイザーであった。ロエスレルの伝記をまとめたアンナ・バルテルス・イシカワの表現を参考にするならば、ロエスレルは起草作業者らも含めた明治の政治家らの助言者（Ratgeber）であり、依頼人（Auftraggeber）の意向や欲するものを汲み取りながら、西欧法制の知識を生かしてアドバイスを続けた。Vgl. Anna Bartels-Ishikawa (Hrsg.), Hermann Roesler: Dokumente zu seinem Leben und Werk, 2007, S. 79. また、日本における戦前からのロエスレル研究の系譜を示すものとして、堅田剛「ヘルマン・ロェスラーと明治憲法」『独協法学』七八号（平成二一年）。

（42）　この点で興味深いのは、早くも明治一五年の段階で、井上が③の立場での憲法試案を作成していたことである（前掲稲田『明治憲法成立史』上巻、五四四頁以下）。それによれば、「天皇ハ大政ヲ総攬シ而シテ此ノ憲法ニ循由シテ之ヲ施行ス」（第一八条）というバイエルン憲法に倣った国権の総攬規定を置く一方で、「法律ヲ公布シ及法律ヲ施行スル為ニ必要ナル命令ヲ下付シ文武官属ヲ制置シ文武官ヲ任シ勲位貴号ヲ叙授シ陸海軍ヲ統率シ貨幣ヲ発行スルコトハ総テ天皇ノ大権ニ由ル」（第一九条）、「戦ヲ宣シ和ヲ約シ及外国ト条約ヲ結フコトハ総テ天皇ノ総攬スル所ニ由リ成約ノ後其密約ニ係ル者ヲ除ク外内閣ヨリ両議院ニ報告シ及式ニ依リ公布スベシ但国財ヲ費シ国疆ヲ変スルノ条約ハ両議院ノ承認ヲ経ベシ」（第二〇条）、「両議院ヲ召集シ及開閉シ及既ニ開キタル議会ヲ中止シ及一議院ヲ解散シ又ハ両議院ヲ同時ニ解散スルコトハ総テ天皇ノ詔命ニ由ル」（第二一条）といったように、第一九条から第二一条まで、天皇の大権を列挙した案となっていた。

（43）　前掲稲田『明治憲法成立史』下巻、三頁。稲田によれば、伊東巳代治文書中の井上上諭案には井上以外の手になる修正が加えられている。稲田が「井上自身の案とみられるもののみを示」しているので、ここでは稲田『明治憲法成立史』から引用した。
(44)　参照、本章註(42)。
(45)　国学院大学日本文化研究所編『近代日本法制史料集　ロエスレル答議二』第一巻(国学院大学・昭和五四年)、三三頁以下、前掲稲田『明治憲法成立史』下巻、五頁以下。
(46)　伊藤博文文書研究会監修『伊藤博文文書　秘書類纂　憲法六』第七七巻(ゆまに書房・平成二四年)、一七一頁以下、伊藤博文編『秘書類纂　憲法資料』中巻(原書房・昭和四五年)、一頁以下、前掲稲田『明治憲法成立史』下巻、四二頁以下。
(47)　前掲稲田『明治憲法成立史』下巻、四八頁。
(48)　以下、甲案については伊藤博文文書研究会監修『伊藤博文文書　秘書類纂　憲法四』第七五巻(ゆまに書房・平成二四年)、七頁以下から、乙案については伊藤博文文書研究会監修『伊藤博文文書　秘書類纂　憲法五』第七六巻(ゆまに書房・平成二四年)、七頁以下からそれぞれ引用した。なお参照、伊藤博文編『秘書類纂　憲法資料』上巻(原書房・昭和四五年)、三〇六頁以下及び五一一頁以下。甲案・乙案の伊藤博文への提出時期について等は、前掲稲田『明治憲法成立史』下巻、六五頁以下。
(49)　国立国会図書館憲政資料室蔵『伊東巳代治関係文書』、「二　ロエスレル氏起草日本帝国憲法草案」及び前掲稲田『明治憲法成立史』下巻、一〇四頁以下及び「日本憲法原規」『西哲夢物語』前掲『明治文化全集』第四巻・憲政篇、四九〇頁以下。なお、この日本評論社・平成四年復刻の『明治文化全集』では、ロエスレル草案末尾の「指揮命令ヲナス」が「為ス」となっており、更に読点が附されている。ここでは、『伊東巳代治関係文書』及び稲田『明治憲法成立史』下巻の表記によった。
(50)　前掲稲田『明治憲法成立史』下巻、一一八頁。
(51)　前掲伊藤博文文書研究会監修『伊藤博文文書　秘書類纂　憲法六』第七七巻、二二五～二二六頁、前掲伊藤編『秘書類纂　憲法資料』上巻、六五五頁、前掲稲田『明治憲法成立史』下巻、一三二頁以下。
(52)　以上参照してきた井上毅の甲案・乙案については、憲法発布二〇周年を記念しての講演を基にした有賀長雄「帝国憲法に於ける余の実験」早稲田大学編輯部編纂『憲法紀念早稲田講演』(早稲田大学出版部・明治四二年)で、次のように述べられている。すなわち、「今日の時事新報を見ると憲法の草案は主として伊藤〔博文〕公から井上〔毅〕子爵に托されて出来たと云ふ風に書いてあります、それは事実であります、それは事実でありますけれども、私共が聞及んで居る所ではそれ計りではない、少なくとも甲案乙案と二案がありまして、それを比較して討論されたのであります、其甲案なるものは井上子爵でありませうが、乙案なるものは他の人が書いたに相違ない」、と（同上、三九～四〇頁）。

(53)　前掲稲田『明治憲法成立史』下巻、一九七頁。
(54)　前掲『伊東巳代治関係文書』、「八 欠題（夏島憲法草案）」。
(55)　前掲稲田『明治憲法成立史』下巻、二四七～二四八頁。
(56)　前掲『伊東巳代治関係文書』、「七 憲法草案修正意見」。なお、井上毅もロエスレルと同様に、明治二〇年八月の夏島草案に対して逐条意見をしたためている。しかし、夏島草案第一五条に対するコメントはない。
(57)　前掲稲田『明治憲法成立史』下巻、二六八頁以下。
(58)　前掲『伊東巳代治関係文書』、「九 夏島草案（一〇月草案）」。
(59)　前掲稲田『明治憲法成立史』下巻、三二一頁以下。
(60)　同上、三二一～三二二頁。
(61)　前掲『伊東巳代治関係文書』、「九 夏島草案（一〇月草案）」。
(62)　前掲稲田『明治憲法成立史』下巻、三三〇頁。
(63)　前掲『伊東巳代治関係文書』、「一一 欠題（二月草案）」。
(64)　前掲稲田『明治憲法成立史』下巻、三四〇頁。
(65)　前掲伊藤博文文書研究会監修『伊藤博文文書 秘書類纂 兵政一』第九五巻、八九頁以下、前掲伊藤編『秘書類纂 兵制関係資料』、一一九頁以下。
(66)　前掲稲田『明治憲法成立史』下巻、三八五頁。なお、前掲永井『近代日本の軍部と政治』再版では、明治二〇年六月から明治二一年三月までの間、特に明治二一年に入ってから作成された意見書であると推定されている（三五三頁）。
(67)　前掲広瀬監修・編集『参謀本部歴史草案』第七巻、四八七頁。明治二一年一月二六日付で、小澤武雄に対し、「憲法制定ニ付陸軍ニ係ル事項取調委員被仰付」とある。
(68)　前掲伊藤博文文書研究会監修『伊藤博文文書 秘書類纂 兵政一』第九五巻、八九～九一頁、前掲伊藤編『秘書類纂 兵制関係資料』、一二九～一三〇頁。

(69) 同上、九五～九六頁。

(70) 同上、九八頁以下。

(71) 同上、一〇三頁以下。

(72) 同上、一〇七頁以下。

(73) 前掲永井『近代日本の軍部と政治』再版、三五四頁。

(74) 同上、三五四～三五五頁。

(75) 井上毅伝記編纂委員会編『井上毅伝 史料篇』第二巻（国学院大学図書館・昭和四三年）、一九頁以下、前掲伊藤博文文書研究会監修『伊藤博文文書 秘書類纂 兵政一』第九五巻、一五三頁以下、前掲伊藤編『秘書類纂 兵制関係資料』、五二頁以下。

(76) 以上、前掲『井上毅伝 史料篇』第二巻、一九頁。

(77) 同上、二〇～二一頁。

(78) 同上、二一頁。

(79) 同上、二一頁。

(80) 同上、二一～二二頁。

(81) 同上、二二頁。

(82) 同上。この勅令については、本書七二～七四頁。

(83) ただし、陸軍大臣による副署を備えているとはいえ、その副署を見えないかたちとすること――「秘密副署」――が同勅令中で認められていた点には注意を要する。「秘密副署」の問題を論じ、この一八六一年一月一八日の勅令によって区別された副署の有無・種類だけでは軍政と軍令との別を確定できないとするものとして、三浦裕史「解題」前掲藤田『明治軍制』、四三五～四三七頁。また、この勅令について、大臣責任や権限に対する何らかの制限が企図された勅令ではなく、副署の要否の区別のみを示したもので、しかもそれは理論的な区別ではなく、全くの実践的考慮から示されたものであった旨を指摘するものとして、Marschall, a. a. O., Verantwortlichkeit und Gegenzeichnung bei Anordnungen des Obersten Kriegsherrn, S. 69f.

(84) 前掲永井『近代日本の軍部と政治』再版、三五二頁以下、三六六頁以下。また、前掲伊藤『大正デモクラシー期の法と社会』、二四二頁。
(85) 前掲『伊東巳代治関係文書』、「一三 欠題（憲法説明稿本）」、前掲稲田『明治憲法成立史』下巻、三九五頁以下。
(86) 前掲稲田『明治憲法成立史』下巻、三九七頁。
(87) 前掲『井上毅伝 史料篇』第二巻、二一二頁の「編者曰」以下と、参考に挙げられている「ロスレル氏質議」（同上、二一一〜二一三頁）を参照。「編者」は、井上の意見書を、「明治二十一年四月中」起草のものとしている。
(88) 明治二一年六月一七日付の伊藤宛伊東巳代治書簡には、「別冊ロイスレル意見書出来いたし居候に付幸便に任せ差上候」とある。また、このロエスレル意見書を枢密院審議参加者らに配布したらどうかとの意見があったが、秘密保持の観点から、各自で携帯するのではなく、枢密院中で保管し、参加者の求めに応じて閲覧に供するシステムとしたと書かれている（伊藤博文関係文書研究会編『伊藤博文関係文書』第二巻（塙書房・昭和四九年）、五三頁）。前掲稲田『明治憲法成立史』下巻、五六八頁。
(89) 前掲『伊東巳代治関係文書』、「一六 憲法草案意見概要」。
(90) Huber, a. a. O., Dokumente zur deutschen Verfassungsgeschichte, Bd. 2, S. 302f.
(91) 前掲『伊東巳代治関係文書』、「一四 憲法説明」、清水伸『明治憲法制定史』下巻（原書房・昭和四八年）、五〇八〜五一二頁。
(92) 国立公文書館蔵『枢密院会議議事録』第一巻（東京大学出版会・昭和五九年）、二〇二頁。
(93) この大山発言中にある「親裁」によって定まっているものの具体的中身として、明治二〇年二月制定の平時戦時歩兵一連隊及歩兵補充大隊編制表等の「ラル達」（帷幄上奏による陸軍省達）を指していたと推測するものとして、前掲永井『近代日本の軍部と政治』再版、三六七頁。恐らくは「ラル達」のような「軍隊の編制に関する勅裁命令の厳存という現実に根拠をおいていた」のが、この大山修正意見であった（同上）。なお、公文式制定以後の法令形式「達」の特殊性（内閣から独立して上奏権を有する宮中と軍部にのみ与えられていた点）と、陸軍省には、①天皇の親裁制可を得た「達」（すなわち、帷幄上奏によるもの＝「ラル達」）と、②陸相がその職権により発令した「達」との二種類がある点とについて、同上、三六〇頁以下。
(94) 前掲『枢密院会議議事録』第一巻、二〇二頁。
(95) 同上、二〇二〜二〇四頁。

(96) 前掲稲田『明治憲法成立史』下巻、六一七頁、前掲清水『明治憲法制定史』下巻、二〇八頁。永井和が指摘するように、ここでの井上の答弁は、明治二一年の「『陸軍意見書』に対する批判の歯切れのよさと比べてみると、〔……〕なんとも曖昧であった」（前掲永井『近代日本の軍部と政治』再版、三六七頁）。

(97) 前掲『枢密院会議議事録』第一巻、二〇四頁。

(98) 前掲『伊藤博文関係文書』第一巻、三八〇頁。

(99) なお、この明治二一年六月の議論があった後、井上毅は、ロエスレル及びモッセに対して、君主のもとに留め置かれる軍隊編制権と議会に与えられる予算議定権とが衝突するのではないか、仮に両者が衝突した場合、その「不和ノ調停」は「国法中至大難問」だが、その点の説明が改めて欲しいとした（明治二一年一〇月）。これに対し、ロエスレルは、①「憲法」や「特別ノ軍制法」によって議会の予算議定権を制限するか、②その争議を枢密院の「裁決」に附するかとの解決策を示している。他方モッセは、軍事予算に議会を全く関与させないとするのは「危険ナル民心挑発ノ元素ヲ包蔵スルモノ」と述べ、「如何ナル議院ト雖トモ、国民負担増重ノ事ニ参与スヘキ憲法上最要至緊ノ権利ヲ剥奪セラレテ、能ク沈黙スルモノアランヤ。必スヤ此重大ナル議権ヲ挽回スルヲ勉ムヘシ」」、その際には政府と議会とが衝突するであろうと予見している（国学院大学日本文化研究所編『近代日本法制史料集ロエスレル答議三』第三巻（国学院大学・昭和五五年）、一六二～一七一頁）。ロエスレルの回答は、プロイセン憲法争議の日本版を防ぐ為にも、伊藤らからすれば無視できない。他方でしかし、モッセの回答も、耳を傾けざるを得ない至言である。こうなると、《落としどころ》は、軍事予算の議定権は議会に認めるつつも、編制・常備兵額は大権で定め、国民負担の増加の場合には議会の十全な関与を認めるといった辺りにて見出される他なかろう。この点は、『憲法義解』の稿本によっても推察可能である。枢密院第一審会議開始時に回覧された「憲法説明」は先に引用した通りである。この「憲法説明」は、明治二二年二月、修正・再編集された（前掲『伊東巳代治関係文書』、「四〇　憲法（大日本帝国憲法義解草案）」）。そこでの編制大権の説明には、結びとなる箇所に、「蓋兵制ハ元首ノ執ル所ノ特別ノ大権タリ但シ其需要ニ於ケル予算ノ方法及大臣ノ責任ハ固ヨリ他ノ行政ノ事務ニ例シ異ナルコトナカルヘキナリ」とあった（ただし、刊行された『憲法義解』では、この箇所は削除された）。これに憲法中の予算に関する規定を加味すれば、①軍隊編制権を大権でカバーすると同時に、②軍事予算に対する議会の議定権を容認し、③その上で、「憲法上ノ大権ニ基ツケル既定ノ歳出」は政府の同意のない中では議会での廃除・削減を認めずとの制約を加える、といった構造となる。これは、プロイセン憲法争議のような混乱を避け、なお且つ議会の議定権を完全に奪うことも避けた設計であったといえよう。

(100) 以上の経緯については、前掲清水『明治憲法制定史』下巻、四四七頁。
(101) 前掲『枢密院会議議事録』第一巻、三五一～三五二頁、前掲清水『明治憲法制定史』下巻、四一一～四一二頁を参照。
(102) 前掲『枢密院会議議事録』第三巻、五頁。なお、この第二審会議冒頭、伊藤博文は、第一審会議議決案が「内閣ノ再調ニ付」せられたこと、それによって黒田内閣が「勅命ヲ奉シテ其ノ已ヲ得サルノ修正ヲナシ之ヲ上奏」したこと、その黒田内閣修正案が第二審会議で扱われることを説明した（同上、三頁）。
(103) 同上、四〇～四一頁。
(104) 前掲稲田『明治憲法成立史』下巻、八二七頁。
(105) 前掲『伊東巳代治関係文書』、「一八　欠題（再審憲法草案）」では、「第十二條　天皇ハ陸海軍ノ編制ヲ定ム」との黒田内閣修正案（すなわち枢密院第二審会議決議案）第一二条に対して、「編制」と「ヲ定ム」の間に「及常備兵数」とまず加筆がある。その上で、「数」を消し、「額」の字を、消し跡のある「数」の字の下に書き加えている。恐らくは伊藤がまず「常備兵数」という案を出し、その後の過程でそれが「常備兵額」に改められたのであろう。
(106) 前掲稲田『明治憲法成立史』下巻、八三〇～八三一頁。
(107) 参照、前掲藤田『明治軍制』、三二七～三二八頁。
(108) 前掲永井『近代日本の軍部と政治』再版、とりわけ三四八頁以下の「内閣官制の制定と帷幄上奏」。
(109) 同上、三四八～三四九頁。
(110) 同上、三五〇頁。
(111) 同上、三五二頁以下。
(112) 同上、三六七頁。
(113) 同上、三七〇頁。
(114) 同上。

(115) 同上、三七二～三七三頁。
(116) 同上、三七四頁。

第三章　国務大臣の責任制度形成過程
――大臣責任における《割拠》と《統合》――

一　単独責任か連帯責任か

伊藤博文は、明治二一年七月四日の枢密院審議の席上、国務大臣の責任制度について次のように解説した。

「抑モ責任ノ事タル之ヲ謂フハ易シト雖トモ其実際ニ至テハ甚タ難キモノアリ蓋シ責任ニ連帯タルヘキモノト各個タルヘキモノノ別アリ一国ノ政略廟議ハ連帯責任ナラサルヘカラス行政ノ事務ハ各個責任タルヘキモノタリ」(1)。

伊藤はここで、明治憲法第五五条に表現された「責任」について、連帯のものと単独のものとがある旨、また、「一国ノ政略廟議」は連帯責任とならなくてはならず、各省限りの「行政ノ事務」については単独責任である旨を述べている。つまり伊藤発言では、国務大臣の責任形態について各個のものと連帯のものという両形態が想定されていた。単独で責任を負う場合もあるが、閣員が連帯して責任を負う場合が存在することも認めている。

従来、明治憲法下の内閣については、「各個」責任＝単独責任を中心にして論じられることが多かったと思われる。そして、その延長として、閣内での《権力の割拠性》が、戦前日本の統治機構にとってマイナスの働きをしたという評価は、現在も通用する明治憲法理解であろう。本書もまた、基本的にはその理解を土台としている。しかし、単独責任を基本として把握しながら明治憲法を論じるこの手法は、果たして充分なものであろうか。上記伊藤発言に注意するならば、そのような観点だけに頼って明治憲法を論じるのは、難しいのではないか。もし、単独責任制度にのみ注意して足りるのであれば、大正デモクラシー期に現われた連帯責任制度を基礎とする政党内閣政治の土台は、そもそもなかったことにならないか。

だからといって、もちろん、明治憲法下の内閣が国務大臣の連帯責任制度のみで語られ得る存在であるということではない。とりわけ、帷幄上奏による軍事に関する勅令は、明治二二年以降、山縣有朋内閣下で制定された内閣官制に守られるかたちで、単独責任制度と相俟って、内閣内部での《権力の割拠性》を特徴付けていた。帷幄上奏制度のみならず、単独責任制度に基づくことで、軍事は総理大臣の統制力の外へとはみ出し、それに対する内閣としてのコントロールが難しくなる。首相・内閣による軍事の統制については、本章の最後で触れることとしたい。

明治憲法下の国務大臣の責任制度については、単独責任と連帯責任との両面を論じる必要がある。明治憲法第五五条と内閣職権・内閣官制とを考慮のうちに入れるならば、当時の大臣責任制度は、《単独か連帯か》という、二者択一のものとしては語り切れないものとなる。結局、どちらのケースもあり得るという曖昧な答えとなってしまうが、しかし、国務大臣の単独責任制度と連帯責任制度との双方を制定過程にまで遡って検討することで、当時の大臣責任制度を更に考察する為の素材は得られるであろう。

本章では、以上のような問題意識を持ちながら、国務大臣の責任制度の形成過程を検討していく。具体的には、まず、伊藤が滞欧憲法調査（明治一五年三月から翌年七月まで）によって吸収したシュタイン国家学における内閣（行政部）の連帯責任制度論を明らかにし、次に、それと対になるものであった井上毅の単独責任制度論に焦点を当てる。明治憲法における国務大臣の責任制度形成過程は、つまるところ、伊藤と井上という二人を中心にして展開したドラマであった。

二　伊藤と連帯責任制度論――シュタイン国家学の受容――

伊藤博文による滞欧憲法調査の意義は、単にヨーロッパで「憲法典の何たるや」を学んだことだけではない。その意義の最大のものは、歴史法学に根付いた憲法観をシュタインから学んだというウィーンにおける憲法観の獲得過程に認められる。

伊藤に下された滞欧憲法調査命令には、「欧州各立憲君治国ノ憲法ニ就キ其淵源ヲ尋ネ其沿革ヲ考ヘ其現行ノ実況ヲ視利害得失ノ在ル所ヲ研究スヘキ事」とあった。もちろん、「欧州各立憲君治国」における大臣の責任問題も、「内閣ノ責任法ノ事」として、調査事項に挙げられている。

伊藤の足取りは、既に前章にて触れた。ここでは、明治一五年四月一六日のベルリン到着後からを追っていこう。ベルリン到着の数日後、伊藤はさっそく、グナイストと面会を果たし、憲法講義についての打ち合わせを行った。この面会に先立ち、ビスマルクを訪ねてもいる。

グナイストの講義方法は、「一日おきに、グナイストによるフリートーキング式の講話あるいは質疑応答と、モッセによる本格的な憲法講義を、駐独公使青木周蔵の通訳によって伊藤が聴き、伊東巳代治がこれを筆記するというものであった」(2)が、その講義内容は伊藤に「頗る専制論」だと感じさせるもので、具体的には、「縦令国会を設立するも兵権、会計権等に喙を容れさる様に」というようなものであった(3)。ただし、この講義が伊藤にとって無益であったという訳ではなく、「対話的に各国か憲法の運用上種々違算を生じた事実や不備の点を指摘し政略法政体論に渡つて頗る有益な噺を聞得たとの事である」(4)という証言もある。

ただ、清水伸の評価に従えば、伊藤にとって、ベルリンでの調査は満足のいくものではなかった。(5)「憲法調査の歩を進むるに従ひ、憲法そのものの研究のみに止まらず、中央政府の組織より地方制度の整備に至るまで政治上百般の事項をも検討するの必要を感ずるに至り、予定の一年間を以てしては、到底所期の目的を達するを得ざりしかば、已むを得ず滞欧延期を請う(6)」旨が書かれた伊藤の書簡（山縣有朋・井上馨・山田顕義宛、明治一五年八月四日付）からは、彼のベルリンでの苦労が伝わってくる。

一方で伊藤は、同じ書簡の中で次のようにも書いている。「今は伯林も避暑の時節にて、何人も旅行不在中に御座候故、何の取調も出来不申、旁維納に暫時滞遊、彼地の有名なるスタイン師なる学者に面会の約束に御座候」。この「彼地の有名なるスタイン師なる学者」との面会が、後の伊藤に「心私に死処を得るの心地仕候(7)」とまでいわしめたのは、シュタインがグナイストとは違い、ドイツ語の分からぬ伊藤のために英語で講義をしてくれたからであろうが(8)、決してそれだけではなかったのではないか。伊藤を惹きつける魅力をシュタインが持っていたのだろうし、それと同時に学理的な理由が存在しているはずであり、加えてシュタインが置かれていた状況にも関係があったように思われる。シュタインは当時のドイツ法学界では異端の存在であったようで、瀧井一博は、次のようにシュタインが当時置かれていた立場を説明している。

「元来わが国では、シュタインの名は世界的名声を博していた大学者として語られることが多いが、実際には彼は同時代のドイツ学者界のなかで終始孤立した存在だったのである。彼の著作は、憲法学において厳密な解釈学的方法を基礎づけ、学界に君臨していたパウル・ラーバントによって、正当な方法で著された行政法学の書ではないとして揶揄され、著名な商法学者レヴィン・ゴルトシュミット（Levin Goldschmidt, 1829-1897）からはディレッタンティズム以外の何物にもあらずと酷評され、当代を代表する国民経済学者グスタフ・シュモラーにいたっては、それらを自らの「思弁的観点に陶酔」した前世代の遺物とみなしていた。何よりも彼の国家有機体論的発想が、国家法人説の風靡を前にしたとき、同時代の学者たちには非科学的ないかがわしい代物と思われていた。同様に彼の国家学への執着も、カール・シュミット（Carl Schmitt, 1888-1985）が鋭く指摘するが如く、疑似自然科学的実証主義が趨勢となった一九世紀後半の学問状況のなかでは、依然として観念論的夢想にふけっているものとしか世人の目には映らなかったのである[9]」。

慣れぬドイツ語に悪戦苦闘し、憲法調査で大きな成果を出せていない伊藤と、自己の学説がドイツの学界で余りにも受け容れられていないシュタイン――両者の邂逅は、二人の置かれていたかような状況下での出来事であった[10][11]。

さて、肝心の伊藤が聴いたシュタイン講義であるが、それは一体、どのようなものであったのか。シュタインの講義は、清水の指摘を借りれば、以下の三点に特徴を見出せる。すなわち、第一に「講義が多岐にわたって多彩であった点、第二に「シュタインは終始、日本の憲法制定者たる伊藤をして、完璧な立憲君主国の憲法を創設せしめ、日本の健全なる成長を期したいという熱意によって講義した」点、第三にシュタインの「講義は、モッセのそれが全く法律学的であったのに対して、社会学的色彩がきわめて濃かった」点である[12]。

伊藤が学んだシュタイン国家学がどのようなものであったのかを知る為、ここでは、伊東巳代治筆記「大博士斯丁氏講義筆記[13]」、伊東巳代治の遺文書集の『伊東巳代治文書』に収められている「純理釈話[14]」、藤波言忠「澳国スタイン博士講話録　子爵藤波言忠筆記　乾・坤」、小松宮彰仁親王「スタイン師講義筆記」、柴四朗「澳国の碩儒スタイン　谷農商務大臣質問筆記[15]」を参照したい。これらの史料には、直接に伊藤が見聞きしたものではない史料も含まれるが、伊藤に聞かせたものと同様の問題への言及がある為、参考とするに値しよう。

ここでは、本章のテーマとの関係上、内閣（行政部）とはどのような位置にあるのか、どのような責任を負うのかという問題を見るが、前者の問いに対する答えは明確であり、シュタインは国家各機関から非常に独立性が高い機関として行政部を想定していた。

シュタインは、「余ハ今最モ錯雑ナル事項ヲ論セントス」と前置きし、その「錯雑ナル事項トハ即チ行政権ノ一事ナリ」という。(16) 続けて、「行政権ハ何レノ国ニ於テモ自運自動ノ活機ヲ有スヘキ独立ノ体制ヲ成サス」といい、フランスでは「行政部ハ立法部ノ承理者ニ過キス」、英国でも「亦タ政党ノ承理者タルノミ」と非難する。(17) 非難の矛先はドイツの行政部にも向けられた。「独逸国ニ於テハ行政部ヲ以テ全ク国君ノ臣僚トナスヲ以テ、国君ノ意思ヲ承行スルニ止リ、其他ニ権ヲ有セサルモノトス」。(18) これは瀧井一博が指摘する通り、「立法部のみならず君主との関係においても行政部が独立たるべきことを説いている」(19) 一節である。

つまり、シュタインは、君主からの行政部の独立というものを考えていた。「国君、政府、国会ノ三ツノモノ調合宜シキヲ勉ムル」ことを国家の「治政ノ要領」とすべきという文句や、(20)「国ノ元素ニ三アリ。一国王、二政府、三国会是ナリ」という文句を見れば分かる通り、(21) 彼は、行政部を、議会のみならず君主からも独立した機関として把握していた。この三大機関に有機的な結合が生じているとはいえ、原則としては相互独立の機関であるべき旨を強調している。

「純理釈話」においては、

「人体ノ質必ス三ツノ元素ヲ備フ曰ク良知人生レテ万様ノ異アリト雖トモ其必ス同シキ所以ノモノ此ノ良知ニ在リ其一個ノ人体質ヲ備フルニ至テ之ヲ我アイト云フヘシ曰ク意思人自ラ其一身ノ方向目的ヲ完ムル力之ヲ意

思ト云フ曰ク実力現ニ有ル所物ヲ意ニ随テ変易制馭スル之ヲ実力ト云フ」[22]と書かれている。続けて、「我トハ良知ノ在ル所ノ至高ノ形状ヲ云ヒ之ヲ人体ニ譬ヘハ則チ頭首ナリ之ヲ国主トス邦国ノ意思トハ立法権ト云ヒ邦国ノ実力トハ即チ行政権ヲ云フナリ」[23]とし、人体になぞらえて国家の元素を説明している。それによれば、人体には「良知」、「意思」、「実力」という三つの元素が必ず備わっているという。「良知」があり、それが「人体質」を備えると「我」となり、それは人体でいえば「頭首」、すなわち「国主」である。「意思」とは、自身をある「方向目的」に向かわせる力であり、すなわち「立法権」であり、「実力」とは、現前する事物を実際に変化させたりさせたりさせていく力、すなわち「行政権」である、と。

このように見てみると、シュタインは、行政部を君主の単なる下部組織だとした訳ではなかったといえる。彼の考えた行政部とは、独立性の非常に高い存在であった。さらに、行政部が「自運自動」の機関として機能するというのであれば、君主には実質的な行政権の行使権限はない。このことからも窺えるように、シュタイン国家学における君主なる機関は、《象徴的君主》であった[24]。

しかしながら、その独立は、完全に各機関を無視する独立とは違った。シュタインは、決して「行政部は立法府を無視して良い」といった結論には至らず、むしろ、行政部と立法部との協力関係が必要であるという。

「立法部（国会）ト行政部（政府）トノ間ニ於ケル立法上ノ関係是ヲ大臣（……）ノ責任トス立法ノ関係トハ政府必ス立法部ニ於テ多数ヲ制スルヲ要スルヲ云フ蓋シ法律ナケレハ国ヲ治ムルコト能ハス多数ヲ得サレハ法律ヲ制スルコト能ハス故ニ政府ハ必ス主トシテ多数ニ依頼セスレバアルベカラス」[25]。

この一節だけを切り取ってみると、議院内閣制の主張と重なるものだといえよう。彼はまた、「政府若シ此（＝議会）多数ヲ制スルコト能ハスシテ之ヲ失フトキハ大臣必ス邦国ノ人体質ヨリ生スル憲法上ノ原理ニ拠テ其職ヲ辞スヘク政府亦タ其立法部ノ多数ヲ失スルヲ視テ之ヲ黜免スルヲ要ス[26]」と述べていた。立法部と行政部とは、互いに独立しつつも、あくまで協調の要のある関係に立つ。そして、例えば法律の制定に向けて立法部の協力を得られないような行政部は、その座から退かなければならない[27]。先述の人体になぞらえた説明からいけば、「意思」と「実力」との乖離はあり得ないのである。

君主と立法部とに対し、以上のような関係に立つとされた行政部だが、では、その行政部の内部での関係はどのようなものとされたのか。ここでも、責任という鍵概念からそれを探ってみたい。シュタインは、大臣の《個別の》責任のみならず、《連帯の》責任についても言及している。

「各省ハ行政上ニ要スル所ノ法令ヲ編成スルモノニシテ之ヲ行政法例ト称ス。又一省之ヲ編成シ宰相及ヒ内閣大臣ヲ経、帝王ノ批准ヲ得、以テ之ヲ公布スルモノヲ一般法例即チ国法ト称ス。〔……〕専制政治時代ニ在リテハ、其ノ行政法例ナルト国法ナルトヲ問ハス、事々物々ノ責任ヲ悉ク帝王ニ帰シタリト雖モ、立憲政体ノ時代ニ在リテハ行政法例ノ責任ハ其ノ省卿ニ帰シ、国法ノ責任ハ宰相内閣大臣ヲ始メ帝王ニ帰スルモノナリトス。〔……〕夫レ日本現時ノ有様ヲ察スルニ、宰相即総理大臣ハ恰モ各省卿ノ支配人ノ如ク其ノ是非ヲ一人ニテ判定シ、随ヒテ其ノ権モ亦悉ク之レニ集合スト雖モ、一朝立憲政体トナルニ於テハ決シテ総理大臣独リ其ノ権ヲ掌握スル能ハス。斯ノ如ク一人ニテ各省卿ノ責任ヲ負担スルコト能ハサルカ故ニ、宜シク其ノ権ヲ各省卿ニ分担セシメサルヘカラス。然ラハ則チ総理大臣ハ其ノ支配人ニアラスシテ全ク各卿ノ長タルヘシ[28]」。

ここで引用したのは明治一八年から二〇年にかけて渡欧した藤波言忠へのシュタイン講義なので、シュタインによるこのコメントの後半部分は、内閣職権下の体制を改正するように意見を述べているものと思われるが、注目すべきは、「立憲政体ノ時代」では「国法」（一般法例）の「責任」が内閣全員で負うべきものと述べられている点である。この点を更に明快に語っているのが、以下の記述である。

「抑内閣会議ニ於テ総理大臣ハ唯事務上ノ総理者ニテ、資格責任ノ如キハ他ノ大臣ト毫モ異ナルナキナリ。蓋内閣会議ニ一大臣一議案ヲ提出スルニ当リ、総理大臣以下皆ナ其議案ニ同意スルトキハ、其内閣ハ其議案ニ就キ上ハ君主下ハ立法官ニ責任ヲ負フモノナリ。即ニ〔チ――堀口〕初メニ所謂帯連《ママ》責任ナルモ〔ノ欠か――堀口〕ナリ。若シ又内閣会議ニ於テ一致或ハ協議ヲ得サルモ、提出大臣ハ兎ニ角ニ自説ヲ主張スルトキハ、即チ各自責任ナルモノニテ其論ノ行不行ニテ進退ヲ決スルノ際ナルヘシ[29]」。

シュタインはこのように、「各自責任」という言葉を使用して個別的な責任についても言及しているが、「内閣会議」において一致した意見として提出された議案については、これは内閣が連帯して責任を負うべきであると指摘していた。

シュタインの構想にあった行政部とは、連帯責任を負うことも予定されていた。そして、他の国家機関（特に国君）との関係では独立した「自運自動」の機関であった。加えて、議会とは協調的関係を築かなければならない。これが、シュタイン国家学における行政部の姿であった[30]。

このようなシュタインの議論では、瀧井一博によれば、君主・立法部・行政部の「三機関のいずれもが政治的に突出していない政治体制」が目指され[31]、三機関のいずれかが政治的に突出している体制は、立憲制と対立する政治体制だとされていた[32]。このような観点からすれば、恐らく、先に見た議院内閣制的な行政部・立法部関係を示していたシュタインの主張は、行政部は立法部に対して法律制定に関して協力を得られるべく信用を得なければならないが、それは従属関係ではないということになる。行政部が立法部の単なる「承理者」となるのは批判の対象であった点は、先に見た。重要なのは、両者の「調和」であった。

「凡ソ立憲国ノ第二ノ大主義ハ政府ト立法部トノ調和《ハルモニー》、及立法府ノ政府ニ対シ有スル信用ヲ保持スベキコト是ナリ」[33]。

一定の独立性を保持しつつも、議会との「調和」をはかる――これがシュタイン国家学における行政部であった。

そしてまた、その行政部の内部の関係では、大臣らに一体性が求められる。すなわち、連帯責任を受け容れられる関係でなければならない。ここには、後述の井上毅・岩倉具視の議論と比較すると、《連帯責任》への強い志向がある。

伊藤は、以上のようなシュタイン国家学を受容し、「憲法丈けの事は最早充分と奉存候」[34]（井上馨宛明治一五年一〇月二二日付）としたためた。彼の自信の大きさを窺わせる一節だが、ここまで自信を深めた伊藤博文と、それを可能にしたシュタイン国家学との出会いの本質的意義について、瀧井は次のようにいう。

「シュタインの講義から伊藤が得ることのできた最大の収穫は、何よりも彼が憲法典の制定ということに尽きない立憲政治の全体像を獲得し、憲法をそのような全体的な国家構造の一環として位置づけるという広やかな国制改革の展望を抱き得た点に求めることができよう。このことは、それまでベルリンで伊藤が受けていたモッセのドグマーテッシュな性格の強い憲法学講義からは望み得ないものであった」[35]。

伊藤が学んだものとは、憲法典の制定に資する事柄だけではなかった。それは、《国制》という概念に行き着く国家形成及びその展開に関する包括的なものであった。[36] あるべき行政部の姿のことも、その中の一つであったといえる。

三　井上と単独責任制度論――「維新」の原理との整合性――

政府における単独責任制度論を描写するには、岩倉具視と井上毅に焦点を当てる必要がある。結論からいえば、この岩倉―井上ラインの思想は、シュタイン―伊藤ラインの思想と容易に合致するものではなく、この二つが折衷された結果として実ったのが、明治憲法五五条と内閣職権及び内閣官制ではなかったか――というのが本章で提示してみたい構図である。

「大綱領」や「憲法意見」といった憲法に関する岩倉の意見書は、ほぼ井上によって形作られたものであった。その井上の基本的な姿勢は、現状ではイギリス流の政治制度・憲法観を全面的に排斥せざるを得ないというものであった。すなわち、井上の思想においては、内閣制について、例えば交詢社私擬憲法草案のような議院内閣制はあり得ない。これは、連帯責任制度論を前面に押し出すという考え方は採用できないということにつながる。

福沢諭吉・大隈重信一派を一掃した明治一四年の政変を頂点とする権力闘争の舞台裏で、法制官僚・井上は、その後の憲法制定作業での大臣責任論をリードしていく為の研究に着手していた。井上は、お雇い外国人ヘルマン・ロエスレルにこの問題について積極的に質問をし、イギリスやプロイセンの責任制度についての知見を得ていた。すなわち、明治一四年六月の段階で、既に井上は、ロエスレルから大臣責任制度と議院内閣制についてイギリス及びプロイセンの事例を聞き出していた(37)。そして、明治一六年の段階になると、より具体的な大臣責任制度論をロエスレルから学んでいる。

例えば、ロエスレルは、井上に対して次のように教示している。

「立君政府ニ於テハ、主権ハ国王ニ在リ、共和政府ニ於テハ、主権ハ国民ニ在リ。去リナカラ、立君政府ニ於テモ、主権実際ニ国王ニ帰スル者ト、又名ノミ帰スル者トノ異ナルアリ。英国ニ於テハ、主権ハ国王及ヒ国会ノ二者ニ在リトスト雖トモ、是レ其名ノミニ止マリ、実際ニ於テハ、主権ハ全ク国会ニ在リ〔……〕。〔……〕孛国ニ於テハ、主権ハ専ラ国王ノ手ニ在リテ、施政上、憲法ニ依テ単ニ国会ノ承諾ヲ要スルニ止マルノミ」(38)。

立憲君主国では、主権は君主にある。共和国では主権は国民にある。ただし、立憲君主国の中でも、主権が実際に君主にあるといえる国と、名目的にそうであるに過ぎない国との区別がある。例えば、イギリスでは主権が君主と議会との二者にあるとされるが、その実、主権は議会にある。対してプロイセンでは、主権は君主の手中にあり、政治を行うに当たって、憲法上その承諾を議会に求める。このように、まずロエスレルは、イギリスとプロイセンにおける《主権者は誰か》という問題を論じ、そこから続けて、《両国の大臣（執政）は誰に責任を有するか、それは連帯責任か単独責任か》との点を指摘する。

「〔イギリスでは〕実際ニ於テハ、執政ハ議院多数ノ選任スル所タリ。即チ多数党ノ代理者ナリ。此故ニ、多数党ニ対シテ、連帯ノ責任ヲ負担ス。孛国ニ於テハ、執政ハ国王ノ代理者ニシテ、官吏ハ国王ノ選任スル所、国王ニノミ対シテ責任アル者トス。故ニ執政ハ国会ニ向テ責任ナキ者ナリ」(39)。

ロエスレルの解説によれば、イギリスの「執政」（＝内閣）は議会の多数が選任する者、いわば彼らの「代理者」であるから、議会に対して「連帯ノ責任」を負う。対してプロイセンの「執政」は、国王の「代理者」であるから、国王にのみ責任を負う。つまり、議会に対して責任を負うのではない。

ロエスレル答議から分かるように、井上は、ロエスレルからイギリス及びプロイセンの事例を中心に大臣責任制度論を学んでいた。それは、イギリスにおいては、真の主権者は議会であり、大臣の任命権は議会にあり、責任は連帯責任にして議会に対するもの、プロイセンにおいては、主権者は国王であり、大臣の任命権は国王にあり、責任は国王にのみ負うというものであった[40]。

ロエスレルの答議の中には、「二種ノ政体ハ各其得失ヲ免カル可カラサル者ナルニヨリ、之ヲ採用スルニ於テハ、邦ノ政治ノ成立如何ニ依テ取捨セザルヘカラサル者トス[41]」という指摘を発見できる。つまり、歴史的背景を充分に加味した上で国政のあり方を規定していくべきだとの忠告である。後に井上は、明治憲法の起草過程において、「シラス」という、日本的な統治の理念とでもいうべきものを憲法に盛り込むよう主張した。日本においてはどのような政体を選択すべきか、どのような政体が維新後の政治目標と両立可能なのかといった課題を、彼は常に念頭に置いていたのであろう。

こうした作業を経て井上が構想した内閣制論、特にその責任論は、議院内閣制を排したモデルであり、プロイセンの責任制度を模範としたものであった。以下は、井上の伊藤宛書簡（明治一八年一二月一一日付）中の一節である。

「内閣之組織ニおいて、英国風ニ類似之傾キを生シ候ハヽ、将来ニウ゚オト、オフ、コンヒデンス〔vote of confidence〕之媒介となるハ、必然ニ可有之歟、望ムラクハ独逸流之憲法上、合議責任之特例ヲ除ク外、各自責任之意味最モ明白ニ相見え候様有之度事ニ存候[42]」。

井上は、イギリス流の制度はあり得ないという姿勢を見せている。内閣における責任論として、連帯責任制度と連なる議院内閣制は排斥されるべきであり、議院内閣制下における象徴的なものである「ウ゚オト、オフ、コンヒデンス」（vote of confidence, 信任投票）も避けるべきだという。その責任制度も、「合議責任」（＝連帯責任）を「特例」として認めつつも、原則は「各自責任」だとの考え方が見える[43]。

岩倉―井上における内閣（行政部）論は、以上で見てきたように、明らかに伊藤―シュタインにおけるそれとは異なる。その違いは、責任制度論にあった。確かに井上は、「合議責任」となる例外的場面も想定している。しかし、原則として、また何よりも建前としては、「各自責任」こそが明治新政府が採用すべき大臣責任制度であった。

そしたこれは、ひとえに天皇親政という鍵概念、すなわち維新の原理的思想によってこそ良く解明できる彼らの思想的傾向から生じたものであったと思われる。《天皇親政》に明治維新の本来的な正統性が存し、これこそが維新を真に完成する統治形態であるとの思想に忠実に依拠するなら、それに水を差すような制度、あるいは、理論的に相容れない制度は許容され得ない。それは、明治維新それ自体と矛盾する。明治新政府は維新によって正統性を付与された統治主体であるのだから、この根本建前からすれば、それと矛盾するような制度を採用することは許されない。

この点を意識してみた場合、実質的な主権者が議会となり、実際的に施政に携わる大臣の任免も議会が行うイギリス流の議院内閣制は、岩倉—井上からすれば、明治維新それ自体と矛盾するものと映ったであろう。近代化の達成のために西洋法思想を極力受け容れることを念頭に置きつつも、その西洋法思想が明治維新と矛盾する制度を作り上げてしまうのでは困る。明治新政府成立の根拠との関係で、理論的な整合性が取れなくなる西洋法思想では、困るのである。このような矛盾を避けながら西洋法思想をも吸収し機能させるためには、岩倉—井上が考えていたプロイセン流の大臣責任論で内閣を動かすことが要請された。この点で井上は、イギリスとプロイセンという「二種ノ政体ハ各其得失ヲ免カル可カラサル者ナルニヨリ、之ヲ採用スルニ於テハ、邦ノ政治ノ成立如何ニ依テ取捨セザルヘカラサル者トス」という先に見たロエスレルの忠告を上手に消化したといって良い。蓋し、岩倉—井上は、プロイセンのそれを選択することによって、天皇親政という明治新政府の成立根拠を維持しつつ、西洋立憲君主国家の責任制度を確立しようと考えていた。(44)

四　憲法と官制

ここまでで、岩倉―井上の考えていた責任制度論と伊藤がウィーンにおいて吸収してきた責任論との間に差があったことが確認できた。すなわち、両者を比較したならば、岩倉―井上のそれは、あくまで「各自責任」（個別責任、単独責任）を基調とし、例外として「合議責任」（連帯責任）を許容するに留まるものであった。これに対し、伊藤―シュタインのそれは、「合議責任」（連帯責任）となる場面を積極的に認め、更には、立法部と行政部との関係につき、ほとんど議院内閣制のそれと見紛うほどのことが述べられていた。もちろん、伊藤がシュタインの議論をどこまで忠実に受け容れたのかは別の検討を要するも、ここではとりあえず、二つの大臣責任論が存した点を強調したい。

では、伊藤と井上という、明治憲法の制定過程において極めて重要な役割を果たした両者の間には、実際に責任制度――明治憲法第五五条――を構築するに当たり、どのような対決や妥協があったのだろうか。

伊藤、井上、伊東巳代治、金子堅太郎の四人組が憲法起草作業を本格化させていく中で、井上は「初稿（第一試案）」を「明治二十年（一八八七）三月頃〔……〕伊藤博文の許に提出した」[45]。重要な草案の作成経過を時系列的に追うと、①初稿（第一試案）、②井上甲案・乙案（明治二〇年四月下旬頃）、③夏島草案（明治二〇年八月）、④十月草案（明治二〇年一〇月）、⑤二月草案（明治二一年二月）、⑥浄写三月案（明治二一年三月）という順序となり、この後、枢密院審議へと入る。これらの草案を追うことで、伊藤―シュタイン型の理解と、岩倉―井上型の理解がどうなっていくのかを確認してみたい。

初稿に続く井上の甲案・乙案であるが、甲乙両案ともに、内閣の責任についての条文は同じであった。すなわち、甲案第一三条及び乙案第一七条は、「内閣総理大臣及各省大臣ハ其職務ニ就キ各々其責ニ任ス」となっている。以下に掲げる稲田正次の解説が示している通り、この案は、井上の次のような考え方が表現されたものであった。「大臣の責を裁制する者は君主にして人民にあらず、議院はその見る所を君主に上奏することができまた大臣に質問してその答弁を求めることができるけれども、これを除いて糾弾断罪の権はもたない、故に大臣は君主に対して直接に責を負い人民に対して間接に責を負うものである云々と説いており、また総理大臣は機務を奏宣し旨を承けて大政の方向を指示し各部を統督しその責任広きも、各省大臣は主任の事務に就き各別にその責に任じ固より連帯責任はない、各大臣の進退は均しく聖旨により首相が各相を左右することはできない、かの内閣をもつて団結の一体となし各大臣は法律上連帯責任を負うものとするが如きは、政党の勢力をもつて大権を干犯せしめるに至るものであつて、我が国体に適合せず我が憲法の採るところではない(46)」。

この井上の甲案・乙案に対して、伊藤は、どのような反応を見せたのか。伊藤は、「ロェスレルの『日本帝国憲法草案』を最も重要な参考資料として〔……〕『甲案正文』に加筆修正を行つた(47)」。その結果、「天皇ハ諸大臣ノ輔弼ヲ以テ大政ヲ施行シ諸大臣ハ天皇ニ対シ合体及各自ニ責任ヲ有ス」という条文を提示した。この案は、シュタイン型の責任論を意識して書かれたものと一見して分かる。伊藤が「合体責任」と「各自責任」とを併記している点から窺えるのは、あくまで単独責任を前面に押し出す井上の考えを、伊藤が修正しようとしたという点である。

明治二〇年八月の夏島草案になると、輔弼や大政施行云々は第五条、責任については第七三条に分離され(48)、国務大臣の責任に関する条文は、「各大臣ハ天皇ニ対シ合体又ハ各自ニ其責ニ任ス」となっている。《連帯責任か単独責任か》という論点では、先の伊藤修正における思想がそのまま引き継がれているといえよう。

この夏島草案に対して、井上は、逐条意見というかたちで反論した。第七三条に対しては、フランスの「千八百七十五年ノ憲法第六条云各大臣ハ両院ニ対シ政府ノ一般ノ政務ニ付テ共同ニ責ニ任シ其一個ノ行為ニ付テ各自ニ責ニ任ス」という条文を引き合いに出し、次のように反駁している。

「必合体及各自ノ責任ヲ示サントナラハ少クトモ此ノ仏国ノ正条ニ倣ハザルヘカラズ然ルニ此一概ニ立言シ難キノ事ナリ何トナレハ一般ノ政務ト雖亦必シモ共同責任タラザルノ場合アリ主任事務モ亦必シモ各自責任タラザルノ場合アレハナリ例之ハ外国条約及其他ノ交際上ノ件ノ如キハ其各件ノ軽重如何ト見ルヘキノミ　故ニ『合体ニ又ハ各自ニ』ノ八字除クベキカ如シ之ヲ除クモ其義ハ既ニ明白ナリ」(49)。

合体責任ないし各自責任を条文化しようとするならば、一八七五年のフランスの憲法の例に倣う必要があるが、「一般ノ政務」と「主任事務」との差を明確にするのは困難である為、「合体ニ又ハ各自ニ」は削除されたしという要求であった(50)。

ここでの井上は、連帯責任を全否定している訳ではない。しかしながら、「合体責任」という言葉を挿入しなくともその意味は自然に含有されるから必要ないという意見は、果たして井上の真意であったかどうか。全くの推測だが、「合体」か「各自」かということを明記せずに成文化しておけば、削られることなく残ることになる「各大臣」という言葉を、その後の学説のように上手に利用できると踏んだ可能性もなくはないであろう(51)。

次に、十月草案に移ろう。十月草案では、「各大臣ハ天皇ニ対シ合体又ハ各自ニ其責ニ任ス」の「各大臣」の部分が「内閣諸大臣」となるだけの変更で(52)、実質的な違いは見出せない。この十月草案に対しても、井上はコメントしている。それは、「責任」を定めた条文にではなく、輔弼・大政施行を定めた条文に対してであった。十月草案第五条には「天皇ハ内閣大臣ノ輔弼ヲ以テ大政ヲ施行ス」とあったが、井上はそれに対し、次のように主張した。

「内閣大臣トシテ単数ニ呼フトキハ集合名詞ニシテ内閣合体ノ意義ヲ顕シ即チ英国ノ共同責任ノ憲法ノ主義ヲ写出ス者ナリムシロ内閣各大臣トナシテ孛国ノ分任主義ニ依ルヘシ(53)」。

井上は、このままの案でいくと「英国ノ共同責任ノ憲法ノ主義」になってしまうと訴え、「孛国ノ分任主義」によるべきだという。彼は明らかに、プロイセン流の大臣責任制度の採用を狙っていた。

この十月草案に対する井上の意見によって、二月草案は「国務各大臣ハ天皇ヲ輔弼シ及法律勅令其他国務ニ関スル詔勅ニ副署シ其責ニ任ス」と修正された。「井上の修正意見の主旨をとり、内閣諸大臣云々を、国務各大臣としてプロイセン流の分任主義を示し」ている(54)。

浄写三月案では、もはや内容の変更はなされず、字句の多少の調整や文章の分割だけが行われた(55)。

ここまで概観してきた通り、明治憲法第五五条の制定過程では、ある時は伊藤がイニシアティブを、ある時は井上がイニシアティブをとった草案になっていたといえる(56)。そして、最終的には、プロイセン流の単独責任制度を模範とした岩倉―井上の責任論が、憲法上に定められた。かくして制定されたのが、「国務各大臣ハ天皇ヲ輔弼シ其ノ責ニ任ス　凡テ法律勅令其ノ他国務ニ関ル詔勅ハ国務大臣ノ副署ヲ要ス」という明治憲法第五五条である。

単独責任制度論は、枢密院での憲法草案審議においても、井上によって展開されている。鳥尾小弥太の質問に対して井上は、

「特ニ各大臣ト書シタルハ各大臣各々其責ニ任スルノ意ナリ〔……〕我国ノ歴史慣例ト便宜トニ照シ憲法全体ノ主義ニ従ヒ天皇ノ主権ハ議院ニ譲ラス内閣ニ与ヘス天皇自ラ之ヲ統理ス故ニ内閣総理大臣ハ各大臣ヲ推挙スルノ権ヲ憲法上ニ有セス天皇自ラ各大臣ヲ選任シ各大臣ハ天皇ニ対シテ各々其ノ守ル所ヲ尽ス〔……〕外国ノ例ヲ云ヘハ独逸ノ制之ニ同シ(57)」

と答えている。しかし、憲法上で表現されたこの思想は、伊藤にとっては一定の留保を付けなければ納得できないものであったように思われる。この点は、この井上答弁の後になされた伊藤の次の発言によって分かる。

「抑モ責任ノ事タル之ヲ謂フハ易シト雖トモ其実際ニ至テハ甚タ難キモノアリ蓋シ責任ニ連帯タルヘキモノト各個タルヘキモノノ別アリ一国ノ政略廟議ハ連帯責任ナラサルヘカラス行政ノ事務ハ各個責任タルヘキモノタリ」(58)。

井上ほどに単独責任論を押し通そうとする姿勢が伊藤には見られず、しかも、伊藤はここでも連帯責任になる場合があるという持論をはっきり明言している。井上との微妙な温度差が感じられる。

では、伊藤の大臣責任論は、ここに完全に井上に対して敗北を喫したのであろうか。岩倉―井上の思想によって、シュタイン―伊藤の思想はここで退場させられていたのであろうか。実はそうではなく、シュタイン―伊藤の大臣責任論は、憲法と同時並行して創設された内閣制度の中で、特に内閣職権の中で芽を出していた。「内閣総理大臣ハ各大臣ノ首班トシテ機務ヲ奏宣シ旨ヲ承テ大政ノ方向ヲ指示シ行政各部ヲ統督ス」という条文を最初に掲げた内閣職権（明治一八年制定）は、「恐らく井上毅の反対意見があったにも拘わらずハルデンベルク官制にきわめて近い内閣職権が制定された」(59)という経緯から推せば、岩倉―井上の思想に基づいた内閣の責任論とは相性の良いものとはいえなかった。ハルデンベルク官制（プロイセンの一八一〇年一〇月二七日勅令）は、大宰相主義を採用していた(60)。

この内閣職権において、伊藤は、内閣の一体性を確保できる大宰相主義を制度化しようとした。内閣総理大臣の強力なリーダーシップは、内閣の一体性を高める。鈴木安蔵によれば、「『内閣職権』において採用したやうな強力な大宰相主義、総理大臣統督主義は、必然にその内閣を一体的に行動せしめ、連帯的に責任を負はしめ」た為、

「政党内閣的なものとなるのではないかと危惧され」ていたという。[61] つまり、シュタイン―伊藤の思想の具体化は、この内閣職権に見出されるのである。そして、井上からすれば、これはこのまま放置できる問題ではなかった。井上は、単独責任型の大臣責任制度の構築に腐心していた頃、ロエスレルに対し、「大宰相主義は連帯責任制度を惹起するのか」と質問している（明治二〇年五月）。大宰相主義に立つ内閣職権は、単独責任制度と衝突するのではないか――井上からすれば、内閣職権をこのままにしておく訳にはいかなかった。[62]

山縣有朋による内閣制度改革に関する意見もあってか、明治二二年一二月、内閣職権は内閣官制へと改正された。[63] 内閣職権下では「各大臣ノ首班トシテ機務ヲ奏宣シ旨ヲ承テ大政ノ方向ヲ指示シ行政各部ヲ統督」する立場にあった内閣総理大臣は、「各大臣ノ首班トシテ機務ヲ奏宣シ旨ヲ承テ行政各部ノ統一ヲ保持」する立場にあると改められた。内閣官制下の内閣は、宮沢俊義によって、「国務各大臣はすべて対等の地位を与えられ、内閣総理大臣といえども、単に『同輩中の首席』であるにすぎず、平大臣に対する監督権は与えられていない[64]」と評された。

しかし、①機務奏宣の権こそが大宰相主義の要であり、それが内閣官制下でも総理大臣の独占的権限であった点、②「統督」の「督」の字が落ちたのは義務と責任を解除しただけであって、行政各部を総理大臣が「統率」する権限は残されていた、という二点を主張し、内閣官制においても大宰相主義的であったとの分析もある。[65] 大宰相主義的であったか否かという問題はともかくとして、内閣官制下でも、ある程度は一体性のある内閣が形成されていたように思われる。統督型の総理大臣像が、調整型の総理大臣像に代わったとしても、一体性のある内閣が形成されていたのではないだろうか。そもそも一体的でなくて済むのであれば、《内閣》という組織を考える必要もないであろう。[66]

内閣官制第五条では、「左ノ各件ハ閣議ヲ経ヘシ」と定められ、法律案や予算決算案、条約について等、重要な国務はすべて閣議事項とされた。内閣職権にはなかったこの閣議の制度化は、川口暁弘によれば、「全体輔弼に該当する事項の列挙にほかならない[67]」。そして、これは後の美濃部達吉による解釈においても、全体的な輔弼事項、すなわち連帯責任を負う場面の設定であるとされた[68]。後年の政党政治時代の憲法解釈の原点は、明治二〇年代初頭に、既に法令の中にあったのだといえよう。

つまり、憲法典だけでなく、より広く憲法及びその周囲の法令を含めた総体を眺めると、ここに二つの思想に基づく責任論が、憲法と官制とに分かれて並存していたといえるのではないか。観念的な天皇親政の観念に支えられた明治憲法第五五条と、内閣の一体的な運用を見据えた内閣官制との二つである。これはすなわち、岩倉―井上の思想と、シュタイン―伊藤の思想との並存であった。「明治新政府の拠って立つ思想は、尊皇論と文明開化論という異質的要素の結合物[69]」であったという観点を援用すれば、明治憲法体制における大臣責任制度は、岩倉―井上の尊皇論型理論と、シュタイン―伊藤の文明開化論型理論の結合物であったと理解できる。

伊藤によるシュタイン国家学の受容の成果である連帯責任論と、井上による明治維新との整合性を考えた上での単独責任論とを併存させての大臣責任制度の設計は、西洋型の立憲国家制度と明治日本の統治理念との接合現象であった。明治憲法の誕生は「国際情勢と密接な関係があったのであり、それをはなれては、十分に理解できない[70]」と宮沢俊義が述べているように、明治憲法の制定と当時の国際情勢とは、不可分の関係にあった。そして、この国際情勢こそ、上の接合現象を生んだ。これは、明治憲法成立史において、日本と西洋との文明的出会いが非常に重要な要素であるという事実に気付かされる極めて重要な事例である。

五　小結

以上本章では、シュタイン―伊藤博文の大臣責任論（連帯責任を中心とした大臣責任論）と岩倉具視―井上毅の大臣責任論（単独責任を中心とした大臣責任論）との相克が、明治憲法第五五条や内閣職権、内閣官制から見出せる国務大臣の責任制度を徐々に形成した様子を追跡した。

ところで、閣議事項を明示していた内閣官制制定へと向かう一契機となったのが、「総理大臣が必ず副署をするという現行の方式〔＝内閣職権〕をやめ、各省大臣の主任の事務に関わるものについては、主任の大臣が単独または連帯して副署する方式に勅令の副署式を改めること」[71]で軍事勅令の真の制定過程と副署制度とを合致させることにあったという点は、永井和の議論を既に紹介した通りである（前章）。

内閣官制は、閣議事項を明確に示して閣僚らの連帯責任の可能性を生み出したが、他方で、帷幄上奏に基づく軍事勅令については首相の統制外とすることを許容していた。このように、「各省大臣副署主義」に基づく内閣官制制定によって、帷幄上奏を通じて陸海軍大臣のみが実質的に関与する軍事勅令の存在が正当化されると、果たして、閣議を経ずに帷幄上奏によっているものがその本来の制限の範囲内（内閣官制第七条「事ノ軍機軍令ニ係リ奏上スルモノノ」）に収められているのかどうかが、当然に問題となってくる。

本書第一章でも触れたが、総理大臣・伊藤博文が明治二九年に陸海軍大臣に宛てて発した通牒は、「軍機軍令ニ係リ奏上スルモノ」でも往々にして他の行政事項とも関係があったり、閣議を経なければ行政各部の統一を保持できない虞があったりするので、そのようなものは「上奏前予メ閣議を経」[72]るように、というものであった。伊藤の内閣官制改正案も第一章で紹介したが、それは、閣議を経なくてはならない事項の中に「陸海軍ノ編制及常備兵額」を加えようとするものであった(73)。それはすなわち、「陸海軍ノ編制及常備兵額」事項に対して総理大臣の統制を可能とさせ、帷幄上奏のみによって決することを許さず、閣議を経てから制定されるものとする為の策であった。しかし、そうはならなかった。

この問題は、何も伊藤内閣の下でのみ取り上げられた訳ではない。例えば、明治三三年、第二次山縣内閣の下で検討された「内閣官制第七条適用ニ関スル件」は、軍の「諸官衙諸学校ノ組織ノ如キ」も帷幄上奏によることを抑制させる為のものであり、次のような基準を示していた。

「第一　勅令案ニシテ出師計画作戦計画国防計画軍隊ノ戦時編制並ニ陣中要務規定等ニ属スルモノハ帷幄ノ機務トシテ軍事参議官陸軍参謀総長又ハ海軍々令部長ヨリ之ヲ上奏シ裁可ノ上之ヲ陸海軍大臣ニ移シ陸海軍大臣ヨリ之ヲ内閣総理大臣ニ報告スヘシ

第二　官制及法律施行ノ勅令ハ勿論諸官衙諸学校条例糧食被服等ノ給与其他軍政ニ係ル勅令案ハ凡テ陸海軍大臣ヨリ之ヲ閣議ニ提出シ内閣総理大臣之ヲ上奏スヘシ

第三　軍機軍令ニ属シ奏上スルモノト雖其一般ノ行政又ハ財政ニ影響ヲ及ホスコト最重大ナルモノニ付テハ帷幄上奏ヲ為スニ先チ陸海軍大臣ヨリ之ヲ閣議ニ提出スヘシ

第四　軍機軍令ニ属シ上奏スルモノト雖陸海軍大臣ノ名ヲ以テ令達ヲ要スルモノハ参謀総長若ハ軍令部長ヨリ陸軍大臣若ハ海軍大臣ニ協議シ其連署ヲ以テ上奏スヘシ(74)」。

この基準を示すことで山縣内閣が狙ったものは、上述の伊藤による陸海軍大臣宛ての通牒のそれとほとんど同じである。これが山縣内閣の下で、たとえ「法制局の原案」であったとはいえ、検討されていた点は注目すべきであろう[75]。この文書は、伊藤内閣下での警告があったにも係らず、「諸官衙諸学校条例糧食被服等ノ給与其他軍政ニ係ル勅令」（「内閣官制第七条適用ニ関スル件」が示す指針の「第二」によれば、閣議を経て総理大臣より上奏すべき勅令）が未だに帷幄上奏によっていたことを窺わせる[76]。

帷幄上奏による勅令の制定という軍の《特権》は、総理大臣や内閣から見て、一般行政との兼ね合いを考えた際、憂慮すべきものであった。また、伊藤内閣・山縣内閣下での上掲の事例から透けて見えるのは、「陸海軍ノ編制及常備兵額」が完全に「国務」に属するものであるのかどうか、或いは閣議を経る要のあるものなのかどうかといった点で、やはりその扱い方がどうしても不明瞭であったということであろう。

なお、後年のこととなるが、伊藤を総裁とした帝室制度調査局の立案になる明治四〇年の公式令は、「各省大臣副署主義」の修正構想であった。公式令では、総理大臣の副署が、全ての勅令に要求されている。帷幄上奏によるものであろうとも、それが最終的に《勅令》によって定められる限りは、総理大臣の副署が必要となった。この公式令の制定をリードしたのが伊藤博文や伊東巳代治であり、それを補佐した者の中には、本書第二部で扱う有賀長雄がいた。「陸海軍ノ編制及常備兵額」の閣議事項化は諦めたとしても、総理大臣の副署を求めることで、帷幄上奏内容へのチェックを期待した。

しかし、同年、「軍令ニ関スル件」によって、新たに《軍令》という法令形式が認められた。それは、総理大臣の副署を必要としなかった。結局、帷幄上奏によって制定される法に関しては、総理大臣の関与を実質的に排除するという従前の方式が維持されたのである。伊藤が計画した「陸海軍ノ編制及常備兵額」の閣議事項化は案に留まり、副署制度をテコにして帷幄上奏に対する総理大臣の関与を強めるという明治四〇年の計画も、直後の軍令制度の創出よって潰えた。

ほとんど自明のこととして大臣輔弼の対象から外されていた統帥権とは違って、「陸海軍ノ編制及常備兵額」決定権をめぐる争いは、首相・内閣の手が届くのか否かという点で、微妙に揺れ動く可能性があった。ただ、可変的であるということは、安定的ではないということにもつながろう。国家諸機関の間での権限問題を惹起する可能性を秘めていた。本書の冒頭で（四～五頁）、鳥海靖による《権力の割拠性》という明治憲法体制の一大特色の指摘を、引用した。「陸海軍ノ編制及常備兵額」に関する権限も、明治憲法体制下の内閣と軍との関係が割拠的・分立的である中で、運用されていくことになる。そしてその際、国務大臣の単独責任制度や（法令形式としての）軍令の制度は、統帥権の独立と相俟って、「国務」と「統帥」との分立構造を支え、強める方向で機能する。

さて、第一章から本章までで検討したのは、結局、明治国家黎明期において、統帥権独立制度と国務大臣責任制度とを土台とした、すなわち憲法条文でいえば第一一条・第一二条・第五五条を土台とした「国務」と「統帥」との分立構造の成立過程であった。

では、明治憲法制定以降、この分立構造は、どのような展開を見せたのであろうか。次章では、点描にとどまるものの、統帥権をめぐるいくつかの事件に触れ、昭和五年までの統帥権をめぐる明治憲法運用史の一端を簡単に見ておきたい。なお、大正一四年の政府と陸軍の統帥権理解についても次章で紹介・検討するが、この時の議論は、昭和五年の統帥権論争を考察するのに重要な素材である。

註

（1）　前掲『枢密院会議議事録』第一巻、三〇〇～三〇一頁。

（2）　前掲清水『明治憲法制定史』上巻、四三頁。

(3) 前掲『伊藤博文伝』中巻、二七一頁。
(4) 末松謙澄「伊藤公の欧州に於ける憲法取調顛末」『国家学会雑誌』二六巻一二号（大正元年）、一二八頁。
(5) 前掲清水『明治憲法成立史』上巻、四六～四七頁。
(6) 前掲『伊藤博文伝』中巻、二八二頁。
(7) 同上、二九七頁。
(8) 前掲末松「伊藤公の欧州に於ける憲法取調顛末」、一三〇～一三一頁。
(9) 前掲瀧井『ドイツ国家学と明治国制』、一八五頁。例えば、森田勉『ローレンツ・シュタイン研究』（ミネルヴァ書房・平成一三年）では、その「はしがき」で、「シュタインは『国家科学』（社会科学）全般にわたって壮大な業績をのこした十九世紀ドイツの天才的な社会科学者」であると評されている。このような今日の評価と、瀧井が紹介している当時のドイツ公法学界での評価とは、埋め難い差がある。なお、シュタインが「行政学」を以て当時の大学学部体制の再編成を構想していた点について等、西村稔『知の社会史』（木鐸社・昭和六二年）、一九九頁以下。
(10) シュタイン個人の全体的な研究については、前掲森田『ローレンツ・シュタイン研究』を参照。特に、シュタインの保守主義は注目すべきものである。森田によれば、「シュタインの保守主義は社会の近代化にともなう諸矛盾、この移行期の『不調和な』社会を正視し、この社会による現実の国家の支配を看取し、これを『不自由』として批判的な立場から究明し、『憲政』を基礎としつつ具体的には『行政』によってその緩和ないし抑制をはかろうとするものであって、たんなる現状肯定、既存体制の弁護論にすぎない硬直した、あるいは便宜的な保守主義、ないしは既存の社会―国家体制の一方的あるいはムード的正当化・美化をはかろうとする欺瞞的イデオロギーとしての保守主義ではない。それは『理想主義的態度』を堅持しつつ、しかも社会の新しい事態に現実的に対処して既存体制の進歩と改善をはかるリアルで柔軟な保守主義である」（二一〇～二一一頁）。
(11) シュタインが伊藤らに好感を持ったのは、日本人に頼られたからという構図のみによって生じたのではない。シュタインは、「日本に関するいくつかの論文、記事を発表して」いた「日本への深い関心」を持つ学者であり、日本史に関する知識も「かなり正確」であったという（平野武「シュタインの日本国制史観」同『明治憲法制定とその周辺』（晃洋書房・平成一六年）、参照）。
(12) 前掲清水『明治憲法制定史』上巻、五八頁。

(13)　ここでは、前掲清水『明治憲法制定史』上巻に復刻されているものを用いた。

(14)　前掲『伊東巳代治関係文書』、「四四 純理釈話」。これは伊東巳代治の筆記になるもので、その内容は、シュタインからの伊藤に対する講義の筆記要約の如きものであろうとの推測がなされているが、具体的にいつ書かれたものであるかという点については判明していない。

(15)　以上の三点につき、ここでは、堀口修編著『明治立憲君主制とシュタイン講義』（慈学社・平成一九年）に収載されているものを参照した。

(16)　「大博士斯丁氏講義筆記」前掲清水『明治憲法制定史』上巻、三六四頁。

(17)　同上、三六四〜三六五頁。

(18)　同上、三六五頁。

(19)　前掲瀧井『ドイツ国家学と明治国制』、一九八頁。

(20)　「スタイン師講義筆記」前掲堀口編著『明治立憲君主制とシュタイン講義』、三六六頁。

(21)　「澳国スタイン博士講話録 子爵藤波言忠筆記 坤」前掲堀口編著『明治立憲君主制とシュタイン講義』、二四九頁。

(22)　前掲『伊東巳代治関係文書』、「四四 純理釈話」。

(23)　同上。

(24)　シュタインは、「国君」、「立法部」、「行政部」という権力の鼎立状態を想定していることから、行政権を「国君」だけに持たせようとは考えなかった。これもシュタイン国家学の一つの大きな特徴であろう。「伊藤に対してもシュタインは、君主が国家の一機関に過ぎないことを論じ、〔……〕後年には国政の場での君主の存在意義を、対外関係などにおいて国家の一体性を外に対して表示しなければならない場合に限定して解釈し、天皇は日本国を『表彰する（represent）』のだと述べている」ことは興味深い。前掲瀧井『ドイツ国家学と明治国制』、二一九頁。いわば、シュタイン国家学では「『君臨すれど統治せず』の原則が明示されている」。瀧井一博『文明史のなかの明治憲法』（講談社・平成一五年）、一一八頁。

(25)　前掲『伊東巳代治関係文書』、「四四 純理釈話」。

(26)　同上。

(27) なお、後年の美濃部憲法学の大臣責任論は、シュタイン国家学のそれと近しいようにも思われる。伊藤を介して日本に移入されたシュタインの大臣責任論は、憲法学史的には、美濃部の登場によって完成されたといって良いかも知れない。この点、「美濃部達吉の天皇機関説における憲法の立憲主義・議会主義的解釈は、伊藤の〔……〕憲法理解の発展線上にあった」という鳥海靖の指摘は示唆に富む（前掲鳥海『日本近代史講義』、一〇頁。なお参照、鳥海『逆属と元勲の明治』（講談社・平成二三年）、二一九頁）。ここには、シュタイン—伊藤—美濃部という憲法思想史・学説史的な流れがあるのではないか。ただし他方で、「美濃部のゲルバー、ラーバント、イェリネック学派への関心に比し、シュタイン、グナイストへの無関心の対照は顕著である」旨の指摘がある（長尾龍一「美濃部達吉の法哲学」同『日本憲法思想史』（講談社・平成八年）、一八〇頁）。
　その美濃部の憲法理論を政治的に抹殺しようと試みた天皇機関説事件（昭和一〇年）について、歴史学者の尾藤正英は、「果たして通説のように、明治憲法の本来の精神から逸脱していた美濃部の学説を、排除するために起こされたものであったのであろうか」と問題提起をし、「むしろ逆に、明治憲法の本来の精神を、あるいは少なくともその中に含まれていた自由主義や議会主義への可能性を、消去することにより、その憲法にもとづく国家体制そのものを改変しようと意図した立場からの、一種の策謀によって発生した事件」ではなかったかという。つまり天皇機関説こそ「明治憲法そのもの」と「基本的には一致している」ものだったのではないかというのだが（尾藤「日本史上における近代天皇制」同『江戸時代とは何か』（岩波書店・平成一八年）、二四三〜二四四頁）、ここでも、シュタイン学説と美濃部学説との近似性のことを考えることができよう。なお尾藤は、天皇機関説事件とは「明治憲法の本来の精神を、あるいは少なくともその中に含まれていた自由主義や議会主義への可能性を、消去することにより、その憲法にもとづく国家体制そのものを改変しようと意図した立場からの、一種の策謀によって発生した事件」ではなかったかとの、上に引用した見立てから出発し、①明治憲法第四条を「実質上において無効とするため」に機関説が排撃されたのではないか、②天皇機関説事件を画策した人物については、貴族院の品位を汚しかねないほどの美濃部に対する侮辱的言辞を「平然と聞き流していた貴族院議長近衛文麿に、暗い影を感じる」と推測している（尾藤「天皇機関説事件のトリック」『日本歴史』七六九号（平成二四年）、六八〜七一頁、引用は六九頁及び七一頁）。

(28) 「澳国スタイン博士講話録 子爵藤波言忠筆記 乾」前掲堀口編著『明治立憲君主制とシュタイン講義』、一四二〜一四三頁。

(29) 「墺国ノ碩儒スタイン 谷農商務大臣質問筆記」前掲堀口編著『明治立憲君主制とシュタイン講義』、四五一頁。

(30) 各機関の「独立」と同時に、有機的にそれらが作用しなければならないともシュタインは明言している。「一国ハ猶一身ノ如シ」といい、「国会ハ耳目ナリ、政府ハ手足ナリ、君主ハ頭脳ナリ、耳ハ聴クノ用ヲ為シ、目ハ視ノ用ヲ為シ、手ハ動カスノ用ヲ足ハ行クノ用ヲ為ス」と説く（「スタイン師講義筆記」前掲堀口編著『明治立憲君主制とシュタイン講義』同上、三七一頁）。同趣旨のものとして、「国家とは、ひとつの人格（person）を形作る人間の団体である」として、国家の「意思を形作る機関が、君主であったり、大統領であったり、あるいは貴族階級であったりする」とし、その意思を「行う機関が、政府である」とも説明している（瀧井一博編『シュタイン国家学ノート』（信山社・平成一七年）、一二一〜一三頁）。

(31) 前掲瀧井『ドイツ国家学と明治国制』、一九三頁。

(32) 同上。

(33) 伊藤博文文書研究会監修『伊藤博文文書 秘書類纂 憲法一二』第八三巻（ゆまに書房・平成二五年）、一二四〜一二五頁、伊藤博文編『秘書類纂 憲法資料』下巻（原書房・昭和四五年）、二七二頁。この一節を見出せる「スタイン氏意見書」の冒頭において、シュタインは「純然タル学問上ノ事ニアラズ、実際上ノ事ナリ」と断りを入れている。

(34) 前掲『伊藤博文伝』中巻、二三〇頁。手紙では、続けて、「アドミニストレーション」に関しては容易ではないが、その「プリンシツプル丈けにても相心得置度」とあった。

(35) 前掲瀧井『ドイツ国家学と明治国制』、二〇二頁。

(36) 瀧井は、この調査によって得られたものの一例として、《大学》という制度を挙げている。この点、瀧井のいう「国制知」というものを考えてみた時、帝国大学と、伊藤博文がその旗揚げに積極的に関わった国家学会という二つ存在が国制維持のための強力な手段であったであろうと推測できる。同上、二頁、二〇九頁、二四五頁以下、参照。

(37) 国学院大学日本文化研究所編『近代日本法制史料集 ロエスレル答議四』第四巻（国学院大学・昭和五六年）、一〇〜一三頁。

(38) 前掲『近代日本法制史料集 ロエスレル答議三』第三巻、二五一頁。

(39) 同上、二五二頁。

(40) 国王にのみ責任を負う旨、同様のことをロエスレルは明治一九年にも答議しており、「国会ニ対シ、責任ヲ有スルモノトセハ、大臣ヲ任免スル国君ノ主権ヲ侵スモノト云フヘシ」といっている。国学院大学日本文化研究所編『近代日本法制史料集 ロエスレ

ル答議五』第五巻（国学院大学・昭和五七年）、五〇頁。

（41）前掲『近代日本法制史料集 ロエスレル答議三』第三巻、二五四頁。

（42）井上毅伝記編纂委員会編『井上毅伝 史料篇』第四巻（国学院大学図書館・昭和四六年）、九三頁。

（43）井上は、明治一五年に自身で作成した憲法草案において、早くも個別的な責任を明記した条文を作成している（「各省卿ハ各々其管掌ノ政令ニ就テノミ責ニ任スベシ其事国憲ノ改正ニ関リ又ハ皇室継統ノ事ニ関リ又ハ議院開閉ノ事ニ関リ又ハ第　条第　条ノ場合ニ於テハ内閣各員共ニ其責ニ任スベシ」）。

（44）井上が《天皇親政》を意識しながら内閣制度を論じていたとするのは、彼のこの時の内閣制度論を観察する際の、妥当な前提であるように思われる。彼が冷徹な実務家的リアリストであったか、或いは天皇親政論に基づく理論家であったかという点への評価は難しい。しかし少なくとも、彼は、新聞紙上に連載した「非議院制内閣論」にて、「抑々勤王と云ひ討幕と云ふもの豈只だ名分に拘はるの空論ならんや蓋し国運を開進するに於いては主権一に帰し機宜活敏以て社会を保全するの必要に迫られたるに由来するや明白なり然るに忽焉之を遺忘し乍ち今日にして政党内閣則ち議院制内閣の説を主張し君主の大権に対峙して両岐の政体を行はんとする者あるに至ては曷ぞ其邪妄を闡かさるを得んや」と書いていた。将来的な見通しとしてはなおその可能性を完全には排除していないものの、維新から一〇年二〇年といった程度では、「君主の大権に対峙」するような「政党内閣則ち議院制内閣」はまだ許されないとする井上の論には、天皇親政を標榜したはずの明治維新が原点であるという強烈な意識が伏在していたといえまいか。前掲『井上毅伝 史料篇』第三巻、六二二〜六二三頁。

この論文は、一面で非常に説得的である。井上によれば、議院内閣制下では大臣を弾劾するのが困難であり、大臣の不正を「審明糺断するの制度は立憲君主制内閣にあらされは行はれさる」ものだという。加えて、「議院制内閣」の過失は国会の過失であるが、その国会多数の過失は何人もそれを糾弾し得ないのだから、「君主内閣の専制を厭ふて政党内閣を採らんとするが議院を憚るの責任内閣を避けて却て議院すらも憚らざる専制大臣を歓迎するの憂あることを悟了せよ」と警告した。これらは、議院内閣制となると、議会多数派と政府とが結託した状態となり、議会による政府監視の機能が損なわれるということであろう（昭和一〇年代前後にも、この種の議論――議院内閣制では議会の監督機能が損なわれる――があり、例えばかような論を展開していた副島義一につき、荒邦啓介「昭和戦前期における副島義一の内閣制論」『法史学研究会会報』一七号（平成二五年）、参照）。そして、「既に欧州の実例に徴し又之を我情勢に考へ弊ありて利を看さるの政党政治を取りて我帝国の立憲の大業に附会し以て彼政党者流の一時の私心を遂けんとする者に党するか如きは生を斯土に享け寰宇に冠絶せる国体と憲法とを有し又身命を賭して維新の偉業に与りたる忠良なる臣民の敢えてせさる所ならん」、と（前掲『井上毅伝 史料篇』第三巻、六三二～六三三頁、六三六頁）。

(45) 前掲稲田『明治憲法成立史』下巻、四三頁。

(46) 同上、八八頁。

(47) 同上、一三二頁。ロエスレルの「日本帝国憲法草案」では、「天皇ノ大臣ハ責任ヲ有ス」とだけある。連帯責任なのか単独責任なのか、ロエスレルの積極的な意見は見出せない。ただ、稲田の指摘の通り、この条文がプロイセン憲法第四四条に倣ったものであったとすれば（同上、一一八頁）、少なくともロエスレルがイギリス流の連帯責任論者ではなかったということを窺い知ることができよう。

(48) 前掲稲田『明治憲法成立史』下巻、二〇三頁。

(49) 前掲『井上毅伝 史料篇』第一巻、五九六頁。

(50) フランスにおける一八七五年の憲法（憲法的法律）については、差し当たり、寺川史朗「フランス憲法略史」植野妙実子編著『フランス憲法と統治構造』（中央大学出版部・平成二三年）、一四頁以下を、該当する条文については、中村義孝編訳『フランス憲法史集成』（法律文化社・平成一五年）、一六九頁を参照。

(51) 例えば、穂積八束は、明治憲法「第五十五条ノ明文ニ国務各大臣ハ天皇ヲ輔弼シ其ノ責ニ任ズト明カニ示シテゴザリマス。国務大臣ト云イテ内閣ト云ハズ、殊更ニ各大臣ト単数ノ語ヲ用ヰテアリマスノハ憲法ノ明文上輔弼ノ任務ト之ニ依ツテ生ズル所ノ責任トハ国務大臣ガ各別ニ単独ニ其ノ責ヲ有シ」（傍点引用者）云々と述べている（穂積『皇族講話会に於ける帝国憲法講義』後編（協同会・明治四五年）、一一六～一一七頁）。

(52) 前掲稲田『明治憲法成立史』下巻、二七六頁。

(53) 同上、三二二頁。

(54) 同上、三四四頁。

(55) 同上、三九九頁。

(56) このような草案起草作業における伊藤・井上の対立構造は、決して内閣の条項だけに見られる特殊なものではなかった。例えば、予算に関する条文での対立構造については、坂井雄吉『井上毅と明治国家』(東京大学出版会・昭和五八年)、一七九頁以下を参照。
(57) 前掲『枢密院会議議事録』第一巻、二九八〜二九九頁。
(58) 同上、三〇〇〜三〇一頁。
(59) 前掲稲田『明治憲法成立史』上巻、七五八頁。
(60) 同上、七四六頁。
(61) 鈴木安蔵『太政官制と内閣制』(昭和刊行会・昭和一九年)、一五五頁。
(62) 前掲『近代日本法制史料集 ロエスレル答議一』第一巻、二一七頁。
(63) 内閣官制への改正は山田顕義から井上毅に起草の依頼がなされ、明治二二年一二月二二日、山縣、山田、井上の三人による検討が行われ、同二四日に公布された。前掲『井上毅伝 史料篇』第四巻、六四八〜六五〇頁。
(64) 宮沢俊義「内閣総理大臣の権限の強化」同『日本憲政史の研究』(岩波書店・昭和四三年)、二五三頁。
(65) 川口暁弘『明治憲法欽定史』(北海道大学出版会・平成一九年)、五〇九〜五一二頁。
(66) なお、大宰相主義か小宰相主義かというこの議論について、清水唯一朗は、永井和や坂本一登の研究成果を受けるかたちで、黒田清隆内閣での条約改正交渉続行が首相統督権(内閣職権第一条)によって強行された事例を踏まえ、次のように述べている。曰く、「論点となるのは内閣における統一の規定、すなわち首相の統率権と各省大臣の独立性である。内閣職権第一条に規定された首相の統督権には、黒田の行動により強権的なマイナスイメージがついてしまったことが否めなかった。しかし、目前に迫った国会開設という現実を踏まえれば、閣内の統一は相当程度担保されていなければ、議会に対して閣内不一致という格好の政府攻撃の材料を与えることとなる。行政の肥大化に伴う各省大臣分任主義の要請、憲法五十五条が規定する単独輔弼原則との合致という課題に応じて大宰相主義をある程度弱めたとしても、議会という共通敵を前にすることで、藩閥政府内部における凝集力を担保できる政治状況が現出していたのである。看過してはならないのは、単独輔弼規定以前の内閣職権においても、改定された内閣官制においても、いずれの場合も天皇が指名するのは総理大臣ただ一人であり、組閣の権限は事実上首相に一任されていたことである。従来の議論は、第二次西園寺公望内閣における上原勇作陸軍大臣の帷幄上奏など、いわば逸脱した事例によって内閣統合の脆弱性を論じ、それ以外の安定期を軽視してきたきらいがあろう。〔……〕内閣職権から内閣官制への改正はむしろニュアンスの変更という側面が強く、政権担当者が崩壊期を柔軟に受け入れ、交替を可能とする寛容的制度として形成されたと評価しなければ、逸脱の事例よりも遥かに長期に及ぶ平時における安定の創出を説明することはできまい」、と（清水『政党と官僚の近代』（藤原書店・平成一九年）、三二頁）。ただし清水は、上のように内閣職権から内閣官制への改正が「ニュアンスの変更という側面が強」いと評しつつも、首相による「統率型」の内閣運営が期待されていたはずの内閣職権下の内閣のあり方から、山縣によって改正された内閣官制下の内閣が「放任型」の運営へのシフトであった点を軽視している訳ではもちろんない（参照、清水「政治主導と官僚主導」『レヴァイアサン』四八号（平成二三年）、一四頁）。しかし、たとえ「放任型」の制度設計を有する内閣官制であるとはいえども、清水曰く、「同時代における議論を追うかぎり、閣内不一致を危惧する議論はあまり見られない。それは大臣となる人材が伊藤、山県らいわゆる元老級に限られており、彼らのあいだでの属人的な調整が自明の前提として広くとらえられていたことを窺わせる。この時点では、内閣での調整は経験の範疇に収まると考えられていた」（同上、一五頁）。

(67) 前掲川口『明治憲法欽定史』、五一二頁。川口は、内閣官制での閣議の制度化、すなわち全体輔弼事項の列挙による連帯責任制度の明文化は、井上の敗北であると解釈している（同上、五二九頁以下）。

(68) 美濃部は、第五五条に示された大臣責任が連帯のものか単独のものかは「何等の明文も無い」とし、ただ、「条理より言へば、内閣の一般政策に関し、閣議に依つて定まつた事項に付いては、全内閣が連帯責任を負ひ、各省主管の事務で、その省限り専行するものに付いては、主任大臣が単独に責任を負ふのが、当然である」という（前掲美濃部『逐条憲法精義』、五五二頁）。

(69) 長尾龍一「法思想における『国体論』」同『日本国家思想史研究』（創文社・昭和五七年）、九頁。

(70) 宮沢俊義「明治憲法の成立とその国際政治的背景」前掲同『日本憲政史の研究』、一一七頁。

(71) 前掲永井『近代日本の軍部と政治』再版、三七〇頁。

(72) 前掲『明治天皇御伝記史料　明治軍事史』下巻、一〇〇〇頁。

(73) 前掲伊藤博文文書研究会監修『伊藤博文文書　秘書類纂　官制一』第九一巻、八五頁以下、前掲伊藤編『秘書類纂　官制関係資料』、一一九頁以下。

（74）「付録・軍令ト軍政」小林龍夫編『翠雨荘日記』（原書房・昭和四一年）、九一九頁。

（75）前掲神田「統帥権と天皇制（二）」、一四二頁。

（76）前掲由井『軍部と民衆統合』、二一～二二頁を参照。なお、明治三三年前後の帷幄上奏による軍事勅令については、前掲「付録・軍令ト軍政」小林編『翠雨荘日記』所収の「二　帷幄上奏国務大臣上奏勅令調」（八八一頁以下）がある。

第四章　統帥権事件史点描

本章では、明治憲法制定期に築かれた「国務」と「統帥」との分立構造の、その後の展開史から、昭和五年に至るまでに生じたいくつかの重要な事件を点描したい。具体的には、軍部大臣現役武官制（明治三三年）、陸軍二個師団増設問題（大正元年）、ワシントン海軍軍縮条約締結時の「海軍省意見」（大正一一年）、そして最後に、貴族院で交わされた統帥権をめぐる議論によって明らかとなった政府の統帥権解釈（大正一四年）を扱う。このうち、最後に掲げた大正一四年の政府の統帥権解釈は、後のロンドン海軍軍縮当時の陸軍側の憲法解釈を評価するに際し、見過ごせないものである。以下、先行研究に依拠しつつ、簡単にではあるが、上述の事件に触れていこう。

一　軍部大臣現役武官制と陸軍二個師団増設問題

明治一一年の参謀本部設置やその後の憲法制定過程は、前章までに見てきた通りであった。明治国家はその後、内閣や元老らの活躍によって、「国務」と「統帥」との調和を保ったまま日清・日露戦争を乗り切ったといえる。その後の議会政治の中で、統帥権との関連で注目すべき最初の事件は、山縣有朋が実施した軍部大臣現役武官制の確立（明治三三年）と、結果として西園寺公望内閣の死命を決した陸軍二個師団増設問題（大正元年）とである。

まずは、軍部大臣現役武官制についてである。明治一八年に太政官制度から内閣制度へと移行してから、陸海軍大臣には、第二次松方正義内閣での高島鞆之助陸相が予備役中将であったのを除けば、すべて現役武官が充てられてきた。とすると、殊更、その任用資格を現役武官に限る必要もないように思えるが、明治三一年六月成立の第一次大隈重信内閣（いわゆる隈板内閣）が初の政党内閣であった点は、やはりこの問題を考える際に重要な出来事であった。今後政党内閣が誕生しようとも、政党勢力を軍内部へと侵入させない為の方策こそ、陸海軍大臣及び陸海軍省次官を現役武官（大・中将）に限るという任用資格制限であった。

大隈内閣から山縣内閣へと変わり、明治三三年五月一九日、陸軍省官制が改正された。官制の「附表」である「陸軍省職員表」中の「備考」に、「一、陸軍大臣及総務長官〔後の次官〕ニ任セラルルモノハ現役将官ヲ以テス」との一文が書き込まれた。(1) 同日改正の海軍省官制の方でも、「別表」の「海軍省定員表」中の「備考」に同趣旨の一文が見える。

大隈内閣はわずか数か月の短命内閣であり、同内閣の陸海軍大臣はなお現役武官で占められていた。ただ、政党員が陸海軍大臣に就くという事態が今後も絶対にないとはいい切れない。井上寿一によれば、そもそも山縣は、民権派の影響力が軍内部に入り込むことを恐れた為に、明治一一年の参謀本部設置や同一五年の軍人勅諭発布等に取り組んできた。(2) 明治一〇年代からこの第二次山縣内閣期までの山縣の取り組みは、一貫したものであった。参謀本部の設置や軍部大臣現役武官制の確立は、その後の政治過程で陸軍の政治力増大に寄与したのは疑い得ないものの、しかしその当初の意図は、民権派の影響を抑制し、軍の政治的中立性を保つ点にあった。加えて、大隈内閣が勅任官人事に政党員を充て、山縣内閣になってそれを制限したという、当時の官僚人事全体の流れについても見逃せない。(3) この時の軍部大臣現役武官制の確立もまた、まずは、政治任用と資格任用との間で揺れ動いた当時の官僚制の設計という文脈の中で理解されるべきであろう。

この軍部大臣現役武官制を用いて、陸軍軍備拡張の為に立憲政友会を背景とした第二次西園寺公望内閣を崩壊に追いやったのが、周知のように、大正元年の二個師団増設問題であった。この時期、二個師団増設が緊急の問題として提起された理由としては、北岡伸一が三つほど、挙げている。北岡によれば、第一の理由は極東におけるロシアの交通網の整備が完成に近付いてきており、ロシアとの有事に備えた軍備増強が要請されていたから、第二の理由は中国・清朝の崩壊を受けて、ロシアとの直接対峙に備えなくてはならず、また日本にとっても大陸進出の好機となってきたから、第三の理由は当時海軍軍拡が陸軍に先行していた為に、陸軍としてここで師団増設に着手することで海軍に対する威信保持となるからであった(4)。

予算上の制約がある中で、内閣と折衝を続けていくだけなら何の問題もない。むしろ、ロシアへの脅威に備えたいというのは、軍の当然の要求である。問題となるのは、財政難といった理由等から内閣によってこの師団増設に難色を示され、世論も内閣を支えている状況を見た陸軍が、上原勇作陸相の単独辞職の後、倒閣の意志を持ちながら後任陸相を出さなかったという点である。当時、陸軍首脳部がどのような展望を持ってこの問題に対処していたのか、そして西園寺内閣総辞職の場合にどのような内閣を期待していたのかについては、由井正臣によって明らかにされている。それによれば、師団増設要求によって内閣を総辞職に追い込んだならば、寺内正毅に組閣の大命が下るように環境を整え、その下で二個師団増設を実現させるというのが陸軍首脳部の構想であったという(5)。

西園寺内閣と陸軍との対立は、「国務」と「統帥」との対立に他ならない。この事件は、協調的関係にある両者が粘り強く交渉・調整を続けるのではなく、一方が他方を強制的に退場させる意図を持ちながら展開した。ただし、陸軍二個師団増設問題の顛末を本書の関心に即して眺めると、編制・兵力量決定に関わると思われる事項については、軍の側では現内閣の反対にあってしまえば容易に実現できるものではなかったし、また、内閣の側でも軍の要望を否定し続けるのが難しかったといえる。

二　ワシントン海軍軍縮条約締結期における「海軍省意見」

次に検討したいのは、大正期に海軍内部で現れた統帥権独立《否定》論である。それは、ワシントン会議（大正一〇年一一月〜同一一年二月）の際、海軍省内でまとめられた「海軍省意見」の中に見出せる。

ワシントン会議は、海軍軍縮についても話し合われたものであった為、海軍は当事者であった。序章で述べたように、会議では、各国が主力艦の制限で合意し、日本もその制限に服することとなった。首席全権を務めたのは、海軍大臣・加藤友三郎（海軍大将）であった。

統帥権独立否定論が海軍省内から出てきたというのは、この加藤海相のワシントン派遣と関係していた。それは、海相の派遣に際して、武官ではない原敬首相が「臨時海軍大臣事務管理」という肩書を得たことに起因していた。例えばこれが、原首相による大蔵大臣「事務管理」であれば、特段、議論も生じなかったであろう。ただ、軍機軍令にも関与可能で、武官を充てることになっていた軍部大臣の「事務管理」であった為、種々の問題が生じたのである。ここでは、当時の陸軍側の資料から、海相「事務管理」問題に関する閣内での様子を記しておこう。

原首相遭難の一か月ほど前の大正一〇年一〇月、加藤海相が会議首席全権として派遣されるのに併せて、原が海相「事務管理」となった。ここでまず重要な論点となったのは、原が内閣官制第九条（「各省大臣故障アルトキハ他ノ大臣臨時摂任シ又ハ命ヲ承ケ其ノ事務ヲ管理スヘシ」）に基づいて、海相「摂任」となるのか、それとも「事務管理」なのかという問題であった。

原はこれにつき、内閣法制局に相談した。法制局長官は、横田千之助である。横田は、「僅ニ法文章句ノ解説ニ止メ直ニ立法論ニ言及シ海軍大臣ノ所管ニ属スル統帥事項ハ国務ニ属スルヲ至当」との考えを示したという。法制局の議論は、つまるところ、原首相の「海軍大臣事務管理並軍令ニ対スル副署ノ差支ナキヲ論結セントスルモノ」であった。海軍省は、この法制局の見解を支持し、大臣任用資格が海軍大中将に限られているので「文官ヲ以テ海軍大臣ヲ摂任セシムルハ」許されないが、「内閣官制第九條ニ依リ其事務ヲ管理セシムルハ」許されるとした。

これに反対したのが陸軍省である。陸軍省は、原の海相「事務管理」が大臣任用資格の制限に現れている「現行法制ノ精神」に反するものだし、「陸軍トシテハ統帥権独立ノ必要上文官ヲ以テ陸軍大臣ト為スハ絶対ニ不同意」（傍点引用者）であるとした。

この陸軍省の反応から判明するのは、このワシントン会議での「事務管理」問題が、統帥権独立制度そのものを切り崩しかねない一大問題だと陸軍に受け取られていた点である。海軍の軍縮問題でありながら、軍部大臣《文官》制論議へと発展する可能性を孕んだ問題と捉え、「統帥権独立ノ必要上」から文官制絶対反対を強く唱えたのが陸軍であった。

更に重要なのは、陸軍の懸念——統帥権独立制度が切り崩されるのではないか——を現実化しかねない改革的意見が海軍省内で展開されていたという事実である。ワシントン会議が始まる少し前まで原内閣で陸相を務めていた田中義一の手許にあった文書のうち、「海軍省意見」と題されたものの中には、統帥権独立制度を根底から覆す海軍省内での議論が残っている。

「海軍省意見」では、「軍機軍令ニ関スルモノノ中ニハ軍政事項及統帥事項〔＝軍令事項〕」が存在し、軍政事項が国務大臣の輔弼によるという点は異論のないところだが、これに対して「統帥事項カ国務ナリヤ否ヤニ就テハ学説上頗ル不明」だとし、「統帥事項」を国務に非ずとは断言していない。それどころか、この「海軍省意見」では、「統帥事務」を国務だとしているのである。すなわち、統帥事項が国務か否かは「学説上頗ル不明」で、「我国ノ学者ノ多数ハ国務ニ属セスト為ス（美濃部〔達吉〕、副島〔義一〕、上杉〔慎吉〕、市村〔光恵〕、有賀〔長雄〕ノ諸博士、清水〔澄〕博士ハ以前ニハ国務ニ属セスト論セシトモ近時之ヲ論セス）」。しかし、「統帥カ国務ニ非ストナスハ独断ニ過キンカ」。「憲法ハ国務大臣ノ職責ニ制限ヲ附セサルヲ以テ国家ノ元首ノ大権ノ一切ニ付キテ輔弼ス可キハ自然ノ理ナリ」。過去の実例に徴しても、「軍令制度〔明治四〇年「軍令ニ関スル件」に基づく法令形式としての「軍令」の制度〕ヲ設ケラル、前ハ統帥事項ノ命令モ陸海軍大臣副署シテ勅令トシテ公布セラレタリ」。また、「統帥ト其他ノ軍政及一般行政トハ密接ノ関係ヲ有シ之ヲ分割シテ一部ヲ国務大臣ノ輔弼範囲外ト為ス如キハ行ヒ得可キモノニ非ス」。そして、結論として、「既ニ国務大臣ハ統帥ニ付キ輔弼ス然ラハ陸海軍大臣カ軍令ニ副署スルハ憲法上国務大臣トシテ為ス副署ナルコトハ明ナリ故ニ内閣官制ニ依リ海軍大臣代理者カ代リテ副署スルハ支障アルコトナシ」という。(8)

この「海軍省意見」は、直接的には、「故ニ内閣官制ニ依リ海軍大臣代理者カ代リテ副署スルハ支障アルコトナシ」という一文が示すように、原首相の海相「事務管理」を擁護すべく書かれたものであった。しかし、「統帥事項」も陸海軍大臣が憲法上の国務大臣として輔弼するとの点、すなわち憲法上の輔弼責任を負うとの点を明言していたことは、無視できない。ここで提示された理解は、統帥権独立制度とは明らかに反する。更にいえば、憲法学説上多くの者が慣行や慣習等を理由として基礎付けていた統帥権の独立を、海軍省内部にて否定していたというのが、この「海軍省意見」の持つインパクトであった。

このような統帥権独立否定論が海軍省内から出てきた背景には、原首相自身がそれを目論んでいたということもあったのではなかろうか。原の目指す政治・軍事のあり方は、原や田中陸相の言動を検討した小林道彦によれば、政府・内閣が全国政の責任を負うという観点から、統帥大権にもまた国務大臣の輔弼を要請する政治体制であったとされる(9)。また、当時の海相が加藤友三郎であったという点も、このような意見が海軍省内で登場したことと関係しよう。海相の職責を原に任せ、会議首席全権としてワシントンに滞在していた際の「国防ハ軍人ノ占有物ニ非ス」という言葉に代表される認識、すなわち国力に応じた軍備・外交による戦争の回避によってこそ、真の国防が達成できるとの認識と、「金ガ無ケレバ戦争ハ出来ヌ」というリアリズムに裏打ちされた思考の双方を加藤友三郎が持っていたことに鑑みれば(10)、「国務」と「統帥」との分立構造に本質的な転換を迫る議論が省内で出てきても不思議ではない。原首相による海相「事務管理」（及びその内閣を引き継ぎ、参謀本部廃止論を唱えたこともある高橋是清首相・海相「事務管理」）と加藤海相・会議首席全権の考えが土台として存した中で、上掲「意見」が醸成されたと考えても良かろう(11)。

三　大正一四年の帝国議会における論議

最後に、大正一四年の帝国議会にて交わされた統帥権をめぐる議論を検討しておきたい(12)。

(一)　内閣の解釈

第五〇回帝国議会貴族院は、大正一三年一二月、本会議に入っている。そこで政府から提出された一つの法律案の審議過程で、統帥権をめぐる議論が展開された。その法律案とは、「陸海軍ノ政務次官及参与官ニ軍刑法ノ一部ヲ適用セサル法律案」であった。

この法律案自体は簡潔なもので、軍人の政治活動の禁止というルールに例外を設けようとしたものに過ぎない。すなわち、陸海軍刑法では、軍人が政治に関して上書・建白をすること、演説や文書で意見を公けにすること等を禁止していたが(13)、「陸海軍ノ政務次官及参与官」は文官ながらも軍人に準ずる「軍属」に当たる為、このままだと同規定の適用を受けることになってしまう。しかし、政務次官・参与官に対しては、「其性質ニ鑑ミマシテ、他ノ陸海軍ノ文官同様ニ此法条ノ適用ヲ受ケシムルノ必要ヲ認メ」ない。政治活動の禁止規定を政務次官・参与官には適用しない旨を明らかにしておくことが「軍紀ノ維持」という観点から必要である。法案提出時の財部彪海相の説明は、大略、以上のようなものであった(14)。法律案それ自体は、実に簡潔なものであった。法律案提出者たちも、この法律案が大きな問題へとつながっていくとは思っていなかったに違いない。

しかし、この時をチャンスと見たのが、貴族院議員の花井卓蔵であった。

花井は、「本案ハ法律ト致シマシテハ極メテ簡単デアリマスガ」と前置きをしつつ、「立法府ト致シマシテハ、最大ナル注意ヲ払フベキ重大ナル事項」があるとした。そして彼は陸海軍省官制にいう「軍政」とは何か、憲法第一一条の「統帥大権及軍令」に対して陸海軍大臣は「職責」を有するのか等といった質問を投げかけた。この時の財部の本会議での答弁は、余り要領を得たものではなく、調査をしてからまた答えると返している(15)。当時のある新聞が袖見出しに書いたように、単なる一法律案の審議だったにも係らず、「意外に面倒になつて来た(16)」のである。

このように、政務次官及び参与官に陸海軍刑法を適用せず、自由に政治上の意見を表明できるようにするだけの法律案の審議の途上、花井によって急に浮上させられたのが、統帥大権と陸海軍大臣の「職責」との関係についての難題であった。政府も確たる返答をせざるを得なくなったと見たのであろう、同法案審議の為の特別委員会において、憲法第一一条・第一二条・第五五条の関係について、かなり突っ込んだ答弁を行った。では、政府は、この問題をどのように考えていると答えたのか。大正一四年三月、この法案審議の為の特別委員会で、法制局長官・塚本清治は、内閣の責任ある答弁として、統帥権に関する憲法解釈を提示した[17]。その要点は、次のようなものであった。すなわち、①統帥大権が大臣の輔弼から外れるのは国法上の沿革からそのように解されるとし、統帥権の独立を慣習という観点から根拠付けた点、②統帥に関する事項であっても国務大臣が輔弼の責に当たるべき事項と密接に関係する時は、その国務に関する範囲においては大臣が責任を持って参画し、反対に、編制大権もまた統帥大権と密接に関係を有するので、その行使の際に統帥大権の作用を受けるものがあるという考えを示した点、の二つである。

ここで塚本の示した統帥権解釈は、軍政と軍令とが相互に乗り合う領域があるというもので、軍の実務に大きな影響を与えていた有賀長雄の議論（「混成事務」論）がベースにあったと考えられ、昭和五年に見られた「協同輔翼」論に根拠を与えるものでもあった[18]。有賀については、本書第六章で扱う。

(二)　陸軍の解釈

では、大正一四年時点の陸軍では、この問題をどのように解していたのだろうか。

この時の陸軍は、興味深いことに、内閣と足並みがそろっていたように見受けられる。上述の塚本答弁があったのと同じ年、内閣の統帥権解釈を陸軍が共有していたことを示す資料が、「統帥権並之ニ関連スル諸問題ノ研究」（大正一四年一二月一日付[19]）である。同「研究」は、「憲法第十一条及第十二条ノ意義並両者ノ関係」を次のようにまとめている。

「憲法第十一条ハ統帥大権、同第十二条ハ編制大権カ天皇ノ親裁事項タルコトヲ示ス統帥大権ハ専ラ帷幄ノ大令ニ属シ、編制大権ハ責任大臣ノ輔翼ニ依ルヲ本則トスルモ統帥大権ト編制大権トハ密接ノ関係ヲ有スルヲ以テ其行使ノ上ニ於テ互ニ他ノ作用ヲ受クルモノアリ」（傍点引用者）。

陸軍もまた、統帥大権と編制大権とについて、相互に影響を受け合う領域があるとしていた。これは塚本答弁と同じである。軍政・軍令の混成のものとして、同「研究」では、具体的に、①「平時外国派兵並治安維持ノ為ノ出兵（現制ニ於テハ純統帥大権事項ノ取扱ヲナス）」、②「兵額ノ決定」（以上①及び②は「一般政務ト関係ヲ有スルモノ」とされている）、③「編制、装備（制式ヲ含ム）」、④「動員」、⑤「要塞、団体配置」、⑥「教育、検閲（大演習ヲ含ム）」、⑦「紀律」、⑧「武官人事」が挙げられている（「軍務区分一覧表」）。

昭和五年の問題は、このうち、②及び③と関係するものと思われる（もちろん、海軍軍縮のことだという点を無視すれば、である）。大正一四年時点の陸軍では、それを混成のものだと理解していた。これは結局、軍政・軍令両機関が一方的に決められるものではないということを意味しよう。そして、陸軍のように具体的に何が混成のものであるかは示されていなかったものの、枠組みとしては、当時の内閣と陸軍とが統帥権解釈を共有していたといえそうである。つまり、統帥大権と編制大権とが混じり合う領域を認めていた。この大正一四年というタイミングでは、内閣と陸軍とが、統帥権に関する憲法解釈においてほぼ一致できていた。そして、昭和五年に至って、ここで見た大正一四年時点での憲法解釈と同一のものを提示したのは、むしろ陸軍（・海軍軍令部）の側であったようにも思われる。

四　小　結

本章では、統帥権独立制度を中軸とした「国務」と「統帥」との分立構造から生じた事件のいくつかを点描した。明治から大正にかけての軍部大臣現役武官制の確立及び陸軍二個師団増設問題は、山縣と陸軍が、政党との対決姿勢を露わにすることで生じたものであった。世界的な軍縮ムードを背景としたワシントン海軍軍縮の時代においては、序章で述べたように、後年のロンドンでの混乱を生じさせる英米に対する感情的反発心を加藤寛治や末次信正らに植え付けたとはいえ、海軍省内で統帥権の独立否定が論じられるほどであった。明治憲法下の我が国において一貫して存続した統帥権独立制度は、政党政治が本格化する国内政治の状況や、軍縮を求める国際政治の状況に、大きく揺さぶられてもいたのである。この点は、憲法学説も無関係ではいられない。

そのような中で、大正一四年の内閣と陸軍との統帥権解釈の一致は、「国務」と「統帥」との関係がある程度安定的であった証拠だといえる。かような《凪ぎの時代》はしかし、昭和五年、内閣・陸軍・海軍・帝国議会・枢密院等を巻き込んで、統帥権独立制度の再考の時を迎えることで幕を閉じる。

ところで、統帥権をめぐる各種事件があった中、憲法学者は、「国務」と「統帥」との分立構造にどのような理解を提示したのか。本書で見ていくように、「国務」と「統帥」との分立構造に対し、ある種の《修正》を施す理論もあった。そして、昭和に入ると、分立構造に対して根本的な《克服》を求める者も登場した。本書第二部第六章及び第七章で扱う統帥権理論史上の重要人物、有賀長雄と中野登美雄は、「国務」と「統帥」との分立構造を、すなわち両権力の割拠的・分立的なあり方を、《統合》の方向へと持っていこうとした学者であった。これはつまり、明治憲法体制下の《権力の割拠性》という特色に対する挑戦に他ならなかった。とはいえ、課題となるのは、ではどのように̇し̇てそれを実現させるのか、という点である。

註

（1）内閣官報局編『法令全書』明治三三年五月一九日、二三〇〜二三一頁、二三四〜二三五頁。
（2）前掲井上『山県有朋と明治国家』、四五頁以下。
（3）この辺りの全体的な流れ、とりわけ大隈が明治一四年以来の宿願としていた政治任用と、山縣が再び資格任用へと舵をきり直した様子は、参照、清水唯一朗『近代日本の官僚』（中央公論新社・平成二五年）、二一八頁以下。
（4）北岡伸一『日本陸軍と大陸政策』（東京大学出版会・昭和五三年）、一二六〜一二七頁。当時海軍だけが特別扱いを受けていた点、そしてそれは、西園寺が海軍と薩摩系官僚との支持を得たいが為であったと指摘するものとして、坂野潤治『近代日本政治史』（岩波書店・平成一八年）、一〇七〜一〇八頁。
（5）前掲由井『軍部と民衆統合』、七三〜七七頁。
（6）資料・文献によっては、「海軍大臣臨時事務管理」と表記されてもいるが、ここでは、帝国議会議事録や勅令にある副署に従って、「臨時海軍大臣事務管理」とした。結果として首相と海相「事務管理」者とを同一人が務める訳だが、例えば、原敬遭難後の大正一〇年一二月に公布されたある勅令署名原本では、御名御璽に続き、年月日とともに「内閣総理大臣子爵　高橋是清」という副署と、「臨時海軍大臣事務管理　内閣総理大臣子爵　高橋是清」という副署とが並んでいる。JACAR: A03021354600、御署名原本・大正一〇年・勅令第四八三号・海軍現役士官現役特務士官候補生及現役准士官ノ婚姻ニ関スル件制定海軍現役軍人結婚条例廃止（国立公文書館）。
（7）国立国会図書館憲政資料室蔵（山口県文書館蔵）『田中義一関係文書』、「書類の部八四　海軍大臣事務管理問題顛末」（大正一〇年）。

（8）　同上、「書類の部八五 海軍大臣事務管理問題ニ就テ」（大正一〇年）の「海軍省意見」。
（9）　小林道彦『政党内閣の崩壊と満州事変』（ミネルヴァ書房・平成二二年）、一～七頁、特に三頁。
（10）　堀悌吉「加藤全権伝言」前掲大分県先哲史料館編『堀悌吉資料集』第一巻、七〇頁。
（11）　この原首相・海軍省と陸軍省との意見対立は、その対立を維持しつつも、これ以上の混乱が生じるのを避けるべく、田中前陸相の斡旋によって調整されることとなった。すなわち、①海相渡米中の職務執行に関する官制解釈について陸海軍の一致が認められないのは遺憾だが、陸相は海軍に対して意見一致を強いることはしないし、自己の意見を修正することもしない、従って必要な際には陸軍の主張を明らかにするのも憚らない。これを了解してもらえるのであれば、陸軍としては首相にこの問題を一任する、②首相は官制の解釈について海相と同一意見だが、陸相の見解や意見を否定・排斥するものではないし、自身の見解を陸軍に適用しようとする意思を有する訳でもない、という二点を記した「覚書」が原らによって作成され、田中がこれを携え、首相らと山縣や山梨半造陸相との間を取り持った（原奎一郎編『原敬日記』第五巻（福村出版・昭和四〇年）、四五七頁）。
（12）　大正一一年及び同一四年の帝国議会での統帥権をめぐる議論を紹介しているものとして、伊藤隆「『統帥権独立』について」『史窓余話（国史大辞典付録）』一〇号（平成元年）。
（13）　軍人の政治活動禁止規定の成立（明治一四年）については、遠藤芳信「一八八一年陸軍刑法の成立に関する軍制史的考察」『北海道教育大学紀要（人文科学・社会科学編）』五四巻一号（平成一五年）、一三八頁以下。
（14）　『第五〇回帝国議会貴族院議事速記録』六号、大正一四年一月二八日。
（15）　同上。
（16）　『大阪朝日新聞』大正一四年一月三〇日。
（17）　『第五〇回帝国議会貴族院陸海軍ノ政務次官及参与官ニ軍刑法ノ一部ヲ適用セサル法律案特別委員会議事速記録』四号、大正一四年三月二二日。なお、昭和五年、枢密院副議長であった平沼騏一郎が、この時の塚本答弁を以て「一番明瞭」な説明方法だと評価していた点、前掲増田『天皇制と国家』、一七四頁。
（18）　前掲伊藤『大正デモクラシー期の法と社会』、二八六頁、二八〇頁。
（19）　防衛省防衛研究所蔵『大正九～十五年度 統帥権問題ニ関スル綴 其一』所収（JACAR: C13071294000、統帥権問題に関する綴

其一　大正九〜十五年度（防衛省防衛研究所））。ただ、同「研究」がどのような経緯で作成されたのか、また、書き手が誰なのかは判然としない。とはいえ、時期・内容からして、陸海軍大臣の文官制議論をも含む、統帥権制度全般に関する総合的な研究成果の一つであることは間違いないように思われる。

同「研究」中、文官制議論に触れている箇所では、武官制を「今俄ニ撤廃スルノ要アルヲ見サルナリ」と結論付けてはいるものの、続けて、「然シ乍ラ将来ニ於テ憲政運用ノ見地ニ立ツ政治的要求ニ制セラレ武官制撤廃ノ余儀ナキニ至ル場合ニ於テハ諸般ノ制度ヲ之ニ適スル如ク更改スルノ要アリ蓋シ現在ノ諸制度ハ大臣カ武官タル事実ヲ基礎トシテ制定セラレアルモノナレハナリ、而シテ諸制度ヲ如何ニ改正スヘキヤニ関シテハ之ヲ別ノ研究ニ譲ル」と述べて筆を擱いている（なお、同「研究」では、「附録第二　統帥権ニ関スル各説一覧」というものが附され、美濃部、有賀、市村光恵、上杉慎吉、清水澄といった、本書第二部で取り上げる憲法学者らの学説が並べられている）。

このように、同「研究」は、軍部大臣文官制をまずは拒否しながらも、将来も絶対に不可であるという姿勢をとっている訳ではなく、文官制必至の情勢になった場合も考慮して、その際になされるべき諸制度の改正等の研究を行うべし、としている。事実、翌年四月には「陸軍大臣文官制ニ関スル研究」（前掲『大正九〜十五年度　統帥権問題ニ関スル綴　其一』所収（JACAR: C13071293700、統帥権問題に関する綴　其一　大正九〜十五年度（防衛省防衛研究所））が、永田鉄山らの思想を反映したかたちで（参照、森靖夫『永田鉄山』（ミネルヴァ書房・平成二三年）、一一一頁以下）作成されている（なお参照、前掲森『日本陸軍と日中戦争への道』、五〇頁以下、森靖夫「統帥権独立制の改革と抵抗」櫻井利江他『ダイバーシティ時代における法・政治システムの再検証』（成文堂・平成二六年）、四三頁以下）。「統帥権並之ニ関連スル諸問題ノ研究」（大正一四年一一月）と「陸軍大臣文官制ニ関スル研究」（大正一五年四月）とは、一続きのものだと考えて良いであろう。

第二部　理論史的検討

第五章　統帥権理論の諸相

第二部では、統帥権理論史を検討する。特に、有賀長雄と中野登美雄とに焦点を当てたいが、その前に、明治憲法下の憲法学における統帥権理論の全体的な見取り図を得たい。ここで統帥権理論全体の鳥瞰図を得ることで、第六章及び第七章で扱う有賀長雄及び中野登美雄の理論史全体の中での《立ち位置》を把握できよう。この第五章は、統帥権の理論史的検討の導入部である。

明治憲法下の憲法学における統帥権理論史を概観する時、参照すべき有益な先行研究としてはまず、藤田嗣雄のそれ(1)と、中野登美雄のそれ(2)とを挙げなくてはならない。以下、両者の研究を参照し、著名な当時の憲法学者の統帥権理論を簡単に紹介する。

具体的には、①日本憲法学の一源流となった東京帝国大学教授・穂積八束、②その穂積の衣鉢を継ぎ、明治晩年以降「正統学派」の先頭に立っていわゆる「立憲学派」と対立した東京帝国大学教授・上杉慎吉、③京都帝国大学憲法講座の初代担当者であり、徹底した文理解釈に基づく憲法学を構築した京都帝国大学教授・井上密、④同じく京都帝国大学で教鞭を取ったが、井上とは違う結論を導き出した京都帝国大学教授・市村光恵、⑤美濃部らと並んで天皇機関説を展開し、論壇や議会にも活躍の場を広げた早稲田大学教授・副島義一、⑥立憲学派として昭和五年の統帥権論争で軍部と対立した東京帝国大学教授・美濃部達吉、⑦政治学者として統帥権問題を積極的に論じ、軍閥批判を展開した東京帝国大学教授・吉野作造、⑧美濃部らと同様、昭和五年統帥権論争時に発言をした京都帝国大学教授・佐々木惣一、⑨宮中とも関係が深く、最後の枢密院議長を務めた学習院教授・清水澄の九人の統帥権理論がここでの対象である。

各論者の統帥権理論を取り上げる前に、統帥権理論の年代別の全体的な特徴を大まかながら述べておこう。まず、明治憲法制定期の明治二〇年代においては、当時の著作の多くは、藤田嗣雄によれば、軍制理解も浅く、国務大臣の輔弼を統帥権にも求めるものが見られた(3)。明治三〇年代になると、ドイツにおける学説の影響を少なからず発見できる著作が増え、軍政と軍令との別を述べ、統帥権を大臣輔弼の範囲外と解するものが続々と出現した(4)。ただし、明治二〇・三〇年代は統帥権が問題化する前の時代であり、統帥権の独立を意識的に論ずる者はわずかであった。ただ、中野登美雄が指摘しているように、この明治三〇年代に、早くも積極的にこれを論じて法学的考察を深めたのが有賀長雄であった(5)。その後は、いくつかの例外的研究――統帥権の独立を否定する研究――も見られたが、多くの者は、軍政と軍令との別と、統帥権を大臣輔弼の例外とする論とに与した憲法論を展開した。

次に、統帥権の独立を主張する為に生じた憲法学説は大別して二つであったという藤田嗣雄の指摘をここで紹介しておく(6)。藤田によれば、一つ目のそれは「是認説 Rechtfertigungsversuche」、二つ目のそれは「限界説 Abgrenzungsversuche」と名付けられる。「是認説」とは、①「巧妙な憲法典の解釈によって、例外〔統帥権を国務大臣の輔弼・副署の対象の例外とすること〕を誘導せんとするもの（憲法の意図、統帥権に関する規定の解釈、憲法制定史等々）」、②「不文法又は慣習法から憲法典における変則を説明せんとするもの」である。「限界説」とは、①「大元帥対国家元首」、②「軍事命令対命令権」、③「統帥・軍令対軍政」、④「統帥権対国務・政務」の四通りの対立項を設定し、それぞれの「限界に基づいて軍令の副署及び大臣責任の欠缺を説明せんとするもの」である。

先述のように、ここで諸学者の統帥権理論を紹介するのは、当時有力な憲法解釈を展開した人々が示したいわばスタンダードな憲法解釈を把握しておくことが、次章以下で検討する有賀長雄・中野登美雄の統帥権理論をより精確に理解するのに資するからである。明治憲法下における統帥権理論を最初に確立し、昭和五年に至るまで有力な理論として軍内部で参照を受けたのが有賀長雄であった。中野は、有賀のそれを乗り越えようと試みた昭和五年の論や、その後の国防問題への関心の高さ、更には『統帥権の独立』（昭和九年）や『戦時における政治と公法』（昭和一五年）等の書名からも窺い知れるように、統帥権理論の専門家であった。有賀を日本近代の統帥権理論史における実質的な出発点と設定するならば、中野はその終着点に位置する人物であった。この二人の学説に対する検討を深める為にも、統帥権理論史全体の簡単な見取り図を用意する必要がある。

一　穂積八束

まずは、日本近代憲法学における「正統学派」を形作った東京帝国大学教授・穂積八束である。穂積は、明治一六年東京大学文学部政治学科卒業、同一七年から欧州留学の途に就いた。明治二二年三月帝国大学法科大学教授。その後、法科大学長や貴族院議員等を歴任した。

穂積は、欧州留学からの帰朝直後、「帝国憲法ノ法理」を公けにした。この「帝国憲法ノ法理」は、「憲法発布日直前の（明治）二十二年一月二十九日、日本憲法学界に君臨すべき、即位直前の帝王として」帰国した穂積が発表したもので、「欧米最新の学問を習得した彼のトランクから、如何なる素晴らしい憲法理論が出てくるであろうかと、少なくとも政府寄り、ドイツ派の人々は大いなる期待をもって迎え、そうでない人々も、鬼が出るか蛇が出るか、注目した[7]」。ここでは、その第一一条及び第一二条の項を掲げる。

「此二条〔第一一条・第一二条〕ハ互ニ相類似シタル事ナル故ニ一ニシテ説ク夫レ兵馬ノ大権君主ニ在ルコトハ君主国普通ノ制度ナリ是レ共和政体ニ於テ大統領ニ兵馬ノ大権ヲ委任スルトキハ其法理ヲ異ニセリ君主ハ国家ノ委托ヲ受ケテ海陸軍ヲ統帥スルニアラス統御ノ主体ハ即チ君主自身ニアル故ニ統御ノ機械タル海陸軍ハ君主固有ノ勢力ナリ

共和制ノ国ニテハ最高指揮権ヲ大統領ニ委托スト云フ此ノ〔第一一条の〕明文ニモ最高指揮権ト云ハヌハ即チ彼ト法理ヲ異ニスレハナリ将校ニ命シテ軍隊ヲ指揮セシムルハ委托カラ生スル指揮権ナリ此レモ夫ノ行政官ニ行政命令ヲ発スルノ権ヲ分配スルノトハ法理ヲ異ニス行政官ハ其権限内ニ於テ第三者ニ対シテ行政ノ名ニ於テ効力アル命令ヲ発ス海陸軍ノ将校カ其職務上ニ於テ発スル命令ハ軍隊ノ部内ニテハ其将校ノ名ニ於テストモ法律上第三者ニ対スルノ責任ハナシ何トナレハ直接ニ勅令ヲ奉行スル者ナレハナリ故ニ海陸軍ヲ指揮スルノ権ハ君主ノ分タサル者ナリ

海陸軍ノ編制及常備兵額ヲ定ム是レハ統帥ノ権トハ別種ノ者ナリ外国ノ法理ニ於テハ或ハ之ヲ統帥権ヨリ分チテオル乍併実際ノ政事上ノ事実ハ二ツナカラ一ニ帰セサレハ不都合ナル故ニ斯ク明文ニキマリテオル者ナリ我明文ニヨレハ我国ノ編制及兵額ハ勅令ニヨリテキマル編制ハ官制トハ別ニシテ兵力ノ分配軍隊ノ組織凡テ軍事ノ技術上ニ関スル組立ナリ兵備〔ママ〕ノ常額ヲ定ムルトハ即チ毎年徴兵ノ員数ヲ定ムルコトモ含ム外国〔独仏英〕ノ法理ニヨレハ常備兵額ヲ定ムルニハ法律ヲ以テス故ニ議会ニテ其費用ヲ承認セサルトキニハ一人ノ兵ヲモ備ヘオクコトヲエス我国ノ法理テハ勅令ヲ以テスル故ニ兵額カ先ツ定マリ之ニ要スル費用ハ後ニ議スルナリ故ニ

外国トハ前後ノ差アリト知ルヘシ」[8]。

穂積が主に述べたのは、主権の所在によって分けられる国体の別（君主国体か共和国体か）[9]から生じる統帥権の「法理」の相違についてであった。君主国では、君主は「国家ノ委托」を受けて軍を統帥するのではない。君主は「統御ノ主体」であり、その君主が用いる「統御ノ機械」たる軍隊は「君主固有ノ勢力」である。これに対して共和国では、大統領にある軍の「最高指揮権」は「委托」されたものに過ぎない。編制及び常備兵額に関する規定の説明では、主に、ドイツ・フランス・イギリスと日本の違いを強調したもので、議会関与の度合いの違いを指摘するに留まる。

また穂積は、ここでは、特に統帥権の独立について、明言していない。この点については、差し当たり、穂積に対する中野登美雄の評価を借りておこう。すなわち、中野は、「穂積八束氏は其帝国憲法の法理、憲法大意に於ては勿論、明治四十三年出版の憲法提要に於てすらも、一言も兵権独立の問題に触れて居ない。同氏は恐らく『沈黙』の兵権独立否定論者とも言ひ得べきであらう」といっている[10]。「沈黙」を以て否定だと評価するのはやや性急に過ぎる気もするが、少なくとも、穂積の生きた時代は、統帥権の問題化以前であった。そうでない時代であれば、彼はその「沈黙」を破ったのではないか[11]。

二　上杉慎吉

次に、穂積八束の後継者、上杉慎吉の統帥権理論を見てみよう。上杉は、明治三六年東京帝国大学法学部政治学科卒業、明治四五年東京帝国大学教授。明治末年より美濃部達吉と天皇機関説について激しく論争を行った。上杉は、「論争では口論強い美濃部には迚もかなわないが、吾輩は自分の説の正しいことを信仰する」[12]と大学の教壇で述べていたという。[13]

上杉は、「統帥」を、陸海軍に対する「最高の指揮命令の作用、即ち帝国国軍を一体として、これを動かすの働き」と定義する。そして、天皇が大元帥として陸海軍を「統帥」するのは、「我が建国と共に初まれるの制度であつて、明治維新後確立せられたるところである」と述べている。[14] そして、陸海軍の統帥は国務大臣の輔弼と切り離されているとして、次のように説明した。

「陸海軍の統帥は、これを一般の国務と区別し、国務大臣の輔弼の範囲外に置かれ、これに関する命令は、国務大臣の副署を要せず、従つてその責に任ぜざるものとなつて居る。これ、統帥の性質上然らざるを得ざるに出で、従来の慣行に従ふのである。

されば、一般国務に関する大権行動の形式の外に、明治四十年軍令第一号を以て、陸海軍の統帥に関し勅定を経たる規程は、これを勅令と云はず、別に軍令と称するものと定められたのである」[15]。

上杉曰く、陸海軍の統帥は国務大臣の輔弼・副署の制度の外に存する。なぜか。上杉によれば、それは「統帥の性質上」そうせざるを得ないものだからで、それが「従来の慣行」でもある。そして、「一般国務」の「大権行動の形式」以外のものとして「軍令」が存する、と。

他方で上杉は、陸海軍の編制・常備兵額を定めるのは、国務大臣の輔弼によって行われるとしている。[16] ただし、陸海軍の統帥と編制・常備兵額とを明確に区別することは「極めて困難」であり、その時は、統帥の事項として扱うべきだと上杉は主張する。

「〔統帥か編制・常備兵額かを区別するのに〕疑はしき場合には、統帥を国務の範囲外として、帷幄の大令に属せしめ、更に特に本條を設けて、これをも大権と為したる精神から推して、統帥の範囲に属するものとして取扱ふことが、至当であらう(17)」。

この上杉の議論は、例えば、兵力量決定が統帥と編制・常備兵額の双方に密接に関係のある問題だとされる時、それを国務大臣の輔弼を排除する統帥の問題として取り扱うとの結論を導き出し得るものであった。

三　井上密

京都帝国大学教授・井上密の統帥権理論は、統帥権独立《否定》論であった。先に穂積八束の「沈黙」に触れたが、明治二〇・三〇年代の東西両京の帝国大学の憲法学教授が、どちらも統帥権独立制度を積極的に援護していなかった点は、注目に値しよう。これは、憲法の条文そのものから当然に統帥権の独立が導き出せる訳ではなかったことに関係していると思われる。美濃部や佐々木ら後年の憲法学者らが、後述のようにわざわざ慣習法等にその正当性を求めたのも、そこに理由があった。

簡単に井上の経歴を記しておくと(18)、明治二五年帝国大学法科大学卒業、同二九年から欧州留学、同三二年京都帝国大学法科大学教授、憲法講座の初代の担当者となった。

井上の統帥権独立否定論は、次の一節から判明する。

「我憲法〔第五五条〕ニハ法律勅令其他国務ニ関スル詔勅トアルカ故ニ国家ノ事務ニ関スル詔勅ハ一切副署セサルヘカラス。且副署ノ必要アルカ故ニ副署ノ形式ヲ行フコト能ハサル詔勅ヲ発スルコト能ハス。即チ必ス文書ヲ以テスヘク口頭ヲ以テスヘカラス。而シテ彼学者カ従来一般ニ副署ヲ要セスト説明シ来リシ天皇ノ陸海軍統帥ニ関スル軍令ノ如キモノモ亦我憲法ノ規定ニ由レハ必ス文書ヲ以テ之ヲ発シ副署ヲ要スヘキモノト云ハサルヘカラス。何トナレハ軍令ト雖モ軍政ニ関スル命令ト同シク国家ノ事務ニ関スル命令ナルコト明ナレハナリ。憲法第十一条ノ陸海軍統帥ハ国家ノ為ニスル事務ナリ。第十二条ノ陸海軍ノ編制及常備兵額ヲ定ムルコトハ国家ノ為メニスル事務ナレトモ第十一条ノ場合ハ然ラスト云フヘキ理由ナシ（軍令ハ大元帥トシテ発シ天皇トシテ発スルモノニアラサルカ故ニ詔勅ニアラスト云フ者アラン。然レトモ第十一条ハ天皇ハ云々ト規定スルカ故ニ天皇トシテ之ヲ発スルモノナリ）。然ルニ実際ニ於テハ軍令ニ関スル詔勅ハ従来副署ヲナサス又文書ヲ以テ発スルコト能ハサル場合アルヘシ」[19]。

井上の統帥権理論は、単純明快であった。「天皇ノ陸海軍統帥ニ関スル軍令ノ如キモノ」であっても、明治憲法の規定（第五五条）に従えば、必ず文書を以て発せられ、国務大臣の副署を要する。なぜなら「軍令」もまた「軍政ニ関スル命令」と同様に「国家ノ事務ニ関スル命令」であるのは明らかだからだ、と。また、軍令は大元帥として発する命令であるという論者もいるが、憲法第一一条には「天皇ハ……」と規定されているではないかとの一節は、説得的である。

井上の憲法学説の最大の特徴は、「『条文法学』『概念法学』として悪罵される可能性があった」ほど条文文言を忠実に解釈する点にあったとされるが、ここで触れた井上の統帥権独立否定論は、まさしくかような「厳密な条文解釈の結果」であった[20][21]。

四　市村光恵

次に、京都帝国大学教授を務めた市村光恵の統帥権理論を見ておこう。市村は、明治三五年東京帝国大学卒業、翌年京都帝国大学の助教授に就いた。留学後、明治四二年教授。上杉の経歴をそのまま京都帝国大学に当てはめたようなものだが、美濃部・上杉の天皇機関説論争では、上杉の「非学問的」態度を批判した。市村は、留学前には天皇機関説を攻撃していたが、帰国後は天皇機関説を採った。この点、留学前は穂積を難じ、帰国後に天皇主権説論者に変貌した上杉とは対照的であった。

市村の最初の憲法に関する著書は『憲法要論』（明治三七年）だが、以降、統帥・編制大権に関する説明の骨子は変わっていない。

彼の定義するところでは、「統帥」とは、「組織セラレタル国ノ軍隊ニ対シテ最上命令権ヲ有スルノ義」である。[22]そして、天皇が大元帥として「軍隊統帥ノ目的ノ為メニ発スル命令」には、国務大臣の輔弼は不要だという。なぜか。その理由付けを、市村は、他の憲法学者らとは若干異なった角度から試みている。市村は、「事務ノ性質上国務大臣ノ輔弼ニ依ル能ハサルモノニハ副署ノ要ナシ」として、参謀本部や海軍軍令部等が「軍務輔翼ノ機関」として存するので、「軍隊ノ統帥ニ関スル事務」については国務大臣は輔弼をせず、当然、副署もしないと述べている。[23]ただ、このような答え方では、例えば、憲法第五五条が例外なく国務大臣の輔弼・副署を要請している以上それを備えるべきであるし、加えて、国務大臣以外に別に輔弼の機関を設けるのは憲法違反ではないかという反論があるだろうと認めている。

そこで市村は、「戦争」を「国家的法規ノ下ニ働カサル作用」であると説明することで、大臣輔弼の不要性の論拠としようとする[24]。この説明方法は、つまり、「戦争」を行政に非ずとすることによって成立するものであった。市村は、次のようにいう。

「行政トハ国家ノ対内作用中立法ニモアラス司法ニモアラサル作用ヲ謂フ戦争ハ数国間ノ兵力ノ争ニシテ国家ノ対外作用ニ属スルカ故ニ行政ニアラス従テ専ラ用兵ニ関スル命令ナラハ軍令ニシテ国務大臣ノ輔弼ヲ要セス兵力ノ使用ニ関連シテ臣民ニ命令スル場合ニハ軍事行政上ノ命令トシテ初メテ大臣ノ副署ヲ要スルナリ」[25]。

行政とは、国家の対内作用の中で立法及び司法を除いた作用を指す。戦争とは、対内作用ではなく、国家間での作用、すなわち対外作用である。対内作用でなければ――国際法上の論点はなお存すると市村もいうが[26]――違憲・違法の問題は起こらない。責任の問題も起こらない。よって、国務大臣の輔弼は不要である。

軍令に対する輔弼・副署の不要性に関する市村の説明は、戦争＝対内作用に非ずとの考えに立脚しており、軍の統帥を国務ではないとする学説の一類型であった[27]。

五　副島義一

次に紹介するのは、早稲田大学教授・副島義一の統帥権理論である。彼は明治二七年東京帝国大学法科大学卒業、その後、早稲田大学（東京専門学校）にて憲法等を講じた。留学を経て、明治四〇年教授。衆議院議員を務めた経験もあり、憲法論や内閣制論のみならず、外交問題でも積極的に発言・行動した。

副島の統帥権理論は、明治後期に公刊された著書から、昭和に至るまで一貫して変わっていない。その説明方法は、後述の美濃部達吉や佐々木惣一のそれに比較的近しいものであったと思われる。

まず副島は、「軍事行政」を、「軍隊組織の内部に関する行政」と「軍隊組織の外部に対する行政」とに区別する。「軍隊組織の外部に対する行政」とは、「陸海軍の徴兵徴発に関すること、要塞地帯法上及軍紀〔ママ〕保護法上の禁令及軍人の設定に関する行為等を云ふ」としているが、これらは議会の議決を要するものを指すのであろう。

他方、「軍隊組織の内部に関する行政」はどうか。こちらも更に、「軍司令」と「狭義の軍行政」とに分類できる。「軍司令」とは「軍隊及軍人を統一し及直接の軍事上の動作即ち陸海軍の運動、武器の行使及軍人軍属の使用を命令する」ことで、その「軍隊司令の最上指揮権は元より天皇に統轄せられ」ている。これを表しているのが憲法第一一条である。また、「狭義の軍行政」とは「戦闘力の準備、方法手段を整備する行為なり即ち人及物を備具するに在り例へは軍隊艦隊の武器、服装、及防禦器を備附する類」を指し、こちらを規定しているのが憲法第一二条であるという[28]。

以上のうち、「軍司令」について、副島は、その国務大臣の輔弼の不要性を次のように説く。

「軍司令は迅速秘密及統一を要するものなるゆえ特に天皇の自由決定に委任せり、若し軍司令の行為にも責任大臣の参与を必要とし、副署を以て有効に執行すへしと為さんか戦争の場合に於ても軍司令を一々文書に認めさるへからす、然るときは軍司令の行為を緩慢趦趄し唯戦機を失するの虞あるのみならす、軍隊の秘密を保つを得さるに至らん、是れ天皇の軍司令の行為には既に憲法発布以前に於て責任大臣の副署を具せさりし所以なり。此の法状は憲法発布以後に於ても変更せられたりと推測すへき規定あることなし、故に天皇の軍司令の行為は国務大臣の副署を要せすして有効に執行せらるへきものなりと謂はさるへからす[29]」。

軍司令は「迅速秘密及統一」を要する。もし軍司令の行為にも国務大臣の輔弼・副署を要するとすれば、軍隊は戦場での出来事に対して臨機応変に対応できなくなるだろう。秘密保持にも支障があるかも知れない。このような懸念を払拭する為、憲法発布以前からの「法状」、すなわち軍司令には国務大臣の輔弼・副署を不要とする「法状」が憲法発布以後も続いている。憲法発布以前の「法状」が変更されたと「推測すへき規定」もない、と。

秘密保持が国務大臣の輔弼によって損なわれるのではないかとの指摘は、多少疑問の残るところではある。ただ、「軍司令の行為」にも国務大臣の輔弼を要求するならば「戦争の場合に於ても軍司令を一々文書に認めさるへからす」という弊害が生じるとの指摘それ自体は、確かに理由のあることだといえそうである。また、憲法発布以前の「法状」が現在も引き継がれているというのは、次に紹介する美濃部の「慣習法」説と同じであった。

副島曰く、「軍司令の行為」は「迅速秘密及統一」を必須とする。国務大臣の輔弼・副署を不要とする「法状」が憲法制定以前より存し、制定後もそれが継続している。そしてこのような「法状」、すなわち「天皇の陸海軍統帥行為に大臣の副署を除外するは、其行為の性質より生ずる当然の事理」であった(30)。

六　美濃部達吉

次に、美濃部達吉である。美濃部は明治三〇年東京帝国大学法科大学政治学科卒業、内務省勤務を経て、同三三年東京帝国大学法科大学助教授、同三五年教授。昭和六年に貴族院議員となるが、同一〇年の天皇機関説事件を受けて辞職。敗戦後、松本委員会のメンバーとして、また枢密顧問官として、憲法改正作業に携わった。

美濃部の統帥権理論の核は、第一一条（軍令権）と第一二条（軍政権）とを明確に分け、前者では国務大臣の輔弼を不要とし、後者ではそれを要すると区別する点にあった(31)。

第一一条の「軍令即チ軍隊ノ行動ヲ指揮スルノ作用ハ事ノ性質上全然自由ナルヲ要」するものだと美濃部はいう。(32)なぜそこでは国務大臣の輔弼が排除されるのか。それは、ドイツ流の軍政・軍令二元論に基づく参謀本部条例や、帷幄上奏を認めた内閣職権及び内閣官制による憲法制定以前の制度において、軍の統帥に関する大権は国務大臣の輔弼の対象外であったという「わが国法に於ける兵政分離主義」に基づいているとされた。(33)そして、この状況の法的な理由付けとして用いられたのが、「慣習法」であった。

美濃部は、「成文に書き漏らされて居るものは、不文法に依つて補充せられねばならぬ」とし、「不文法」は「慣習に基く不文法」(「憲法的慣習法」)と「条理」(「憲法的理法」)とに分けられるとした上で、(34)次のように述べている。

「第十一条に『天皇ハ陸海軍ヲ統帥ス』とあつて、文字の上から言へば、それは他の各種の大権と同様に国務大臣の輔弼を要するもののやうであるが、憲法以前から伝はり憲法以後尚継続して居る慣習法に依れば、陸海軍の統帥は国務大臣の輔弼に依らず『帷幄』の大権に属するものとせられて居る。是は慣習法の為に成文法の文字を修正して解釈するを要する一例である」。(35)

しかし、なぜ、かような立憲政治の常則におさまらない制度が認容されるのか。美濃部の説明によれば、確かに、軍の行動を国務大臣の責任の外に置くのは「固より立憲政治の普通の制度」ではない。にも係らず、「兵政分離主義」を採用しているのは、「軍の行動に関して軍事の知識に乏しい文官の指揮監督を受けしむることは、不当に軍の行動を制肘し、その戦闘力を弱くするの虞を免れない。軍隊をして完全にその戦闘力を発揮せしむる為には、軍事専門家に信頼して、その完全なる自由に一任し、局外よりは之に容喙しないのが必要である」からであった。(36)この分離主義は、美濃部曰く、「立憲政治の根柢を為して居る思想」である「責任政治」(37)の例外を構成することになるが、それを犠牲にしてでもなお「兵力を強からしめんと欲することに、その目的を有つて居る」為に許さ

れる。(38)

また、国務大臣の輔弼を不要とする軍令権（憲法一一条は軍令権を指す）(39)の範囲は、①軍隊の戦闘力を発揮する為にその軍事行動を指揮統率する「指揮権」、②予算に影響を与えない限度での「内部的編制権」（なお、何個師団を設置すべきか、一師団の人員数をどうするか等、軍隊の大体の構成に関するものは、外交・財政等と関係が深い「外部的編制」とされる）、③軍人・軍人希望者に対して軍事上の訓練教育を施す「教育権」、④軍隊内部の秩序規律を維持し、それに違反した者を懲罰する「紀律権」の四種に限られると美濃部は述べる。(40)これらを輔弼するのは、国務大臣ではなく、帷幄機関としての陸海軍大臣や参謀総長、海軍軍令部長、そして侍従武官長である。(41)他方、第一二条は「政務上の大権に属」する為、内閣がその輔弼の責に任ぜられ、「編制及び常備兵額を定むる命令」は、勅令にて発せられる必要がある。(42)

以上を要するに、美濃部の統帥権理論では、軍令権の国務大臣輔弼の不要性は、憲法の明文上からは導き出されていない。それは「慣習に基く不文法」（「憲法的慣習法」）によって認められ、その目的からしても許される。そして、その軍令権の範囲は、上掲の四種に限られるというものであった。

なお、美濃部は、明治四〇年九月の軍令第一号によって認められた（法令形式としての）軍令は「統帥権の作用として定めらるゝ命令であるから、性質上国務大臣の副署を要するものではない」とし、公示軍令への陸海軍大臣の副署は「国務大臣としての副署ではなく、帷幄の機関として奉行の任に当ることを証明する行為たるに止まるものと見るべき」であるという。(43)「陸海軍ノ統帥ニ関シ勅定ヲ経タル規程」を「軍令」とした明治四〇年の軍令制度では、「公示」を要する軍令については「主任ノ陸軍大臣海軍大臣」の「副署」を要するとした。(44)美濃部はここにいう陸海軍大臣の「副署」の性質について、それは憲法上の責任を負う国務大臣の副署とは違うという。これは反面、「統帥権の作用として定めらる、命令」以外、すなわち国務に関する命令であるならば、当然に国務大臣の副署を備えた勅令にて発せられなければならぬという理解に立っていたことを意味しよう[45]。この美濃部の理解からすれば、例えば、軍令で「外部的編制」を定めることは許されない。事実、この点について、美濃部は次のように、軍令と勅令との使い分けに関する実務上の不当さを批判していた。

「然ルニ従来ノ慣習ニ於テハ軍ノ編制ニ関シテモ動モスレバ之ヲ統帥大権ノ範囲ニ属スルモノト為シ、帷幄上奏ニ依リテ勅裁ヲ仰ギ、随ツテ其形式ニ於テモ勅令ヲ以テセズシテ軍令ヲ以テ軍ノ編制ニ関スル規定ヲ設ケタルモノ多シ。参謀本部、教育総監部、師団司令部其他ノ軍司令部等重要ナル陸海軍ノ機関ニシテ軍令ヲ以テ設ケラレタルモノ頗ル多ク、此等ハ厳格ニ言ハバ其効力甚ダ疑ハシ。軍ノ統帥トハ軍ノ活動ヲ指揮スルコトヲ意味シ、如何ニ軍ヲ組織スルカヲ意味セズ、軍隊ハ国家ノ設置スル所ニシテ之ヲ組織スルノ作用ハ固ヨリ国家ノ事務ナリ。之ヲ以テ軍ノ統帥ニ属スルモノト為シ、政府ニ依ラズシテ之ヲ為スコトヲ許サバ、政令二途ニ出デ、其弊害ノ及ブ所測ルベカラザルモノアルベシ[46]」。

この美濃部による批判は、本来、「軍ヲ組織」する為には勅令（美濃部の言葉を借りれば、勅令の一類型である「軍制令[47]」）によるべきだから、参謀本部条例等の「軍ヲ組織」するのに軍令が用いられているのはおかしいとの批判であった。

最後に、昭和五年ロンドン海軍軍縮条約締結によって引き起こされた統帥権論争の渦中での美濃部の発言に触れておく。昭和五年統帥権論争それ自体については、序章で多少述べた通りである。つまるところ、兵力量決定権は政府固有の専決事項であるのか、それとも軍令機関と協調してその《同意》を得なければ決定できないのかとの対立であった。

この論争下の美濃部の議論は、ここまで紹介した彼の統帥権理論から離れたものではない。つまり、「兵政分離主義」に立ち、帷幄の大権たる統帥大権（軍令権）は国務大臣の輔弼を不要とし、国務・政務上の大権たる編制大権（軍政権）は国務大臣の輔弼を要するという理解に基礎が置かれていた。その主張の要点は、昭和五年四月「帝国大学新聞」に発表された論稿中の、次の一節によって知ることができる。

「帷幄の大権とは、軍統帥の大権である。軍統帥の大権は明かにこれを軍編制の大権と区別せねばならぬ。陸海軍の編制を定むること、殊にその大体の勢力を如何なる程度に定むべきかは、国の外交および財政に密接の関係を有する事柄であつて、それは固より国の政務に属し、内閣のみがその輔弼の任に当るべきものであり、帷幄の大権によつて決せらるべき事柄ではない。軍統帥権は軍の活動を指揮統率するの権であり、軍編制権は軍を施設する権である」[48]。

美濃部の明治憲法第一一条・第一二条解釈を見てきた我々にとって、この一節を理解するのは簡単である。軍令権は、美濃部によれば、①「指揮権」、②「内部的編制権」、③「教育権」、④「紀律権」に限られていた。ロンドン軍縮の問題は編制の問題だが、しかしそれは、「外部的編制」の問題である。だとすれば、これは明らかに「帷幄の大権」とは区別されなければならない「軍編制の大権」に属する。国家の外交や財政と密に関係する「国の政務」であり、「内閣のみがその輔弼の任に当るべきものであり、帷幄の大権によつて決せらるべき事柄ではない」。

また、帷幄機関の設置条例では「国防用兵」をその職掌中に掲げているが、「用兵に関する権能」は統帥権の作用であるから帷幄において専決できるし、直接には政府の関与するところではない。他方、「国防に関する権能」は編制権の作用であって国の政務に属し、軍令機関は「唯国防計画に関し軍部限りの立案をなすこと」に限られるという[49]。美濃部のこの論は、帷幄の機関が国防に関する計画や軍部側の案を提示するのは全く問題ないが、帷幄の機関が何と主張しようとも、あくまでその決定権は内閣に存するとの結論となる。決定権が内閣に存するのだから、例えば、軍の編制を定めるのは「内閣と軍令部との協働の任務に属する」との主張（＝「協同輔翼」論）には、美濃部は賛成しない。(50) 政府と帷幄の「双方の同意が無ければ決することの出来ない」との議論も、受け容れ難いものであった。(51)(52)

「慣習に基く不文法」（「憲法的慣習法」）によって統帥権独立制度を認めつつも、第一一条と第一二条との線引きを明確にすることで、内閣と帷幄機関とのどちらが輔弼をするのかをはっきりと見定めるのが、美濃部統帥権理論の核心であった。

七　吉野作造

美濃部の議論とはかなり異なった視角から統帥権理論を提示したのが、吉野作造であった。吉野は明治三七年東京帝国大学法科大学政治学科卒業、その後の欧州留学では、同じく留学中であった佐々木惣一と親しく交流し、吉野は日記に「之れ程心気相許せる友はなし」と書いている。(53) 大正三年法科大学教授となるが、大正一三年辞職、朝日新聞社入社。その後、東京帝国大学に講師として戻った一方、明治文化研究会を組織する等の活動を行った。

吉野作造の統帥権理論は、帷幄上奏制度を痛烈に批判した彼の論考の中に見出せる。

まず吉野は、帷幄上奏が「君民一体」の政体から外れたものである点を批判した。彼は、「立憲政治の理想から我国の政体を観れば、君民一体でなければならない」とし、「政府は議会に対して責任を負ひ、人民は即ち議会を通して間接に政府各大臣の一切の行動を質問討論の対象とし得るから、国君の一切の活動が大臣の輔弼に由る限り、国君と人民との政治的関係が完全に協合し得る」という。その為には、一方で「普通選挙制の確立」が要求され、他方で「政府各大臣の輔弼に由らざる国君の活動なるものがあつてはならない」[54]。つまり、君主の統治行為のすべてを国務大臣が輔弼し、それによってそのすべてが議会での質問・討論の対象となることで、初めて「君民一体」の日本の理想的な政治体制が確立される。その為には――統帥権も含めて――国務大臣の輔弼対象に例外を設けることは許されないということである。

この吉野の考え方からすれば、統帥権独立制度や帷幄上奏は許されない。そもそも国務大臣の輔弼を求めている明治憲法第五五条があるにも係らず、「独り軍事に関しては此の通則が認められてない」というのは、吉野にいわせれば、「変態的制度」であった[55]。

吉野の議論の中で興味深いのは、その批判の矛先が、政府や軍部だけではなく、憲法学に対しても向けられていた点である。上述の通り、吉野は統帥権が国務大臣の輔弼の対象外となっていることを批判していたが、その吉野の眼に映ったのは、統帥権独立制度を法学論として正当化しようと試みていた憲法学者たちの姿であった。彼らに対する吉野の視線は厳しい。

「違憲でないと説明するの或る必要に迫られたのか、孰れにしても憲法に関する従来の通説は、世界に類なき一種独特の理論を執つて這般の関係を説明し来つたものである[56]」。

この「世界に類なき一種独特の理論」を唱えてきた者の例として、美濃部や上杉が挙げられている。美濃部と上杉には立場・理論の違いはあれども、吉野からすれば、少なくとも統帥権を国務大臣の輔弼の対象外としている点では同類であった。吉野は、当時の日本憲法学の状況を批判し、統帥権をも大臣輔弼の対象とするよう、次のように述べている。

「斯う之〔云〕ふ憲法論が相当通用して居る我国の事だから、僕等は、此種の問題をば憲法論といふ形で取扱ひたくないと常々考へてゐるのである。僕等の確信する憲法論を持出せば、夫れはお前等の一家言だと一喝されるばかりだからである。

併し道理に二つはない。冷静に考へて見て、国防用兵の事は勿論の事、統帥の事だからとて、之を普通の政務から離すといふは、国権の統一的運用を著しく妨ぐるものたるやを疑はない。戦時は格別、平時に在つては、凡ての国権は必ず同一の源泉から発動すべきは言を待たない所ではないか(57)」。

このように、吉野の統帥権理論は、彼が批判の対象とした当時の憲法学者らと違い、統帥権も含めた全ての軍事事務について国務大臣の輔弼を要するとするものであった。もちろんこれは、憲法解釈というよりは一種の憲政論として読むべきものだと思われるが、正面切って、統帥権の独立《否定》論を唱えていたことは疑いない。これは、吉野が挑発的にいうように、「軍閥の人々に取つては、恐らく不逞の暴言と見える(58)」ほど、明治憲法下の軍制の理解・運用に根本的な変更を迫る理論であった。

八　佐々木惣一

次に、美濃部と並び、京都における「立憲学派」憲法学の旗手であった佐々木惣一の統帥権理論を取り上げたい。佐々木は明治三六年京都帝国大学法科大学卒業、同三九年同大助教授、大正二年教授。昭和九年からは立命館大学学長を務め、敗戦後は、宮内省御用掛として憲法改正草案を作成した。

佐々木はいう。「陸海軍ノ統帥モ亦固ヨリ天皇ノ国務上ノ行為ナリ」。国務である以上は、憲法上、軍の統帥も国務大臣の輔弼を要するはずである。しかし、「今日我国ニ於テハ慣習法上天皇ノ陸海軍統帥ノ行為ハ国務大臣ノ輔弼ヲ要セズト云フベシ」。なぜ国務大臣の輔弼を不要とするのかといえば、それは、慣習法上そうなのだという。(59)

佐々木は、第一一条・第一二条を包含する「軍務作用」を「国法上ノ種別」によって分類すると、「軍ノ統帥作用」（＝「軍令作用」）と「軍ノ統帥以外ノ軍務作用」（＝「軍政作用」）とがあるとした。(60)

憲法第一一条にいう「陸海軍ノ統帥」に当たる「軍ノ統帥作用」とは、「軍ニ向ケラレタル意思作用」であり、「軍事行動（＝戦闘行為）ニ付軍ニ向ケラレタルモノヲ主トスルモ、之ニ限ラズ、軍事行動ヲ準備スルノ行動ニ付軍ニ向ケラレタル作用ヲモ含ム」として、軍隊内部の組織を作る又は変更する為、軍人を教育する為、軍紀を維持する為に軍に命ずる作用をその例として挙げている。(61) そしてこの「軍ノ統帥作用」は、国務ではあるのだが、(62) 国務大臣の輔弼を要するものではなく、「帷幄ニ於ケル輔弼」によるものだという。(63)

他方、「軍ノ統帥以外ノ軍務作用」の一つである「軍編制大権ノ作用」については、「陸海軍ノ構成ニ関スル制度ニシテ、此ノ制度ヲ定ムルコトガ軍ノ編制大権ノ作用ナリ。（国防計画トシテ軍ノ組織ノ制度ヲ立ツルコトハ軍ノ編制ヲ定ムルコトナリ。）故ニ陸海軍ノ組織ニ関スル作用ト雖其ノ制度ヲ定ムルニ非ザルモノハ茲ニ所謂編制ヲ定ムルコトニ非ズ。（例、国民ヲ兵卒ニ徴召スルコトハ軍ヲ組織スルコトニ関スルモ、制度ヲ定ムルニ非ズ。故ニ軍ノ編制大権ノ作用ニ非ザルナリ。軍ニ向テ軍ノ編成替ヲ命ズルモ編制大権ノ作用ニ非ズ、前記統帥大権ノ作用ナリ）」と佐々木は説明している。(64)

以上の「軍ノ統帥作用」と「軍ノ統帥以外ノ軍務作用」との区別は、佐々木が昭和五年においても強調した点であった。ロンドン海軍軍縮当時の彼の議論を紹介しておきたい。そこでの基本は、「軍ノ統帥作用」であれば国務大臣の輔弼を不要とするが、「軍ノ統帥以外ノ軍務作用」であれば国務大臣の輔弼を要するというもので、兵力量問題は後者だというものであった。結論としては、美濃部らと何ら変わるものではない。佐々木もまた、政府は兵力量の決定につき「法上海軍軍令部の意見を参考するを要する」も、その「同意を要す、というのではない」と断じた[65]。この結論は、兵力量の決定が、先に見た「軍ノ統帥作用」、すなわち軍に向けられた意思作用ではなく、「軍ノ統帥以外ノ軍務作用」である、ということに基づく。

この統帥権論争当時の論考で佐々木が述べている統帥権理論中の重要な点として、なおいくつかのことを指摘しておこう。まず、慣習法上認められている「軍ノ統帥作用」に関する国務大臣の輔弼の不要性についてである。佐々木は、これを明治憲法施行後の「慣行」、「一般社会の観念」によって承認されたものだとした。このような慣行は、本来ならば明治憲法の基礎たる立憲主義の精神と合わないものだから、明治憲法施行前からの慣行を憲法自身が認めたという理解――すなわち美濃部の理解――は決して採用できないと佐々木はいう。「要するに、我国の憲法法理としては、統帥作用は、帝国憲法自身の解釈に依るのではなく、又、帝国憲法施行後に成立した慣習法に依て、政府の輔弼の外に在る、と云うべきものである[66]」。

また、佐々木は、明治憲法の文面から、すなわち第一一条と第一二条との対照からは、統帥作用が国務大臣の輔弼の外にあるとの答えは出てこないと指摘している。そもそも佐々木によれば、第一一条・第一二条は、帝国議会との関係（議会の干渉を受けるか否か）を示す規定であって、国務大臣との関係を示した規定ではない[67]。この両条からは、「国務大臣の輔弼の外か内か」を区別することはできない。それでもなお「軍ノ統帥作用」については国務大臣の輔弼を不要とすることを正当化するならば、憲法施行後に成立した慣習として考える他ない[68]、というのが佐々木の論であった[69]。

九　清水澄

最後に、学習院教授の他、行政裁判所長官、枢密院議長を務めた憲法学者・清水澄である。簡単にその経歴を示せば、明治二七年帝国大学法科大学卒業、一時内務省に務めるも、明治三一年学習院教授。大正に入ると宮内省御用掛や東宮御学問所御用掛、東宮職御用掛を務め、昭和四年に内大臣府御用掛となる等、宮中との関係も深かった。昭和七年行政裁判所長官、同九年枢密顧問官。敗戦後の昭和二一年六月、枢密院議長となった。

では、清水の統帥権理論を見ていこう。清水曰く、「統帥」とは「各部ノ軍ヲ総統シテ帥率スルノ謂ニシテ〔……〕一切ノ軍ヲ通シテ最高ノ司令権ヲ掌握セラルルノ義」である。そして、天皇が「大元帥タル資格ニ於テ帷幄ノ大権ニ依リ帝国ノ諸軍ヲ統一引率スルコト」が第一一条の「主眼」であるという(70)。

天皇の「軍事ニ関スル命令」は、「軍令」と「普通ノ勅令」とに分けられる。そして、「軍令中国防用兵ニ関スル事項即チ軍隊統帥権発動ニ基ク指揮権ニ付テハ国務大臣ノ副署ヲ要スヘキモノニ非ス」。なぜ、国務大臣の副署を不要としたのか。それは、「軍隊ノ統帥上ノ命令ハ天皇カ大元帥トシテノ資格ニ於ケル命令ニシテ之ヲ普通ノ国務行為ト見ルヘキニ非サルニヨリ憲法第五十五条第一項及第二項ノ適用ヲ受クルヘキモノ」ではないからだという(71)。

では、第一二条の方はどうか。清水は、第一二条にいう陸海軍の「編制」を「軍隊、艦隊及航空軍ノ編成、兵器ノ備付、軍人ノ教育、検閲、紀律、礼式、服制、衛戍、城塞ノ設営、海防守港ノ設備ノ如キ凡ソ陸海空軍ノ構成ニ関スル事項ヲ包含」するとし、次のようにいう。

「本条〔＝第一二条〕関係ノ事項ハ概ネ国務大臣輔弼ノ範囲内ニ在ルモノナルカ故ニ其ノ副署ハ之ヲ要ス蓋軍

令事務ノ中国防用兵ノ計画ヲ立テ直接ニ軍隊ヲ指揮スルコトハ国務大臣ノ輔弼ヲ待ツヘキモノニ非ス戦地ニ於ケル軍ノ進退ノ如キ其ノ適例ナリ然レトモ其ノ他ノ軍令事務ハ国務大臣ノ輔弼ニ依ルヘキモノニシテ参謀総長又ハ海軍軍令部長カ立案シテ之ヲ陸軍大臣又ハ海軍大臣ニ移牒シ陸海軍大臣ハ天皇ノ帷幄ニ上奏シテ親裁ヲ稟請ス而シテ此ノ種ノ軍令事務ニ付テハ天皇ノ旨ニ依リ特ニ内閣ノ議ニ付セラレタルモノヲ除クノ外陸海軍大臣専ラ輔弼ノ責ニ任シ其ノ事ヲ内閣総理大臣ニ報告スルニ止マル」(72)。

清水の統帥権理論は、国務大臣の輔弼・副署を不要とする範囲をかなり狭く捉えていたように思われる。清水は「軍人ノ教育」や「紀律」を第一二条のこととして解しているが、例えば美濃部はそれを統帥権（軍令権）の範囲に含ませていた。また、「軍令事務」のうち、軍令機関が立案し、陸海軍大臣に移して帷幄上奏して親裁を得たものは、特旨によって内閣に下付されない限り、「陸海軍大臣専ラ輔弼ノ責ニ任」ぜられると清水は述べている。国務大臣の輔弼・副署を不要とするのは、国防用兵の計画を立てることや直接に軍隊を指揮することに限られる。そしてこれが、先に引用した、天皇が大元帥として発する「軍隊ノ統帥上ノ命令」である。その他のものは、国務大臣としての陸海軍大臣の輔弼・副署を要することになる。

加えて清水は、統帥権独立制度を根拠付けるものとして美濃部や副島らが唱えていた「慣習法」説を否定した。清水は、慣習法によって統帥権の国務大臣の輔弼・副署の不要性を正当化する者を次のように批判する。

「『天皇ノ軍司令ノ行為ニハ已ニ憲法発布以前ニ於テ責任大臣ノ副署ヲ具ヘス而シテ憲法発布後ニ於テモ之ヲ変更セラレタリト推測スヘキ規定ナキニヨリ天皇ノ軍司令ノ行為ハ国務大臣ノ副署ヲ要セスシテ有効ニ執行セラルヘキモノナリト謂ハサルヘカラス』（副島博士憲法論）ト論スル人アリト雖モ若シ憲法第五十五条第二項ノ解釈ニシテ統帥上ノ命令ヲモ包含スルモノナルトキハ統帥上ノ命令ニ国務大臣ノ副署ナキ慣例ハ同条ニヨリ変更

セラレ憲法発布後ハ行ハレサルモノト謂ハサルヘカラス」[73]。

ここでの清水の批判は、「軍司令」について国務大臣の輔弼・副署を不要とするのは憲法制定以前からの慣例によって「慣習法」が成立しているからだとした理論に向けられている。具体的には、それは、副島や美濃部らによって説かれていたものであった。清水曰く、そのような「慣例」があったとしても、明治憲法第五五条の解釈次第では、国務大臣の副署を不要とする慣行は変更されたと主張することが可能である。むしろ憲法の条文を読んだ限りではそのように解するのが自然で、例えば井上密の統帥権理論はそのように展開され、実際に統帥権の独立否定に行き着いていた。清水は、第五五条が何の留保もなく全てに大臣の輔弼を求めているのにも係らず、第五五条という「成文法」の変更を「慣習法」によって正当化するというのは説得的ではないとした[74]。

では、慣習法説を批判する清水はどのように考えたのか。清水は、天皇が「大元帥」として発した軍隊統帥上の命令であるか否かという点に着目した。

「惟フニ天皇カ大元帥トシテ軍隊ヲ統帥スルニハ兵馬ノ大権ヲ他ニ委スヘカラサルト等シク他人ノ容喙ヲ許スヘカラス其命令ハ一般国務上ノ行為ト異リ絶対自由ナルコトヲ要ス故ニ本問題〔＝国務大臣の輔弼・副署を欠くことをどのように正当化するのかという問題〕ニ対シテハ予ハ軍隊ノ統帥権ノ命令ハ天皇カ大元師〔帥〕トシテノ資格ニ於ケル命令ニシテ之ヲ普通ノ国務上ノ行為ニ入ルヘキモノニアラサルヨリ憲法第五十五条第二項ノ適用ヲ受クヘキモノニアラス従テ国務大臣ノ副署ヲ要スルモノニアラスト論定スルヲ正当ナリト信ス」[75]。

清水もまた、統帥権の独立を認めている。しかし、美濃部らのように慣習法にその根拠を求めなかった。清水は、軍隊統帥上の命令が「大元帥」としての天皇が発するものであるから、「普通ノ国務上ノ行為」とは区別され、憲法第五五条の適用を受けないのだと説く。天皇が大元帥として軍隊を統帥することについては、他人の「容喙」

は許されず、その命令は他の国務と違って「絶対自由」でなければならない、と。

清水の議論の大略は以上の通りであるが、最後に、昭和五年の統帥権論争を踏まえての兵力量問題に対する彼の意見を紹介しておく。清水は昭和七年、海軍大学校において「憲法総論」を講述しているが、この問題に対する彼の直接の言明をそこに発見できる。清水は、当時国務大臣が兵力量の決定について、議会においては「軍部の意見を参酌した」と答弁し、枢密院においては「軍部の同意を得た」と答えた点を踏まえ、《「参酌」のみで足りるのか、それとも「同意」が必要なのか》につき、次のように述べている。

「一体憲法上の解釈から云つて〔「参酌」のみで足りるのか、それとも「同意」が必要なのか〕孰れが正しい答弁と認めるかと云へば、無論同意を得ることが正しい答弁だと考へる。何故ならば軍部の同意がなければ憲法第十一条の統治権〔統帥権か?〕の作用、即ち天皇が陸海軍を統帥せらるゝ其の軍事上の行動、即ち国防用兵に関する事は軍部が同意しなければ之を全うすることが出来ないのであるからして、即ち参酌と云ふ事の極端なる場合を云へば、国防上是れ程の編制及び常備兵額を決めなければならぬと云ふ軍部の意見があつても、どうも財政上の都合があつてさうは行かないと云つて非常に微力な国防にしてしまつた所で、参酌と云へば云はれぬことはない。然しそれでは国防の作用を全うすることの出来ない虞れがあるから、どうしても是は軍部の同意を必要とすることに見なければ国防の用を全うすることが出来ないと云ふことになると思ふ。故にどうしても同意を要するものと解釈すべきものと思ふ(76)」。

この時点での清水は、明確に、兵力量決定については「軍部の同意」を要するものと説明していた。

一〇　小　結

ここまで、九人の代表的な憲法学者・政治学者の統帥権理論を概観してきた。もちろんそれぞれの論が公けにされた時期や、学術論文か否かといった区別についても、本来もっと注意しなくてはならない。ただ、例えば帝国大学に奉職していたごく初期の憲法学者（穂積八束・井上密）が、統帥権の独立を積極的に擁護していなかったといった点は、興味深い事例である。プロイセン・ドイツ公法学における統帥権の独立に関する学説の受容の度合いという問題もあるが、彼ら以降の世代の憲法学者らは、徐々に統帥権の独立を正当化する為の法理を発見していった。美濃部や佐々木が唱えていた慣習法による統帥権の独立の正当化は、その代表例であった。

本章を締めくくるに当たって、九人の論者の特徴を簡単に再論しておこう。その際、まずは統帥権理論の中心軸のようなものをあらかじめ設定した方が分かり易い。ここでは、「戦前の日本憲法学史をとりあげる場合、美濃部達吉の憲法学がその中心となることは自明である」(77)との指摘に倣って、美濃部をその中心に据えたい。また、それぞれの論者と美濃部の距離感を感じる為にも、本章での紹介順にはこだわらずに進めていこう。

美濃部は、第一一条（軍令権）と第一二条（軍政権）とを分け、「軍令即チ軍隊ノ行動ヲ指揮スルノ作用ハ事ノ性質上全然自由ナルヲ要」するという。国務大臣の輔弼・副署は軍令ではその対象外とされるが、それは「兵政分離主義」によるもので、憲法制定前からの「慣習に基づく不文法」（「憲法的慣習法」）によって憲法正文（第一一条と第五五条との関係）を修正するというのが美濃部の統帥権独立肯定論の骨子であった。なお、①「指揮権」、②「内部的編制権」、③「教育権」、④「紀律権」の四種の権限が軍令権に当たる。

明治二〇年代から活躍した東西両京の帝国大学の憲法学教授は、美濃部とは違って、統帥権独立制度を否定したり、或いは肯定も否定もせず「沈黙」していた。穂積八束及び井上密である。特に、井上は明示的に統帥権独立否定論を示していた。ただ、当時はまだ統帥権が問題化するような事例が起きていなかったという点も、勘案すべきであろう。

佐々木惣一は、美濃部と同様、「慣習法」による統帥権独立肯定論を提示した。ただ、美濃部のそれが憲法施行以前からの慣習とするのに対し、佐々木のそれは憲法施行以後からの慣習だとする。

美濃部と同じく「慣習」に目を向けたのが、副島義一であった。副島の統帥権理論は、美濃部のそれとの共通点が多い。ただ、美濃部の著作の代表的なものが副島の『日本帝国憲法論』等に遅れて世に出たものであった点に注意すべきであろう。

市村光恵の統帥権理論における特徴は、国務大臣の輔弼・副署を何故に不要とするのかを述べた点にあった。彼は、それを、戦争は対内作用に非ずという理由でそれを正当化しようと試みた。

上杉慎吉は、陸海軍の統帥は国務大臣の輔弼・副署の外に存するという。「統帥の性質上」そうせざるを得ないもので、且つ「従来の慣行」からもそのように処理されるとした。この辺りは、美濃部ら（いわゆる「立憲学派」に属する憲法学者ら）と、さして変わらない。ただし、上杉は、陸海軍の統帥と編制・常備兵額の決定とを区別することは「極めて困難」な場合があるとし、その場合には、「統帥を国務の範囲外として、帷幄の大令に属せしめ、更に特に本條を設けて、これをも大権と為したる精神から推して、統帥の範囲に属するものとして取扱ふことが、至当であらう」と主張した。この上杉の説によるなら、ロンドン軍縮のような争いについては、「統帥の範囲に属する」ものとして解決されることになろう。この点では、美濃部のそれと隔たりがあった。

宮中とも関係を築いていた清水澄は、天皇の「軍事ニ関スル命令」を「軍令」と「普通ノ勅令」とに分類する。「軍令」のうち、「軍隊統帥権発動ニ基ク指揮権」は「国務大臣ノ副署ヲ要スヘキモノニ非ス」。何故なら、「軍隊ノ統帥上ノ命令ハ天皇カ大元帥トシテノ資格ニ於ケル命令ニシテ之ヲ普通ノ国務行為ト見ルヘキニ非サル」からだ、と。また、清水は慣習法によって統帥権の独立を根拠付ける学説を批判していた。

最後に、吉野作造である。吉野は、当時の憲法学が統帥権の独立という《現状》を何とか肯定する為にその根拠探しに汲々としていた様子に憤っていた。「〔統帥権を国務大臣の輔弼の対象外とする〕憲法論が相当通用して居る我国の事だから、僕等は、此種の問題をば憲法論といふ形で取扱ひたくないと常々考へてゐる」という先に引用した吉野の言葉は、その現れである。憲法学者に対抗し、半ば自明のものとされていた統帥権独立制度に対して、吉野は、「立憲政治の理想」論からそれを切り崩そうと試みた。

以上、明治憲法下の日本憲法学における統帥権理論のうち、代表的な論者らのそれを紹介してきた。それらは、《統帥権の独立》という一言からは想像できないほど、幅広いものであったといえる。統帥権独立制度をどのように正当化するか、そもそも認めないのか、憲法第一一条・第一二条・第五五条をどう理解するのか。各論者のそれらは、簡単に分類することを拒むかのように、多様であった。

ところで、この多様な解釈を許していたのは、明治憲法の軍に関する規定それ自体であったといって良いであろう。この点に関して、以下に掲げる清水澄の見解は、明治憲法における軍に関する規定を考える時、更には、明治憲法そのものを考える時、非常に示唆的である。

「日本の憲法は前にも申した通り書き方が簡単に出来て居る。故に文字に拘はつて議論すれば幾らも議論の余地がある。私は日本の憲法は非常に簡単明瞭で憲法としては上乗のものであると考へて居る。それは時勢が変つて来ても憲法の改正をする必要は容易に生じない。根本法たる憲法を度び度び変へることは兎に角国家に対し得策ではない。故に日本の如く簡単な憲法を設けたことは最も宜しきを得たものと思ふ。其の代り明文が簡単であるから解釈論上議論の余地がある。そこで此の第十一条は国務大臣の輔弼の範囲内だと云ふ意見も生ずるのである(78)」。

「非常に簡単明瞭」な条文を羅列した明治憲法は、憲法改正を俟たずに、時々の要請を乗り越える可能性を秘めている。この一節から我々は、例えば超然内閣も政党内閣も登場した日本憲政史を想起せずにはいられない。しかし他方、「非常に簡単明瞭」であるが故に、解釈の余地が大きいのも事実であった。

さて、「国務」と「統帥」との分立は、作戦用兵の機を失ってはならないという要請とは矛盾しないものの、「国権の統一的運用」（吉野作造）を阻害するというジレンマを生む。この一大難題を、どのように処理するのか。

以下の二つの章では、この難題を正面から論じていた二人の憲法学者を取り上げたい。有賀長雄及び中野登美雄である。この二人の統帥権理論は、その歴史上、重要な位置にあった。また、「国務」と「統帥」との関係をめぐる憲法論として、最も説得的な議論を展開した学者でもあった。だからこそ、後に見るように、有賀の議論は実務に大きな影響を与え、中野の統帥権研究は当代随一のものとして迎えられた。この両者を抜きにして我が国憲法史における統帥権理論を語ることは、不可能である。それでは、まずは有賀の、次に中野の統帥権理論を、それぞれ検討しよう。

註

（1）前掲藤田『明治軍制』、一七一頁以下。
（2）中野登美雄『統帥権の独立』（原書房・昭和四八年〔復刻原本は昭和一一年刊。内容は有斐閣・昭和九年刊行のものと同一〕）、四八二頁以下。
（3）前掲藤田『明治軍制』、一七八頁。また、前掲中野『統帥権の独立』、四八三〜四八四頁。
（4）前掲藤田『明治軍制』、一七八頁。
（5）前掲中野『統帥権の独立』、四九〇頁。なお、陸海軍大学校で教壇に立つ（国際公法担当）等、有賀長雄と比較的その経歴・学問領域が近しかった人物に、遠藤源六がいる。遠藤は、「統帥権を論ず」（『法学協会雑誌』二二巻二号（明治三七年）、二三八〜二四八頁）という論文を書いており、明治三〇年代に統帥権理論を積極的に論じようとした人物の一人に数えて良かろう。

遠藤の経歴を簡単に示せば（国立公文書館蔵『枢密院高等官履歴』第八巻・昭和ノ四（東京大学出版会・平成九年）、一三三頁以下）、明治五年宮城県にて出生、同三三年東京帝国大学法科大学卒業、その後、海軍省参事官、海軍大学校や本省の法制関係部局に籍を置いた。大正二年行政裁判所評定官、昭和一七年行政裁判所部長。敗戦後、清水澄や美濃部達吉らと同じく、枢密顧問官として憲法改正に携わった。平時・戦時国際法に関する著作がいくつかある。有賀のような哲学的な著作は見出し得ないものの、平戦時の国際公法を得意とする官僚・学者たる姿は、有賀と重なる部分も少なくない。

上掲論文「統帥権を論ず」では、「統帥権とは陸海軍を指揮命令する最高の権力を意味するものにして軍事上の方略を定め軍隊を操縦するは本より其所なりと雖も其権力の活動に要する各種の設備を為し又は軍隊の紀律を維持し振張するの手段を供給するが如きは所謂軍事行政にして統帥権の範囲に非ざるなり」（二三九頁）とし、軍政と軍令との別に触れている。そして、軍令は「独り統帥権の発動に依りて執行せらる可きもの」で、軍政は「一般国務と同じく国務大臣の輔翼《ママ》に依り執行せらるべきもの」という（二四〇頁）。両者の区別は困難な作業だが、遠藤が「私かに信ずる所を約言すれば陸海軍を設備し之に活動の手段を供給することは国務の一部にして所謂軍政」で、「軍令とは単に既に設備せられたる陸海軍を指揮命令し必要ある所に向て適当に活動せしむることを云ふ」としている（二四一頁）。なぜ軍令については一般国務と異なった取り扱いを許容されるのか。遠藤は、その理由として次の二点を挙げた。すなわち、第一に、軍隊は「通常国家機関の構成方法に依りて其勢力を維持すること能はず」、つまり軍隊内での上下の関係は「絶対的の命令服従を必要」とし、「機密と敏速とを以て臨機応変に活動すべきもの」であるという点に基づき、第二に、「兵権は事実上国家主権の所在を変更せしむるの危険を包含する」為、「軍隊統御の大権は決して之を臣下に委すること能はず」、「国家の元首に属せしむるの必要」があるからだ、と（二四四頁）。

（6）前掲藤田『明治軍制』、一七一頁。

（7）長尾龍一「八束の髄から明治史覗く」穂積八束著、長尾龍一編『穂積八束集』（信山社・平成一三年）、二九八頁。

（8）穂積「帝国憲法ノ法理」上杉慎吉編輯『穂積八束博士論文集』（上杉慎吉・大正二年）、五二〜五四頁。

（9）参照、穂積『憲法提要』修正増補第五版（有斐閣・昭和一〇年）、二九頁以下、四一頁以下。

（10）前掲中野『統帥権の独立』、四九一頁。

（11）穂積の統帥権理解に関して、多少その推測を可能にさせるのは、彼が明治四〇年軍令第一号制定過程に関与していたということである（前掲増田『天皇制と国家』、六四頁、三浦裕史『近代日本軍制概説』（信山社・平成一五年）、六〇頁を参照）。公式令の定める《勅令》と並んで、軍令第一号によって定められた《軍令》という法令形式を認めるという考えは、「国務」と「統帥」とを並立的に理解することと通ずるであろう。穂積は、中野登美雄がいうようにその著作では確かに「沈黙」していたが、統帥権の独立を侵すことになる明治四〇年公式令制定に対し、軍令制定による統帥権独立制度の維持に向けて動いていた。

（12）赤城和彦「現代憲法教授総評」『改造』昭和一〇年六月号（昭和一〇年）、二五八頁。これに対し、当時美濃部の側は、「『憲法論では上杉君に負けないが、上杉君の美貌は羨ましく思つた』と冗談を飛ばすほどその勝利に酔ふてゐた」という（同上、二五九頁）。ただ、軍隊内部での精神教育の面では、上杉の憲法論が相当に浸透していた旨、赤城は指摘している（同上、二五九頁）。なお、上杉は大正二年以降陸軍大学校教官を務め、「陸軍における国体論のイデオローグ」となったと指摘するものとして、浅野和生『大正デモクラシーと陸軍』（慶應通信・平成六年）の「第三章　上杉慎吉の国体論の陸軍将校への影響」がある）。この「現代憲法教授総評」の執筆者「赤城和彦」は、住谷悦治のペンネームであるという。彼は東京帝国大学法学部で学び、吉野作造らの影響下にあり、同志社大学教授（社会思想史・経済学）等を務めた社会思想史学・経済学者である。住谷については、差し当たり、松野尾裕「住谷悦治と河上肇」『愛媛経済論集』一六巻一号（平成八年）、田中秀臣『沈黙と抵抗　ある知識人の生涯　住谷悦治』（藤原書店・平成一三年）を参照。

頁以下。

(13) 上杉の経歴や、当初機関説論者であった点について等、参照、長尾龍一「上杉慎吉伝」前掲同『日本法思想史研究』、二三一

(14) 上杉『帝国憲法逐条講義』(日本評論社・昭和一〇年)、五七〜五八頁。

(15) 同上、五八頁。

(16) 同上、六一頁。

(17) 同上、六一頁。

(18) 井上の経歴については、井上講述、三浦裕史編『大日本帝国憲法講義』(信山社・平成一二年)に収められている三浦「解説」が詳しい。

(19) 前掲井上『大日本帝国憲法講義』、二三二頁。なお、本書の原本の刊行時期は不明であるというが、明治三八年六月以降のものであろうと編者は記している(三浦「解説」、三八二頁)。

(20) 三浦裕史「解説」前掲井上『大日本帝国憲法講義』、三九八〜三九九頁。

(21) 井上門下であった東北帝国大学教授・佐藤丑次郎の統帥権理論についてもここで触れておこう。佐藤は井上と違い、第一一条の統帥大権は、「天皇が大元帥として軍の中に於て軍其のものに対し之を行ふ」ものであるから、それは「純然たる軍務行為であつて、全く国務行為より分離せらるるのである」、それ故、「天皇が大元帥として此の大権を行ふに当り、敢て国務大臣の輔弼を要しない」として、統帥権の独立を認める(佐藤『逐条帝国憲法講義』再版(有斐閣・昭和一七年)、一三六頁)。他方で、陸海軍の編制及び常備兵額を定めることは、「国家の重要なる政務に属する」ので、「陸海軍を統帥する場合と異なり、国務大臣の輔弼する所に依るべきである」という(同上、一四〇頁)。ただし、佐藤曰く、「他の一面から観れば」、編制及び常備兵額は、国防の安全を確保すべき国防計画に依拠する必要がある。参謀総長や軍令部総長が国防計画を立案して上奏する時は、それを内閣へ下付し、内閣で検討して編制及び常備兵額を決めなければならない。内閣がその計画案を修正の必要があるとした時は、その理由を明示して参謀本部・軍令部の再考を求め、参謀本部・軍令部の側でも国防上の見地から内閣の所見を検討して第二案を作るよう努めるべきである。「其の場合に両者の間を斡旋して、相互の諒解を遂げしむるのが陸軍大臣及び海軍大臣の任務である。是れ即ち陸軍大臣及び海軍大臣が国務大臣として内閣に列すると同時に、帷幄の機関として軍機軍令に関与する所以であり、陸軍大臣又は海軍大

臣に任ずるは、現役の陸軍又は海軍の大将又は中将に限るのも亦此の理由に基くのである」と佐藤は述べている（同上、一四〇～一四一頁）。昭和五年のロンドン海軍軍縮条約問題・統帥権論争を念頭に置いた、具体的な記述である。佐藤のこの論は、陸海軍大臣が内閣と軍令機関とをつなぐ《バックル》としての役割を果たすことを期待するものであった。

(22) 市村著、井上密論評『憲法要論』（有斐閣書房・明治三七年）、六四九頁（同書の再版（明治四〇年刊）も同じ）。市村『帝国憲法論』第九版（有斐閣・大正一一年）、八五七頁。なお、『帝国憲法論』等を「圧搾」した小著としてまとめたものだと「序」に記されている市村『憲法精理』第三版（松華堂・大正一五年）での「統帥」の定義では、「組織セラレタル」の箇所が削られているが（一九〇頁）、記述の前後関係等から判断するに、何らかの理論上の変説があった訳ではなく、単に「圧搾」されただけかと思われる。

(23) 前掲市村『帝国憲法論』、八六〇～八六一頁。

(24) 同上、八六一～八六二頁。

(25) 同上、八六四頁。

(26) 同上、八六二頁。

(27) 市村の議論でなお注目すべきは、勅令と同レベルの法令形式として明治四〇年軍令第一号によって認められた軍令の中でも、軍政領域のものもある、という記述である。市村曰く、軍令第一号に定められている陸海軍大臣副署を要する公示軍令は、「純然タル統帥命令」ではなく、「寧ロ軍政命令」だと解す他ない。市村の統帥権理論は、本文中で述べたように、戦争＝対内作用に非ずというものが一方にあるが、他方で、国務大臣の副署が存するならば、輔弼がなされていたはずだとの考えにも支えられていた。これは一見当然のことのようだが、例えば、後述のように、美濃部達吉が、軍令への陸海軍大臣の副署を国務大臣としての副署ではなく帷幄機関としての副署であると説き、憲法上の大臣責任がそこには生じないとしていたのとは異なる。市村の考え方――国務大臣の輔弼がある故に副署も存する――によれば、副署があるとすれば、遡ればそこに国務大臣の輔弼が存したという証拠であった。つまり、「副署ノ制度ハ大臣ノ輔弼ヲ公証スルモノニシテ輔弼ノナキ所副署ナシ」、である（市村前掲『憲法精理』、一九〇～一九一頁）。だとすれば、公示軍令にある副署は、遡ればそこに国務大臣の輔弼があったのだという証拠となる。市村の以上の論からすれば、公示軍令は、国務大臣の関与を認めない軍令領域に属する命令（「純然タル統帥命令」）ではなく、国務大臣の輔弼を要する命令（「軍政命令」）だとなる（前掲市村『帝国憲法論』、八六二～八六三頁）。

(28) 副島『日本帝国憲法論』第四版（早稲田大学出版部・明治四五年）、六六六～六六七頁。なお、副島の統帥権理論は、例えば大正期のものであれば『日本帝国憲法要論』第七版（厳松堂書店・大正一三年）、一六五～一六七頁、昭和期のものであれば副島講述、中村弥三次編『日本帝国憲法論』改訂第六版（敬文堂書店・昭和二年）、三三一～三三四頁を参照するに、特に変化は見られない。

(29) 前掲副島『日本帝国憲法論』、六六八頁。同じ趣旨の記述ではあるが、天皇の大元帥たる地位をより強調しての一節として、「天皇の陸海軍の大元帥たる資格を以て其陸海軍の動作に関する命令を発する場合には、国務大臣の副署を要せさる慣例となれり、蓋し大元帥としての命令は性質上他に知らしむること能はす、国務大臣と雖も喙を挟むを得す、従て大臣の独立の責任に帰することを得さるものなり、憲法は此旧来の慣例を除却したるものなりとの推測を下すを得さるなり」とも副島は述べている（同上、二九一～二九二頁）。

(30) 同上、六六九～六七〇頁。

(31) 美濃部『憲法講話』（有斐閣書房・明治四五年）、八六～八七頁。

(32) 美濃部『日本国法学』上巻・上・総論（有斐閣書房・明治四〇年）、一五七頁。

(33) 前掲美濃部『逐条憲法精義』、二五三～二五五頁。

(34) 同上、三三頁。

(35) 同上、三五頁。

(36) 同上、二五六頁。

(37) 同上、二一～二二頁。

(38) 同上、二五六～二五七頁。

(39) 前掲美濃部『憲法撮要』訂正第四版、五六三頁。なお、後藤啓倫が注目しているように、美濃部『憲法撮要』訂正第五版は、従前の同書と目次・内容がかなり異なり、軍に関する記述にも変化が見られる。「統帥大権ノ作用」（訂正第四版では「軍令権ノ作用」）が国務大臣の責任の外に置かれるのは、国務大臣が一切の国務について責任を負うとした原則に対する「重要ナル例外」である為、その「範囲ハ之ヲ適当ニ限定スルコトヲ要ス」（訂正第四版、五六六頁、訂正第五版、三二四〜三二五頁）という点では、訂正第五版でもその前の版でも同じである。しかし、後藤が明確に指摘したように、両者には統帥権の範囲について、「若干の変化」（後藤「美濃部達吉の統帥権論」『九大法学』一一二号（平成二八年）、九頁）がある。すなわち、訂正第四版では、「軍令権ノ正当ナル範囲」として、先に触れたように、①「指揮権」、②「内部的編制権」、③「教育権」、④「紀律権」の四種に限るとしていたが、訂正第五版では、「統帥大権ノ本来ノ範囲」は、訂正第四版でいうところの①「指揮権」だけあり、②〜④は「本来ノ範囲」外のものだとされている（しかし、「統帥権ノ作用」として行うこともできるものだ、とされている）（美濃部『憲法撮要』訂正第五版・第三刷（有斐閣・昭和七年）、三二五〜三二六頁）。後藤はこれを見て、ロンドン軍縮を経て、「『統帥権の範囲』の限定をより徹底的に限定し、『統帥大権』の拡大解釈を防ごうとする美濃部の狙いがあった」とする（前掲後藤「美濃部達吉の統帥権論」、一〇頁）。美濃部の言葉遣いの微妙な変化――「軍令権ノ正当ナル範囲」（訂正第四版）と「統帥大権ノ本来ノ範囲」（訂正第五版）――もあり、評価の難しさを感じるが、やはりロンドン軍縮や満州事変といった現実政治上の動きと関係していよう。

(40)　前掲美濃部『逐条憲法精義』、二五八〜二六〇頁。

(41)　前掲美濃部『憲法撮要』訂正第四版、三〇七頁。

(42)　前掲美濃部『逐条憲法精義』、二六二〜二六三頁。

(43)　同上、二六一頁。

(44)　『官報』明治四〇年九月一二日。

(45)　前掲美濃部『逐条憲法精義』、二六一頁。

(46)　前掲美濃部『憲法撮要』訂正第四版、四五〇頁。

(47)　同上。

(48)　美濃部「海軍条約の成立と帷幄上奏」同『議会政治の検討』（日本評論社・昭和九年）、一〇二頁。なお、美濃部のこの昭和五年の議論に対し、真正面からの批判を展開した法学者に、戦後も活躍した蜷川新がいる（参照、蜷川『統帥権問題』（第一出版社・昭和五年））。

(49)　美濃部「海軍条約の成立と帷幄上奏」、一〇四頁。

(50) 同上、一〇五頁。

(51) 美濃部「海軍条約の成立と統帥権の限界」前掲同『議会政治の検討』、一一五頁。もちろん、軍部側の意見を《参酌する》ことは、全く問題ない。美濃部曰く、「軍部の意見はもつとも尊重すべきことは、当然であるが、しかしそれは要するに参酌たるに止ま」る。つまり、「その同意を得ることが絶対の要件ではあり得ない」、と（同上、一一五頁）。そして彼は続ける。「国務大臣の中には、陸海軍大臣も加はつて居り、しかしてわが現在の制度の如くに武官大臣の制を取つて居る以上は、内閣の意見は即ち軍事の専門家も一致して得られた意見である。この点においてわが国の制度は、軍務の大臣にも文官制度を取つて居る他の諸国に比して、軍事専門家の意見を尊重することが遥に強いものといはねばならぬ。その上に更に参謀本部又は海軍軍令部の同意をも得ねばならぬとすることは、一層理由のないところである」（同上、一一五～一一六頁）。これは、軍部の意見を受け容れよという多少感情的な批判があったとしても、そもそも軍部大臣武官制を採用しているのだから内閣の決定には軍部の意見が反映されているに決まっているではないかという、強烈な反論であった。

このように軍令機関の「同意」を不要として、軍編制権の確固たる政府専決事項化を論じていた美濃部であったから、枢密院審議の過程で、軍部と枢府とが結託して浜口内閣を糾弾する中、浜口内閣が軍令部長の「同意」を得ていたという――美濃部からすれば全く不要で、むしろ《悪例》になりかねない――答弁をしたと知った時、美濃部は浜口内閣に苛立ちを示していた。「世論」は「兵権を以て国の政務にまで立ちいらんとするの弊を一掃すべき絶好の機会」と考え、「政府がこの多年の困難なる宿題を解決する勇気あることを期待した」のだが、「この期待が全く根拠なきものであつたことは、今は明白となつた」、と（美濃部「倫敦条約を続る論争」前掲同『議会政治の検討』、一一九頁）。

(52) ここで、美濃部に比較的近しい立場にあった金森徳次郎及び宮沢俊義の第一一条・第一二条論に触れておく。まずは、美濃部と同じく昭和一〇年に政治問題化した天皇機関説事件の煽りを受けて法制局長官を辞した金森である。金森は、「軍ノ統帥ニ関スル事項」は国務大臣の輔弼の範囲外であるとするのが「通説」であり、「是ハ沿革ヲ論拠トス」と述べている通り、「慣行」「慣習法」によって国務大臣の輔弼の対象外であるとの説を紹介するに留めている（金森『帝国憲法要綱』訂正第二〇版（厳松堂書店・昭和九年）、二三八頁）。また、陸海軍の統帥は国務大臣の輔弼の範囲外で、編制及び常備兵額については国務大臣輔弼の範囲内だという説明もそこまで特徴的なものではない（同、三三四頁）。ただし、金森の統帥権理論としてなお参照しなくてはならないのは、論文「国務大臣の輔弼の範囲」『法学新報』三二巻六号（大正一一年）である。同論文で金森は、公示軍令への陸海軍大臣の副署について国務大臣のそれと解する他ないとし、国務大臣が統帥事項を輔弼していると述べ、或いはまた、統帥と軍政と一般行政とは密接な関係にあるので、その一部（統帥）を国務大臣の輔弼の範囲外とするのは実際に適合するものでもないとし、「予の考ふる所に依れば我が憲法上統帥が国務大臣の輔弼の範囲外であると云ふ論はない」と断じていた。なお、金森の憲法論については近時、霜村光寿によって、まとまった研究が公けにされている（霜村『金森徳次郎の憲法思想の史的研究』（同成社・平成二六年））。

次に、美濃部門下にして戦後憲法学を牽引する役割を担った宮沢俊義である。宮沢の戦時中の著作では、次のように説明されている。統帥大権は「統帥の事務（または軍令事務）」に関する大権で、「統帥の事務とは作戦用兵の事務をいふ」。そして、「帝国憲法以前からの慣習法にもとづき、統帥大権は一般国務大権とは厳に区別せられ、国務大臣の輔弼の範囲に属しないとせられてゐる」。「統帥の事務はことの性質上機密迅速に行はれるを要し、且つ特殊な専門技術的な知識経験を必要とするところが多いので、これを一般国務と同列に取扱ふのは妥当でない」、と（宮沢『憲法略説』（岩波書店・昭和一七年）、八六～八七頁）。また、昭和五年のロンドン海軍軍縮条約問題及び統帥権論争を意識してであろう、宮沢は同書で次のようにも述べている。「統帥の事務と国務との限界、ことに軍政事務、すなわち軍事に関する事務のうちで作戦用兵に直接に関係を有するもの以外の部分（憲法第一二条の陸海軍の編制および常備兵額を定めることはこれに属する）との限界は、ことの性質上、必ずしも明確でないことがあり得るが、その場合は軍令府（統帥事務を掌る軍事官署を指す。同上、一四九頁以下参照）と政府の協議によりこれを処理すべきものと解せられる」（同上、八八頁）。宮沢はさすがに上杉のように判別困難な場合には統帥の問題として処理せよとは要求しないものの、政府と軍令機関との「協議によりこれを処理すべき」とした。

(53) 吉野作造著、松尾尊兊・三谷太一郎・飯田泰三編『吉野作造選集　日記一』第一三巻（岩波書店・平成八年）、三三七頁。また、彼らの交流の一端につき、石川健治「解説」佐々木惣一『立憲非立憲』（講談社・平成二八年）。

(54) 吉野「帷幄上奏論」同『吉野作造博士民主主義論集』第三巻、第二版（新紀元社・昭和五五年）、六～七頁。

(55) 同上、九頁。

(56) 同上、一五頁。

(57) 同上、一九頁。
(58) 同上、六四頁。
(59) 佐々木『日本憲法要論』訂正第五版（金刺芳流堂・昭和八年）、三八四〜三八五頁。
(60) 同上、六九二〜六九三頁。
(61) 同上、六九三〜六九四頁。
(62) 同上、六九三頁。
(63) 同上、六九四頁。
(64) 同上、六九五頁。
(65) 佐々木「兵力量決定に於ける政府及び軍部の関係」同著、大石眞編『憲政時論集Ⅱ』（信山社・平成一〇年）、四九頁。
(66) 同上、二五頁。
(67) 同上、二六頁。
(68) 同上、二八頁。
(69) なお、佐々木門下の田畑忍の第一一条・第一二条解釈にも触れておく。田畑の論は、佐々木の影響を色濃く感じさせるものの、美濃部の議論をも取り入れたものであった。田畑は、「国軍の全体に対して其の軍事行動及び軍事行動の準備行動につき軍を最高的に指揮する作用」、「詳言すれば、戦争行為・軍隊内部の組織・軍人の教育・軍紀を維持する為に軍事命ずる作用等」を「統帥作用又は軍令作用」というとし、「この作用以外の一切の軍務作用を軍政作用」というとしたが（田畑『帝国憲法条義』（日本評論社・昭和一三年）、九九頁）、これは佐々木の用語・定義が下敷きとなっていよう。他方で、美濃部の議論を下敷きとしていると思しき箇所も見受けられる。すなわち、統帥作用について、「帝国憲法発布前からの慣習憲法上、殊に参謀本部の設置以来、国務大臣の輔弼に依らずして、特別の軍部機関たる参謀総長・軍令部総長及び軍事参議院を設置し、以て政府から独立してこの輔弼の重任に充ててゐる」とし、「この拠つて立つ原則は所謂兵政分離主義の原則」であると述べている（同上、九九〜一〇〇頁）。こちらの方では、「憲法発布前からの慣習憲法上」とあり、且つ「兵政分離主義」といった語句を用いる辺り、佐々木の影響というよりはむしろ美濃部理論がその下敷きとなっていたといえる。「外部的編制」「内部的編制」の語句についても同じであった（同上、一〇三頁）。
(70) 清水『逐条帝国憲法講義』第九版（松華堂・昭和一一年）、一四四頁。
(71) 同上、一四六頁。
(72) 同上、一四七～一四八頁。
(73) 清水『国法学第一編 憲法篇』第二〇版（清水書店・大正一一年）、一二五〇～一二五一頁。
(74) この点、清水は次のようにも述べている。すなわち、「私は成文法に違反したる慣習法の成立することを認めない。敢て慣習法を否認する訳ではないが、慣習法が憲法の慣習法ならば、憲法の明文に抵触しない程度に於てのみ慣習法は存在し得るのである。即ち慣習法に依つて憲法の明文を変更することは出来ないと云ふ考を私は持つて居る。詰り慣習法は明文に抵触しない範囲に於てのみ効力を持つのである。明文に抵触すれば慣習法は存在しない。是は正当な議論だと私は思つて居る」、と。清水『憲法総論』（海軍大学校・昭和八年）、一八九頁。なお本書は、昭和七年に海軍大学校で清水が講述したものである。奥付等はないが、海軍大学校が昭和八年三月付でまとめたもののようである。若干正確さを欠くかと思われるが、一応、上のように発行所等を記しておきたい。
(75) 前掲清水『国法学第一編 憲法篇』、一二五二頁。
(76) 前掲清水『憲法総論』、二〇一～二〇二頁。
(77) 長谷川正安『日本憲法学の系譜』（勁草書房・平成五年）、一三八頁。
(78) 前掲清水『憲法総論』、一九四頁。

第六章　有賀長雄の統帥権理論

一　「幽霊」学者――統帥権理論の出発点――

世の中に本当に幽霊がいるのかは分からない。ただ、死去から溯ることほぼ六か月前の大正一〇年一月、新聞の投書欄で既に「幽霊」として扱われた学者がいた。本章の主役・有賀長雄である。

「日本学界でも、彼は既に遠の昔に葬り去られて居るではないか。試みに早大に問うて見るが可い、今日彼を戴くかどうかと。そんな日本の幽霊学者を、支那の新しい学生が戴くと思ふか(1)」。

当時、日本の資金を以て上海に大学を創立し、その総長に有賀を据える構想があるようだとの報道があった。真偽のほどは分からないと、この投書の書き手「KO生」は断りを入れつつも、有賀が中国のスパイであることは今日では誰もが知っていると書くその投書は、学界での彼の評価からして、元の職場であった早稲田大学ですら、もはや教員として迎え入れない可能性があるという。しかしその「幽霊」は、本来、帝国大学教授の国法学者・末岡精一の後任たるべき人材の筆頭格であった人物で(2)、伊藤博文と同じくシュタインの講義を聴き、その後、政府要職を幾度となく務めた経歴を持つ。

この「幽霊」――すなわち有賀は、序章で簡単に触れたように、昭和五年の統帥権論争当時、軍によってその理論を援用されていた学者であったと考えられる。これが正しければ、有賀の統帥権理論は、彼の死後も、軍内部で脈々と受け継がれていたということになる。有賀の活躍した時期からして、また更には軍内部で早くからその統帥権理論が受け容れられたまま昭和五年に至ったことからして、彼をして近代日本における統帥権理論史の実質的な《出発点》にいた重要人物であったと考えて良いだろう。統帥権理論の対立が最も激化した昭和五年の統帥権論争時の一方の説の原型を提示した人物であったので、統帥権問題を論じようとする時、有賀を無視する訳にはいかない。

軍内部での実務に対する有賀の影響に関して、陸軍省書記官として活躍した法律家・藤田嗣雄は、以下のように指摘している。

「日本の慣行を要約すれば大体次のやうになります。純然たる軍令事務（動員計画、作戦計画、戦闘序列及陣中要務令の制定等）、純然たる軍政事務（官衙学校の組織、軍隊艦隊の経理、徴兵徴発事務等）、及び軍令軍政の混合事務（隊伍編制、国防計画等）に分ち第一のものに在っては専ら軍令機関において帷幄上奏により允裁を仰ぎ、第二のものに在っては、陸海軍大臣の管理に属し、第三のものに在っては、軍政軍令両機関に於て協定し、内閣に提出するを要しないもので直接に允裁を仰ぐべきものは、軍令軍政両機関に於て連署帷幄上奏を仰ぐべきこととした。これは軍令及び軍政の関係に於てであるが聴て統帥及び国務の関係に於てもいはゆる両属事項が認められた。この思想は軍令軍政または統帥国務の分界が不可能であることから生じたものでありまして、しかもプロイセン・ドイツの学説によるものでないやうでありまして、多年陸軍大学校及び参謀本部に奉職した有賀長雄氏（著国法学明治三十五年下巻二七二頁以下）の言説の影響の下に行はれたもののやうでありまして〔……〕」(3)。

この藤田の説明によれば、陸軍内部では、有賀の議論をベースとしてその実務を捌いていた。近代日本における最初の本格的な統帥権理論を検討する為のみならず、昭和五年に至るまでの軍の憲法解釈を体系的に知る為にも、彼以上の良材はあるまい。

有賀の統帥権理論の重要なポイントは、次の点にあった。すなわち、軍政と軍令とが重複する範囲である「混合」ないし「両属」の領域を指摘していた点、また、国務大臣としての陸海軍大臣がなるべく広範に憲法上のチェックができるよう、軍令事務にまで関与できる制度が作られているとの理解を提示していた点である。これらの紹介・検討によって、近代日本の統帥権理論の出発点をなし、軍にも大きな影響を与えていた人物の論が、統帥権問題に関して、詳密な議論を展開することで大臣責任を貫徹させようと試みていた点が明らかになる。

まずは、簡単に有賀の経歴を確認しておく(4)。万延元年、今の大阪府堀川にて出生、元々有賀家は歌学の家系であった。大阪開成学校より東大予備門を経て、明治一五年東京大学文学部哲学科卒業。同期に高田早苗、一つ下の学年に穂積八束がいた。卒業後文学部准助教授（「日本及支那歴史編輯」担当）となったが、翌年、依願退職。東大卒業式を巡る騒動（「明治一六年事件(5)」）の際、学生に悪影響を与えたというのがその原因であったようである(6)。明治一七年、加藤弘之、西周、井上円了らと哲学会の創設に携わりつつ(7)、元老院御用掛となり、東大にも復職した。また、この年から東京専門学校（早稲田大学(8)）で教鞭を取るようになった。明治一九年元老院書記官。同年、「在官ノ儘私費ヲ以」てベルリン大学、ウィーン大学へ留学。ウィーンにおいて通訳者として残した仕事が、後に取り上げる『須多因氏講義』である。スペンサー社会学に基づいた『社会進化論』等の社会学体系書を明治一六年以降書き続けていた有賀であったが(9)、この留学を契機として、国法学・憲法学へと主たる関心を移したものと思われる。

明治二一年帰朝。憲法発布をはさみ、明治二二年五月に枢密院書記官(10)、更にその翌月から伊藤博文枢密院議長秘書官。明治二五年、総理大臣秘書官となって、再び伊藤の下で働いた。明治二七年、日清戦争にて第二軍司令部法律顧問。翌年にはフランスへ赴き、帰国後は官界を去って研究・教育に専念した。その後は、陸軍大学校や海軍大学校でも講義をし、『外交時報』創刊に携わってもいる。明治三六年帝室制度調査局御用掛。(11)翌年の日露戦争でも、国際法顧問として従軍。大正二年中華民国法律顧問。大正一〇年東京小石川にて歿。

有賀は、明治二二年頃から、国法学・憲法学関係の著作を世に問うようになった。とりわけ、明治二二年の論文「穂積八束君帝国憲法の法理を誤る」は強烈であった。八束が発表した論文「帝国憲法ノ法理」は、それまで数多く発表されていた憲法註解の類を「猛虎一声万獣声無き」状態へと追いやるも、これに有賀が「恰も猛獅の狂ひたる如く長蛇の怒りたる如く」(12)反論、八束論文を「笑止なる」もの、「妄言」、「空想中に架したる所の蜃気楼」等と評した。まことに激烈な批判である。

従来、穂積八束・上杉慎吉の「天皇主権説」に基づく憲法学と対立的に語られてきたのは、その多くが美濃部達吉のそれであった。美濃部や、その師であった一木喜徳郎ほどに注目されてこなかった有賀だが、彼の国法学・憲法学は、「天皇機関説」を軸とした。(13)八束への批判が示唆するように、しばしば語られてきた八束・上杉対美濃部という学説史的構図に対して、有賀学説は一つの刺激になり得る。伊藤博文の信頼を得ていたと思われる有賀であったから、もしシュタイン―伊藤―美濃部の三者間に学説史的系譜を見出せるなら、(14)その同一線上に、有賀を位置付けることも許されるであろう。あえていえば、有賀は美濃部憲法学の理論的先駆者の一人であったといえる可能性があり、加えてその学風は社会学・歴史学へのアプローチを伴うものであって、この点でシュタインとの近さが感じられる。(15)

その有賀国法学・憲法学における一大テーマが、《大臣責任》論であった。同名の著作(16)があるだけでなく、有賀にとっての立憲政治とは、すなわち内閣による責任政治であったといわれる。[17]その大臣責任論のうち最も深く考察されたものの一つが、軍政・軍令に拡がる一連の軍事に関する事務の責任問題であった。

日本における軍政・軍令に関する大臣責任制度は、国家の成立事情等の違いからして、ドイツのそれと全く同じものとして設計・運用できるものではなかった。つまり、多少のアレンジを要するものであったのだが、有賀は、実際になされたそのアレンジを是とした。語学の才に富んだ有賀であればこそ、外国の制度との堅実な比較を踏まえ、この問題を論じ得た。かような意味で、有賀の示した日本の軍政・軍令に関する大臣責任論は、日独法文化接触の一例に数えることができるようにも思われる。

二　有賀学説の素描——憲法第一一条・第一二条・第五五条とその周辺——

有賀の統帥権理論を検討するに際し、ここではまず、憲法第一一条・第一二条・第五五条についての彼の学説を簡単に確認したい。その際、有賀の遺したテキストのうち、『帝国憲法講義』（講法会出版・明治二二年、信山社の復刻版（平成一五年）がある。以下『講義』）、『国家学』増補再版（牧野書房・明治二二年、信山社の復刻版（平成二一年）がある。以下『国家学』）、『大臣責任論』（明法堂・明治二三年。以下『大臣責任論』）の三種、特に『帝国憲法講義』を中心に見ておきたい。無論、シュタインが彼に与えた影響も無視できないので、有賀も直接聞いたシュタインの講義録『須多因氏講義』（宮内省原版・明治二三年。以下『須多因氏講義』）についても若干触れよう。

(一)　第一一条・第一二条

まずは、第一一条及び第一二条の解釈についてである。有賀は、両条を併せて「兵馬大権」を確定する条文だという。そしてこの権限は、「追討ハ必ス宣旨ニ依ランコトヲ要」した日本史を顧みれば、維新の前から天皇にその淵源を求めることができるとした(『講義』、一〇一頁)。そして、「兵馬軍戦ノ事ハ一ニ敵ノ運動ニ依テ之ヲ定ム可ク内部人民ノ意見ニ依テ定ム可キ者ニ非ス」という性質に鑑みて、この大権は「立法権ノ及ハサル所ニ置クヲ要ス」(『講義』、一〇一頁)。

しかし、戦場には現場の指揮官たる「大将」がいるにも係らず、「更ニ天皇ニ於テ之カ統帥タリ」とするのはなぜか。この問いには、「国家学上ヨリ説明センコトヲ要ス」。有賀はその答えを、「誰ヲ敵ト定ム可キヤ」という点に求め、それは元首にのみなし得る決断だと論ずる。つまり、「敵ト敵ニ非サル者トハ国家ノ上ヨリ之ヲ認定スルノ外ナシ国家ノ目的ヲ害セントスル者ニシテ始メテ之ヲ公敵ト見做ス可シ故ニ国家ヲ代表スル元首ニ非サレハ公敵ヲ指定シテ三軍ノ運動ヲ命スルヲ得ス」(『講義』、一〇一〜一〇二頁)。ただ、実務的には、元首が直接に軍行動に関して指揮をとるということは不可能である。それ故に、戦争の「技術ニ長シタル者ヲ選デ戦地ノ指揮ヲ委任スル」のが「今日各国ノ条規」であるとして、彼は「軍将」(Kriegsherr)と「戦将」(Feldherr)との区別を説き、元首が「軍将」に、軍の大将以下が「戦将」に当たるという(18)(『国家学』、二四七頁)。

「兵馬大権」を定めたもう一方の条文、すなわち第一二条はどうか。第一二条は、「編制及常備兵額」については「議院ノ協賛ヲ経ル限ニアラサル所ヲ明指スルモノ」であると有賀はいう(『講義』、一〇五頁)。具体的には、如何なる意味で「議院ノ協賛ヲ経ル限ニアラサル」ものなのか。有賀は、この点でブルンチュリを参考にしつつ、「軍戦事務」と「軍務行政」とを区別して論じ、後者を「徴兵」と「費用ノ徴募」とに分け、この二つは人民の権利に関するものである為に議院の協賛を経るべきもの、つまりは「法律ノ範囲内ニ於テスル軍務省ノ事業ニ属スル者」とした（『国家学』、二四七頁）。ただし、日本における議会による兵馬大権への干渉については、諸外国と比して、より限定的なものであるとされる。明治憲法第一二条によって、である。つまり、「外国ニ多ク其類ヲ見サル一条ニシテ天皇大権ノ他国ニ比類ナク完全ナルヨリ」成立した明治憲法第一二条は、「予算ノ討議ニ於テ大ニ関係ヲ有スル」条文であるが、「議院ハ陸海軍ノ編制及常備兵額ノ増減ニ立チ入テ陸海歳出ノ減少ヲ論スルコトヲ得ス唯タ此ノ費用ノ出途ヲ議定スルニ止マル可キ」である、と（『講義』、一〇六頁）。

ところで、明治憲法第一一条・第一二条に対応する部分を、シュタインはどのように説明していたのであろうか。ここでは、有賀が通訳を務めた講義録である『須多因氏講義』によって確認しておこう。

シュタインによれば、「軍制」には三つの原理が認められる。第一は「国家ハ元首ヲシテ常ニ個々人民勢力ヲ編制シタル者ノ長タラシメ、全軍ノ此ノ元首一人ノ意ニ依テ動クコト恰モ手足ノ心ニ従フカ如クスヘシ」という原理、第二は「軍務ノ目的ヲ実地ニ現ハシ来タラムカ為ニハ法律ニ従テ、人口ノ内ヨリ陸海ノ軍人ヲ徴集シテ、之ヲ扶持セサル可カラス」という原理（そしてこれが「軍務省」を必要とする所以とされる）、第三は「軍隊ノ一タヒ其平時ノ所在ヲ離レテ敵軍ニ向ヒ進ムニ及テハ、其一切ノ運動ヲ将官ノ意ニ任ス可シ」という原理である（『須多因氏講義』、三四九〜三五三頁）。

第三の原理においてその事務を担当するのが「大将以下ノ将官士官」であり、彼らを統括する場を「参謀会議」という（『須多因氏講義』、三五三頁）。シュタインは、この第三の原理について、将官がどの程度まで元首の命令を待つべきで、どの程度から独立して軍隊へと命令を下せるかという問題を提示する。その問いに対する彼の答えは、「未タ敵軍ニ接セサル間ノ運動ハ、軍政内閣ヲ経テ天皇ノ命令ヲ竢ツ可ク、其既ニ敵軍ニ接スルニ及テハ、将官ニ全権ヲ与フ可シ」というものであった（『須多因氏講義』、三五三〜三五四頁）。以上の「軍制」に関する重要な点について、シュタインはまとめて次のように述べている。「而シテ其編制ニ関スル事務ハ、軍務大臣之ヲ行ヒ、其活用ニ関スル事務ハ、将官士官之ヲ行ヘリ、前者ハ常ニ法律ニ依リ、後者ハ必ス敵軍ノ運動ニ依ル」、と（『須多因氏講義』、三五五頁）。

有賀の憲法解釈に話を戻そう。次に、第一一条・第一二条の解釈に関連して、有賀の特徴的な「元首」論をここで指摘したい。それは、「誰が誰を敵と決めるのか」を論じている箇所である。敵を定めて軍を動かす大権について、有賀は、次のように述べた。

「今若シ天皇ニ非ル国家ノ機関即チ議院又ハ政府ヲシテ此ノ強力ヲ運用スルノ権利ヲ有セシムトセン乎此ノ権力ヲ以テ他ノ機関ヲ転覆スルコトヲ得ルカ故ニ国家ノ権衡ヲ失スルノ恐レアリ」（『講義』、一〇二頁）。

有賀によれば、議会はもちろん、政府にも任せられない権限、それが敵を決定する権限であった。そして、ここで見られる「国家ノ権衡」というコンセプトは、有賀の国法学・憲法学における一つの理論的支柱であったと思われる。彼は、元首の機能について、以下のようにいう。

「行政部ハ唯タ機械的ニ法律ヲ施行スルニ非ス、却テ深ク国家ノ趣旨ヲ体シテ之ヲ貫徹セシメンカ為ニ法律ノ盡サヽル所ヲ盡シ、足ラザル所ヲ補フ一個特立ノ権力ト看做スベキ者ナリ。行政権ヲシテ其此ノ如キ官能ヲ全フセシメン乎則チ之ヲシテ立法権ヨリ独立セシメザル可カラズ、若シ然ラズシテ立法権ノ下ニ立タシムルトキハ自由ニ法律ヲシテ実行シ易カラシムル所以ノ細則ヲ定ムルヲ得ズ、又其不足ヲ補充スルヲ得ズシテ、行政ノ命令ハ法律ト同様ニ実行シ難ク且ツ不備ナルベシ。之ヲシテ独立セシメン乎、則チ両者ノ上ニ立テ常ニ其権衡ヲ保ツ者有ルニ非ザレバ其間ニ軋轢ヲ生スルニ及テ和解スルニ者〔ママ〕無ク、必ズ一方ニ於テ他ノ一方ヲ圧倒シテ後始メテ止マントス。即チ元首ノ立法部ノ上ニ立テ法律ヲ裁可シ、国会ヲ集散スルノ大権ヲ握ルト同時ニ、行政部ノ上ニ立テ命令ヲ裁可シ、大臣ヲ任免スルノ大権ヲ有スルヲ以テ国家本然ノ編制ノ欠ク可カラザル一部トスルノ所以ノ者此ニ在リ」（『国家学』、一九九〜二〇〇頁）。

ここで有賀が描き出した元首像は、国家の諸機関の《調停者》であろう。国家内部の有機的連関の危機に際して登場する仲裁人のような機能を持つことに、国家元首の存在理由があった(19)。そもそも有賀にいわせれば、天皇が憲法第四条によって「統治権」を総攬するとされるのも、「元首カ立法行政ノ上ニ立テ権衡ヲ取ルノ地位ニ在ルヨリ起ル権利」であった（『講義』、四三頁）。

以上によって明らかなように、有賀は、他の国家機関への侵害を恐れるが故に、政府や議会が敵を決定するのを拒否した。その点、元首が敵を決定するならば、国家の公的な価値を一身に体現する元首の性格上問題がないのみならず、そもそも立法府と行政府との上に立ちつつ両者の関係を取り持つ元首が敵を決定するのであれば、軍隊を利用して他の国家機関を圧倒するという事態も防ぎ得る。国家運営に当たって、諸国家機関のバランスを保つのが元首の役目であり、そのバランスを失する国家は、国家内の一集団が専断的に国家を動かし、牛耳るに至る。元首は、そのような事態を防ぐ機能を持つ。有賀の「元首」論を多少肉付けすれば、このようなものになろう。

(二)　第五五条

次に、第五五条に関する有賀の記述を見ていきたい。逐条解説の体裁を採る『講義』では、主に国務各大臣の責任に関する記述に終始している。有賀は、国務大臣が天皇を輔弼する「其ノ職分」は、「憲法上及行政法上ヨリシテ定マルモノ」だとして、次のようにいう。

「行政法上ヨリ言ヘハ内閣総理大臣ハ内閣ノ直轄ニ属スル行政事務ヲ総理シ且各省行政ノ統一ヲ保チ各省大臣ハ各々其ノ負担ノ事務ヲ総理シ以テ天皇ヲ輔弼ス。国法上ヨリ言ヘハ大臣ハ国家ノ他ノ機関ニ対シテ其ノ正鵠ヲ誤マラサルノ責ニ任スヘキモノナリ」(『講義』、三五四頁)。

また、有賀は、国務大臣が行おうとしているものが元首に認められないならば、或いは元首の命じた行為を国務大臣が実行し難いと考えたならば、大臣には「辞職ノ自由」が認められるとした。

「元首ノ命スル所ニシテ憲法ニハ違反セサルモ尚ホ大臣ニ於テ之ヲ不可トシ責任ヲ以テ之ヲ実行シ難シト信スル場合及其ノ責任ヲ以テ行政ヲ統理スルニ必要ナリト信スル処ヲ奏請スルモ元首ノ之ヲ裁可セサル場合ニ於テハ大臣ハ辞職ノ自由ヲ有ス」(『講義』、三五五頁)。

有賀の描いた国務大臣は、元首の命令を受けて行動する受動的な存在ではない。むしろ、自発的・積極的に動く。もちろん、上述の如く、有賀は天皇を「立法行政ノ上ニ立」つ機関として把握していたが(『講義』、四三頁)、それはトップ・ダウン型の上下関係を築こうとする憲法論ではなく、シュタイン譲りの三者調和を尊ぶ憲法観に支えられていたものだといえよう。

さて、第五五条中の「其ノ責ニ任ス」に関する「法理」についての有賀の説明はどのようなものであったのか。彼は、この点を説明する上で、第五五条だけではなく、第四条にも触れている。そこではまず、「議院政体」の国家における大臣責任論を概観し、その出発点を「国王ハ不正ヲ為ス能ハス」という「リーガル・フイクション」に求めた。ここから数々の外国の論者が各々の論述を行ってきた様子が紹介されているが、結局のところ「議院政体」下の話であるそれらに対して、有賀は、「本邦ノ国法ニハ全ク適用ス可カラサルモノ」と評した(『講義』、五一〜五五頁)。

では、日本の国法上、天皇を輔弼する際の大臣責任論はどのように考えられるべきなのだろうか。有賀は、「国法上ノ法人トシテノ天皇」という、鍵となる表現を用いている。天皇は国の元首であるから、「天皇カ憲法ノ条規ニ依リ発表スル所ノ決意ハ国家ノ決意ニ外ナラス」、「其ノ国家ハ一切ノ正義ノ依テ出ツル所ナレハ（即チ正ノ正タリ否ノ否タルハ国家ノ決意ヲ竢テ始メテ定マルモノナレハ）国家ハ仮令道徳上ノ意味ニテ言ヘハ不正ヲ為スコトアリトモ、法律上ノ意味ニテ言フ不正ヲ為スコトヲ得ス」と論じた上で、国家の「決意」は悉く法律上正しいとされるのだから、「国法上ノ法人トシテノ天皇ハ不正ヲ為スコト能ハス」と結論付けられるという（『講義』、五五～五六頁）。

しかし、天皇が「国法上ノ法人トシテ」ではなく、「一私人トシテノ天皇」として「決意」を発表することがあれば、それは国法上の効果を有しない。例えば、国務大臣の副署を要するにも係らずそれを具備しない、或いは、憲法第九条の規定に従わずに命令を以て法律を変更してしまう等の「憲法ノ条規ニ依」らない行為を天皇がしたならば、「是レ国法上ノ法人トシテ天皇ノ発表スル所ニ非スシテ一私人トシテノ天皇ノ決意ヲ発表〔ス〕ルモノニ過キス」（『講義』、五六～五七頁）。

このように対置された「国法上ノ法人トシテノ天皇」と「一私人トシテノ天皇」とに、国務大臣は、それぞれどのように応じるべきか。有賀は、国務大臣が「忠順ナルノ義務」を果たすべきなのは、「唯タ国法上ノ法人トシテノ天皇」だけであるという。例えば、「一私人ノ天皇」による「違法ノ命令ニ副署シタルニ於テハ彼レ天皇ニ忠順ナルニ非スシテ一私人ノ違法ノ所為ニ副署シタルモノ」となるから、結果、「其ノ責ニ任セサルヲ得サルナリ」とする（『講義』、五七頁）[20]。

こうして明らかにされた国務大臣の「責任」（有賀はこれを「法律上ノ責任」とする）に加え、他にどのような責任を大臣は負っているのか。有賀の論述を簡単に図式化してみたい。「国法学者ノ大臣責任ヲ論スル者」の責任論は、大略以下のようにまとめられている。

「普通法上ノ責任」……刑事法の範囲に属するもので、憲法は特に関係しない。

「公法上ノ責任」のうち、

「法律上ノ責任」……大臣の職権上の行為で、憲法条文に違反した場合。

「政事上ノ責任」……上記の他、「大政の方向」、行政方針の誤りの場合も包含する。（『講義』三五七〜三五八頁）(21)

こうして第五五条解釈の主要な点を論じ終えた上で、有賀は本章に関係する第一一条と第五五条とが重なり合う問題を、以下のように述べた。

「天皇カ大元帥ノ資格ヲ以テ（憲法第十一条ニ依リ）発スル所ノ命令ハ一種特別ノ者ニシテ責任大臣ノ副署ヲ要セス是レ各国ノ成例ニ依ルモノニシテ法章ノ正条ニ依ルニ非ス」（『講義』、三六一頁）。

命令には、国務大臣の副署を要する。しかしながら、統帥権に関する命令はその限りではない。なぜか。それは、憲法中の規定による結果ではないという。では何に基づくのか。有賀は、それは「各国ノ成例」から導き出されるものであるとした。

比較法的視点に立ってこそ特徴をつかむことができるその「各国ノ成例」は、有賀が後年、講演「国家と軍隊との関係」において熱心に語ったポイントであった。副署の効果や詳しい大臣責任手続等をここで論じる必要はないので、ここまでの有賀の憲法論を踏まえた上で、「国家と軍隊との関係」の講演録を見てみたい。

三 「国家と軍隊との関係」

明治三三年三月一〇日の講演を基にした「国家と軍隊との関係」は、『国家学会雑誌』一四巻一五七号から一六一号（明治三三年三月から七月）に、その「附録」として掲載された（後年これは、有賀『国法学』下巻、一二三九頁以下の記述に活かされている）(22)。以下、同『雑誌』からの引用に際しては、号数・頁数を示す。

有賀は、講演の冒頭、国家と軍隊との関係を解き明かす際の「困難ナル」点を提示する。すなわち彼は、①軍隊は国家の交戦権を行う機関であるから、敵を定める権利は国家にあって軍隊にないこと、②軍隊は国家が設立維持するものであるから国家の設営であること、③しかし、軍隊は歴史的に見れば国家によって編制されるというよりも、軍隊がまず存立して、その力によって主権者が定まって国家の編制も定まったこと、④国家の意志は国民の発達にあり、軍隊の目的は敵の撃滅にあるのだから、軍隊の行動は国家の意志から独立する必要があることの四点を順次指摘した。しかし、これら諸点は、相互に調和し得ない。つまり、「相反対スル理勢」であるという（一五七号、二一〜三頁）。

「相反対スル理勢」であれば、必ずや衝突してしまう。有賀曰く、これら諸点が直接に衝突してしまうのが、「責任」を考える時であった。なぜなら、上述の①ないし②によるならば「軍隊ノ編制行動ニ関シテモ国法上其ノ責ニ任スル者無カルヘカラス」と主張し得るが、③ないし④によるとなれば「軍隊ノ編制行動ハ国家ノ意志以外ニ独立セサルヘカラス」という他なくなるからである（一五七号、三頁）。

「若シ軍隊ヲシテ国家ニ従属セシムルトキハ軍隊ハ其ノ敵ニ勝ツノ大目的ニ於テ遺漏及錯誤多キヲ免レス、サリトテ又軍隊ヲ国家以上ニ置クトキハ所謂武断政治トナリテ立憲ノ制是レヨリ紊レム」(同上)。

この、まさしく《国家と軍隊との関係》におけるジレンマを解決する為、従来の国法学は、軍隊の「編制」と「行動」とを区別し、「編制」に関する事務を「軍政」と称して国務大臣を以て国法上の責任者とし、「行動」に関する事務を「軍令又ハ統帥事務」と称して独立させた。そして、この統帥事務の長たる「大元帥」と、「国家ノ元首」とを同一人にすることで、軍政と軍令との衝突を避けてきたのである(一五七号、三〜四頁)。

ここまできて、有賀が得意とするところの「各国制度ノ比較研究」へと進んでいく。アメリカ、フランス、イギリス、ドイツの例を挙げているが、ここでは特にドイツのそれに限って見ておきたい。イギリスでの軍政・軍令に関する責任範囲が揺れ動く様子を詳細に有賀が描いているのも興味深いが、本章第一章からも明らかであるように、軍政・軍令に関する諸問題を扱う際に比べてみるべき国は、ドイツであろう。

(一)　ドイツ帝国

有賀はまず、ドイツ帝国憲法第六三条[23]に触れ、ドイツの陸軍では、バイエルンを例外として、軍令がドイツ皇帝の権限に属するも、その軍政の職権は依然として各邦政府に属していることを確認する(一五九号、一七〜一八頁)。海軍については、もとよりプロイセンだけが海軍力を有していたという歴史を指摘し、ドイツ帝国憲法第五三条[24]によって海軍の軍政及び軍令の双方がドイツ皇帝に属することは明らかだという(一五九号、一八頁)。こうして、誰が軍政及び軍令の権限を有するか[25]という問題を明らかにした上で、ドイツ帝国における(特に陸軍の)軍政と軍令とに関して、有賀は以下のような一つの結論を見出した。

「此ノ如ク独逸陸軍ニ於テ国防用兵ノ号令ヲ発ススル《〔ママ〕》権ト、軍政ノ権トヲ帝国ト各邦トノ間ニ分割シタルノ結果ハ憲法ノ成条ヲ以テ此ノ両権ヲ明晰ニ分書スルノ必要ヲ生シタリ」（同上）。

ドイツ帝国では、明確に、軍政と軍令とを区別する必要があった。帝国と各邦との権限上の疑義を消去するには、各々の有する軍政・軍令の権を「憲法ノ成条」にて「明晰ニ分書」しなければならなかった。かような要請の下、ドイツは、憲法を中心とした各種法令上で「国防用兵ノ事務権」と「国政ニ属スル陸軍事務」とが明確に判別されるように努めた。それ故、有賀曰く、「独逸帝国ニ於テハ所謂混交事務タルモノナシ」。つまり、軍政と軍令とが明確に分別された以上、両者の混成する領域などといったものは、そもそも存在しないのである。そして、そのうちの「国防用兵ノ事務権」は帝国宰相の副署を不要とされるに至り、それ故に、「此ノ部類ニ属スル事務ニ関シテハ仮令憲法法律ニ反違《ママ》スルコトアリ〔レ〕トモ実際ニ於テハ無責任」とされる（一五九号、二〇頁）。

この講演録中で有賀がその引用を明記しているシュテンゲル（Karl von Stengel）編集の Wörterbuch des deutschen Verwaltungsrechts では、ヘッカー（Karl Hecker）が次のように解説している箇所がある。

「軍令は支配者の指令であり、それは軍隊に関する指揮権の作用として現れ、〔……〕軍行政組織内部での支配者の全ての指令は、支配者の指揮権ではなく、支配者の統治権の作用として現れる」(26)。

この説明は総論部分に当たるものだが、明確に軍政と軍令とが区別されており、それらは、それぞれが支配者の統治権（Regierungsgewalt）と指揮権（Kommandogewalt）とに基づくものだとされている。そして軍政・軍令は、続けて次のように説明されている。

「〔軍政・軍令は〕互いにつき、それらが異なった権力の現れである点及びそれに応じて一方のそれは責任大臣による副署の有効性を必要とする点、他方のそれは必要としない点によってのみ、区別なされる。

支配者がその指揮権によって軍へと下すあらゆる処分〔Verfügung〕ないし命令〔Verordnung〕のことを軍

令と呼び、より狭い意味での軍務行政の領域に関するあらゆる処分ないし行政命令〔Verwaltungsverordnung〕のことを軍政と呼ぶ(27)」。

ドイツ皇帝に言及する以下の記述でも、軍政と軍令とが明確に区別されていたことが分かる。バイエルンの例外的な事例とドイツ帝国憲法第六三条とが参照された上で、次のように説かれている。

「皇帝は、自身に帰属せられるべき指揮権によって、皇帝の管轄とされた全陸軍兵力に対して軍令を下すことができる。

この権限〔指揮権〕が、より狭い意味における軍行政の領域について、上述の結果皇帝に委ねられた統帥権から、全陸軍兵力に対して行政命令（軍政）を下すことを皇帝に更に生じ得るということはない。この点で、この権限〔軍政権〕は指揮権の現れではなく、（より狭い意味での）統治権の現れである(28)」。

また、プロイセン陸軍の軍政はそのまま各邦でも履行されるが、それは帝国宰相の副署を必要とせず、プロイセンの大臣の副署のみで有効とされた(29)。ただし、海軍の軍政には帝国宰相の副署を要した(30)。つまり、帝国の軍政と軍令は、ヘッカーの解釈に従うならば、統治権（Regierungsgewalt）と指揮権（Kommandogewalt）の、どちらをその源泉として生み出されたものであるのかという前提に応じ、責任大臣の副署が必要とされるのか否かという点でのみ、区別できた。

しかし、上述の制度は、普仏戦争の勝利やドイツ帝国の成立といった彼の地の歴史に由来するもので、ドイツ帝国固有のものであった。従って、有賀は「決シテ此ノ歴史ナキ他国ニ於テ模倣スヘキ所ニ非ス」という（一五九号、二〇頁）。有賀の見立てでは、たとえ日本がドイツ帝国の制度をそのまま輸入してみても、その制度はうまく機能しないのである。

また思うに、有賀は、副署を不必要として無責任となす（ドイツのような）軍令制度について、若干の不安を覚えたのではないだろうか。ここに断定可能な資料はないが、責任政治こそ立憲政治の根本的メルクマールと見なしていたフシのある有賀であれば、そう考えていても不思議ではない。ここで主題となっている《軍隊》が責任制度を基礎とすべき国政とは異質の存在であるということこそ、この講演の冒頭で提起された問題であった。しかし、後述のように、日本で行われていた「混成事務」の存在を、「責任」の観点からして「頗ル妙味アル」ものと有賀は評している。異質の存在たる軍隊をどのようにして国家の側の責任制度に引きつけるか――これが有賀の統帥権理論の中核であった。では、有賀は日本の制度をどう評価したのか。日本の制度を論じた部分へと移ろう。

(二)　日本

明治憲法の兵馬大権の条文では、有賀は、「国法関係ニ於テ」三つの点が明らかであるという。すなわち、第一に、第一一条と第一二条とがそもそも同じことを論じているのであれば、条文を二つに分ける必要はなかったこと。第二に、軍政と軍令との「範域分界」に関して明文がないのだから、その分別は大権によるも、実際には憲法制定当時に行われていた所を標準としていること。第三に、けれども明文を以て軍政と軍令とを分けないことが却って責任の帰する所を不明瞭にしてしまう場合があることの三点である（一六〇号、二三～二四頁）。

有賀はこの三点を指摘した後、第一一条及び第一二条について解説している。他の著作中での両条への解説は先に触れたが、ここでは「国家と軍隊との関係」での両条の解説を掲げておきたい。まずは、第一一条についてである。

「憲法第十一条ニ『天皇ハ陸海軍ヲ統帥ス』ト云ヘルハ単ニ統帥ノ権ヲ有スト云フニ止マラスシテ天子親ラ陸

海軍ノ総指揮者ナリト云フ義ニ解スヘキモノナリ。此ノ義ハ明治十五年ノ詔勅ニ『朕ハ爾等ノ大元帥ナルゾ』ト仰出タサレシノミナラス、実際ニ於テ各師団長鎮守府司令長官艦隊司令長官ヲ天皇ニ直隷セシメラレタルニテ明ナリ。〔……〕

統帥トハ敵ノ戦闘力ヲ破砕セムトスル陸海軍ノ行動ヲ謂フモノニシテ大元帥ノ任務ハ先ツ其ノ計画ヲ定メ、而シテ之ニ依リ軍隊艦隊ヲ発動セシムルニ在リ、此ノ事務ハ帷幄ニ於テ天子親ラ之ヲ取リ、敢テ臣下ニ委ネザルナリ。

此ノ関係ヨリシテ茲ニ一ノ重大ナル結果ヲ生ズ、即チ天皇ハ憲法第三条ニ依リ無責任ナルガ故ニ、天皇カ大元帥トシテ命令シ賜フ所（即チ軍令）ハ無責任ナルコト是レナリ。此ノ点ニ就キテハ直ニ憲法第五十五条ヲ比ヘ見ルヲ要ス、即チ同条ニ『国務大臣ハ天皇ヲ輔弼シ其ノ責ニ任ズ、凡テ法律勅令其ノ他国務ニ関スル詔勅ハ国務大臣ノ副署ヲ要スト〔ママ〕』アリ然レトモ上来陳述スル如ク憲法以前ヨリ定マレル関係ニ依リ、天皇ハ親ラ大元帥ノ職ヲ行ヒ、此ノ事ニ関シテハ曾テ国務大臣ノ輔弼ヲ須チ賜ハズ、然レバ則チ国務大臣ハ其ノ責ニ任スルニ由ナク、仮令其ノ事務ノ上ニ於テ憲法違反アルモ天皇ノ無責任ヲ以テ之ヲ掩フノ関係ト成レリ。天皇ガ統帥者ノ地位ニ立チテ命令シ給フ所ハ既ニシテ国務ニ関スル詔勅ニ非ズ、随テ国務大臣ノ副署ヲ要セズ、之ヲ称シテ軍令ト云フ」（一六〇号、二四～二五頁、傍点原文）。

有賀によれば、第一一条は、「天子親ラ陸海軍ノ総指揮者ナリ」との条文である。天皇は、「敵ノ戦闘力ヲ破砕セムトスル陸海軍ノ行動」、すなわち「統帥」の計画を定め、軍隊艦隊を発動させる事務をなす。ただ、天皇は、憲法第三条によって無答責だとされ、「天皇カ大元帥トシテ命令シ賜フ所（即チ軍令）」もまたそうである。加えて、憲法制定以前より定まっている関係から、第五五条の国務大臣の輔弼・副署も不要である、よって大臣は責任を負わぬ、と。

次に第一二条の説明である。

「憲法第十二条ニ『陸海軍ノ編制』ト云ヘルハ団体艦隊ノ編制ヲ定ムルコトノミヲ云フニ非ズ、国家ノ人員材料ヲ取リテ以テ陸海軍ヲ設置シ、其ノ存立ヲ維持スルコトヲ云フナリ。此ノ如キハ国家ノ徴兵法及国家ノ予算ニ依リ経理スベキ事務ナルガ故ニ之カ為メ責任ヲ取ルモノ無カルベカラス、換言スレハ国務大臣ノ輔弼ニ依ラサルヲ得ス、而モ議会ノ協賛ヲ須タス天皇ノ憲法上ノ大権ノ一トシテ之ヲ親裁ストノ義ナリ。〔……〕サレハ憲法第十二条ノ関スル所ハ一般ニ陸海軍行政又ハ軍政ト云フ所ニ当ルコト明ナリ。其ノ第十一条ト異ナル所ハ、彼レハ〔＝第一一条は〕軍隊ノ敵ニ対スル行動ニ於ケル大元帥ノ地位ヲ明ニスルモノニシテ、国務以外ニ存シ、此レハ〔＝第一二条は〕国家ノ設営トシテノ軍隊艦隊ノ設立維持ニ関スルモノニシテ、国務ニ属シ、随テ責任行政ノ範囲ニ属スルニ在リ」（一六〇号、二五〜二六頁、傍点原文）。

有賀曰く、第一二条の「陸海軍ノ編制」とは、「国家ノ人員材料ヲ取リテ以テ陸海軍ヲ設置シ、其ノ存立ヲ維持スルコト」を指し、これらは、徴兵に関する法令や予算とも関係する。それ故、国務大臣の輔弼を要する事項である。また、第一一条と第一二条とを比較すれば、第一一条は「軍隊ノ敵ニ対スル行動ニ於ケル大元帥ノ地位ヲ明ニスルモノニシテ、国務以外ニ存」する。すなわち、「国務」ではない。対して第一二条はどうか。「此レハ国家ノ設営トシテノ軍隊艦隊ノ設立維持ニ関スルモノニシテ、国務ニ属シ、随テ責任行政ノ範囲ニ属スルニ在リ」。こちらは「国務」に属する。

ただし、有賀は、以上のように明確に軍政と軍令とを切り分けられるかというと、それはできないとした。仮に観念上その区別がはっきりとつくようであっても、実務上でもなお同じように区別が可能であるとは限らない。むしろ、それは不可能だと有賀は指摘した。すなわち、確かに、「帝国憲法ニ於テハ軍令ト軍政トヲ判然分別シタリ」、しかしながら、「是レ畢竟思想ニ於ケル分別タルニ止マリテ実際ニ於テ決シテ絶対ニ分離スルコトヲ得ヘキモノニ非サル」（傍点引用者）ことは明らかだ、と。それ故、ここでは、①「純全タル軍令事務」及び②「純全タル軍政事務」に加え、両者の混ざり合う領域を想定しなければならない。「純全タル軍令ニ属スル事務ト純全タル軍政ニ属スル事務トハ寧ロ少数ニシテ大半ノ事務ハ此ノ両種ニ跨ルモノナリ」（一六〇号、二七～二八頁）。つまり、③「軍令軍政ノ混成事務」を考える必要があるというのである[31][32]。

（三）「混成事務」と大臣責任

このように、有賀は「両種ニ跨ル」事務――「軍令軍政ノ混成事務」――の存在を指摘した上で、これに対する大臣責任問題を日本国法上の一大問題として捉え、この点の研究の必要を次のように説いた。この一節は、『国家学会雑誌』所収の「国家と軍隊との関係」ではなく、それを単著『国法学』に収めるに当たって加筆された箇所である。

「日本の制度に於ける責任関係は理論上に於て独逸帝国と同一なれども実際上は重要なる一点に於て差異あり、即ち憲法及法律に於て軍令の範囲に属するものを列示せす、従て大体は軍令に属するも或る点に於て国家の法律予算に関係あるものは尚ほ混成事務として国務大臣に於て責任を取らさるへからさること是なり。是に於て軍令機関と軍政機関との間に如何にして混成事務に対する国法上の責任を分つかを研究するの必要あり」（傍点引用者）[33]。

先に見たように、ヘッカーは、ドイツにおける軍政と軍令との別について、統治権（Regierungsgewalt）と指揮権

(Kommandogewalt) とに基づくこと、責任大臣の副署の要不要に現れることを指摘していた。さらに、ドイツ帝国では、軍令権はドイツ帝国の皇帝にありとし、軍政権は各邦にありとする為に、両権の明確な区別及び帝国と各邦との権限関係の確定が必須の作業であった。日本はそうではない。しかし他方、日本では、「軍令ト軍政トノ混成事務」についての国務大臣の責任をどのように考えるべきかという研究が求められる。

では、「軍令軍政ノ混成事務」に関する大臣責任については、どのように説かれているのか。

混成事務は、法律・予算と関係あるが故に、「稍々重大ナルモノハ閣議ニ附シテ他ノ大臣ト其ノ責任ヲ分ツノ必要」があるが、「亦他ノ一方ヨリ見レハ是レ軍機ニ渉リテ秘密ヲ要シ、仮令国務大臣タリト雖モ現役軍人ニ非サル者ニ示シ難キモノ」である。要は「国防計画」等の「漏洩ノ恐レアリ」ということだが、それは特に「所謂政党内閣ノ国ニ在リテハ尚更然リ」と指摘されている。その防御方法ないし対策が、内閣官制第七条（「事ノ軍機軍令ニ係リ奏上スルモノハ天皇ノ旨ニ依リ内閣ニ下附セラルルノ件ヲ除ク外陸軍大臣海軍大臣ヨリ内閣総理大臣ニ報告スヘシ」）であるという（一六〇号、三四頁）。

そして有賀は、この内閣官制第七条を以て、「日本ノ内閣ハ表面上単一ニシテ内実ハ二重組織」（一六〇号、三四頁）であると断言した。国防用兵の機密に関係する混成事務について、一般閣員に開示するのが困難な事案は、閣議に附されることなく陸海軍大臣が帷幄上奏をして構わない。ならば、陸海軍大臣を「特ニ此ノ種ノ事務ノミニ関シテハ総理大臣ト平等ノ地位ニ立テリ」と評し得る。現に、「陸海軍部内ニ於テ陸軍大臣海軍大臣ハ天皇ニ直隷ストノ語ヲ為ス者」もいる。すなわち、混成事務の存在と内閣官制第七条の規定とによって、「我カ内閣ハ一般内閣アリテ其ノ内部ニ別ニ軍事内閣アリ」とされるのであった（一六〇号、三五頁）。

ここまでは特別に難解ではないが、「軍令軍政機関ノ連合運転」（一六一号、三七頁以下）が講演録「国家と軍隊との関係」のハイライトである。有賀がいうには、軍政及び軍令機関が「連合相関シテ運転スル」ことが日本の「頗ル妙味アル」制度であるという。彼は、参謀本部条例第三条及び海軍軍令部条例第三条を参照し、軍令事務を陸海軍「大臣ニ移ス」という点に着目する（一六一号、三七頁）。両条例の第三条は、次の通りであった（傍点引用者）。

参謀本部条例（明治三二年）第三条

参謀総長ハ国防ノ計画及用兵ニ関スル命令ヲ立案シ親裁ノ後之ヲ陸軍大臣ニ移ス

海軍軍令部条例（明治三六年）第三条

海軍軍令部長ハ国防用兵ニ関スル事ヲ参画シ親裁ノ後之ヲ海軍大臣ニ移ス

有賀は次のようにいう。本来、参謀本部及び海軍軍令部は「国防及用兵ノ計画ヲ掌ル処」であり、その「計画」を「陸海軍ニ対シテ下行スル機関ニ非ス」（一六一号、三七頁）。この参謀本部条例及び海軍軍令部条例第三条によれば、「計画」の「下行」は、一旦陸海軍大臣へと「移ス」ことを経て、陸海軍大臣から師団長・鎮守府・艦隊司令長官へとなされる。しかし、軍令事務であるのにも係らず、陸海軍大臣の手を一度経由させるというのは、なぜなのか。有賀は、得意の責任論を以て、これに答えた。

「師団長、鎮守府司令長官、艦隊司令長官ハ皆天皇ニ直隷スルモノナリ、故ニ条理ヨリ言ヘハ帷幄ヨリ直ニ侍従武官ヲシテ彼等ニ伝達セシメラレ、又ハ参謀総長海軍々令部長ヲシテ伝達セシメラレテ宜シキ次第ナリ、然ルニ殊サラ陸海軍大臣ニ移シ発行セシムルハ別ニ其ノ理由ナクシテ称ハサル事ナリ。此ノ理由ハ軍事上ニ於テモ存スヘシト雖モ国法上ニ於テ確ニ然ラサルヲ得サル所以ノモノアリ、即チ責任ノ関係是ナリ。軍令ノ事ハ総シテ国務ニ関係ナシ、従テ国務大臣ノ関係セサル所ナリト雖モ、軍令ト軍政トハ事実ニ於テ相錯交スル事アリ、故ニ万一ニモ国法ニ違反スル事アリテハ陸軍大臣海軍大臣ハ之ニ対シ責任ヲ取ラサルヘカラサルカ故ニ必ス一度ハ責任大臣ノ手ヲ経由セシムルナリ」（一六一号、三八頁）。

師団長、鎮守府司令長官、艦隊司令長官は天皇に直隷しているので、本来、陸海軍大臣を介して軍令事務についての命令を下す必要はない。「帷幄ヨリ直ニ」侍従武官や参謀総長、海軍軍令部長を通じて伝達されても問題ないはずである。では、どうして陸海軍大臣を一度経由するのであろうか。それは、国法上、そうせざるを得ない理由がある。すなわち、「責任ノ関係」から、そうせざるを得ない。というのは、軍令は国務と関係ないとされるものの、軍政と軍令とは「相錯交」することが多い。それ故、万が一にも国法に違反してはいないだろうかという点を陸海軍大臣がチェックする必要がある。チェックできるからこそ、陸海軍大臣がその責任を負える。「混成事務」をテコにして、軍令への陸海軍大臣によるチェックが狙われていたといえる。

そして、この日本式の方法によってこそ、「唯タ有司ニ於テ軍令事務トシテ取扱ヒ居ルニ止マレハ一概ニ軍令事務ナリ故ニ無責任ナリ」という類いの主張に対抗できると有賀は考えた（一六一号、三八頁）。これは、立憲政治とは内閣の責任政治であると考えた有賀の基本思想[34]が如実に現れている例であろう。

ここで有賀は、ある実践的例題を出している。参謀本部で計画し、既に親裁を経た後に陸軍大臣へ移された軍令事務について、もし憲法違反が認められるようであった時、それをどのように処理すべきか、という例題である。有賀は、次のような模範解答を提示した。

「陸軍大臣ハ軍令ヲ動カスノ権ナシ、故ニ承ケテ発行セサル可カラス、然レトモ国務大臣トシテ憲法ノ条規ニ違ヘル統治権ノ行使ヲ輔弼シ難シ（蓋シ事軍令ニ基クト雖モ憲法ノ条項に〔ママ〕抵触スル部分ハ是レ既ニ国政ノ範囲ニ入ルモノナレハナリ）。是ヲ以テ陸軍大臣ハ其ノ理由ヲ以テ奏上シテ御改正ヲ請フカ、然ラサレハ辞職スルノ外無シ、孰レニシテモ憲法違反ノ軍令ハ違反ノマ、実行セラル、ニ至ラスシテ止ムナリ、是レ立憲国家ノ旨趣ヲ完フスル所以ナリ」（一六一号、三九頁[35]）。

参謀本部条例第三条及び海軍軍令部条例第三条に見出せる「移ス」という一句は、「憲法違反ノ軍令」がそのまま実行されてしまうことを防ぐための制度の土台であった。そして、有賀にとっての「立憲国家」とは、まさにそのような制度を備えた国家のことであった。これは、明治憲法の条文のみならず、各種官制へと目を向けることで初めて導き出せる統帥権理論であった。

四　「日本憲法講義」

最後に、有賀が「帝室制度調査局での経験を踏まえて、日本の立憲制度について体系的に説き明かした好個な史料[36]」とされる「日本憲法講義[37]」に目を向けたい（以下、引用に際しては講義日を示す）。これは、公式令（明治四〇年二月）も整い、軍令第一号（明治四〇年九月）が制定された後の明治四一年二月から翌年七月までの講義録である。

明治四〇年以後も、軍事に関する事務の三類型は、変わらずに有賀の基本的な思考方法として採用されている。また、内閣官制第七条によって総理大臣へと陸海軍大臣から事後報告された事案を「計画」と呼んでいたこと等、総理大臣秘書官の経験を踏まえた実務的観点からの説明もある（明治四一年四月七日）。

そして、今までと同様、この「講義」においても、大臣責任論を軸としたいくつかの問題群が提起されており、先に確認した《国家と軍隊との関係》のジレンマがここでも挙げられている。

「若シ統帥事務ヲシテ全然国務大臣ノ管理ノ外ニ立タシムルトキハ国務大臣ハ之ニ要スル人ト金トニ付キ責任ヲ取ル能ハサルコトトナリ如何ナル国家ノ事務モ国務大臣ヲシテ責任ヲ取ラシムヘキ立憲政体ノ原則ニ反スヘ

シ、然レトモ若シ国務大臣ヲシテ責任ヲ取ラシムル為メ統帥事務ヲ其ノ管轄ノ下ニ置クトキハ兵力微弱ニシテ其ノ目的ヲ達スル能ハサルノ恐アリ是レ此ノ関係ヲ定ムルコトノ困難ナル所以ニシテ何レノ国ニ於テモ此ノ問題ニ付キ苦心セサルモノナシ」（明治四一年四月二八日）。

つまるところ、軍政・軍令についての有賀の論は、各国が「苦心」したこのジレンマをどうすべきかという国法上の主要問題に対して、得意とする大臣責任論で答えようとするものであった。

また、この「講義」では、軍事参議院条例（明治三六年勅令）によって設立された軍事参議院についても触れられている。しかしそれ以前にも、軍事参議官条例（明治二六年勅令）によって同様の機関が存在しており、どちらも陸海軍大臣をその構成員としていたし、他の重要な構成員も変わりない。有賀は明治三六年以降の軍事参議院に対して、これによって「陸軍ト海軍トノ事務ノ連絡」だけでなく、「統帥事務ト陸海軍行政事務トノ連絡」も「円満ニ調摂セラルルナリ」と評価している（明治四一年四月二八日）。軍令は参謀本部ないし軍令部で計画され、親裁を経た後に陸海軍大臣へと「移ス」ものとされていたが、それに加えて陸海軍大臣もそのメンバーである軍事参議院があるならば、陸海軍大臣は、軍令事務の内容を知り得る機会がここにも存することになる（明治四一年一一月一三日）。陸海軍大臣に対して軍令事務の合憲性について一考させ、更に再考する場も与えられている制度、これは有賀にいわせれば、国務大臣たる陸海軍大臣に負わせる責任を重視したが為の制度設計であった。

「純粋ノ統帥事務ニ付テハ〔……〕陸軍参謀本部及海軍々令部ニ於テ計画ヲ定メ帷幄ニ上奏ス天皇ハ之ヲ以テ軍事参議院ニ諮詢セラレ裁可ノ上之ヲ陸軍参謀本部又ハ海軍々令部ニ下附セラレ而シテ陸軍参謀本部海軍々令部ハ直ニ之ヲ以テ師団又ハ艦隊ニ命令スルニ非スシテ陸海軍大臣ニ廻付シ大臣之ヲ取次キテ師団又ハ艦隊ニ命令スルコトトシタリ陸海軍大臣ハ軍事参議会ノ一員ナルカ故ニ其ノ事項ハ既ニ承知スル所ナルモ尚ホ且之ヲ実

行スルニ当リ再ヒ陸海軍大臣ヲ経由セシムルコトトシタルハ其ノ責任ヲ重ンスルカ故ニアリ」（明治四一年四月二八日、傍点原文）。

先述のように、軍事参議院が設置される前であっても、ほぼ同様の組織が軍事参議官条例によって認められていた。陸海軍大臣（軍事参議官条例下の参議官）は、明治三六年以前でも、少なくとも二回、軍令事務をチェックする機会があった。講演録「国家と軍隊との関係」と同じく、ここでもどのようにして国務大臣に責任を負わせるかという点にその関心が向けられていたことが分かる。すなわちそれは、責任政治を軸とする立憲政治思想から生まれたものであろう。《責任》という鍵概念を用いて国法上の問題を考察していくのは、有賀の一つの方法論であった。

公式令に対応するようにして制定された、「軍令ニ関スル件」（明治四〇年軍令第一号）によって、勅令と対になるものとして認められた（法令形式としての）軍令が用いられるようになった後も、有賀の立場は変わらなかった。つまり、国務大臣たる陸海軍大臣に対して、軍令事務であろうとも憲法上のチェックをすべき責任を負わせるという考え方は、不変であった。「純粋の統帥事務即ち国防用兵の事務」であっても、それを一旦は陸海軍大臣へと差し回す必要があることを、有賀は変わらず力説した。

「或は純粋に統帥事務と思つて居るもの丶内に、法令予算に関係する事があるかも知れぬ、若しあつたときには責任を執らなければならぬ、自分の知らぬ事で責任を執る訳にはいかぬから法令予算に違反したことがあつたときには陸軍大臣は『之は法令予算に違反した事だから責任は執れませぬ、取り次ぐ事は出来ませぬ、若し強いて取次げと御被仰るなれば、自分は責任を負ふて取次ぐ事は出来ませぬから辞職する』と言ひ張る事が出来る」（明治四二年五月九日）。

また、この時点では、前掲の明治三二年参謀本部条例は改められ、「移ス」という例の第三条は削られていた。

これが削られたことによって、実務にどのような変化があったのかを有賀は参謀本部へ行って調べたという。その結果、「別段かわりませぬ、表面には書いてないけれども内規にはある」と述べた（明治四二年五月九日）。

参謀本部条例第三条の「陸軍大臣ニ移ス」規定が「内規」に移されたというこの有賀の発言は、正しい。明治四一年一二月の参謀本部条例改定とほぼ同時に、「陸軍省参謀本部関係業務担任規定」[38]が定められた。これは、陸軍省及び参謀本部がそれぞれ担うべき業務・権限を定めた内規であった。同規定第二条には「凡て平時に於ける国防用兵に関する命令は参謀総長之を立案し親裁の後之を陸軍大臣に移し陸軍大臣之を奉行す」とある。「移ス」規定が「内規にはある」という有賀の発言は、当時これを参照できたからであった。陸軍大学校や陸軍経理学校等で教えていたからであろうが、彼がこの「内規」を見ることが可能であったというのも面白い。

ところで、明治四〇年の公式令成立による最大の変化の一つは、軍政事務に関して、内閣総理大臣の副署が必ず求められるようになった点である。これについても、有賀は述べている。すなわち、公文式では軍政に関する勅令は陸海軍大臣だけの副署で足りるとしていたが、公式令成立後は総理大臣の副署が必要になった、つまりは総理大臣に承諾されない軍政事務は執行され得ない、と。しかし、これだけではまだ疑念も残る。総理大臣の副署を不要とする軍令によって、本来は軍政事務として扱われるべきものが定められる危険があるのではないか、という疑念である。陸海軍大臣が勅令として何らかのものを定めたいとなった時、総理大臣が認めないとなれば、公式令の下で、且つ軍令なる形式が存しないのであれば、陸海軍大臣のみではどうにもできなかった。しかし、勅令に並ぶ法令形式である軍令が認められて以降、総理大臣のチェックなしに陸海軍大臣の判断のみで軍令が出され得る。その際、本来は勅令によって定めるべきものも、軍令によって定められてしまうものが出てくるのではないか。有賀はこのような事態を懸念した。

「〔公式令の下で、〕陸海軍大臣が〔勅令を〕出したくても総理大臣が承知しなければ出来ないと云ふ事になつた、ソレ故軍令として出すことになつた、夫れは私は間違つて居ると思ふ、何故かならば軍令は統帥事務で出す形を軍政の事に就て用ゆるのは宜しくないと思ひます」（明治四二年五月九日）。

公式令のカウンターパートとして作られた軍令の制度[39]に対して、帝室制度調査局で公式令原案を起草した有賀[40]が快く思っていたとは考えられない。ここでの有賀は、軍令の濫用を戒めているといえる。たとえ軍令事務であるとしても、国務大臣たる陸海軍大臣がチェックすべきだが、軍政事務となれば、武官であることをその就任要件としない総理大臣のチェックも受けることになる。この総理大臣によるチェックから逃れる為の口実として、軍令を用いて軍政事務を進めていくといったことは決して許されるべきではないのだ、と。

軍行動（すなわち統帥）の独立は、如何にすれば戦争に勝てるかという視点から承認されねばならないが、その独立の為に憲法に違反することを見逃してはならない。その為にも、国務大臣でありながら、帷幄の一員でもある陸海軍大臣が軍令事務に関して一定の距離感を保ちつつ接することが求められる――有賀の考えた軍政・軍令周辺の大臣責任論は、大略このような枠組みから討究されたものであった。

そしてこの責任論は、日本独自のシステムとして有賀が積極的に評価したように[41]、軍政と軍令とを明確に憲法中の条文によって区別しなければならなかったドイツの制度とは、似て非なるものであった。この種の検討は、語学の才に富み、比較法的観点に立ちつつ国法学・憲法学を考究した有賀だからこそ、なし得たものといえる。加えて、憲法の条文だけに拘らず、例えば「内規」をも参観しつつ築かれた有賀の統帥権理論は、憲法の条文にて現れた《思想》のみならず、《実際》をも見据えた議論であった点で、軍内部の実務でも重宝され得るものであったと考えられる。

明治一四年以来、我が国は、多少の例外がありつつも、基本的にはドイツ的法制度の吸収を一貫して行ってきたといって良い。ただ、統帥権をめぐる大臣責任制度は、彼我の国家の成り立ちの違いを理由の一つにして、ドイツのそれを参照しつつも、異なる制度が設計され、運用されている――有賀長雄の眼には、そのように映っていた。

五　小　結

一九世紀ドイツの大臣責任は、「確かに未だ明白には議会への責任ではなかったが、各国務大臣が演説と答弁をせねばならぬという方法において、議会に対する責任があった[42]」と、今日いわれている。大臣責任について、有賀は、議会の質問を受けることが国務大臣の責任だと論じ[43]、直接に元首が責任を追及するという形を排除しようと試みた。もし大臣責任の追及・裁定を元首が行えば、責任追及それ自体の可否を国民に論じられてしまう事態、つまり元首の行為の適否を論じられてしまう事態が生じてしまうのではないか。違法の命令を発した国務大臣に対して、元首が「尚ホ其ノ大臣ヲ咎メサルトキ」、国民が「終ニ元首ノ違憲ヲ論スルニ至ル」というストーリーを、有賀は恐れた（『講義』、三五九～三六一頁）。軍事に関する事務についても、大臣責任が発生するものは、この構図の中で責任を追及されることになろう。

本章では、大臣責任という鍵を用いて《国家と軍隊との関係》を解く有賀長雄の統帥権理論を取り上げてきた。それは、軍令にまで憲法上のコントロールを及ぼすにはどうしたら良いかとの関心に支えられており、その答えは、陸海軍大臣が軍令事務にも一定の関与をしている点から発掘されていた。憲法に違反する軍令を排除できる制度があってこそ、真の立憲国家である。日本の軍制は、まさにそれを可能としていた。

この有賀の理解によるならば、陸海軍大臣が憲法違反の有無のチェックを適切に行うことが何よりも要請される。つまり、陸海軍大臣の働き具合によっては、軍令領域への憲法上のコントロール機能が台無しになってしまうこともある。「混成事務」論は、陸海軍大臣の働き次第では、その処理が非立憲的になりかねないのである。また、この理論は、軍政機関と軍令機関との協調を期待し、両者による円滑な運営体制があってこそ真の価値を発揮できるものであった。しかし、例えば、陸海軍大臣が軍令機関を抑えられない場合には、或いは両者の対立が深刻である場合には、「軍令ト軍政トノ混成事務」の処理が上手くいかなかったり、軍令機関によってリードされたりという虞もある。

このように、有賀の統帥権理論には、《強み》と《弱み》とを見出せる。その《強み》とは、第一に、陸海軍大臣による憲法上のコントロールを軍令事務にまで及ぼせるという点、第二に、軍政・軍令両機関の協調によって軍事に関する事務全ての円滑な運営を可能にさせる点であった。軍政と軍令とのつなぎ目にいる陸海軍大臣によって、軍政機関と軍令機関との協調・統合的運用を実現しようとするのが、有賀の統帥権理論であった。そこで軍政機関と軍令機関とをつなぐ役目を担えるのは、軍政機関にして帷幄機関でもあるという《二重性》を有し、「行政府と統帥部にまたがる両棲生物[44]」である陸海軍大臣以外にはいなかった。しかし、彼の統帥権理論には、《弱み》もあった。《弱み》とは、上述の《強み》を発揮できるか否かが、本質的に陸海軍大臣の双肩にかかっていて、場合によっては有賀の期待した効果が現れない場合があることであった。《強み》と《弱み》とが表裏一体であったといって良い。

以上のように、有賀の統帥権理論は、「混成事務」という概念を用いて、陸海軍大臣による「統帥」へのチェック及び責任負担を可能とさせるものであった。これは、《権力の割拠性》が明治憲法体制の一大特色に数えられる中で、軍政機関と軍令機関との、内閣・陸海軍省と参謀本部・海軍軍令部との割拠的・分立的な関係を、学説・理論によって《統合》の方向へと導くものであった評せよう。明治憲法体制下の《権力の割拠性》の一事例であった「国務」と「統帥」との分立構造を、ある程度《修正》することに資したのが、有賀の統帥権理論であった。

さて、「国務」と「統帥」との分立構造を《統合》の方向へと導こうとしたのは、有賀一人しかいなかった訳ではない。むしろ、《修正》どころか、両者の分立的な構造を《克服》しようと試みた者もいた。中野登美雄の統帥権理論が、まさしくそれであった。

註

（1）「斬馬剣」『読売新聞』大正一〇年一月一一日。

（2）長尾龍一「日本憲法学の国家論」同『日本法思想史研究』（創文社・昭和五六年）、九三〜九五頁。

（3）防衛省防衛研究所蔵、藤田嗣雄「統帥と国務」内外法政研究会・研究資料第一〇六号（年不詳）、一一八頁。なお、これに続いて、この有賀の理論は「一八八八年のイギリスの陸軍省の軍政改革からヒントを得てかういふ説をなされたやうであります」と、藤田は指摘している（同旨として、三浦裕史「解題」藤田嗣雄『明治軍制』（信山社・平成四年）、四四四頁）。この点については、有賀長雄「国家と軍隊との関係」『国家学会雑誌』一四巻一五八号（明治三三年）、八頁以下、特に同一四巻一五九号（明治三三年）、一一三〜一一四頁で、有賀自身によって一八八八年のイギリス陸軍省の改革が跡付けられている。そこでは「デュプリエ大臣論」の「上巻」（後年の有賀『国法学』下巻（東京専門学校出版部・明治三四年）、二四五頁以下では「デユプリエ内閣論」と表記）の各頁が出典として記されているが、これは L. Dupriez, *Les ministres dans les principaux pays d'Europe et d'Amérique* であろう。例えばその第三版が一八九二年に出版されているが、本書はそのタイトルの示すように、イギリスを含めた欧米の主要国の大臣制度を概観したものである。このうち、イギリスの箇所のみを訳した書物が明治三一年刊行されている（ヂユップリエ著・坂部行三郎訳『英国立憲大臣論』（丸善・明治三二年、信山社による復刻版（平成二三年）がある））。デュプリエ自身は、トッド（Alpheus Todd）やグナイストの著作を基にイギリスの制度を記している。

なお、藤田嗣雄について、特にその経歴や業績等については、三浦裕史「解題」藤田嗣雄『欧米の軍制に関する研究』（藤田のぶ子・平成三年（原本は昭和一〇年に東京帝国大学に提出された学位請求論文））が詳しい。藤田は明治四三年東京帝国大学法科大学を卒業、朝鮮総督府を経て、大正二年陸軍省参事官、後に書記官。なお、陸軍省書記官は、省内の「法制の専門家」（西村進『昭和戦争史の証言　日本陸軍終焉の真実』（日本経済新聞出版社・平成二五年）一三九頁）であったとされる。戦後の藤田は、国立国会図書館や上智大学で研究を続けた。昭和五年当時には陸軍省内での統帥権問題の調査研究に携わり、陸軍側の見解をまとめる作業に携わってもいる（前掲三浦「解題」藤田『欧米の軍制に関する研究』、六三八頁）。

（4）ここでは国立公文書館蔵『枢密院高等官履歴』第一巻・明治ノ一（東京大学出版会・平成八年）所収の有賀の履歴書（一六五〜一七〇頁）を主たる史料とし、有井博子「有賀長雄」『学苑』昭和四〇年六月号（昭和四〇年）、川合隆男「有賀長雄」川合・竹村英樹編『近代日本社会学者小伝』（勁草書房・平成一〇年）、三浦裕史「解題」有賀長雄編、三浦裕史解題『帝室制度稿本』（信山社・平成一三年（復刻原本は大正四年刊））を参照した。

（5）『東京大学百年史』通史一（東京大学出版会・昭和五九年）、六三三頁以下。

（6）有賀が具体的にどのような「教導上不可然儀説示」を行ったのかは分からないが、懲戒令による免職ではないものの「旨ヲ諭シ辞職」させたとの記録がある。参照、JACAR: A03022923000、公文別録、文部省、明治一五年〜一八年、第一巻（国立公文書館）。

（7）井上円了「哲学ノ必要ヲ論シテ本会ノ沿革ニ及フ」『哲学会雑誌』一冊一号（明治二〇年）、九頁。

（8）外交史学者としての側面も持つ有賀長雄の活躍と、早稲田大学における外交史学については、伊藤信哉『近代日本の外交論壇と外交史学』（日本経済評論社・平成二三年）、一八一頁以下。

（9）下出隼吉曰く、「大体スペンセリアン社会学に日本的を加味」したのが社会学者としての有賀の学風であった。下出「有賀長雄博士」下出民義編『下出隼吉遺稿』（下出民義・昭和七年）、六七二頁。

（10）有賀が枢密院書記官に就いたのは、当時枢密院議長であった「伊藤〔博文〕侯から今の赤十字社長〔佐野常民〕を介して枢密院へ来いと言はれ」たからであったという（有賀「洋行談」『太陽』六巻一四号臨時増刊（明治三三年）、一二二頁）。佐野常民は枢密顧問官として憲法審議に列席しているが、有賀の元老院勤務時代には、佐野は元老院議長であった。その佐野を介するかたちで、シュタイン学説を聴いた新進の官吏として伊藤から声をかけられたということになる。有賀は、早稲田大学教授の中では「例外」的に官界でも活躍した人物であったとされるが（早稲田大学大学史編集所編『早稲田大学百年史』第一巻（早稲田大学出版部・昭和五三年）、九四四頁）、このように活躍できた一つの理由には、伊藤らによる《引き》があったのであろう。「シュタインを介して、伊藤と有賀は結ばれた」とされる時、それが有賀の政官界における活躍を支えた大きな財産であったことは想像に難くない（瀧井『伊藤博文』（中央公論新社・平成二一年）、二一五頁参照）。

加えて、憲法学以外の分野でも研究成果を残しており、その一例に国際法がある。有賀は、日清戦争が国際法に適合した戦争であった様子を *La guerre sino-japanaise: au point de vue du droit international*, 1896 としてまとめ、それまで日清戦争を「野蛮的戦争と誤解せし」海外の学者を大いに驚嘆させたという（読売新聞、明治二九年六月二二日）。なお参照、有賀「従軍後欧洲巡回始末」『国家学会雑誌』一一巻一一九号（明治三〇年）、一～六頁。

(11)　この時、有賀が伊東巳代治のいわばブレーンとして活躍していた様子を描いたものとして、川田敬一「明治皇室制度の形成と有賀長雄」比較法史学会編『文明装置としての国家』（比較法制研究所・平成八年）。

(12)　『読売新聞』明治二一年四月九日。

(13)　有賀を天皇機関説論者として評するものとして、例えば、前掲長谷川『日本憲法学の系譜』、一一八頁。

(14)　前掲鳥海『日本近代史講義』、一〇頁参照。

(15)　なお、シュタイン学説の吸収に関する有賀の自信は、相当なものであった。彼は通訳として途中からシュタインの講義を聴いているが、その際のエピソードを次のように述懐している。すなわち、「行って見ると前の通弁には分らぬ筈でスタインも立派な哲学者で其の所説は精密にヘーゲルの三段論法が踏であります、日本から先生の講義を聞きに行た人も沢山ありますが皆哲学に心得の無い人だから私ほどよく理会し得た人は無かろうと思ひます、先生もソウ言ッて大に私を重宝せられました」、と（前掲有賀「洋行談」、二一一頁）。また、瀧井一博は、有賀の学問姿勢について、「シュタインの学風を最もよく体現した国家学者だった」と評している（前掲瀧井『伊藤博文』、二一五頁）。シュタイン学説に触れることをはじめとして、ブルンチュリ（Johann Kaspar

Bluntschli）等の国法学・国家学の大家らの学説を吸収することは、有賀にとって、自身の学問を形成していく上で最も重要な研究手法だったといえる。

　また、有賀の法学者としての基本的な姿勢は、一方でラーバント等の実証主義法学者の著述を参考にしつつも、シュタイン法学の受容の結果と思われる歴史法学的な視点によって支えられていた。彼が「独修シテ得タル所ヲ以テ」公刊した『日本古代法釈義』増訂版（博文館・明治四一年）の「第一版自序」には、「古代ノ法制ハ父祖ノ敬愛スベキ遺物ニシテ、後世ノ、一字隻句ヲ保有センコトヲ力ムベキ所ナリ。又、永ク民衆ノ遵奉スル所タリシ典章ハ、世変ノ一大要因ニシテ、歴史ト親密ノ関係アリ」とある。有賀の歴史主義的な関心は、彼の法学理論を支えるものの一つであった。

（16）有賀『大臣責任論』（明法堂・明治二三年）、一三頁では、「大臣責任ノ条規ハモール以来各憲法学者ノ説ニ依レバ立憲政治ノ関鍵ナリ」（傍線・傍点原文）と記されている。

（17）前掲滝井『伊藤博文』、二二四頁。

（18）この「軍将（Kriegsherr）」と「戦将（Feldherr）」について、『須多因氏講義』では「戦将（クーグヘル）」（Kriegherr）と「野将（フエルドヘル）」（Feldherr）と訳されている（三五五頁）。

（19）元首の機能に関して、『須多因氏講義』では、短いながらも以下のようなシュタイン国家学の核となる記述が見受けられる。すなわち、「元首ハ、其身ヲ以テ国家一切ノ動作ヲ統一スル者ナリ」、と（一二一頁）。彼によれば、元首・立法・行政という、人間に比するならば「自吾」・「意志」・「動作」（八三～八四頁）と表現できるその三者間の上手な連係・調和こそが、「国家ノ生活」を機能させていく上で重要であった。つまりこの三者は、「各々官能ヲ異ニスル種々ノ要素ヨリ成リ立チ、其衆要素ノ和合発作ニ由テ生活スル」ことを意味する「有機編制」（九〇頁）として存在しなくてはならないという。もちろん、有賀もこのシュタイン説を踏襲していた。例えば、『国家学』、五六頁以下。

（20）「国法上ノ法人トシテノ天皇」と「一私人トシテノ天皇」とを区別して論ずるこの方法は、恐らくボルンハック（Conrad Bornhak）の説に依拠している。『大臣責任論』、一七九～一八三頁参照。該当箇所として、例えば、Bornhak, Preußisches Staatsrecht, Bd.1, 1888, S. 134.

（21）『国家学』では、以下のように述べられている。「法律上ノ責任」とは、端的にいえば、行政府の命令が立法府の法律と適合しているか否かが焦点となり、「立憲国家ノ本義ニ於テハ命令ハ必ス立法ノ権利ニ違背セザルヲ必要トス、是レ大臣ノ法律上ノ責任ノ由テ起ル所ナリ、即チ、大臣ノ命令ト一定法律トノ間ニ調和ヲ立テ来タル所以ノ原則条規ヲ総シテ法律上ノ責任ト云フナリ」と(四二三頁、傍点原文)。有賀はこの部分をシュタインに依拠していると明記している。この法律上の責任も、詳しく見れば内閣全体のそれと各省大臣のそれとに区別されるとし(四二四〜四三三頁)、政事上の責任を「責問」する手段として、「信任投票」と「租税拒絶」とを提示した(四一七〜四二二頁)。

また、『大臣責任論』では、更に細かな分類を試みている(一二八頁以下)。まず「広義ノ責任」は、①元首の任命になるから当然に「元首ニ対スル責任」、②党派的意見とは違って悉く全ての党派が一致する意見たる「輿論ニ対スル責任」、③行政裁判及び司法裁判に関する「裁判上ニ対スル責任」(普通法上の責任)、④議会に出席し質疑応答をなすという「議会ニ対スル責任」に分類され、次に「狭義ノ責任」は、①憲法及び法律の正条にはないが政府を牽制し、法律上の責任には関らないが行政の「多少独立シテ施策スルノ権」について負う「政治上ノ責任」、②憲法及び法律の正条に違反した場合の「国法上ノ責任」(法律上の責任)に分類されている。

有賀長雄『国法学』上巻(東京専門学校出版部・明治三四年)は、租税(課税)拒絶が「予算拒絶」と表記されている点、イギリスで一時採用されていたが「既に陳腐に属」す為に「日本に於て再興すへきものに非さる」「弾劾条例」制度(三四三頁)が紹介されている点以外は、『講義』等とほぼ同じである。また、本章註(20)とも関連するが、大臣の「法律上責任の理論はボルンハックの説く所を以て最も確実なり」(三五五〜三五六頁)という文句も見える。また他所では、「余は日本国法を講述するに当り、ボルンハック博士の講究法に拠り益する所少なからず」と書いている。ボルンハック著、菊池駒治訳『国家論』(早稲田大学出版部・明治三六年)所収「有賀博士序」、三頁。

なお、当時のプロイセンやドイツ帝国での大臣責任論については、参照、佐藤立夫『弾劾制度の比較研究』下巻(原書房・平成八年)、五〇三頁以下。

(22)　有賀の同様の講演録として「国家ト宮中トノ関係」及び「台湾ニ関スル立法ノ錯誤(附高野問題)」が後の『国家学会雑誌』に収録されているが、「国家と軍隊との関係」が最もボリュームのあるもので、「国家ト宮中トノ関係」と同様、有賀の後々の著作にも見られる主張を随所に発見できる。

（23）　一八七一年ドイツ帝国憲法第六三条関係箇所は、以下の通り。第一項「帝国の全陸軍は、統一的な軍隊を形成する。この軍隊は、戦時及び平時において、皇帝の命令に服する」、第五項「ドイツ軍のすべての部隊の管理、糧秣給付、軍備・装備について、不可欠の統一性を保持するために、今後これらに関してプロイセン軍に発令される命令は、第八条第一号に定める陸軍・要塞委員会を通じて、その他の派遣軍の司令官に通知するものとする〔……〕」（前掲高田・初宿編訳『ドイツ憲法集』、一〇七～一〇八頁）。この第五項について、有賀は以下のように注釈する。すなわち、「行政、給与、武装、準備ハ之ヲ各邦ニ於テ別々ニ行フニ非サリセハ統一ヲ保持スナル〔スル？〕為メ模範ヲ普魯西陸軍ニ取ルト云フ事理解シ難シ。又実際ノ官制ヨリ云フモ独逸帝国ニハ国防用兵ノ機関ノミアリテ軍政ノ機関ナク各邦ニハ（巴威里ヲ除ク）陸軍省ノミアリテ軍令ノ機関ナシ」、と（一五九号、一八頁）。ドイツ帝国を構成する各邦の軍政の「模範ヲ普魯西陸軍ニ取ル」という点は、果たして《統一的な帝国の陸軍》が存すると法的にいえるのか否かとのドイツ国法学上の一大テーマに関係した。この問いは、プロイセンを実質的な主導国家とするドイツ帝国の性格を、統一国家的なものとして観察するのか、それとも連邦国家的側面をより重視するのかによって、答えが異なってくる。各領邦国家の分立、統一国家への気運、対フランス戦争での北ドイツ連邦と南ドイツ諸邦との軍事的なつながり、そして一八七一年のドイツ帝国誕生といった当時の状況を改めて踏まえると、ドイツ帝国陸軍をめぐる正反対の二つの思想が対立していたというペッケルトの指摘には耳を貸さざるを得ない。すなわち、古くからある地方主義的思想と国民国家的な統一を目指す思想との対立であり、前者は軍制の統一を阻み、派遣軍（Kontingent）制度を温存するよう働き、後者は統一的なドイツ帝国陸軍を得るべく作用することとなる（Heinrich Peckert, Militärgesetzgebung, Militärverordnungsrecht, Militärischer Oberbefehl nach Deutschem Staatsrecht, 1906, S. 7.）。ペッケルトがまとめるところによれば（S. 32）、ドイツ帝国に帝国陸軍（Reichsheer）が存するとしたのは、ツォルン（Phillip Zorn）、シュルツェ、ボルンハックらであり、これに対して、帝国陸軍は存せず各派遣軍（Kontingentsheer）が存するのみと述べたのがラーバント（Paul Laband）やザイデル（Max von Seydel）らであった。前者の説は、帝国海軍と同様に陸軍もまた統一的であるとし、その結果、派遣軍制度は行政の特殊な目的に資する為の区画としてのみ役立っている制度で、それ故にドイツ各邦の軍事高権は問題にならないし、領邦君主は軍事高権を持たないとされている。これに対して後者の説では、「帝国に陸軍はなく、各邦の派遣軍が存するのみである（Es gibt kein Heer des Reichs, sondern nur Kontingente der Einzelstaaten）」という一節（Laband, Staatsrecht des Deutschen Reichs, 5. Aufl., Bd. 4, 1914, S. 5.）にその考えが現れている。なお、ペッケルトは後者の説を採った。ペッケルトは、戦時・平時における皇帝の統帥権によって、完全に一致的で均等な編制・軍備・教育によって、そして統一的な軍事国庫によって、各邦の派遣軍が統一的な陸軍へとまとめられているというのは、確かにその通りだという。しかし、その統合はもっぱら軍事技術的な結果であって、何ら法律上の根拠のないものだと指摘する。また、ドイツ帝国憲法第六三条中の「統一的陸軍（ein einheitliches Heer）」なる表現は、全く重視するに値しないという。なぜなら、その帝国憲法自体が「プロイセン軍」や「バイエルン軍」、「その他の派遣軍」といった表現を用いているからだ、と（Peckert, a. a. O., Militägesetzgebung, Militärverordnungsrecht, Militärischer Oberbefehl nach Deutschem Staatsrecht, S. 32f.）。

この二つの対立につき、アンシュッツ（Gerhard Anschütz）は、帝国には統一的陸軍が存するとする学説を今日の行政・司法実務が受け容れているとは言い難く、むしろラーバントらの示す理論が受け容れられているとした。ただし、アンシュッツは、この問題を未だに論争中のものだともいう（Anschütz, a. a. O., Deutsches Staatsrecht, S. 620.）。象徴的なのは、《帝国に統一的な陸軍が存するのか否かというこの問題は未だに論争中のものである》とのアンシュッツの指摘が、版を改めた一九一四年——第一次世界大戦が始まった年——の同書でも同じように説かれている点である（G. Anschütz, Deutsches Staatsrecht, in: Josef Kohler (Hrsg.), Enzyklopädie der Rechtswissenschaft in systematischer Bearbeitung, 7. der Neubearbeitung 2. Aufl., Bd. 4, 1914, S. 176.）。ドイツ帝国憲法第六三条に由来する ein einheitliches Heer の存否の問題は、第二帝国下では明確な答えが示されることのないままであった、ということになる。

なお、憲法史家フーバーは次のように述べている。一八七一年ドイツ帝国憲法が連邦制的性格を有していたことから、その連邦制的性格は軍制の面で派遣軍制度として現れていた（Huber, a. a. O., Heer und Staat in der deutschen Geschichte S. 247.）。ただし、実際には、ドイツ皇帝に唯一のものとして与えられていた統帥権や、軍事立法が統一的であった点、各邦と結ばれていた各種の軍事協定（Militärkonvention）によって帝国陸軍が統一を期されていた為、連邦制的な派遣軍制度はほとんど取り除かれ、統一的なものとなっていた、と（Ebenda, S. 248ff., S. 253.）。この見解に従えば、ドイツ帝国では、軍制に関して、連邦制的な派遣軍制度を言明している憲法文言とは別に、実態としては統一的な軍事秩序・軍制（Wehrordnung）が存したということになる（Ebenda, S. 253.）。

また、ドイツ帝国憲法第六三条・第六四条の詳細に過ぎる規定から、ドイツ帝国憲法それ自体の性格を窺い知ることができる。

すなわち、ドイツ帝国を構成する諸君主国間の外交的文書のようなその性格を、である（Rudolf Smend, Ungeschriebenes Verfassungsrecht im monarchischen Bundesstaat, in: Staatsrechtliche Abhandlungen und andere Aufsätze, 3 Aufl., 1994. S. 40.)。なお参照、林知更「連邦と憲法理論」同『現代憲法学の位相』（岩波書店・平成二八年）。ドイツ帝国期の連邦国家論の複雑さの原因は、帝国の採用する「連邦制とプロイセンの特権的地位（ヘゲモニー）という帝国の複雑きわまりない統治構造のパズルをいかに解くか」が「帝制期ドイツの国家学の最大の課題」であったという牧野雅彦の指摘がその答えを示しているだろう（牧野『国家学の再建』（名古屋大学出版会・平成二〇年）、一四一頁）。ドイツ帝国憲法における軍事に関する条文が複雑・詳細であったのもまた、この点にその原因があったからに他ならない。例えば、第一次世界大戦中のある講演の中で、ドイツの法制史学者・フブナー（Rudolf Hübner）は、ドイツ帝国としての統一に先立って「ドイツの軍事的統一」が一八七〇年の段階で既に成立していたと述べた（Hübner, Deutschlands Einheit und Einigkeit in Heer und Staat, 1915, S. 6.)。当時各邦で締結されていた軍事協定等を根拠にしてそのようにフブナーは結論付けているが、その「軍事的統一」を維持する為には、新たなドイツ帝国憲法上の軍事に関する条文は、相当の複雑さ・詳細さを伴うものでなければならなかったのである。

(24)　ドイツ帝国憲法第五三条の関係箇所は、以下の通り。第一項「帝国海軍は、統一体として、皇帝の最高指揮下に置かれる。皇帝は、帝国海軍の組織及び構成について義務を負い、皇帝は、海軍の将校及び官吏を任命し……」（前掲高田・初宿編訳『ドイツ憲法集』、一〇四頁。

(25)　ラーバントは、皇帝による軍令権の一元的掌握を以下のように端的に表現した。すなわち、「皇帝は帝国の権力手段（Machtmittel）を手中にしている。平時及び戦時における陸海軍に対する統帥権において、これは最も簡潔明確に表現される」、と。Paul Laband, Kaiser, in: Karl Freiherrn v. Stengel (Hrsg.), Wörterbuch des deutschen Verwaltungsrechts, Bd. 1, 1890, S. 702.

(26)　Karl Hecker, Armeebefehl und Armeeverordnung, in: Stengel, a. a. O., Wörterbuch des deutschen Verwaltungsrechts, Bd. 1, S. 63.　執筆者のヘッカーは、ベルリン法律顧問官兼軍法務官（Divisionsauditeur）。この事典の軍事関係項目のほとんどをヘッカーが執筆している。

(27)　Ebenda.

(28)　Ebenda, S. 64.

(29) Ebenda, S. 65. プロイセン陸軍の軍政は、プロイセンの陸軍大臣（Kriegsminister）の副署を要するとされている。

(30) Ebenda.

(31) 有賀は、他の著作中では、「陸海軍の事務は十中八九両属事務〔＝「混成事務」〕なりと謂ふも過言に非ざるべし」と述べている。陸海軍の事務の圧倒的多数は「混成事務」であるというのが、有賀の理解であった。前掲有賀編、三浦解題『帝室制度稿本』、三〇八頁。

(32) 有賀の指摘した《思想》・《実際》の論は、統帥権理論史という観点から、すこぶる興味深いものである。それは、明治憲法では「軍令ト軍政トヲ判然分別」しているが、これは「思想ニ於ケル分別」であって、「実際ニ於テ決シテ絶対ニ分離スルコト」のできないものだ、との指摘であった。このうちの一方、すなわち明治憲法の《思想》に基づき、それに忠実な統帥権理論を築いたのが、典型的には前章で触れた美濃部達吉であったと考えられる。美濃部は、第一一条と第一二条とを明確に分断し、両者の輔弼者を明確に選り分けた。ロンドン軍縮時の彼の議論は、まさしくかような「思想ニ於ケル分別」をそのまま《実際》の問題へと適用したものであった。これに対して有賀はどうであったか。有賀は、《実際》の方から憲法解釈にアプローチしたといって良い。有賀は、欧米各国での軍事事務の取り扱われ方を知り、且つ、各種軍学校等でも教鞭を取っており、いわば実務を見聞きする立場にあった。だから、《実際》の方から覗けば、この軍政・軍令に続き、第三の事務領域があることを所与のものとして、それを何とか憲法論に落とし込む必要を感じていた。第三の事務領域を明治憲法に合致させ、更に、立憲国家としてコントロールする為にはどうすれば良いか。有賀の議論には、かような観点が存していた。二人は、本章で述べたように同一線上に位置づけられる憲法学者であったように思われるが、ただし統帥権問題については、《思想》から問題を捌く美濃部と、《実際》から問題を考えた有賀という差があったと思われる。

(33) 前掲有賀『国法学』下巻、二六六〜二六七頁。

(34) 前掲瀧井『伊藤博文』、二二四頁。

(35) なお、辞職の自由について、それを認めないとの議論もあった。例えば、「或国ニ於テ輔弼ノ進言ニシテ容レラレサルトキハ大臣ハ其ノ職ヲ放棄スルノ権利アリト為スノ類ハ我カ法理ノ認メサル所ナリ」（前掲穂積『憲法提要』修正増補第五版、三一三頁参照）。

(36)　前掲瀧井『伊藤博文』、二一六頁。
(37)　前掲『伊東巳代治関係文書』、「一八六 日本憲法講義」。
(38)　前掲『明治天皇御伝記史料 明治軍事史』下巻、一六五〇～一六五一頁。なお、この内規の後継に当たる大正二年「陸軍省、参謀本部、教育総監部関係業務担任規定」は、稲葉正夫「解題 陸軍史としての評価と補遺」陸軍省編纂『自明治三十七年至大正十五年 陸軍省沿革史』(巌南堂書店・昭和四四年)、一九～二二頁。この大正二年の内規の制定によって、明治四一年「陸軍省参謀本部関係業務担任規定」は廃止された(「陸軍省、参謀本部、教育総監部関係業務担任規定」第一二条に、明治四一年内規廃止の旨が明記されている)。
　この大正二年の内規によって、寺内正毅陸相時代に肥大化した陸軍省の権限が少なからず削減され、その多くを参謀本部が担うこととなった旨を指摘するものとして、前掲北岡『日本陸軍と大陸政策』、一四六～一四七頁。省部関係に関する内規をめぐって北岡の描く構図を整理すれば、次のようになる。日露戦争後の寺内陸相時代(「寺内体制」)、陸軍内部では「陸軍省の参謀本部に対する優位」(同上、六四頁)が確立され、明治四一年内規によって参謀本部の権限が縮小し、陸軍省の権限が拡大した(同上、六五頁)。このような「寺内体制」的な省部関係の見直しが、大正二年の新内規制定であった、と。

　また、森靖夫は、陸軍省の優位へと導いた明治四一年の内規を、明治四〇年の軍令制定と絡めて論じている。それによれば、政党勢力の伸長が明らかになり始め、公式令が制定された明治四〇年当時、従来の統帥権独立制の運用慣行の維持を狙って、山縣は軍令制定を主導した。重要なのはそれがあくまで現状維持を狙っての行動であった点で、また他方では明治四一年の内規を制定することで、陸相・陸軍省によって陸軍全体を管理するという体制を構築していた点である。すなわち、軍令制定によって「政党に対する防衛措置をとる一方で、このように〔明治四一年の内規で陸軍省の権限を拡大し、「混成事項」のほとんどを陸軍省の管轄としたことで〕国務と統帥の対立によって立憲国家が破綻することのないよう」、山縣らは予防措置をとった(前掲森『日本陸軍と日中戦争への道』、一二三～一二四頁)。
(39)　伊藤博文・山縣有朋の思惑をめぐる明治四〇年の軍令の制定経緯に関する解説として、前掲伊藤『山県有朋』、三五七～三五八頁、前掲伊藤『伊藤博文』、五三六～五三八頁。
(40)　川田敬一『近代日本の国家形成と皇室財産』(原書房・平成一三年)、二〇一頁。なお参照、瀧井一博「明治後期の国制改革」

伊藤之雄・川田稔編『二〇世紀日本と東アジア形成』（ミネルヴァ書房・平成一九年）、瀧井一博「明治四〇年の憲法改革」曽我部真裕・赤坂幸一編『憲法改革の理念と展開』下巻（信山社・平成二四年）。

（41）例えば、「日本ノ制度ヲ以テ頗ル適当ナルモノトスルナリ」（一六一号、四五頁）、「大体ニ於テハ独逸ニ似タルモ責任関係ニ於テハ実ニ完全ナルモノアリ」（明治四一年四月二八日）という有賀の論評を発見できる。

（42）Werner Heun, Das monarchische Prinzip und der deutsche Konstitutionalismus des 19. Jahrhunderts, in: Jörn Ipsen, u. Edzard Schmidt-Jortzig (Hrsg.), Recht-Staat-Gemeinwohl, Festschrift für Dietrich Rauschning, 2001, S. 55.

（43）有賀『帝国憲法篇』（弐書房・明治二二年）、一五四頁。

（44）原四郎「解題」種村佐孝『大本営機密日誌』新版（芙蓉書房・昭和六〇年）、八頁。

第七章　中野登美雄の統帥権理論

一　「多少衒学的でキザ」——統帥権理論の終着点——

ロンドン海軍軍縮条約締結は統帥権の干犯か否かという大問題を抱えていた昭和五年、浜口雄幸内閣では、美濃部達吉の学説を「可」としていたが、それでもなお軍部の感情にも配慮をしていたようである。西園寺公望の秘書を務めていた原田熊雄は、政府関係者や美濃部との会食で聞いた話として、次のように記している。

「政府は大概美濃部博士の説をとる意向らしく、浜口首相も美濃部博士の説を可とすると言つてゐたけれども、美濃部博士は『軍令部は帷幄の中にあつて陛下の大権に参画するもので、軍令部の意見はただ参考として重要視すればいゝので、何等の決定権はないものだ』といふ風に非常に軽く言つてゐたのを、さう露骨に博士のやうに言ひきつてはかへつて感情上からもあまり面白くないし、陸軍の関係もあることであらうから、たゞ軍部の意見を充分斟酌したといふ風に言つて、雰囲気を硬化させないやうに努めたいといふやうな話であつた」(1)。

浜口内閣の理解では、軍部への対決姿勢が鮮明であった美濃部説は、軍の態度をいたずらに硬化させかねないものであった。美濃部の説にしてそうであったとすれば、本章で検討する中野登美雄の昭和五年当時の統帥権理論は、美濃部のそれ以上に軍部を刺激する挑戦的なものであった。

中野の統帥権理論は、統帥権独立《否定》論であった。それは、陸海軍大臣が国務大臣として統帥権の作用全てに責を負うというものであり、「統帥」を「国務」へと吸収させるものであった。これは、明治憲法体制下の《権力の割拠性》の一つとして把握できる「国務」と「統帥」との分立構造を根本的に改める、ということを意味する。ただし、これは昭和五年時点での中野の統帥権理論であり、昭和九年の中野は異なる。

簡単に、中野の経歴を述べておく。明治二四年北海道で出生。大正二年早稲田大学大学部政治経済科政治学科入学、同五年卒業後、大学院で副島義一・中村進午の下で国法学・国際法学の研究を始める。同七年以降の留学では、アメリカでウィロビー（William Franklin Willoughby）、ドイツでアンシュッツの下で学ぶ。同一二年に帰国、同一五年早大教授。昭和に入ると、ロンドン軍縮条約問題を経て、新体制運動や大政翼賛会に期待を寄せていく（翼賛会では調査委員等を務めた）。同一九年早稲田大学総長。国法理論に関する研究も多いが、雑誌・新聞上で戦意昂揚の為にも筆を握った。戦後、公職追放。(2) 昭和二三年、歿。追放解除の報は、彼の死から四年後のことである。(3)

戦後の憲法・憲法学説史研究では、中野への言及は少ない。正面から彼を取り上げた論考は僅かである。(4) 中野の文体・文章は、同時代人からも「多少衒学的でキザ」(5) なものと感じられていた。「衒学的」なさまは、正直、「多少」どころではないようにも感じられるが、これも中野が取りあげられてこなかった一因なのかも知れない。

ただ、宮沢俊義が昭和九年の書評で、次のようなコメントを中野の著作に与えていた事実は見過ごせない。すなわち、「統帥権に関する理論的乃至歴史的研究は従来わが国の公法学界においてはきはめて稀であつた。著者が周倒かつ綿密な研究によつてわが学界のこの缺陥を補充せられたことは高く評価せらるべき」(6)、と。中野の統帥権研究が日本近代憲法学の空白部分を埋めた貴重なものであったことを、我々はこの宮沢の言葉から容易に知ることができる。

中野の統帥権理論は、満州事変等の影響であろうか、昭和一〇年前後を境として、違いが見受けられる。統帥権論争当時（昭和五年）の彼の議論は、日本憲法学において極めてユニークなものであった。すなわちそれは、自明視されていた統帥権の独立を否定するというものであった。しかし、後年の大著『統帥権の独立』（昭和九年）では、この稀有なる否定論が修正され、統帥権独立《肯定》論へと変説している。ただ、どちらの時点にあっても、《「国務」と「統帥」との調和》に最も重きが置かれていた。本章では、彼の昭和五年及び九年の統帥権理論を紹介・検討し、その上で、昭和一〇年代の彼の著作のいくつかを参照しながら、戦争観の変化に伴って生じた昭和一〇年以降の中野の思想上の変化にも注目したい。

ところで、前章で扱った有賀長雄は、近代日本における統帥権理論史の《出発点》をなす人物であった。この有賀の本格的な理論の登場を受け、それ以降、多くの憲法学者や政治学者がこの分野の問題を論じてきた。その流れの中で、中野登美雄は、明治憲法下における統帥権理論史の《終着点》に位置していた人物であるといえる。もちろんそれは、明治憲法体制の末期に『統帥権の独立』という統帥権問題の集大成的研究を上梓したという時期的な意味もあるが、それと同時に、彼の統帥権理論が有賀や美濃部らの理論を受けて練り上げられたものであったという意味も込めて、である。統帥権のあり方について最もラディカルな転回を構想し、しかし時代に翻弄され、昭和二〇年八月を迎えた統帥権理論の専門家――それが中野登美雄であった。以下、まずは彼の昭和五年の議論を追っていこう。

二　昭和五年の統帥権理論

昭和五年、ロンドン海軍軍縮条約を機に、世上、統帥権のことが大々的に論じられた。浜口内閣は、東京帝大教授・美濃部達吉による援護射撃を受ける格好となった。ここで再度、美濃部説を簡単に整理すると、第一一条は統帥機関の輔弼（輔翼）するもの、第一二条は内閣・国務大臣の輔弼するものだとし、ロンドン条約で問題となる軍の編制は、国務大臣の輔弼を要する事項、すなわち第一二条の範疇であるというものであった。しかしもちろん、美濃部は、同時代の多くの憲法学者と同様、統帥権の独立それ自体は認めていた(7)。それは、明治憲法制定以前からの慣習によって認められるというものであった。ただ、中野は、美濃部の認める統帥権の独立の「慣習」・「慣行」といったものを認めない。

さて、これより中野の美濃部批判と統帥権独立の否定論を追うが、本書ではその為に、①東京日日新聞連載「統帥権の独立と国務大臣の責任（一～七）」（昭和五年五月三日～一一日）、②第一線同盟編『ロンドン会議・統帥権問題』（第一線同盟出版部・昭和五年）所収の「憲法学上より観たる統帥権」を素材としたい。これらは、第一二条を統帥機関の影響下に置くべきとする者を論敵としつつも、美濃部を含む既存学説を批判したものでもあった。

では、中野の議論を具体的に見ていこう。彼はまず、「統帥権に関する憲法上の組織」について、「一般憲法史並びに現行列国の法制上」二種類のものが存在するという。一つは「狭義の立憲的統帥組織」であり、もう一つは「統帥権独立または分立の組織」である。前者は、「国家元首が憲法上与えられた統帥に関する権能を行ふに当つては、必ず国務大臣の輔弼、並びに或場合においてはその結果として副署を必要とせしむるもの」である。対して後者は、「統帥に関する国家の作用は、国務大臣の権限から一般に除外せられ、元首に直属する帷幄の機関の補佐のもとに、直接元首によつて行はれ、または元首の命のもとに帷幄の軍事機関によつて、主として行はる、ことを認むる組織」である。中野は後者の形態を「統帥に関する憲法上の変型態」と評し、批判した(8)。

この二つのうち、日本は後者の型を採っているとされるが、中野は、そもそもそれは明治憲法の正しい理解ではないという。

「明治七年に組織の萌芽を発し、十一年の参謀本部条例、さらに十八年の内閣官制及び憲法発布を経て、引つゞき今日に至つたわが統帥権の組織は、歴代の軍事当局者は勿論、歴代の内閣および憲法学者の最大多数の信ずるやうに、決して憲法直接の規定にその法律上の基礎を有するものではなく、むしろ憲法明文の規定に反して発生し、軍事当局者の確信と、この確信に基づく根底において一貫した、極めて強固、執えうな行動、ならびにこれを受忍した歴代内閣の方針によつて凝成され、後に既定の事実として憲法学者によつて、法理論の仮面のもとに、政治論により、或は法学上の特異、固有の理論によつて合理化され、是正せられ、合法化されるに至つたものに外ならない(9)」。

どのようにして憲法学者は「法理論の仮面のもとに、政治論により、或は法学上の特異、固有の理論によつて」統帥権の独立を認めてきたのか。中野はいくつかの学説を紹介するが、ここでは美濃部のそれを批判している場面を特に取り上げよう。

まず、中野が「慣行」説と名付ける美濃部の論だが、そもそも美濃部は、明治一一年の参謀本部設置以来、「一般の政務に関する大権と軍の統帥に関する大権とは、その輔弼の機関を異にし」てきたという経緯を踏まえた上で、次のように述べていた。

「〔明治二二年制定の〕憲法は敢て此の制度を変革したものと認むべき根拠なく、憲法実施後にも尚その制度がそのまゝ引続き行はれて居るのであつて、自分は之をわが国法に於ける『兵政分離主義』と謂はうと思ふ。憲法義解に『今上中興ノ初親征ノ詔ヲ発シ大権ヲ総攬シ爾来兵制ヲ釐革シ積弊ヲ洗除シ帷幕ノ本部ヲ設ケ自ラ陸海軍ヲ総ヘタマフ而シテ祖宗ノ耿光遺烈再ヒ其ノ旧ニ復スルコトヲ得タリ本条ハ兵馬ノ統一ハ至尊ノ大権ニシテ専ラ帷幄ノ大令ニ属スルコトヲ示スナリ』と曰つて居るのも、同じ意味を示すもので、その『帷幄ノ大令』と曰つて居るのは、之を政府の権能と区別するの趣意である。但しそれは固より憲法の明文を以て定められたものではなく、唯官制と慣習とに依つて定まつて居るに過ぎぬのであるから〔……〕」[10]。

美濃部は、他の箇所では、より端的に書いている。

「統帥大権ガ其〔＝国務大臣の〕輔弼ノ外ニ在ルハ憲法ノ成文ニ基クニ非ズシテ、主トシテ事実上ノ慣習ト実際ノ必要トニ基クモノナリ」[11]。

美濃部曰く、統帥権の独立は、「慣習に基く不文法」・「憲法的慣習法[12]」に基づく。中野はこの美濃部説に対して、確かに「兵権の独立に関する我国に於ける学説中最も可能性の多きもの」だと認める。

しかし中野は、更に問う。美濃部の説く「慣習」「慣行」は本当に存在するものなのか。美濃部説を以て「現行組織の法的基礎を説明し得べきが為には、前提として現行の実際に於いて、所謂統帥事務と狭義の軍政事務との間に慣習上確定せる区別の標準の存在することを必要とする」が、かような「慣習」があるのか。「内容の不定なる『慣行』は慣行としての内容を欠如するもの」だから、「慣行なき慣習法」を美濃部が認めてしまっているのではないか、と[13]。

では、かような「慣習」、すなわち「所謂統帥事務と狭義の軍政事務との間に慣習上確定せる区別の標準」が存するのかといえば、中野曰く存在しない。諸々の軍命令を調べた上で、彼は次のように指摘した。

「何が軍令事項なるかに就て陸海軍間の実際は一致せず、相互に矛盾相反する処あるのみならず、陸海軍各部自身の内部に於ても、実際は相反するものがあつて、同一事項も時に依つて異なる法規上の取扱を受けて居るものが少なくない(14)」。

以上の点から、「統帥事項と謂処『国務』の区別が、当局の慣行、慣例に依つて、客体の性質上、実質的に定まつて居り、従つて、特定の事項を挙げて之を以て慣行上定まれる統帥事項であるとなす事の不可能である事は」明らかだ――中野はこのようにいうのである(15)。では、中野自身は、この昭和五年の時点でどのように統帥権とその独立を考察していたのか。

そもそも中野は、明治憲法下で統帥権の独立を認める解釈を疑問視した。すなわち、憲法第五五条の大臣輔弼事項の例外として統帥権を把握する解釈は、本当に正当かという疑問である。例外として認められないならば、統帥権は国務大臣の輔弼を要する。例外として認められるなら、まさしく独立である。中野はそれをどう考えたのか。

「元来、憲法法典は其全文七十六箇条中の如何なる箇所に於ても、積極的に統帥の独立を認むるの規定を有しないのみならず、却つて問題の判断に唯一直接関係を有する規定である憲法第五十五条は『国務大臣は天皇を輔弼し其責に任ず、凡て法律勅令其他に国務に関する詔勅は国務大臣の副署を要す』と規定し、其意義に於て統帥の独立を否定して居る(16)」。

中野は、統帥権が憲法第五五条にある国務大臣の輔弼の対象であることを強調する。「憲法法典の完き効力を承認する以上」、統帥権の独立は否定されるはずである。

とはいえ、慣行・慣習上成立しているとされる統帥権の独立を、違憲であるとしてただ片付けるだけでは、実際問題の解決には寄与しないであろう。中野は、「憲法の法典自体から出発して言へば、統帥権の独立は当然否定されざるを得ない」が、それは「必ずしも問題に対する唯一の可能なる解答形式ではない」という。「統帥権の独立と憲法法典の規定とは相容れないのでありますが故に、統帥独立の実際を前提とし、之を法学的に説明し様とするがためには、〔……〕其統一を可能ならしむる第三の法形式を発見しなければならない(17)」。

つまり、既に存在して長きに渡って是認されてきてしまった統帥組織を法的に承認可能なものと「予定」し、その上で、憲法法典とどう調和させるか、その為の説明を試みるという。当然、自分が批判した美濃部流の「慣行」説に頼る訳にはいかない。そこで中野が行ったのは、《統帥権》と《独立》の両概念の再検討であった。

まずは《統帥権》についてである。中野は、統帥権を「形式概念」として理解せよ、と主張している。では「形式概念」としての統帥権とは何か。

「茲に統帥権と謂ひますのは簡単に申せば、陸海軍々人を其適用範囲の人的標準とする特別の権力関係であつて、極めて高度の——殆んど絶対的とも言ひ得る程の其範囲に於ても亦其密度に於ても強大な——服従の義務を前提とする国法の作用を指す(18)」。

中野曰く、統帥権は、陸海軍軍人を対象とする限定的な作用である点と、その作用が「殆ど絶対的とも言い得る程の」強い服従の義務を発生させる点とに特徴がある(19)。加えて、統帥権を「軍人の有する命令審査権の制限」がその法的基礎にあると観ることも可能だという(20)。これは、軍人をその受命者とする限りでは「命令が如何なる内容の下に現はるゝにせよ」有効である、とも表現できる(21)。

統帥権を「形式概念」として把握すべしと中野が主張する時の批判の矛先は、統帥権を「作用の内容」を以て語ろうとしてきた既存学説に向けられている。

「統帥権は形式的にのみ正しく定められ、思惟さるべき概念たる事に注意しなければならない。故に従来、我国に於てもれ無く行はれて来ました態度の様に、統帥権の特質、其概念を定むるに当つて、重心を作用の内容――多くの場合に於て法に内在しない技術的見地から見た内容――に置き、特定の事項を挙げて之を統帥権の本体とし以て統帥権と他の作用とを区別し様とするのは、統帥権の概念を実質的に定め得べしと信ずるものであつて、統帥権の概念が形式的な概念であり亦た、形式的にのみ正しく定め得べき概念たる事を気付かざるの過に由るものである(22)」。

統帥権とは、「形式的にのみ正しく定められ、思惟さるべき概念」である。統帥権を「作用の内容」で規定しようとしてきた従来の議論、例えば、指揮権や軍内部での教育権等を挙げて統帥権の概念を確定しようとしてきた議論は(23)、間違っているという。では、中野はどのように考えたのか。端的にいえばそれは、軍人が受命者であれば、ほぼ例外なく統帥権作用となるというものであった。「統帥権の作用は或は法規の制定として現はる、事あり得べく、又反対に其自身に於ては法規の制定作用では無く、単に既に制定されたる一般的又は個別的な規定の執行としての謂処、事実上の作用たる事もあり得る」。軍令として公布される規定は「法規の制定」として現れるものだし、戦時・平時における軍隊艦隊の武器使用行為等は「事実上の作用」である。更には、通説では統帥権の内容とされない「狭義の軍行政」も、軍人が受命者である限り、統帥権の作用だということになる(24)。

では、その統帥権の、《独立》とは何か。

「統帥権の独立とは、陸海軍々隊所属軍人の服従義務に基いて行はる、国家の活用が、国務大臣の有する輔弼副署の権限に独立し、其外に在つて有効に行はれ、執行され得る事を意義する(25)」。

統帥権の《独立》とは、「国務大臣の有する輔弼副署の権限に独立」して、軍人を相手とした場合に限って、その命令が執行され得ることを意味する。当然、軍人以外に対しては、国務大臣の「輔弼副署」を要する。では、なぜ、軍人をその受命者とする場合には、国務大臣の「輔弼副署」を必要としないのか。それは、軍人が命令審査権を制限されているからだという。

「副署無き行為が斯の如くに執行の効果を有し得ないのは、審査権に特別の制限無き主体に対する関係に於てのみであつて、不文法上、命令審査権の極度に制限さるゝ軍人に対する関係に於ては、其自身、行為の形式的要素に止る処の副署の有無は、行為の執行に影響なく、従つて副署なき命令も其が軍隊従つて其所属の軍人に向けられ、受命者とする限度に於ては、国務大臣の副署ある行為と同一の効力あるを避け難い[26]」。

統帥権に基づく命令は、軍人の命令審査権が制限的であるが故に、大臣の副署を欠こうとも、軍人には執行の義務が生じる。この軍人特有の命令審査権の制限は、「不文法的性質」を有すると述べられている[27]。そして先に見た中野の定義による統帥権の独立もまた、軍人の命令審査権制限と同じように、不文法的に認められているものと中野は解説する。

「統帥権の『国務』に対する独立も亦、其法的可能性を斯の如き〔＝軍人の命令審査権制限と同じく〕不文の法規を有するものであつて、斯く思惟する事が恐らく最も満足な問題に対する解答を得らるべきことと考へられる[28]」。

中野も認めるように、統帥権やその独立が不文法にその「根源」を有するとするならば、美濃部らのいう「慣行」説も説得的である。しかし、その美濃部らの「慣行」説（「従来の慣行説」）は、先に見たように批判されるべき点があるし、統帥権をその「作用の内容」で定めようとする点でも批判される[29]。この点は、中野と美濃部らとの間で、確たる違いがあった。

なお付け加えるべきなのは、中野が、統帥権は「国法」の下にあるということに留意していた点である。

「統帥権の独立は国法の統一性、又は別な用語で言へば、国家の人格を前提とし、其特定の領域に於ける表現又は作用として、其自身従つて、其内部に於て認められた、比較的に高き性質、比較的に普遍的なる性質を消極的に言ひ表したものにすぎない(30)」。

中野曰く、統帥権の独立とは、命令審査権を制限された軍人をその受命者とする場合に限って認められる「比較的高き性質、比較的に普遍的なる性質」を表現したものに過ぎない。「国法」と並び立った二元的な法秩序が存在するのではない。統帥権もまた、「国法の統一性」の「内部」にあることが前提となっている(31)。その結果、統帥権に基づいた軍人への命令であれば国務大臣が責任を負わずに済むのかといえば、そうではない、ということになる。

「統帥権は国家の一作用であり、主権其ものに非らずとすれば、統帥権の積極的限界〔＝軍人〕外に在る主体、機関の権能、義務を制限し得ない事は明であつて、況んや、憲法が国務大臣に課した責任の大則を制限するものに非らざる事は当然である(32)」。

このように述べ、中野は、統帥権に基づく命令であっても、大臣責任が生じるということを真正面から認めた。しかしでは一体、国務大臣が責任を負う原因となる輔弼をどこに見出すのか。例えば、勅令であれば、問題なく国務大臣の輔弼及び副署が認められる。対して、明治四〇年軍令第一号によって認められた軍令についてはどうか。

その軍令のうち、公示されるものについては、「主任ノ陸軍大臣海軍大臣」の副署を備えている。中野はこの副署を、憲法上の輔弼責任の存在を証明する副署であると解した(33)。軍令第一号は、公式令とは別形式での法令公布

〔公示〕式を定めたに過ぎない。兵政分離主義を採らず、統帥権もまた「憲法が国務大臣に課した責任の大原則を制限するものに非」ずという中野からすれば、公示軍令に附された副署は、憲法上の輔弼責任を公証する副署に他ならない。

では、公示されない軍令はどうなのか。中野は、以下のように説明して、こちらについても憲法上の大臣責任を認める。すなわち、副署は、輔弼の表示形式に過ぎない。そもそも国務大臣が責任を負うのは、副署をしたからではなく、輔弼をしたからである。「副署は輔弼の一表示形式」であり、「常に必ずしも公示さるゝものと限らない(34)」。輔弼によって大臣責任が生ずると述べた上で、公示されない軍令に対しても国務大臣の輔弼があると、中野は主張する。

「此種の軍令〔＝公示されない軍令〕も我国に於きましては、平時には、常に主管の陸海軍大臣を通じて、海陸の軍隊に下命移達さるゝを要し亦、実際に於て軍部の大臣を通じて下されて居るのであります。〔……〕故に以上に述べました限度に於ては、軍令にして陸海軍大臣の管知せざるものは無いのであるから、我国に於ては軍令が、其内部的、一時的効力と外部的、二次的効力を異にし、軍の内部に於ては完全なる効力を有する行為も、此行為より生ずる事あるべき結果に関し軍の外部に於ては其効力を有する事なく、執行する能はざる様な事は、実際に於て無い(35)」。

「以上述べました処の当然の結果として、国務大臣は統帥権に就て理論上、完全なる責任を有するものであつて、統帥権は独立するが故に統帥権の作用に関して、国務大臣は責を負ふものに非らずと言ふは、統帥権独立の根本義を誤り、国家の特定の一作用としての統帥権の謂処『絶対性』『最高性』と誤つて称すせらるゝ比較的に高き性質、従つて、比較的に独立なるを文字通りに絶対化し、統帥権を以て、絶対に最高なるもの、従つて、絶対に如何なる作用に対しても独立なるものと思惟するものである」[36]。

中野は、(平時においては) 軍令であっても一度は陸海軍大臣を経由して各部隊へと「下命移達」されている点に、陸海軍大臣の輔弼を見出す。当然、そこでは大臣責任が生じる。輔弼といわれると、我々は「大臣が案を具して裁可を仰ぐ形式を想像する」。ただ、中野は、特に統帥権に関連する輔弼としては、「承認」と「承行」という型をも認めなければならないという。前者は「既に特定の内容を持つて存する行為に同意を与ふる事に依つて該行為を輔弼する」もので、後者は「執行を要する行為を大臣が自ら執行し又は部下の機関を執行せしめ又は執行の手続きを取らしむるに依つて輔弼同意を与ふる」ものである[37]。つまり、上の引用での陸海軍大臣の輔弼は、「承行」型の輔弼である。

「参謀総長又は軍令部長が、陸軍大臣又は海軍大臣との協議に基き、又は事前の協議なく、単独に案を具して上奏、裁可を経た事項を主管の陸海軍大臣が自ら直接に又は部下の機関をして執行せしめ又は執行の手続又は伝達の手続をとらし〔め〕た場合に於ては、国務大臣は法律上、自ら上奏裁可を経たと同様、憲法之に対して責任を負ふべく、従つて、陸海軍大臣の副署を以て公布せらるゝ軍令に就ては勿論、一般に公布されない軍令に就ても大臣は等しく、憲法上、『絶対』の責任を有する」[38]。

このように、公示されない軍令についても、陸海軍大臣を通じて下される——陸海軍大臣はこれを「管知」している——ことから、責任ある国務大臣として陸海軍大臣を議会で追及する途が開ける[39]。公示される軍令も、更には公示されない軍令であっても、陸海軍大臣はその責任を負うこととなる。こうして、平時の統帥権作用の全てについて、陸海軍大臣はその責を負う。

ここまでの中野の議論を整理しておこう。昭和五年の中野の統帥権理論は、大略、次のようであった。まずは統帥権それ自体につき、「作用の内容」ではなく、「形式」に基づく定義を与えた。命令審査権を制限された軍人をその受命者とし、非常に強い服従義務を要求する国法上の作用を生むのが統帥権である。統帥権の独立とは、軍人は、命令審査権を制限されている為、国務大臣の輔弼副署を欠こうとも、統帥権に基づく命令に服従せざるを得ないことをいう。軍人の命令審査権制限や統帥権の独立は、いずれの国家においても不文法的に認められたものである。ただし、統帥権の作用であっても一元的な国法体系の下に存し、公示されない軍令であっても、実は陸海軍大臣が輔弼をしている。その結果、全ての統帥権作用について、陸海軍大臣が国務大臣として責任を負う。

統帥権についても国務大臣が輔弼しその責任を負うとする中野の論は、つまり、独立《否定》論であった。しかし、昭和五年の中野の統帥権理論は、独立否定論のみをその内容としたものではなかった。次の一節からは、中野の考えていた課題が統帥権の定義云々といったものに留まっていた訳ではなかったことが判明する。

「君主国における立憲政治は一般に狭義の立憲制から議会制に進んで来た。兵権独立の組織はその性質上狭義の立憲君主国においてのみその機能を全うし得べきもので、議会政治制の君主国においてはその存在の意義を有し得ない組織である。わが国はすでに議会政治制の形式をとつてゐるのであつて、いはゆる統帥権独立の組織が目下のわが国において困難なる問題を惹起することは当然といはなければならない。私は一日も早くわが国における憲政の健全なる発達のために、組織の適当なる改正が行はれんことを切望してやまない(40)」。

統帥権の独立に関する従来の説明方法を否定する中野の統帥権理論は、欧米の制度の変遷を参考にし、今後の日本の展望を含んだものであった。それは「いはゆる統帥権独立の組織」の改廃を含意していた。

中野が統帥権の概念とその独立の概念とに対してかくも執着し、新たな理論化を試みた理由はまた、「国務」と「統帥」との分立構造を改めるべきだとの点にもあった。彼はいう。

「癌腫を治療するにはその疾病に対する明瞭な概念を必要とする。故に統帥権に関する政治上、行政上、並に憲法上の有害無益な論争や政争を排除し、軍隊内部並びに一般国民大衆の統帥権に対する信任を絶対的ならしむるがためにも、また軍務当局と内閣の協和を確保し、天皇大権の発動をいよいよかたく、ゆるぎなきものたらしめ、以て天皇のもとにおける憲政の、歴史の荒波に楽々と棹さし得べき健全なる発達を可能ならしむるがためにも、その病源を明かにして根絶を期さなければならない(41)」。

中野は、「有害無益な論争や政争を排除し」、「軍務当局と内閣の協和を確保」する為にこそ、統帥権の独立を否定した。その目的に向かって、「統帥権の独立を認むる軍務当局及び政府の見解ならびに学説が、わが国の憲法の正しい認識とは相容れないものであつて、従つて正しい憲法上の見解からすれば、国務大臣は当然、統帥権についても憲法上の責任を免れないものであるといふ私〔中野〕の所見を忌憚なく披瀝(42)」していたのが、昭和五年時点での中野であった。

三　昭和九年の統帥権理論

以上が昭和五年の中野の統帥権理論である。それは、統帥組織の改組を眺望しつつ、軍令に対する陸海軍大臣の「承行」型の輔弼を認め、その責任を負わせるという議論であった。しかし昭和九年の中野の統帥権理論には、いくつかの修正点を発見できる。ここでは、彼の統帥権研究の集大成たる著作『統帥権の独立』（昭和九年刊行）を検討しよう。なお、この浩瀚な書は「理論」と「実際」とが峻別されつつ書かれたであろう点にも、留意しなくてはならない。

修正点があるとはいえ、《統帥権》及びその《独立》についての定義は、昭和五年の時と同じであった。《統帥権》は「国家に対し現実に服務の関係に在る軍人を其効力の人的範囲とする国権の作用であつて、他の作用と比較して其内容に於て亦、作用の構成に必要なる形式的条件に於て最も制限の少い作用」と、或いは、「軍人を其効力の人的範囲とし、而して一般臣民の国権に対する従属関係は勿論、他の如何なる特別の従属関係とも異なる極めて『高度』の従属関係を内容とするに於て、其静態的特質を有する特別の権力、特別の法的支配に外ならない」と説明される(43)。次に、統帥権の《独立》とは「国務大臣の輔弼なく専ら天皇の親裁に依て行はるゝ国家意思創定の形式を差す」とし、次のように端的に定義している。

「統帥権の独立は亦、軍人を其妥当性の人的範囲とする特別の権能が、国務大臣の輔弼なく、専ら天皇の親裁に依て行はるゝ国家意思創定の形式であると言ひ得る(44)」。

加えて、統帥権が国法上の一作用である点、即ち国法とは別次元に存する法体系を形成しているのではないという点も、昭和五年と変わらない(45)。統帥権及びその独立の定義、そして統帥権も国法下に位置付けられている点に異同はないが、後述の通り、国法下での統帥権の扱いが昭和五年と異なることによって結論に違いが生じてくる。では、昭和五年の論から変更された点を追っていこう。出発点は、統帥権の独立の法的基礎として、独立が《成文法》に基づくとされている箇所である。昭和五年には、軍人は命令審査権を制限されている為、国務大臣の輔弼副署を欠こうとも、統帥権に基づく命令には従わなければならないということが、不文法的に承認されるとあった。しかし同九年の中野は、参謀本部条例や軍令部条例等の統帥組織関係の諸法令を挙げ、次のように述べている。

「虚心坦懐な客観的見地からすればわが国に於ける兵権の独立は仮令凡ての範囲に於てとは言ひ得ざるにせよ、

少なくとも種々重要なる点に於て成文法を基礎とするものと言ふべく〔……〕」。[46]

ここでは、統帥権の独立は「成文法」に基づくものだとされている（中野曰く「兵権『独立』法」、「統帥権『独立』法」）。この「兵権『独立』法」は、①天皇が諸々の軍事機関の補佐を受けつつも「天皇が国務大臣の輔弼なく、専ら独立に統帥の大権を行はせ給ふ」大元帥主義、②国務大臣の輔弼を除外し、「全く憲法上の責任機関を缺」く不可侵主義、③統帥権行使の補佐機関は武官より任命される武官補佐機関主義の三つをその構成要素とするという。[47]

しかし、そもそも「兵権『独立』法」なるものは、憲法法典（特に第五五条）と整合的なのか。中野は、「統帥権の『独立』は、――仮令、其範囲如何に就ては実際上明瞭ならざるにせよ――夫自体に於て既に否定すべからざる客観的な存在であり、形式的に其憲法法典に対する関係に於ては、憲法実施の当初から其根幹に於て一貫され来つた現象であつて、憲法第五十五条は、兵権の『独立』に対する関係に於ては、憲法の実施以来曾て適用せらるゝ事なかりし規定と看做さざるを得ない」[48]として、統帥権については憲法第五五条が適用外であったと指摘する。そして先に見たように、統帥権独立が諸々の法令によって承認されているともいう。

その上で中野は、理論上、「憲法法典」と「兵権『独立』法」とが国法の統一という条件下で並置されていると解するには、どのような理解が必要かを考えた。その答えは、次の二つに求められた。すなわち、両者の共通の効力の「始祖」としての「天皇」と、「憲法法典」と「兵権『独立』法」とを包含する「憲法」とに、である。

「蓋し帝国憲法が法として効力を有する所以は、夫が天皇の制定し給へるに依るものであると共に、他の一方に於ては兵権『独立』法の法たる所以も亦、天皇の実定し給へるに依るものと看做し得べく、両者は天皇の御意思に於て其効力の共通の主観的基礎を有し、憲法法典並に兵権独立の法が共に法として行はるゝは、天皇の御意思の客観的表現と看做さるゝがために外ならないからである。之を法前提的、形式的意義に於て言へば、わが大日本帝国は天皇を以て法の最高の主観的淵源とし、而して天皇の御意思に基く命令の実現――其事実上の効果性――を以て其妥当性の外部的、客観的認識標準とするに依て構成せらるゝ共同体であり統治の団体であつて、此意義に於ける国家は、之を法前提的、法形式的意義に於ける国家と謂ひ得るならば、天皇並に其命令実現に関与する国民を其構成要素とする組織は、法形式的意義に於ける憲法と謂ひ得べく、斯の如き国家従て其憲法を前提とするに依て可能ならしめられたる法規範の全体は国法であり、其内容に現れたる統治組織の全体は、法内容的意義に於ける国家、而して其最高組織基本法は、之を法内容的意義に於ける憲法と謂ひ得るであらう。憲法法典並に兵権独立法は、共に此最後の意義に於ける憲法の一部に止まる(49)」。

中野は以上のように論じ、「憲法法典」と「兵権『独立』法」とを、ともに「憲法」の一部として把握した。これは、より高次の「憲法」が両者を包摂するとして、政治と軍事との二元的な法構造を中野が承認したということを意味するであろう。この「兵権『独立』法」が通用する領域では、「憲法法典」(特に第五五条)は適用外で、国務大臣の責任は生じない。では、この兵権独立法にカバーされる作用とは、具体的には何か。中野は、兵権独立の具体例を挙げることを若干躊躇するが、「今問題を具体的に明瞭ならしむるがため」に挙げるならばと前置きをし、典型的なものとして次のものを挙げた。すなわち、①「用兵」、②「教育」、③「内務及び懲戒に関する規律」、④「軍隊内部の組織」、⑤「検閲」である(50)。

振り返ってみると、昭和五年の中野は、公示されない軍令にさえも「承行」型の輔弼とそれによる大臣責任の発生を見出し、大臣責任を統帥権にも認めていた。しかし同九年の彼は、「兵権『独立』法」の存在を指摘することによって、大臣責任の空白領域を認めている。かくして、大臣無責任領域が生じる。すなわち、「兵権『独立』法」の承認は、中野のそれまでの統帥権理論を変容させ、統帥権を憲法第五五条の輔弼の対象から除外するという結論を導いた。

理論上では、中野は上述の結論を得た。では、実際上はどうなのか。実際上は、理論上の結論とやや異なる。統帥権独立の実際は、理論上より広い。その基準として、①武力による防衛の調査立案等を示す「国防」と、②軍の一般的、基本的な指揮命令を目的とする作用である「用兵」とが挙げられている。[51] しかし、省部権限に関する慣行や内規に従えば、[52] 次の諸点では軍政機関との関係を考えなくてはならない。すなわち、①「渉外事項」、②「軍令の公布及施行」、③「予算に影響する事項」、④「人事事項」に該当する場合、「国防」「用兵」であっても軍令機関の権限は制限される。そこでは、軍政機関と軍令機関との調整が求められる。その結果、①参謀総長・軍令部総長が独立して担う「純軍務事項」、②陸海軍大臣が独立して担う「純軍政事項」、③それらの中間にあって両者の協議等を要する「協議事項」[53] が存することになる。[54]

以上のことを踏まえて、実際における統帥権独立に対する中野の論は、次のようになっている。彼は、統帥権独立の実際が理論上よりも広範に渡っていることから、かような意味で統帥権を「兵権」と呼ぶべきだとし、「以上の意義に於ける統帥権の独立は、必ずしも一般に信ぜらるゝが如くに『統帥権』――即ち以上述べた意義に於ての兵権――に対する国務大臣の無責任を意味するものに非」ずという。すなわち、学者らは「軍令に対する陸海軍大臣の副署は憲法上の意義に於ける副署ではない」と解するが、「然し乍らわが国法の実際は必ずしも一般の学者の説くが如くに然く無責任ではな」い。中野曰く、陸海軍大臣はその関与する部分で憲法上の責任を負う。

「統帥権に関する大臣責任の有無は、其参与し得べき権限の有無に依て定まる問題であつて、而してわが国法上、大臣はいはゆる統帥権に関しては種々なる範囲に於て独立の権限を以て参与するを認めらるゝ事は既に述べた如くであるから、此限度に於ては其責に任ずるものと言はなければならぬ。其責に任じ得ないのは、国務大臣が全く参与し輔弼するを許されない事項にのみ限られる。故に例へば国防用兵は一般に参謀総長、軍令部総長等の機関の補佐事項に属するが、其協議事項に関する限度に於ては軍部の大臣も之に参与するの職責を有するものであつて、従て其同意を与へたる事項の範囲に於ては、いはゆる『絶対』の責任を有するを免れない。されば之を実際に就て見るも、軍部の大臣は統帥の『何』に就ては権能を有せず従て其責に任ずるを得ないが、其『如何』に就ては一般に参与の権能を有するが故に、此限度に於ては議会に対して其責に任ずるものである事は従来、軍部大臣が屡々議会に於て明言した所である。故に国務大臣が責を有しないのは、唯いはゆる統帥権独立の一部に就てのみである」[55]。

中野の解した統帥に関する「国法の実際」で問うべきは、陸海軍大臣の「参与」「輔弼」の有無である。「純軍政事項」は大臣の輔弼が認められる。

では「純軍務事項」はどうか。統帥の「何」（統帥の具体的中身のことを指すと思われる）については責任を負わないが、その「如何」（その施行のことを指すと思われる）について参謀総長・軍令部総長より協議を受け、大臣の名で施行される。「純軍務事項」であっても、陸海軍大臣の参与がここに認められる。「軍令は凡て総長の発議発案に属し、平時に於ては大臣と之が施行の協議をなし、総長に於て単独に署名捺印し上裁を仰ぎ之を大臣に移し、大臣は其名に於て施行する」[56]。先の引用の通り、その施行について大臣は、「参与の権能」を有する。それ故、陸海軍大臣を以て「此限度に於ては議会に対して其責に任ずる」。

「協議事項」はどうか。そこでは、発議権が参謀総長・軍令部総長にあるものでも、「原案の確定」に際して「大臣の同意」を要する[57]。であればこそ、先に引用した通り、「其協議事項に関する限度に於ては軍部の大臣も之に参与するの職責を有するものであつて、従て其同意を与へたる事項の範囲に於ては、いはゆる『絶対』の責任を有するを免れない」。

こうして見てくると、「純軍務事項」の一部分のみ、陸海軍大臣の「参与」も「輔弼」もないということが分かる。そこが大臣無責任領域である。従って、昭和九年の中野の統帥権理論は、理論上のものでも実際上のものでも、大臣責任の生じない領域を認めていた。つまり、統帥権独立の肯定論であった。

ところで、以上検討してきた中野の統帥権理論は、なぜ変化したのであろうか。その理由は、何であったのか。恐らくそれは、直接的には満州事変以降の我が国の非常時局化がその要因であったのではないか。昭和六年九月の柳条湖での満鉄爆破を出発点とする満州事変それ自体や、当時の若槻礼次郎首相の追認的姿勢はよく知られている。(58) その後、民政党・政友会の連立内閣構想たる「協力内閣」論が閣内からも出たものの、「政党が協力して軍の進出を押さえるという大義名分はあったが、〔……〕軍を押さえるにしても、もう少し軍に歩み寄った線でないと難しいと多くの政治家は考えた」と北岡伸一は指摘している。(59) 中野も恐らく同じ考えを持ったのではないか。昭和五年の彼の統帥権論を「もう少し軍に歩み寄った線」に修正すれば、おおよそ、昭和九年の議論の程度に落ち着くように感じられる。

もう一つ考えられることは、議会不信である。昭和一〇年前後は議会主義凋落の時代であった。美濃部でさえも昭和に入ってからは議会制の未来を悲観し、「やや方向感覚喪失気味」(60) であったといわれ、議会否定論を唱え始めていた。(61) 若槻内閣の後継は、斎藤実内閣という議会に成立根拠を持たぬ内閣であった。統帥権を全面的に責任政治原理の下に置く統帥権独立否定論を昭和五年に打ち出した中野は、議会不信時代を迎え、その修正を決意したのではないか。更には、その後の天皇機関説事件によって山場を迎える憲法学説へのプレッシャーも考慮すべきであろう。蓋し、《迎合》とも《適応》ともいえる中野の転回は、時代転換期の政治とともに展開したからこそであった。(62)

ここまで、昭和五年及び昭和九年の中野の統帥権理論を追い、両時点での違いに注目してきた。しかし、両時点での議論が全く異なった視点からなされていたのかと考えてみると、ある共通点を指摘できる。すなわち、どちらも《「国務」と「統帥」との調和》が中野の最終的な目標であった点である。[63] 昭和五年時点での中野の統帥権独立否定論が、「政治上、行政上、並に憲法上の有害無益な論争や政争を排除」したり、「軍務当局と内閣の協和を確保」したりといったことを目的としていた点は、先に見た。[64] では、昭和九年はどうであったのか。両者の調和という目標は、昭和九年刊行の『統帥権の独立』においても「統帥権独立の将来」なる最終節で語られている。すなわち、統帥権の独立の範囲については「従来しばしば批判の加へらるゝを免れなかつた所」とし、その理由を次のように述べる。

「兵権の独立が最高国策に対する輿論の自然的且つ合理的な統一を妨げ、国策に対する国民の不安と疑惑を招き、国民をして軍部が恰も政府内に於ける政府であり、国家内に於ける国家たるが如き感を抱かしめ、一方に於ては軍部と他の一方に於ては政府及議会、武官と文官、軍人と一般国民との対立観を助長するものとして識者に依て憂慮されたのも、畢竟するに制度が其運用に於て往々妙を得ざりしに由るものに外ならない。されば独立の実際をして適当なる限界を守らしむる事は、制度の将来のために缺く可らざる条件と言はざるを得ないのであつて、而して此条件が果して充たさるゝや否やは、専ら一方に於ては軍部の側に於ける自重と節制と、他の一方に於ては政府当局の手腕並びに議会側の国防に対する理解ある態度に挙げて繫るものであると言はなければならぬ[65]」。

昭和五年時点とは違って非常に迂遠な表現だが、一方で「軍部の側に自重と節制」を求め、他方で「政府当局の手腕並びに議会側の国防に対する理解ある態度」を求めた。中野は、自説を修正しつつも、なお《「国務」と「統帥」との調和》を目的としていた。

四　「総力戦」・「総国家」・「全体主義」――『統帥権の独立』以後――

本章では、中野登美雄の統帥権理論に関する昭和五年及び同九年の著作を検討し、両時点では統帥権の独立に対する異なった見解が見られたが、しかし《「国務」と「統帥」との調和》という目的においては変わっていなかったことを指摘した。

中野は、この目的の為に、昭和九年以降も関連の研究を続け、総合雑誌等でも筆を走らせた。そして後年、宿願であった《「国務」と「統帥」との調和》の実現を、近衛新体制の中に見出そうとした。国家諸機関の「勢力均衡」を批判し、強力な政治力を求める昭和一〇年代の中野の姿は[66]、例えば、この時代を彩った代表的な法政理論であった憲法学者・黒田覚の「国防国家」論[67]に重なりもする。例えば次に掲げる中野による一節からは、「自由主義」及び「全体主義」とどのように向き合うかが問われた、当時の時代転換期的な空気が感じられる。

「近代国家の謎とみなされる政治（＝国務）と統帥の調和統一は全体主義的体制の下に於て初めて思想的並に機構的にも確保され得べきであり、基本的に二元的であり孤立と抽象に終始する自由主義のヤヌス的な構想や体制を清算し、世界及び国家の正しい存在解決に即した政治と統帥の国防国家的体系化によつて初めて可能であると謂ふべきである」[68]（傍点引用者）。

「自由主義」は「清算」されるべきものであり、「全体主義的体制」の下で「初めて」、《「国務」と「統帥」との調和》[69]は達成される――中野が近衛新体制に大きく期待した理由は、この点にあったといえる[70]。先の議会不信も、この自由主義か全体主義かとの議論と関係したであろう。伊藤隆に倣って新体制運動の特徴を旧体制（自由主義・資本主義）からの変革運動であったとすれば[71]、「新体制」的主張へ合流可能な法理論の一つに中野の統帥権理論を数えることができる。

上掲の中野の一節からも窺えるように、昭和一〇年代の中野は、「自由主義」を「清算」の対象と捉え、「全体主義」への憧憬を隠さない論稿を公けにし始めた。「全体主義」へと傾倒したのは、《「国務」と「統帥」との調和》がそこで初めて可能となると考えたからであり、且つ、総力戦への強い関心からであった。ここでは、主に昭和一〇年代に入ってからの論稿を集めて刊行された中野の著作『戦時における政治と公法』（昭和一五年）[72]を参照しながら、『統帥権の独立』（昭和九年）以後の彼の憲法理論を点描しよう。天皇機関説以後の日本憲法学が当時の世相を反映しながら展開したのと同様に、中野の憲法学も、戦時的性格を色濃く有するものとなっていた。『統帥権の独立』以後の中野の憲法理論とは、すなわち戦時の憲法理論に他ならない。

《「自由主義」から「全体主義」へ》という中野の政治思想上の変化は、彼が『戦時における政治と公法』の中で言及している戦争観の変化と、その変化に対応する為の国家形態の変化とに基因している。

まず、戦争観の変化について中野が述べているところでは、クラウゼヴィッツ（Carl von Clausewitz）とルーデンドルフ（Erich Ludendorff）[73]の二人の名が挙げられ、次のように、両者の戦争理論に基づく二つの戦争観が提示・対比されている。

「けだし現代の戦争は、其実践的並に理論的代表者である世界大戦に於ける独逸軍の参謀次長エリヒ・ルーデンドルフの種々なる著書、就中『戦争と政治』（第三版伯林一九二三年）に於ける論述にあきらかに示されてゐる様に、其型態に於て古典的にカール・フォン〔・〕クラウゼウイッツに依つて代表された（戦争論、カール・リンネバッハ刊行、伯林及ライプツィッヒ、第十四版、一九三三年）前大戦期戦とは異なり其目的並に遂行の規模に於て限定又は部局戦ではなく、普遍又は総合的国力戦であつて、戦争は手段を異にする政治の継続（クラウゼヴィッツの定式）では無く従つて戦争は政治に従属すべきものでは無く反対に政治は戦争に従属し奉仕すべく（ルーデンドルフの定式）戦争の指導者は単に軍の統帥に対してのみならず戦争の目的達成に必要である一切の人的並に物的資源、並に国家的社会的設備に対しても完き統制と指導総合の権力を与えらるべき事を要求する。言換れば前大戦期の戦争は狭義の国防戦の型に属し、戦争は国家及び国民生活の一部に限られたに反し現代の戦争は広義の国防戦であり、全面化された戦争である」(74)。

ここでの中野の主張は、「戦争は手段を異にする政治の継続」であるとするクラウゼヴィッツ型の戦争観と、「政治は戦争に従属し奉仕」するものだとするルーデンドルフ型の戦争観とを対比させ(75)、第一次世界大戦後の世界は、ルーデンドルフ型の戦争観を以て語るべきだというものである。そして、このルーデンドルフ型の戦争観によれば、戦争は全面的なものとなり、国家の総力を賭けての戦いとなる。

このようなルーデンドルフ型の戦争観を導き出した第一次世界大戦における戦争形態、すなわち《総力戦》は、中野曰く、「総力国家——総国家——と相互に不可分の関係を有する」(76)。彼のいう「総力国家」・「総国家」（以下、「総国家」のみを記す）とは、総力戦を遂行可能とする現代的国家というほどの意味である。ここで肝心なのは、では、その「総国家」がどのような特色を有するから総力戦に対応できるのか、「総国家」以外の国家とどのような違いを持っているのか、という点であろう。中野はこれについて、次のように、いくつかの「総国家」たる状況の指標を挙げた。

「総力戦性を前提とし念頭に置いてさて総力国家の基本的性質如何を観察するに現代的総国家の基本的特色は

略ぼ次の諸点に之を要約することが出来よう。第一にその構造的原理（乃至その基本精神）においては普遍主義（全体主義）であり第二にその目的並に可能なる機能において亦た普遍的非限定的であり、第三に支配基礎並に性質において権威主義であり、第四に機構において寡頭主義であり、亦た第五には威力主義として認識される。以上各種の要素は互いに関連し体系的関係に立つものであるが、なかんづく基本的代表的なものは第一の普遍主義であつて、他の要素は直接間接に第一の要素に基礎を有しその説明のための特殊化であると謂つて必ずしも誤りではなからう(77)」。

ここでは、中野のいう「総国家」の「基本的特色」が五つ挙げられているが、その中で最も重要なのは、「構造的原理（乃至その基本精神）」において「普遍主義（全体主義）」であることだという。この「普遍主義（全体主義）」は、「自由主義」や「民主主義」とは相容れない。中野はいう。

「〔「総国家」は、〕其の構造原理又は基本精神において普遍主義全体主義なることを要求するがゆゑに、その当然の結果として之を消極的に言へば総国家主義は反人格（反個人）主義であり、従つて――虚無的なると集成的なるとを問はず一切の形式における無政府主義に対して否定的なることは言ふ迄もなく、従つて理論的結果において基本的に無政府主義的なマルクスの政治理論に対しても否定的であることは勿論だが――反自由並びに反民主主義的たることは当然である(78)」。

これと同じく、「権威主義」及び「威力主義」もまた、「自由主義」及び「民主主義」と相容れないと、中野は述べる。

「現代の総力戦国家の構成において特に注目すべきものは其の権威主義と威力主義であらう。蓋し権威と威力とは一は其の内的精神的要素とし他は其の外的表現とし共に軍の構成に内在的な特質的要素であるが、その中権威主義は自由や平等を前提とする契約や自同の自由主義や民主主義の論理を以ては説明し理解し能はざる支配に内在する超合理的な指導と決定の内在的論理を示すのであると共に、機構的組織的には権威主義は軍の機構における同じく寡頭主義を意味し、以て政治変質的政治遠心的な自由主義の権力分立、抑制と均衡のイデオロギーや機構に対立し、さらに技術的には分業の原則を否定することなき高度能率主義を表現するものに外ならないからである」[79]。

中野によれば、「権威主義」と「威力主義」も、「自由主義」「民主主義」とは相反するものである。「権威主義」は「機構的組織的には権威主義は軍の機構における同じく寡頭主義を意味し、以て政治変質的政治遠心的な自由主義の権力分立、抑制と均衡のイデオロギーや機構に対立」する。

以上の中野の議論は、事実として登場してきた総力戦を目の前にしてみると、国家は「総国家」たることを迫られ、その「総国家」とは、「全体主義」を必須の世界観とするのだというストーリーの上に成り立っていたといえそうである。先述のように、中野は、「政治（＝国務）と統帥の調和統一」は「全体主義体制」の下で初めて達成できると述べていたが、総力戦に対応できる「総国家」となる為にも、「全体主義」を求める必要があるとした。この時の中野にとって、《「国務」と「統帥」との調和》を可能とさせ、更には、総力戦を遂行できる国家へと変貌させる鍵――「全体主義」はまさしくそれであった。

かくして昭和一〇年代の中野は、「自由主義」を放擲するに至り、「全体主義」的憲法学を構築すべく邁進した。この時期の中野の議論は、否応なく各国に総力戦体制化をもたらした当時の世界の実際を、彼なりに読み取って築いたものである。ここで例えば彼を「ファシスト」と呼ぶのは簡単だが、ただ、あくまでも「外来の全体主義」[80]の宣布に努めていた点からすれば、常に欧米の法理論（＝「外来の」理論）を参照することで築かれてきた日本法学の担い手が辿るべくして辿った運命であった、といえるのかも知れない。

そして、ここまでの中野の統帥権理論は、明治憲法体制下での《権力の割拠性》の一つであった「国務」と「統帥」との分立構造を克服しようと試みたものであったことに気付く。克服の為の方法は、確かに時代の変化と無関係ではいられなかった。ただ、統帥権独立否定論に走った昭和五年の中野の議論と、「全体主義」によって両者の割拠的・分立的なあり方を克服しようとした昭和一〇年代の中野の議論とは、同じ課題に対し、それぞれの時代の中でどのようにその課題を乗り越えるかを考えた末のものであった。

五　小　結――「東條内閣の使命」――

中野が、いわば《「自由主義」から「全体主義」へ》という法政思想上の変化を遂げていた最中の昭和一五年、大政翼賛会の成立に際し、立憲民政党は自党の機関誌を「解党顛末報告号」と銘打って発行している。その号に掲載されている座談会に参加した中野は、「統帥と政治の調和が必要になつて来る」と指摘した上で、非常に印象的な一言を残している。

「併し真の総力戦体制を形成する上に於ては、総理大臣をして軍機、軍令をも知らしめるに可能なる方法を講じなければならなるまいと思ふ」[81]。

中野は、《「国務」と「統帥」との調和》の為には、総理大臣が「軍機軍令」にタッチできる保障が必要だという。序章で触れたが、第一次近衛内閣当時の近衛が陸軍の中国大陸での作戦行動を全く知らずにいたという事態は、「真の総力戦体制を形成する上に於ては」許されなかった。

総理大臣が「軍機軍令」にもタッチできなければならないと唱えた中野は、そうであったからこそ、近衛内閣退陣後に成立した東條英機内閣を歓迎した。中野は、東条内閣成立の直後、「東條内閣の使命」という論文を書いている。

「所謂政治と統帥の調和一致は高次国防上の缺くべからざる条件であることは今更多言する迄も無い国防国家的常識であつて、近衛公は其第一次内閣以来連絡会議〔大本営政府連絡会議〕の方法に依つて之が実現を試みて来たが現内閣〔東條内閣〕は更らに一歩を進め陸相を兼任の現役将官総理制の方法に依つて連絡の実体的統一を確保するに努めて居る事は注目すべく、従来やゝもすれば不充分なるを免れなかつた軍、政連絡の基本的機能が憲法上許さるる範囲内に於て其強化を確保されるに至つたことは喜ばしい事と謂はなければならない。〔……〕東條内閣の出現は此一点に於ても国防体制上一段の進歩を示すものと謂つて良い(82)」。

東條首相は、陸相を兼任する現役将官であった。そうであれば、首相本人も「軍機軍令」にタッチすることができる。中野の先の言葉を借りれば、まさしく「総理大臣をして軍機、軍令をも知らしめるに可能なる方法」を採ったのが東條内閣であった。中野は、近衛内閣で果たし得なかった問題の解決を東條内閣に託した。現役将官が首班を務める東條内閣の成立に、《「国務」と「統帥」との調和》の可能性を見た(83)。

東條はその後、参謀総長をも兼任した（昭和一九年二月）。「軍機軍令」に関することの発案も施行も、東條をその責任者とする体制である。この兼任策について、宮沢俊義は次のように述べ、文面上は、それを歓迎した。

「戦局の急進展はいよいよ一分の間隙もない政戦両略の一致を要請してをり、かゝる情勢に即応してとられた今回の人事〔＝東條の三職兼任と島田繁太郎海軍大臣の軍令部総長兼任〕は国家危急に対処する非常措置として、これによつて国務、統帥の一層の緊密化が具現されるとすれば、国家のため慶賀にたへないところといはねばなるまい、要するに今次の措置は法理論的立場からとやかくいふべきではなく、またいふべき余地もないと考へる」[84]。

統帥権独立制度が維持された中では、これ以外に、「国務、統帥の一層の緊密化が具現される」方法はなかったであろうが、ただし、この首相・陸相・参謀総長兼任は、序章で杉山元の批判を紹介したように、軍政と軍令との別という論から駁撃されざるを得ないものであった。そして、中野の眼にはある種の希望と映った内閣のあり方、すなわち現役将官を首相兼陸相とする内閣のあり方は、東條内閣のみの特例的形態でしかなかったし、明治憲法体制下での「国務」と「統帥」との分立構造は、最後まで解消されることはなかった[85]。

註

（1）　前掲原田『西園寺公と政局』第一巻、四二頁。

（2）　「大日本言論報国会理事」としての追放であった（長浜功監修『復刻資料公職追放Ⅱ『公職追放に関する覚書該当者名簿』』（明石書店・昭和六三年）、一〇四八頁）。なお、中野が言論報国会に関係したのは、情報局次長等を務めた革新官僚・奥村喜和男とのつながりからのことであったと思われる（参照、森本忠『僕の詩と真実』（日本談義社・昭和四三年）、一三六～一三七頁）。

（3）　以上、清水望「中野登美雄」『早稲田大学史紀要』一六号（昭和五八年）及び前掲『早稲田大学百年史』第四巻を主に参照した。追放解除は、『読売新聞』昭和二七年三月二七日。なお関西大学図書館編『日本文学報国会 大日本言論報国会 設立関係書類』上巻（関西大学出版部・平成一二年）、二七七頁には昭和一七年に書かれた中野の履歴書が収められている。

（4）　数少ない研究として、佐藤立夫「中野登美雄」吉村正編集代表『近代日本の社会科学と早稲田大学』（早稲田大学社会科学研究所・昭和三二年）、大田肇「中野登美雄の統帥権に関する研究」『津山高専紀要』三八号（平成八年）。

（5）　「学界展望」『読売新聞』昭和三年三月一五日。

（6）　宮沢俊義「中野登美雄著、統帥権の独立」『法学協会雑誌』五二巻五号（昭和九年）、一五八頁。

(7) 前掲美濃部『憲法講話』、八六～八七頁。
(8) 『東京日日新聞』五月三日。
(9) 同上。
(10) 前掲美濃部『逐条憲法精義』、二五四～二五五頁。
(11) 前掲美濃部『憲法撮要』訂正第四版、二二四頁。なお中野は、この「事実上ノ慣習ト実際ノ必要」という論について、「事実の規範性を以て法効力の基礎を説明せんとするエリネックの心理学的国法学説を認むる論者（＝美濃部）の思想」からすれば、美濃部が統帥権の独立を「慣習に基く法である」と考えていると判断して誤りはなかろう、と述べている（中野「憲法学上より観たる統帥権」第一線同盟編『ロンドン会議・統帥権問題』（第一線同盟出版部・昭和五年）、二三七頁）。この点、美濃部は「法ノ成立スル直接ノ淵源」の一つに「事実上ノ慣習」を列挙しており、それが法としての効力を有する理由を「慣習ガ人心ヲ支配シ遂ニ社会ヲシテ其規律力ヲ意識セシムルガ為ナリ」とする。「社会ノ一般人ノ心理ヲ支配スル社会力ヲ社会心意ト謂フ」が、その「社会心意」に適合的でないならば、たとえ制定法であっても「或ハ初ヨリ法タル効力ヲ有スルコトヲ得ザルカ、久シカラズシテ自ラ法タル力ヲ失フニ至ルベシ」とする（前掲美濃部『憲法撮要』訂正第四版、四～五頁）。
　また、イエリネック（G. Jellinek）の「心理学的国法学説」という中野の指摘は、恐らくは次の点を指している。すなわちイエリネックが、法の「効力（Gültigkeit）」とは我々が遵守の義務を負っているのだという「確信（Überzeugung）」に由来しているとし、法や法秩序を「主観的な要素」や「心理的な諸要素」に関連付けながら論じている点である。Jellinek, a. a. O., Allgemeine Staatslehre, S. 333f.
(12) 前掲美濃部『逐条憲法精義』、三三一～三三五頁。
(13) 前掲中野「憲法学上より観たる統帥権」、二三七～二三八頁。
(14) 同上、二六四頁。実際、中野がいうように、軍命令が勅令によっているか軍令によっているかという点で、陸海軍の間では、同種の命令であっても、片方は勅令を用い、もう片方は軍令を用いたという例が見られた。これについては、参照、熊谷光久「日本陸海軍の軍令と勅令の使い分け」『政治経済史学』三五三号（平成七年）。
(15) 前掲中野「憲法学上より観たる統帥権」、二六五～二六六頁。

(16) 同上、二二八～二二九頁。
(17) 同上、二四三～二四四頁。
(18) 同上、二四五頁。
(19) 同上、二四六頁。統帥権の国法上の作用は「殆んど絶対的」ではあるが、「性質上、国家作用たるを通常得ない作用」は除かれる。例えば、「婦人に対して接吻を命じ、幼児の銃殺を命ずるが如き」ものは範囲外である（同上、二四七～二四八頁）。
(20) 同上、二五一頁。
(21) 当時のドイツにおいて、軍政・軍令について、「受命者」と両命令の副署の関係を理論的に考察したのは、マーシャル（Fritz Freiherrn Marschall von Biberstein）であった。一九一一年に発表された彼の理論がドイツの有力な国法学者らの支持を得た点については、三浦「解題」前掲藤田『明治軍制』、四三三～四三五頁及び Huber, a. a. O., Heer und Staat in der deutschen Geschichte, S. 293. マーシャルは、この問題に取り組み始めた経緯として、ハイデルベルク大学時代のアンシュッツの助言があったと述べている。Marschall, a. a. O., Verantwortlichkeit und Gegenzeichnung bei Anordnungen des Obersten Kriegsherrn, S. V (Vorwort). マーシャルの説いた「受命者」を以て大臣副署・責任を区別する説（中野曰く「主体説」）に依拠して中野が統帥権を説明するのは、アンシュッツの下へ留学していた経験にもよるのであろう。ただし、当時のドイツの有力な国法学者の一人であったアンシュッツがマーシャル説に初めて同調を示したのは一九一九年の文献であったことや、ラーバントもなお一九一四年時点で君主の指揮権（Kommandogewalt）には大臣副署を不要とする旨を述べていた点に注意を払い、マーシャルの研究によって彼らの学説が即座に大きく変化した訳ではないとの理解を提示しているものとして、Manfred Erhardt, Die Befehls- und Kommandogewalt, 1969, S. 44.
　なお、簡単ながらマーシャツの経歴に触れておけば、一八八三（明治一六）年生まれ、その父・アドルフ（Adolf Freiherrn Marschall von Bieberstein）は、バーデン大公国で要職にあった人物であった。マーシャルは、ジュネーブ、ベルリン、ミュンヘン、ハイデルベルクの各大学で学び、上述のアンシュッツの他、ギールケ（Otto von Gierke）やリスト（Franz von Liszt）といった法学者らの講義を聴きに行ったという（Marschall, “Armeebefehl und Armeeverordnung” in der staatsrechtlichen Theorie des 19. JAhrhunderts, 1910, S. 84.）。

(22)　前掲中野「憲法学上より観たる統帥権」、二五〇～二五一頁。

(23)　前掲美濃部『逐条憲法精義』、二五八頁では、「陸海軍統帥の大権は、内閣の責任に属せず、随つて議会は之に干与することを得ない」とした上で、「その範囲には必ず一定の限界が守られねばならぬ」という。そして「統帥権の正当なる範囲」を、①「指揮権」、②「内部的編制権」、③「教育権」、④「紀律権」とする。

(24)　前掲中野「憲法学上より観たる統帥権」、二五一～二五二頁。作用の「内容」を以て統帥権を規定しようと試みてきた通説への批判は、当然、ロンドン海軍条約問題当時の政府批判でもある。曰く「今日、通説が、武器の使用、戦闘を目的とする作用、軍隊に対する作用、軍隊に対する個別的、処分的性質を有する作用、其他類似の、特定の対象又は作用を挙げて之を統帥とし従つて之に対立せしむる、狭義の軍行政、『命令』又は『国務』等を以て凡て統帥権の範囲より除せんとする事の誤りであり徒労なる事は以上に依つて明であると信ずる。故に亦、今回、ロンドン軍縮条約に関連して、政府並に一般評論家が軍の編成は統帥権に非らずと主張した事は、其自身に於ては是正――勿論、法学的に――せられ得るものにせよ、其主張が通説を基礎とし、統帥権の実質的概念に出発する限度に於ては矛盾であつて、何故に編成は統帥権に属し能はざるかの理由は、説明され得ないものと言はざるを得ない」（同上、二五二～二五三頁）。

(25)　同上、二五七頁。

(26)　同上、二五八頁。

(27)　同上、二四九頁。軍人の命令審査権の制限やそれに基づく統帥権の「絶対的性質」は、「成文法上の反対規定」等もなく、「何れの国家に於ても見出し得べき実証法上の一般的現象」だと説明されている。他の箇所では（他の全てよりも強度な）「特別の権力関係」と述べられている。同上、二六七頁、『東京日日新聞』五月一〇日。

(28)　前掲中野「憲法学上より観たる統帥権」、二五七頁。

(29)　同上、二五九～二六〇頁。「従来の慣行説は問題解決の根本である方法、法的問題の学的見方に於て基本的なる缺陥を免れないのであって〔……〕」。

(30)　同上、二六〇～二六一頁。

(31)　「独立」概念そのものについて、中野は、「独立なる概念に相対するものは非独立であつて、従属である。従属は全部を予想し或る対象を以て従属すと云はば、其対象が或る全部の一部なることを意味する」と書いたことがあった（中野「主権の概念」『学苑』一巻六号（大正一五年）、三〇頁）。これは主権概念を主題とした論文の一節だが、本稿で扱っている中野の統帥権理論でも同じ用語法を以て考えられていると思われる。かような前提に立てば、国法体系という「全部」が存在し、その「一部」として統帥権がある、という構図となる。すなわち「独立」しているとはいえない、「非独立」・「従属」なる性質を有するのが統帥権だといえる。

むしろ、統帥権が絶対的に「独立」した概念であるとするならば、「その論理的結果が国家の分裂を来し、国権の分割を招致すべきことはきはめて明か」であるので、「統帥権の独立といふ場合における独立は、絶対的意義においてゞはなくして相対的意義においていふものである」と中野はいう。『東京日日新聞』五月一〇日。

(32) 前掲中野「憲法学上より観たる統帥権」、二七一～二七二頁。

(33) 明治四〇年軍令第一号第二条。軍令に副署を附して公示するのは、「少なくとも表面からすれば毫も憲法第五十五条の規定に反するものでなく、単に多くとも其自身勅令に過ぎない公式令の規定と異なる規定を軍令に関する限度に於て認めたものに過ぎない」。対して美濃部は、兵政分離主義の立場から、統帥権は国務大臣輔弼の対象外と述べていた点を先に見た。そこから当然に次のような公示軍令の副署の性質を解説している。すなわち「是は国務大臣としての副署ではなく、帷幄の機関として奉行の任に当ることを証明する行為たるに止まるものと見るべきである」（前掲美濃部『逐条憲法精義』、二六〇～二六一頁）。

(34) 前掲中野「憲法学上より観たる統帥権」、二六八頁。

(35) 同上、二六九～二七〇頁。

(36) 同上、二七〇～二七一頁。

(37) 同上、二七三～二七四頁。

(38) 同上、二七四頁。

(39) 同上、二七五頁。これに対して軍の考えとして、統帥権干犯問題を経て作成された『統帥参考』（昭和八年）が参考となる。同書では、「陸海軍に対する統治はすなわち統帥にして、一般国務上の大権が国務大臣の輔弼する所なるに反し、統帥権はその輔弼の範囲外に独立す。従って統帥権の行使及びその結果に関しては議会において責任を負わず、議会は軍の統帥指揮並びに之が結果に関し質問を提起し、弁明を求め、又はこれを批評し、論難するの権利を有せず」とある（防衛教育研究会編『統帥綱領・統帥参考』（田中書店・昭和五七年）、七一頁）。

(40)『東京日日新聞』五月一一日。なお、中野を名指しで批判する軍部側の論説として、山脇正隆「統帥権に就て」『偕行社記事』六七一号（昭和五年）がある。前掲稲葉他編集解説『現代史資料（一一）』はその「記事原稿」を収載しており、そこには「昭和五年七月九日」の日付がある（JACAR: C08052002500、昭和五年ロンドン会議関係統帥権に関する書類綴（防衛省防衛研究所））。山脇のまとめた中野の論旨から判断しても、東京日日新聞連載の「統帥権の独立と国務大臣の責任」への駁撃論文だろう。山脇は、当時参謀本部編制動員課長（陸軍大佐）。その後、昭和一三年陸軍次官。陸軍大学校校長等を経て終戦を迎え、戦後、偕行社会長を務めた。

この山脇論文に対して、当時第四師団長であった林弥三吉は山脇に賛意を表した書簡中、「所謂博士連中テモ皆憲法ノ字義ノ解釈又ハ政党大臣ノ党略ニ立脚シタル解ヲ引用シテ論スルモノ多ク見ルニ忍ヒス」と書いている（JACAR: C08052002600、昭和五年ロンドン会議関係統帥権に関する書類綴（防衛省防衛研究所））。

(41)『東京日日新聞』五月八日。

(42) 同上。

(43) 前掲中野『統帥権の独立』、六三五～六三六頁。

(44) 同上、六七一頁。

(45) 同上、六五三頁以下。

(46) 同上、六〇五頁。不文法に基づく統帥権独立との立場からの修正は、次の箇所からも明らかである。中野は、統帥権独立の法理的基礎の考察部分中、独立を不文法的に肯定するものとして「不文法権原説」を挙げ、「之れ著者が曾て採つた見解であるが、現在に於ては満足して居ない」と述べている。すなわち、同説は「何が故に国務大臣の副署なき軍令が全く無効ではなく、尚、執行せられ得べきかの問題は之を説明し得べきにせよ、〔……〕国務大臣が統帥権に関して天皇を輔弼し奉ることなきの事態其ものは説明し基礎づけ得べきではなく、問題の見解〔＝不文法権原説〕は寧ろ反対に軍令に於ける副署缺除の法的瑕疵性、従て亦、兵権『独立』の瑕疵性を前提とするものであり、其無瑕疵性、『独立』其ものを法的に説明するに足りない」という。同上、六〇一

〜六〇二頁。

(47)　同上、六七二〜六七六頁。

(48)　同上、五九八頁。

(49)　同上、六〇九〜六一〇頁。また、中野は、「統帥権『独立』法」が憲法変遷を生じさせたという。彼は憲法変遷の原因を、①「習慣」、②「解釈」、③「一般的な成文規範の制定」に類型化し、「統帥権の独立は今日一般に承認されて居るが而も之れ帝国憲法の規定に基くものでない事は勿論、亦た必ずしも単なる慣行または解釈にのみ基くものでもなく、其重要なる部分に於ては憲法実施前から存し、実施後天皇の官制大権に基いて屢々改められた帷幄機関の官制に基く」という。中野「憲法の変化及改正」『早稲田政治経済学雑誌』三四号（昭和九年）、三八〜四一頁参照。また、前掲中野『統帥権の独立』、六一〇〜六一一頁。

(50)　前掲中野『統帥権の独立』、六八五〜六八八頁。

(51)　同上、六九一〜六九八頁。

(52)　当時、軍内部へとアクセスできない者が参照可能であった内規等としては、陸軍では明治一一年一二月四日の議案「本省ト本部ト権限ノ大略」前掲『法規分類大全』兵制門・陸海軍官制・陸軍二、四二五〜四二六頁及び明治一九年三月二六日「省部権限ノ大略」同上、四四五〜四四六頁が挙げられる。なお、本書第六章註（38）で触れた通り、後年の内規としては、明治四一年の「陸軍省参謀本部関係業務担任規定」、大正二年の「陸軍省、参謀本部、教育総監部関係業務担任規定」がある。

(53)　前掲中野『統帥権の独立』では、「協議事項」・「混合事務」・「所謂混成事務」といったいくつかの表現が用いられているが、内容的には同一のことを指していると考えられるので、ここでは、「協議事項」に表現を統一して引用しておきたい。「協議事項」に関して中野は、①協議は「発議機関」たる「主務機関」による「諮問行為」に過ぎず、あくまで決定権は「発議機関」に属するとの説と、②「輔弼意思の決定」は「発議機関」と「協議機関」との「合成行為」であるから、その決定権は「合議機関」に属するとの説があるという。ロンドン軍縮条約当時、前者は政府が採用した説であり（また美濃部説でもある）、後者は軍令部側が採った説である。中野はこの点、「文字通りに統帥権独立の問題なりとすれば」、兵力量を例とすれば前者の説を以て妥当であるとした。しかし、「問題は最早単なる統帥権の独立ではなく」、国法の実際上、より広範に解されている「兵権」の独立とも評すべきものが問題なのだと彼は述べる。確言はされていないが、決定権を「合議機関」に属すると解する後者の説を以て問題解決に当たらざるを得ないというのが、この時の中野の結論であろう。同上、七〇四頁以下。
(54) 同上、七〇二頁。なお、この三分類方法は、中野が註で掲げているように、明治期に有賀長雄が先鞭をつけた区別に倣ったものである（本書第六章、参照）。
(55) 同上、七二四〜七二五頁。
(56) 同上、七〇三頁。
(57) 同上、七〇三〜七〇四頁。
(58) 前掲小林『政党内閣の崩壊と満州事変』、一七三頁以下。
(59) 北岡伸一『政党から軍部へ』（中央公論新社・平成一一年）、一六三頁。
(60) 長尾龍一「『憲法撮要』美濃部達吉」『現代思想』三三巻七号（六月臨時増刊号）（平成一七年）、一三四頁。
(61) 坂野潤治『日本近代史』（筑摩書房・平成二四年）、三九九〜四〇一頁。坂野は、美濃部の「円卓巨頭会議」構想（昭和八年）を以て議会否定論と解している。

なお、この時期の美濃部を考える上で重要な近年の研究として、西村裕一による一連の美濃部学説研究を挙げなくてはならない。そのいくつかの論文を強引にまとめれば、次のようになると思われる。まず美濃部は、明治末年より政党内閣制正当化論を展開したが（西村「坂野潤治教授の美濃部達吉に関する見解の変化について」『法学会雑誌』四九巻二号（平成二一年）、四二三頁以下）、その一方で、政党そのものの問題性、とりわけ資金の問題によって生じる政党の堕落現象を懸念していた。そこで、美濃部は、政党勢力によって占められる衆議院の権力を抑制的なものとする為、貴族院に期待した（西村「『代表』・『国益』・『輿論』」『北大法学論集』六一巻四号（平成二二年）、一九七頁以下）。しかし、大正末からの政党内閣時代を経て、美濃部は、政党への幻滅から「職能代表制構想とでも呼ぶべき一連の議論」を展開し（同上、二二五頁以下）、政党勢力を衆議院から駆逐することで政党内閣の復活可能性を抹殺しようとまでしていた（同上、二二七頁以下）。そして、昭和八年末ないし九年初めの時点で、美濃部は、「政党内閣を価値的に否定」するに至った（西村「美濃部達吉と岡田内閣」『法学会雑誌』五〇巻一号（平成二一年）、一八一頁以下）。このように、政党内閣への評価を変化させたかに見える美濃部だが、実はそうではない。彼は「天皇超政論と大臣輔弼論」を「我が国の国体に合致するもの」としており、その二つと「表裏をなすものである国務大臣の政治責任こそが立憲政治＝責任政治の核心である以上、国体は当然に立憲政治を要請することになる」（西村「美濃部達吉の憲法学に関する一考察（二）」『国家学会雑誌』一二二巻九・一〇号（平成二一年）、一四一頁）と考えていたはずである。美濃部にとっての「立憲政治」とは「政府が議会という媒介（medium）を通して国民に対して応答能力＝責任（responsibility）を負う政治」であり（西村「美濃部達吉の憲法学に関する一考察（一）」『国家学会雑誌』一二二巻一一・一二号（平成二〇年）、四四～四五頁）、この「立憲政治」に適合的である場合にのみ、議院内閣＝政党内閣は美濃部の擁護を受ける対象となる。「立憲政治」に合致しなくなれば、彼はそれを支持しない。すなわち、美濃部は、政党内閣に対してそもそも最初から「価値中立的」であった、と（同上、三六頁）。西村によれば、美濃部にとって絶対的に守られるべきものとは、政党内閣制ではなく、「我が国の国体と合致」するものとしての日本古来の政治体制の原理、すなわち「天皇超政論」と「大臣輔弼論」によって基礎付けられた「立憲政治」であった。

(62)　満州事変から五・一五事件を経て斎藤内閣成立に至る経緯を見て、蠟山正道は次のように述べた。すなわち、「現代の資本主義経済の必然的に逢着する内面的危機の金融的通貨的表現を中心とする内政上の混乱であり、経済上の内乱が見られた」中で、大陸でも満州事変が起こった。「無連絡」ながらも「同時的」に推移した二つの「国民的大事件」を皆が見守るところで、五・一五事件が生じ、斎藤内閣が成立する。「この時期から『非常時』の意識は濃厚となり、人心を拘束するに至つた。社会現象の把握と政治現象の認識は漸く従来の政治的常識を以て律し得られないことが識者によつて自覚され始めた」、と（蠟山政道『議会・政党・選挙』（日本評論社・昭和一〇年）、序文一～三頁）。中野もまた、この時期の「非常時」の風を満身に受けた「識者」であった。

(63)　国法と統帥権とを分離して並列的に考察するのではなく、国法秩序の下に統帥権を位置付けている辺りも、《「国務」と「統帥」との調和》論と親和的だと思われる。

(64)　『東京日日新聞』五月八日。

(65)　前掲中野『統帥権の独立』、七二八～七二九頁。

(66)　例えば、「新体制の前路を語る（座談会）」『日本評論』一五巻一二号（昭和一五年）、一〇九頁での中野の発言参照。

(67)　黒田の示す「国防国家」理論は、《「国務」と「統帥」との調和》論を含有したものであろう。黒田によれば、「革新政治」とは次のことを求める。すなわち、「国内政治はその都度の国内的諸勢力の妥協による安定化に重点が置かれるのでなく、一切の諸勢力が明確に規定された国防目的のために総動員され一元的に統合化されることが要請されるのである。したがつてまたここでは個々の人々や特定集団の権利・自由の保護や伸長に重点が置かれるのでなく、これらのものをあげて全体的利益に奉仕せしめることが要求されるのである。更にまたこれらの目的のために政治機構そのものが、諸機構相互間の対立的関係による勢力の均衡状態に価値の重点を置く構造から、一元化統合化された強力的機構に移行することが要求される」。そして、この革新政治とは「国防国家化を意味する」（黒田覚『国防国家の理論』（弘文堂書房・昭和一六年）、九四～九五頁）。ここでは、明治憲法体制下での《権力の割拠性》の克服が求められている。つまり、権力の割拠的・分立的なあり方の一事例であった「国務」と「統帥」との分立構造は、「国防国家」の下では許されない。

黒田の見立てでは、国防国家化の為には、「政治の多元性」を克服すべきで（同上、一三〇頁以下）、逼迫した国際情勢の混迷からしてもまた、「自由主義的国家に本質的な権力分立主義的構造」は改めるべき対象となる（同上、二四四頁以下）。この黒田の国防国家論も、底流には自由主義や資本主義との対決姿勢がある。黒田を含めた新体制運動期における知識人の自由主義克服論については、参照、源川真希『近衛新体制の思想と政治』（有志舎・平成二一年）。

（68）　中野「新政治体制と軍部」『改造』昭和一五年九月号（昭和一五年）、一四頁。中野は、この反自由主義を基礎とした《「国務」と「統帥」との調和》論を終戦まで主張した。例えば、「我が綜合国防体制の原理と構造」文部省教学局編纂『日本諸学講演集 第五輯 法学篇』（内閣印刷局・昭和一八年）等も同旨である。

（69）　《「国務」と「統帥」との調和》についてナチス・ドイツでは、アドルフ・ヒトラーという一人の人物への両権力の統合によって、国家指導と軍指導との一致を見出していた。Otto Meissner, u. Georg Kaisenberg, Staats- und Verwaltungsrecht im Dritten Reich, 1935, S. 125. 著者の一人、マイスナーは、ライヒ大統領官房長としてヒトラーに仕えた人物で、その宣伝的要素はなお考慮を要するが、当事者的観察として注目に値する。本章で見た中野の論も、両指導の調和を見出すべきとの問題意識ではこれに符合している。

（70）　昭和一〇年代の反自由主義的・親全体主義的な近衛（及びその周辺）の言明を確認できる資料は多いが、差し当たり、国立国会図書館憲政資料室蔵『近衛文麿関係文書』、「国策についての上奏文」（昭和一五年七月）、「大政翼賛会発会式の宣言文案」（昭和一五年一〇月）今井清・伊藤隆編『現代史資料（四四）』（みすず書房・昭和四九年）等。

また、中野の近衛に対する評価としては、前掲中野「新政治体制と軍部」では、「此数年来の朝野の要望に基いて新しい国民的翼賛体制の合理的基礎の上に国防国家体制の建設を期しようとする近衛公が組閣に当つて其基本国策の決定に関連し政治と統帥、政略と戦略の一致を条件とする態度を採つた事は、責任を有する政治家の態度として極めて合理的であつたと謂ふことが出来る」（二一一頁）と近衛の登場を歓迎していたが、一年も経たぬうちに、「公〔近衛〕はわが国の現状に於ては政界其他でかつがれるに適当であるが、革新運動の実戦を挺身指導する適格者ではない」（中野「翼賛会改組と政治力」『日本評論』一六巻五号（昭和一六年）、二二一頁）と断ずるに至った。

(71)　伊藤隆『近衛新体制』（中央公論新社・昭和五八年）、二一六～二一七頁。

(72)　中野『戦時における政治と公法』（東洋経済出版部・昭和一五年）。なお同書は、その再版が東洋経済新報社出版部から昭和一八年に刊行されているが、内容は同一である（再版に附された「重版序文」、一頁）。

(73)　ルーデンドルフの戦争観については、差し当たり、石津朋之「ルーデンドルフの戦争観」三宅正樹・石津朋之・新谷卓・中島浩貴編『ドイツ史と戦争』（彩流社・平成二三年）、特にクラウゼヴィッツとルーデンドルフについては、一九七頁以下を参照。

(74)　前掲中野『戦時における政治と公法』、一一四頁。

(75)　この対比について、中野は同書中の他の箇所では、「政治の戦争に対する優位性」を唱える「クローゼウィツの定式」と「ルーデンドルフの戦争優位性の定式」（同上、二四頁）というように述べている他、クラウゼヴィッツの戦争観を「政主戦従主義」、ルーデンドルフのそれを「戦主政従主義」と表現したりもしている（同上、一五五頁）。これらの表現の差異はともかくとして、二つの戦争観の対比を用いて当時の政治や戦争を語ろうとする姿勢は明らかである。

(76)　同上、八五頁。

(77)　同上、八九頁。

(78)　同上、九〇頁。

(79)　同上。

(80)　中野の全体主義論の「外来」性を強く批判したものとして、筑紫次郎「中野登美雄氏の凶逆思想」『原理日本』一七巻一号（昭和一六年）がある。筑紫は、中野が「全体主義」と「皇道主義」という言葉を互換的に用いている点を批判し、「皇道」と「全体主義」の違いについて指摘している。また、中野が「外来の全体主義」を用いて新体制運動を説明しようするのを見て、筑紫は、「肇国以来厳として」存在する「哲学」や「世界観」が「皇道」であり、新体制運動は「皇道扶翼運動」でなければならぬとし、「蓋し、今日自由主義打倒の為に全体主義をふりかざす事は一の流行になつてゐるが、之は覇道の域を脱しない。日本革新の大本は、従来英米依存の自由主義に毒せられ汚濁せられ居りしものを掃蕩して、国体を明徴にする事に在るのであつて、独伊依存乃至は全体主義其儘の体制を取る事も亦不可である。要するに、日本臣民の行くべき道は、議会主義、組合主義、社会民主主義等一連の功利的自由派と共に所謂覇道派をも征整し、以つて国体明徴、臣道実践に徹底する事、唯是一本である」と論文を締めくくっている。筑紫のような論者からすれば、たとえ《自由主義から全体主義へ》という変遷があったとしても、それは「英米依存の自由主義に毒せられ汚濁せられ居りし」学説から「独伊依存乃至は全体主義其儘の体制を取」ろうとする学説へと変更しただけであって、何ら「皇道」的ではなかった。

(81)「新政治体制に関する座談会」『民政』一四巻八号（昭和一五年）、六三頁。

(82)中野「東條内閣の使命」『改造』昭和一六年一二月号（昭和一六年）、一六頁。

(83)東條内閣に対する中野の期待は、このように、少なくとも文面上は、かなり大きなものであった。他の著作中でも中野は、現行制度の下では「高い程度の国防政治上の精神的並に技術的条件」を備えた閣僚を揃えてこそ「国務」と「統帥」との「強力な統一」が可能であるとした上で、「従来の実情は尚ほ遺憾の点が少くないと謂はざるを得ない事は〔第一次近衛文麿内閣以下の〕歴代事変内閣の事例に依つて見ても明かである。此の関係に於て現役大将であり而も陸相並に内相を兼任する東條将軍を首班とする現内閣の出現は極めて重要な意義を有し、軍・政の一致調和に関して注目すべき効果を齎すものと謂ふべきであらう。蓋し東條内閣の出現は形式的には何等連絡機構に変化を与ふるものでないが、唯だ軍・政両面に亘つて高き手腕と多年の経験を有する人士の総理就任は其下に於て可能な政治力結集の可能性と相俟つて、従来や、もすれば生じ勝ちであつた〔「軍・政」の〕対立的傾向を解消し強力な一致を齎すに寄与すべき事は明かであらう」と述べている。中野「高度国防国家体制論」堀真琴編『現代政治機構の分析』（昭和書房・昭和一六年）、二九四〜二九五頁。

(84)『読売新聞』昭和一九年二月二一日。宮沢ら第一線の法学者・政治学者らが、東條を含めた当時の軍人政治家・軍官僚らをどのように眺めていたのかは、我が国憲法史研究にとって、重要なテーマの一つである。ここでは、長尾龍一による以下の指摘を挙げておく。すなわち、長尾は、宮沢俊義「アングロサクソン国家のたそがれ」（『改造』昭和一七年一月号）での「東条首相による力強い演説がはじまった」という一節に注目し、宮沢が「東条のような軍官僚には比較的好意をもっていたのではないか、という印象がある」と述べている（長尾「聖典としての日本国憲法」同『思想としての日本憲法史』（信山社・平成九年）、二四〇頁）。

（85）なお、官田光史は、太平洋戦争末期、明治憲法第三一条（非常大権）に着目した大串兎代夫の法理論を検討している（官田「非常事態と帝国憲法」『史学雑誌』一二〇編二号（平成二三年））。官田によれば、大串は陸海軍の統合や統帥権独立の無意味化を非常大権発動下の日本において構想していたという（同上、六四頁以下）。また、本章で取り上げた中野登美雄や、戦後も活躍し続けた多くの公法学者らが参加していた非常時体制や非常大権に関する研究会（学術研究会議、日本学術振興会のそれぞれに置かれた二つの研究会）が紹介されている（同上、六五頁以下）。

第三部　「国務」と「統帥」との間

――昭和二〇年の前と後――

第八章　国防国家における「国務」と「統帥」

本書で試みてきたのは、大まかにいえば次の二点であった。すなわち、一点目は明治憲法体制下での「国務」と「統帥」との分立構造の生成及び展開の過程を追跡すること、二点目はその分立構造を受けて展開された統帥権理論を検討すること、であった。「国務」と「統帥」との分立は、実際の政治的事件を生じさせただけでなく、明治国家を生きた法学者たちを悩ませた。その中で、有賀・中野の統帥権理論の面白みは、次の点にあったといえる。すなわち、明治憲法体制下での《権力の割拠性》の一つであった「国務」と「統帥」との分立構造に対し、それを《修正》するに留まるのか、それとも《克服》するまで更に突き進むのかといった程度の差はあれども、《統合》への道筋に光をともそうとした、という点である。

第八章と終章とで構成される本書第三部では、明治憲法体制における《権力の割拠性》の一例であった「国務」と「統帥」との分立構造が昭和一〇年代後半にどのような様相を呈したのか、そして昭和二〇年八月以降にいかなる展開を見せたのかを追っていく。まずはこの第八章では、明治国家の実質的な終着点に向かう時期——昭和二〇年までの、五年間ほどの時期における「国務」と「統帥」との分立構造に目を向けたい。

一　国防国家・昭和一五年

その時期において、《「国務」と「統帥」との調和》が最も自覚的に課題として取り組まれたピークは、「国防国家」という合言葉を含んだ「基本国策要綱」（昭和一五年七月）が決定された第二次近衛文麿内閣の時代と、それに続く東條英機内閣の時代であった。

もちろん、「国務」と「統帥」との間での緊密な連絡・協調体制を築くべく、大正時代からいくつかの努力があったのも確かである。(1) 総力戦への危機感に覆われた昭和一五年以降の日本は、その問題を、それまで以上に真剣に検討し、深刻に受け止めざるを得ない状況にあった。総力戦研究所という仰々しい名を冠された首相直轄の研究機関の設置が昭和一五年であったというのは、当時の世相を示すにふさわしいであろう。「近代戦ハ武力戦ノ外思想、政略、経済等ノ各分野ニ亘ル全面的国家総力戦」(2)であり、政戦両略の一致が総力戦時代の国家運営には必須のものであった。総力戦研究所は、この「全面的国家総力戦」に対応せんとして、その「基本的調査研究」や官吏らの教育訓練を掌る機関であった（総力戦研究所官制第一条）(3)。

総力戦は、決して「武力戦」のみでは完成されない。「思想、政略、経済等ノ各分野」との協調を必須とした。これと関連して、例えば当時の海軍の軍令部内では、従来の大本営では戦争指導機関として不充分だという認識から、大本営を改革することで「国務」と「統帥」との連絡を緊密に保てる体制を作るべきとの意見が出ていた。(4) そこでは、大本営政府連絡会議のようなものではなく、「国防部」（大本営）そのものの中に「統帥部」と「国策部」とを並置させ、軍令機関の両総長が「統帥部」を、首相が「国策部」をまとめるという組織が計画されていた。

「基本国策要綱」によれば、昭和一五年の日本の一大政治課題は、「万難ヲ排シテ国防国家体制ノ完成ニ邁進スルコト」にあった。[5]「国防国家」[6]が《「国務」と「統帥」との調和》を見据えた国家体制であった点は、前章で示唆した通りである。この「基本国策要綱」が閣議決定された一か月後には、内閣総理大臣・近衛文麿が、新体制準備会第一回総会声明の中で、「国務と統帥の調和、政府部内の統合及び能率の強化、議会翼賛体制の確立等」が「高度国防国家」を建設する上での「国内新体制」確立に必要だと述べている。[7]《「国務」と「統帥」との調和》や《権力の割拠性》といった観点が、この昭和一五年の国政改革論には凝縮されていた。

冒頭で述べた本書の関心は（「はじめに」）、畢竟、この昭和一五年に辿り着くことになる。この時の「国防国家」論に対して、当時の法学者らは無関心・無関係ではいられなかった。ここでは、戦後の我が国行政学をリードすることになる辻清明の議論から、《権力の割拠性》についての問題のうち、「国務」と「統帥」との分立構造のこと、内閣内部・行政組織内部での分立構造のこととを取り上げたい。辻は、明治憲法体制下での《権力の割拠性》問題について、当時最も本格的な研究を行った一人であった。

辻は、昭和一八年、上述の近衛の声明を下敷きとしつつ、次のように書いている。

「即ちこゝで高度国防国家の体制とは、議会翼賛体制ならびに万民翼賛の国民組織の確立とともに行政体制としては統帥と国務の調和、ならびに政府部内の統合および能率の強化を実現することを以てその鞏固なる基礎としたのである」[8]。

国防国家体制構築には、(一)「議会翼賛体制」・「万民翼賛の国民組織の確立」、(二)「統帥と国務の調和」、(三)「政府部内の統合および能率の強化」の実現を要する。これらが達成されて初めて国防国家体制は整うものであった。[9]

ここでは、（二）及び（三）に焦点を絞りたい。もちろん重要度でいえば（一）は突出しているが、「行政体制」の問題である（二）及び（三）は、本書の関心に沿う。明治憲法体制下での《権力の割拠性》に関する諸問題のうち、（二）は「国務」と「統帥」との分立構造に、（三）は内閣内部・行政組織内部での分立構造に、それぞれ関係したからである。(10)

二　「統帥と国務の調和」

まずは、「統帥と国務の調和」についてである。

この点、法制局参事官等を務めた山崎丹照は、その著『内閣制度の研究』（昭和一七年）の中で、大本営政府連絡会議に対して、その実現にかなりの期待を寄せる一文を書き記した。

山崎は、「現代の戦争は、国家の総力を以てする所謂国家総力戦である。戦勝を確保するが為めには、所謂政戦両略の一致を計ることが喫緊不可欠の事柄である。而して此の政戦両略の一致を期する意味に於て、大本営と内閣との連絡協調は、特に緊密なるを要する。而して此の両者の連絡協調の衝に当るものは、主として陸海軍大臣であらう(11)」と述べた後、昭和一二年大本営設置に際し、大本営陸海軍部当局談話が大本営と政府との「連絡協調」に言及していたことを受けて、次のような期待を示していた。

「〔陸・海軍間での緊密な連携と〕同時に、統帥部政府間に於ても、臨時其の必要に応じ、連絡会議が開かれ、政戦両略の一致に万遺憾なきことが期せられてゐるのである。特に現東條内閣に於ては、現役の陸軍大将たる東條英機が内閣の首班者たり、而も亦彼は同時に陸軍大臣をも兼ねてゐるのである。蓋し戦時に於ける内閣制度の運営に一新機軸を出せるものであつて、之に依り政府・統帥部の連絡協調は愈々其の妙用を発揮するものである」[12]。

山崎がここで「政戦両略の一致」に期待できるとした「連絡会議」とは、大本営政府連絡会議のことである。また、東條内閣では東條が現役の陸軍大将として首相兼陸相を務めており、山崎はこの点でも「政戦両略の一致」が一層確保されると見た。

しかし、山崎が期待を示した大本営政府連絡会議の設置と東條首相の陸相兼任という策に対し、冷徹な視線を送っていた者もいた。辻清明である。辻は、山崎『内閣制度の研究』に対する書評の中で、次のような批判を書き残している。すなわち、山崎の著書からは、「内閣・大本営連絡会議の設置といふ外面的制度の存在のみを眺めて一般的な国務と統帥事務の円滑なる総合を帰結する無批判的な随従的態度」が見出せる、と。また、東條首相の陸相兼任という手法も、「軍部大臣が総理大臣を兼任するといふ仕組をとつてゐる現東條内閣ではその〔「国務」と「統帥」との不調和という〕欠陥を補ひえてゐるが、改革の問題はもつと一般的な性質のものでなければならない」[13]、と。

辻と比して山崎の観察が多少楽観的に感じられるのは、或いは彼が政府の人間であった点が一つの理由かも知れないが、山崎に対する辻の上掲の批判は適確であろう。確かに大本営政府連絡会議は、「外面的制度の存在のみ」からすれば、山崎のように期待を持てた。しかし、それによって「一般的な国務と統帥事務」の調和がはかられるというのは夢物語である。首相による陸相兼任も一時的な《統合》に過ぎず、永続的なものであった訳ではない。東條はその後、参謀総長をも兼任したが、それでもなお辻の批判――「改革の問題はもつと一般的な性質のものでなければならない」――を浴びずに済むものではなかった。首相・陸相・参謀総長の兼任は、あくまで東條内閣だけに見られた現象であった。

三　「政府部内の統合および能率の強化」

さて、山崎『内閣制度の研究』に対する辻の書評は、上述の「統帥と国務の調和」に関する議論に尽きるものではなかった。そこでは、国防国家体制を構築する為に要請される「政府部内の統合および能率の強化」という問題についても触れられている。むしろ書評対象であった山崎の著書はこちらの方により重点を置いたものであった為、辻がこの問題に触れたのは当然であった。そしてその際、軍需工場動員法や国家総動員法施行に関する勅令に並んで「政府部内の統合および能率の強化」の実現に寄与すると考えられていたのが、戦時行政職権特例（昭和一八年三月）であった。

辻は、上述のように「統帥と国務の調和」策には山崎と比べて悲観的であった。しかし他方、「政府部内の統合および能率の強化」に関しては、東條内閣下での施策に期待していたように思われる。その際に辻が特に注目したのが、戦時行政職権特例であった。今ここに、その第一条のみを掲げておく。

第一条

大東亜戦争ニ際シ鉄鋼、石炭、軽金属、船舶、航空機等重要軍需物資ノ生産拡充上特ニ必要アルトキハ内閣総理大臣ハ関係各省大臣ニ対シ必要ナル指示ヲ為スコトヲ得

戦争遂行に係る「重要軍需物資ノ生産拡充」の為に首相の「指示」権を認めるというのが、戦時行政職権特例の中核であった。同特例は、昭和一八年一一月に早くも改正され、第一条が「大東亜戦争ニ際シ鉄鋼、石炭、軽金

属、船舶、航空機等重要軍需物資ノ生産拡充、主要食糧ノ確保、防空ノ徹底強化其ノ他総合国力ノ拡充運用上特ニ必要アルトキハ内閣総理大臣ハ関係各省大臣ニ対シ必要ナル指示ヲ為スコトヲ得」となり、「総合国力ノ拡充運用上特ニ必要アルトキハ」各省大臣への「指示」権を首相に認めるものとなった。より広範な「指示」権を首相に与えたことになる。辻はこの「指示」権に着目し、昭和一九年、法律雑誌上で次のように述べた。

「戦時行政職権特例の発布は、苛烈な決戦段階における軍需生産力の飛躍的増強といふ至上命題が不可避的に要請したところのものであり、この分野において少からぬ貢献を齎したものであつたが、同時にそれが内閣総理大臣の強力な『指示権』――実質的には指揮命令権を意味する――を規定することによつて、内閣自体の統制力を著しく高めたといふ点においてわが国戦時行政体制上極めて画期的な意義を有するものであつた」(14)。

辻は、改正戦時行政職権特例中の首相「指示」権を、「内閣自体の統制力を著しく高めた」ものだと評価している。実質的に国務大臣単独輔弼制度を根底から覆す力を首相「指示」権に見出した辻は、「広く従来のわが国行政組織に対する全面的再編成を促進する極めて重大且つ恒常的契機を営みつゝある」(15)と指摘し、以下のようにいう。

「戦時行政職権特例は、その意味においてわが国行政組織を貫流せる伝統的な基礎原理をその根底から震撼せしむる導火線をその矮小な体内に潜めた寸蛇の俤をすら宿してゐる。ひとたび出現するとともに、それは意識的たると否とを問はず、自己の周囲に波紋を喚び起しつゝ、最も堅牢な割拠的行政組織の障壁をすら破砕しつゝある」(16)。

辻の見立てでは、戦時行政職権特例は「わが国行政組織を貫流せる伝統的な基礎原理」を修正する力を持っている。では、辻のいう「わが国行政組織を貫流せる伝統的な基礎原理」とは何か。これは、彼が「最も堅牢な割拠的行政組織」と述べていることから推測可能なように、行政組織の割拠的・分立的なあり方――《権力の割拠性》の一つ――のことであった。

後にも述べるように、明治新政府当初の太政官制度の下では、参議らの間で統率的地位に立つ者が欠けており、その多元性が露わとなっていた。それを克服できると期待されたのが、内閣制度であった。辻も引用しているが、『時事新報』は当時、内閣制度創設によって太政官制度下で見られた「同年の兄弟相集りて長老を缺くの姿」が改められ各部の統一が得られるだろうとし、「我輩は国のために祝せざるを得ざるなり」と歓迎した[17]。

だが、辻はいう。「制度的には近代的な組織構造を整備したわが内閣が、自己の拠つて立つ基盤を所謂政治的統一に求めることを欲せず、遂にこれをその外部に超然たらんとする特権的な藩閥勢力の推誘と均衡の裡に見出したことは結果としてその成立の当初よりわが内閣をしてその統制力の著しい弛緩を齎らすことになつた[18]」、と。ここにいう「政治的統一」とは「国民各自の主体的な政治意思を一元的に結集し、国家権力の正当な行使に参与せしむること」を指し、それが「内閣の政治的基礎」を形成していない場合、その「内閣の鞏固な統制力の欠如」状態をもたらす[19]。これは結局、先述の国防国家構築に要する(一)及び(三)の問題であった。辻によれば、明治憲法体制は、国民の政治意思を集約化するという「政治的統一」によらずして、「藩閥勢力の推誘と均衡」によったことで、(三)の問題を克服できぬ――すなわち統制力なき――内閣の出現を許容してきたのである。

かような状況を洗い出し、内閣制度創設過程を分析したものが、戦後出版された『日本官僚制の研究』に収録された昭和一九年の論文「統治構造における割拠性の基因[20]」であった。辻は、「太政官制度より内閣制度への変革の制度的意義」の一つを――『日本官僚制の研究』に収めるに当たり加筆された一説だが――、次のようにいう。

「太政官制の事実上の政治的決定権を掌握していた参議の間に正式の統率的地位に立つ職務が欠け、その多元的存在を露呈していたのに対して、新しい内閣制度では、総理大臣が内閣の他の閣員を統一し全体の平衡を保持する強力な権限を獲得するに至った」[21]。

辻が当時の詔勅等から読み取って論文中で指摘したように、内閣制度創設は、参議らが「多元的存在」であったという従来の政治的弱点を議会開設までに修正できる方策だと考えられていた。しかし、この修正は上手くいかなかった。辻は、当時の内閣制度が結局、「形式的には近代的立憲性、本質的には封建的藩閥性という二重の性格の上に築かれた矛盾した存在」であったと述べ[22]、続けて、より明確なかたちでその失敗の原因を指摘している。

「いいかえれば、参議間の対立と分裂を止揚して、より高次の統制力をその内に求めることができると信じていた内閣制度が、その統制力を創り出す背後の政治的原動力の近代化を忘却していたところから、依然として旧い割拠性を保持しつづけたことを意味する」[23]。

薩長両藩出身者で政権をほぼ独占するという、「藩閥性」を有する政府[24]であること自体が、割拠性を克服できない一大要因であった。そもそも「明治政府構成の基本原理」ともいうべきものが「薩長両閥間の勢力均衡」にあったとすれば[25]、議会開設を数年後に控えた当時、開拓使官有物払下げ問題で傷を負っていた薩派の黒田清隆を復権させる必要がある等、「薩長均衡はかえって強く意識され、その体裁を整えなければならなかった」[26]。明治新政府が一体となって議会政治の時代を迎える為には、二大勢力が安定的に協調している状態――「薩長均衡」――を必要とした。

この「薩長均衡」から導き出される内閣のあり方に関する一つの帰結について、村瀬信一は次のように述べている。

「そもそも、強い総理大臣、とは薩長均衡に馴染まない性格を持つ。維新以来の成功の歴史、という非制度的かつ曖昧な裏付けしか持ち得ない人物が、『内閣職権』に定めるが如き強力なリーダーシップをふるおうとすれば、それ自体が軋轢を生み、薩長間の均衡に亀裂を入れかねない可能性があり、また政権運営の結果、成功を収めた総理大臣は相応の優位を築き、逆に失敗した者は地位を低下させることが予想され、それもまた薩長の均衡を動揺させるおそれがあるからである」(27)。

この村瀬の指摘は、内閣が「本質的には封建的藩閥性」的性格を持っていたという先の辻の指摘と重なる。「均衡」を大事とする余り、リーダーシップを振るう訳にはいかないのが、当時の内閣総理大臣であった。

この首相のリーダーシップ発揮の抑制的傾向に加え、憲法上の国務大臣の単独責任制度の問題もあった。辻は、当時の施政者らが議院内閣制を避ける為に単独責任制度をもたらし、内閣の「統一性」・「強化性」を阻害したと解説している(28)。

辻の分析によれば、明治憲法下の内閣は、その創設過程で何よりも「藩閥性」の影響を強く受け、首相が強力な指導力を発揮するのには馴染まない多元的・割拠的な構造となっていた。この明治以来の閣内での多元的・割拠的な構造を取り払い、総理大臣の強力な指導を可能とさせるものとして辻が期待を示したのが、上述の戦時行政職権特例であった。それは、閣内での均衡性や国務大臣単独責任制度、或いは総理大臣の「同輩中の首席」性といったものに支えられていた既存の閣内秩序を、一変させ得るものとして期待できたのである。このように、内閣制度の創設期に克服できなかった課題の解決可能性が昭和戦中期になって生じてきたのは、蓋し「戦時」だからこそであった。辻はいう。

「満州事変を契機として外には国際政治的な対立、内には経済的不況といふ所謂近代国家の危機の時代の出現は、従来の国家機能に対し著しい転換期的相貌をあたへるに至つた。国家の内外における既成秩序の分裂は、漸やくこれに対する総合化機能の必要を招来し、したがつて亦国家権力の統一的行使を強く要請しはじめた。

従来の如き内閣の統整力の缺如と行政組織の分立に対する反省と自覚がいまや時代的機能の痛切な要望を前にして生じたのである。そのことは我国が準戦体制から支那事変の勃発が導入した国防国家体制を通じて、さらには大東亜戦争の進展に伴ふ決戦体制に突入するに及んでも、依然減退せざるのみか一層熾烈な形態において行はれたのであつて、本稿の冒頭に述べた戦時行政職権特例は、この問題に対する一つの具体的な解決を表示するものに他ならなかつたのである」[29]。

国内外の危機的状況は「内閣の統整力の缺如と行政組織の分立に対する反省と自覚」を日本国民に呼び起こし、「準戦体制」から「決戦体制」への流れの中で、「内閣の統整力の缺如と行政組織の分立」を修正する為に案出されたのが戦時行政職権特例であった。「決戦体制」下だったからこそ、明治憲法の宿年の課題を解消できるのではないかと辻も感じた特例的な勅令が制定されたのだといえる。「決戦段階といふ峻厳なる事実は何にもまして一切の国家機能を一元化する」[30]。戦時行政職権特例はこの問題に対する東條内閣なりの答えであり、戦中の辻は、少なくともその文面上、それに期待を示していた[31]。

このように、「政府部内の統合および能率の強化」については、戦時行政職権特例の制定に代表されるように、内閣内部・行政組織内部での分立構造の克服への道筋が示されつつあった。他方、「統帥と国務の調和」は、その実現の目途がつかないままであった。ただ、これに実現の目途をつけようとした動きの最たるものが、東條英機首相兼陸相による参謀総長兼任策であった。

辻は、この兼任策を、「強力な軍部の推進力」によって行政組織の一元化がすすめられていた点と関連付けている。すなわち、「軍部大臣を兼任する総理大臣が、さらに軍需大臣の職務をも併有するといふ所謂三位一体の出現も、亦最近においてこの陸軍大臣が参謀総長の地位を同一身分に結合したといふ現象」も、日本で行われている改革が「強力な軍部の推進力」によっているという「わが国の特殊性」を反映した事例である、と。[32]軍部大臣現役武官制を採る国で、[33]首相が軍部大臣の兼任を試みるなら、そして、参謀総長をも兼ねるならば、その人物は現役将官に限られる。現役将官の東條だからこそ、首相兼陸相兼参謀総長（兼軍需大臣）となることができた。[34]現役将官が首相や参謀総長を務めることでしか《「国務」と「統帥」との調和》を実現できない国家であったとすれば、それは一つの悲劇でしかなかったといえる。

四 「非常に簡潔で抽象的」な憲法――一つの明治憲法論として――

第一次世界大戦に関する著作を扱ったある書評中に、第一次大戦の「起源、経緯及び結末は、二〇世紀というものを理解する中心的なものである」[35]という一節がある。一九一四（大正三）年に始まった第一次大戦の歴史上の意義を考えるならば、本格的な《総力戦》時代への突入であったという点にまずそれを求めることができよう。この点、藤原彰による次の記述は、核心をついている。

「第一次世界大戦は、交戦国の数、参加兵力の大、戦場の広さ、戦闘の激しさ、さらに膨大な戦費と軍需品、戦争被害の甚大さなど、それまでのあらゆる戦争とは比較にならない大規模な戦争であった。そしてたんに量的な増大だけでなく、戦争の様相には、大戦を契機として質的な変化がもたらされた。戦争は、たんなる武力戦にとどまらず、政治、経済、文化などの国家の総力をあげての激烈長期の戦争という形態をとるようになり、国民全体が戦争の主体であるとのたてまえをとらねばならず、国民の政治的思想的団結力と国家の経済力とが、戦争の勝敗を決する重要な要因となるような新しい段階に入ったのである[36]」。

総力戦は、それ以前の戦争に要した人員・物資の例をはるかに超えていた。「第一次世界大戦は少なくともヨーロッパ交戦諸国民にとって、実に史上初の総力戦であった」[37]が、戦争の性格・形態は、この四年ほどの戦争によって一変したといって良い[38]。遅れて参戦した日本もまた、この変化を知った[39]。そして、このような時代にあっては、統帥権独立制度は、時代遅れのものと判断されざるを得ない[40]。二〇世紀の戦争は、「国務」と「統帥」とが《統合》されていることで、初めて耐え得るものであったといえる。

我が国では、明治憲法の制定前から「国務」と「統帥」との分立構造が築き上げられていった。そして、その分立構造を、憲法施行後、多くの憲法学者が「慣習法」等の法理論を用いて根拠付けた。東條首相による陸相及び参謀総長の兼任を、「伝統の筋道」[41]を誤るものだとした杉山元の反論には本書序章で触れたが、この杉山の反論は、多くの憲法学者らの統帥権理論と、実体としてはほとんど同じであったといえまいか。どちらも、憲法制定前後からの《伝統》や《慣習》から、統帥権の独立、「国務」と「統帥」との分立構造を正当化した。これは確かに、山縣有朋らが狙ったように、自由民権運動の思想が軍に流入することを阻止できる制度であったかも知れないが[42]、総力戦の時代には、修正不可避のものであった。東條首相兼陸相の参謀総長兼任時、大本営陸軍部戦争指導班に在籍していた種村佐孝は、「東條大将は参謀総長に親補せられた。総理の兼任でもなく、陸軍大臣の兼任でもない、陸軍大将東條英機の人格において参謀総長に就任し二位一体であるという。こうして統帥と国務の一体化を計ろうとするにある」と昭和一九年二月二一日の出来事を記した。しかし続けて、「統帥権独立という憲法上の問題を前にして、苦しい言い分であった」と書いた[43]。

東條は、種村がいうところの「苦しい言い分」に頼った。たとえ、前章で触れたような宮沢俊義の擁護発言があったとしても、疑義は残った。ただ、なぜ、東條は「苦しい言い分」を貫いたのか。これは結局、法理の問題ではなく、戦争のあり方に関する問題であろう。そして、ここには、一九世紀後半に作られ、権力の割拠的・分立的構造を持つ憲法体制が、総力戦の登場した二〇世紀においてもなお重要な改正を施されずに用いられ続けたということによる、ある種の《無理》があったのではないかと思われる。時の現役将官の宰相に「苦しい言い分」を吐かせた正体は、これであった。

考えてみるべき点は、なぜ、《無理》な運用が行われてもなお明治憲法が改正されなかったのか、という点である。確かに、昭和一五年や、一九年といった時点で、莫大な政治的エネルギーを必要とする憲法改正を実現できるかと問われれば、それは非常に困難であったと思われる。しかし、改正されなかった理由が、他にもあったのではないか。本章を閉じるに当たって、一つの明治憲法論に触れたい。それは、明治憲法は幅のある運用を許すものであった、というものである。ここではまず、本書第五章でも引用した清水澄の一節を再掲しよう。それは、統帥権理論の多様さは、明治憲法の「簡単明瞭な」規定ぶりに基づくとの指摘であった。

「日本の憲法は前にも申した通り書き方が簡単に出来て居る。故に文字に拘はつて議論すれば幾らも議論の余地がある。私は日本の憲法は非常に簡単明瞭で憲法としては上乗のものであると考へて居る。それは時勢が変つて来ても憲法の改正をする必要は容易に生じない。根本法たる憲法を度び度び変へることは兎に角国家に対し得策ではない。故に日本の如く簡単な憲法を設けたことは最も宜しきを得たものと思ふ。其の代り明文が簡単であるから解釈論上議論の余地がある。そこで此の第十一条は国務大臣の輔弼の範囲内だと云ふ意見も生ずるのである」(44)。

清水によれば、明治憲法は「非常に簡単明瞭」であるという。「上乗」のものだともいう。「非常に簡単明瞭」だから、「時勢が変つて来ても憲法の改正をする必要は容易に生じない」。これは、一方で「根本法たる憲法」が度々改正されることを回避できるも、他方で「解釈論上議論の余地」を生む。統帥権独立制度に関する諸論も、それによる、と。

また、宮沢俊義も昭和一四年、「帝国憲法の特異性」と題された講演記録の中で、明治憲法の「特色」の一つとして、以下の点を指摘した。

「次ぎの特色は非常に融通無礙であるといふことである。〔……〕例へばわが国の憲法の規定は非常に簡潔であつて、世界のいろいろな国の憲法の条文と比べて見ると、わが国の憲法ほど簡潔な条文はない。一つ一つの規定が非常に短いのみならず、非常に簡潔で抽象的で、動きが取れないやうに出来てゐない(45)」。

「今日の様な時勢になると大きな改革が必要になるが、その場合憲法に一々規定してあると、憲法を改正するとかしないとかいふことが先づ問題になる。勿論憲法改正といふことを一概に不可ないことだといふわけにはゆかないのであるが、併しながら何と言つても国の根本法であつて、これを改正することは余ほど慎重にしなければならんのである。わが国の憲法は、時勢の進展と共にいろいろ改革を行ふ必要のあることがあつても、これに全然手を触れずに出来るといふことにしてあることは、非常に立法者が賢明であつたと言はねばならぬ(46)」。

宮沢は、明治憲法の特徴として、その「融通無礙」なさまを挙げた。明治憲法は「非常に簡潔で抽象的で」あるから、「時勢の進展と共にいろいろ改革を行ふ必要」が生じても「全然手を触れずに」解決できる。つまり、憲法をいちいち改正する必要が生じない。この指摘は、なぜ、明治憲法は改正されなかったのかという問いを考える際の、一つの答えでもある。

講演で宮沢は、上述の視角から、主に憲法と政党との関係について論じた。すなわち、明治憲法は政党に関しても「融通無礙」であるさまを発揮し、時に政党内閣を生んだが、しかし政党内閣でなければならないという訳でもない、というものであった[47][48]。

昭和二二年九月に旧憲法に殉じた清水も、新憲法の下で憲法学をリードした宮沢も、ここで一致して指摘していたことがある。それは、幅のある運用を許すという明治憲法の特徴についてであった[49]。

ただ、いかに幅のある運用を許そうとも、あるところで必ず限界が来る。辻清明が期待したように、憲法ではなく、下位の法令（例えば戦時行政職権特例）の制定・改廃によって、改革できる点も当然あろう。ただそれは、本質的な問題解決とはならない場合がある。《「国務」と「統帥」との調和》は、統帥権独立制度を前提とし続ける限り、困難を伴ったのである。

この問題の解決は、昭和二〇年八月一五日以降まで、待たねばならない。

註

（1）この点については、纐纈厚『総力戦体制研究』（社会評論社・平成二二年）、一六六頁以下及び纐纈厚「総力戦と日本の対応」三宅正樹・庄司潤一郎・石津朋之・山本文史編『総力戦の時代』（中央公論新社・平成二五年）を参照。

（2）「総力戦研究所設置ニ関スル件・昭一五、八、一六　閣議決定」土井章監修、大久保達正・永田元也・前川邦生・兵頭徹編著『昭和社会経済史料集成　海軍省資料（一〇）』第一〇巻（大東文化大学東洋研究所・昭和五五年）、五三四〜五三五頁。

（3）参照、黒沢文貴『大戦間期の日本陸軍』（みすず書房・平成一二年）、四〇七頁以下、前掲纐纈『総力戦体制研究』、一七六頁以下。

（4）「大本営ニ関シ・十五・七・二〇　軍令部第二課」前掲『昭和社会経済史料集成　海軍省資料（一〇）』第一〇巻、二三六頁以下。なお、第一次大戦以後の大本営改革議論等について、加藤陽子『模索する一九三〇年代』新装版（山川出版社・平成二四年）、二五五頁以下。

（5）「基本国策要綱」内閣制度百年史編纂委員会編『内閣制度百年史』下巻（大蔵省印刷局・昭和六〇年）、二三三頁。

（6）昭和一五年七月に内閣を組織した近衛は、翌年一月、帝国議会で次のような施政方針演説を行った。「今ヤ帝国ハ正ニ有史以来ノ非常時局ニ直面致シテ居ルノデアリマス、此ノ際内外ノ情勢ニ鑑ミ、内ハ国家総力発揮ノ国防国家体制ヲ整備シ、国是遂行ニ遺憾ナキ軍備ヲ充実スルノ要アリ、外ハ大東亜ノ新秩序建設ヲ根幹トシ、先ヅ其ノ重心ヲ支那事変ノ完遂ニ置キ、国際的大変局ヲ達観シテ機ニ臨ミ適切ナル施策ヲ講ジ国運ノ一大進展ヲ期スルノ要特ニ切ナルモノガアルノデアリマス、是ガ為メ政府ハ組閣匆々基本国策要綱ヲ決定致シマシテ、爾来鋭意其ノ実現ニ努力シ来ツテ居ルノデアリマス」（内閣官房編『内閣総理大臣演説集』（大蔵省印刷局・昭和四〇年）、二九一～二九二頁）。このように、国防国家体制は、昭和一五・一六年の国内態勢整備の目標として設定され、近衛の次の東條英機内閣でも、東條がこの言葉を帝国議会で用いるに至った（同上、三〇〇頁）。

（7）「新体制について（近衛内閣総理大臣声明）」『週報』二〇三号（昭和一五年）、二～三頁。

（8）辻清明「戦時行政の性格」『法律時報』一五巻三号（昭和一八年）、一六頁。

（9）前掲辻「戦時行政の性格」中で引用されている文献で、且つここで挙げられている三点の戦時国家での必要性を指摘するものとして、Ulrich Scheuner, Die deutsche Staatsführung im Kriege, in: Deutsche Rechtswissenschaft, 5. Bd, 1940, S. 9. ただ、辻は当時のドイツの国防機構を概観・紹介する為にこの文献を引用している。

（10）ただし、後に少し触れるが、（一）と（三）の問題が表裏一体の関係にあるという点には注意を要する。というのは、辻の見立てを極めて強引にまとめれば、（一）を確保できる制度（例えば国民の政治意思を一元化できる議会）があり、その力を基礎に成立した内閣であれば、国家行政組織全体に統制力を働かせ得るので、その割拠的・分立的な構造を修正できる――すなわち（三）をクリアできる――というものだったからである。なお、（一）については、参照、荒邦啓介「辻清明」小野博司・出口雄一・松本尚子編『戦時体制と法学者』（国際書院・平成二八年）。

（11）山崎丹照『内閣制度の研究』（高山書院・昭和一七年）、二六七頁。

（12）同上、二七六頁。

（13）辻清明「山崎丹照『内閣制度の研究』（昭和一七年）」『国家学会雑誌』五七巻二号（昭和一八年）、九八頁。

（14）辻清明「戦時体制の内閣制度」『法律時報』一六巻五号（昭和一九年）、一二頁。

(15)　首相の強力なリーダーシップを認める戦時行政職権特例は、明治憲法における国務大臣単独責任制度論からの批判を惹起する虞があった。山崎もこの点に相当な注意を払い、憲法上の疑義が生じぬよう努め、「内閣総理大臣の地位権限を強化することは、現行内閣制度の円満なる運用上不可缺の要件と考へられる。併しながらそれはどこ迄も、国務大臣が憲法上同等の立場に於て併立するといふ、帝国憲法の原則の許容する範囲内であることを要する」と述べている(前掲山崎『内閣制度の研究』、三九一頁)。
なお、元法制局長官・金森徳次郎もこの「指示」権に着目し、《国務大臣》と《各省大臣》との区別に留意しつつ、総理大臣の権限強化に期待している。すなわち金森は、戦時行政職権特例に現れた首相「指示」権につき、「内閣の首班としての所見を明にして行政の範囲に於て法的に各省大臣の意思決定の内容を限定するものである」と述べ、「しかし之は一般の指揮命令の如く其の無条件的服従を要請するものではない。各省大臣が国務大臣として有する意見の独自性を害することを得ざるは憲法上の要請である。故に各省大臣は国務大臣としての所見と一致し得る場合には之に従ふべく一致し得ずと信ずる場合には之に相応する態度を執るべきことになるであらう」としている(金森「決戦行政態勢の進展」『国策研究会週報』五巻八号(昭和一八年)、六頁)。

両者の議論から浮かび上がるのは、戦時行政職権特例のはらむ法的問題点が憲法第五五条との整合性如何に存したという点である。国務大臣単独責任制度に支えられた閣員相互の均衡的関係に基づく内閣制論と、総理大臣の強力なリーダーシップを可能とする大宰相主義的な内閣制論との間で揺れ動いた戦中期の事件が、この戦時行政職権特例の制定であった。
(16)　前掲辻「戦時体制の内閣制度」、一二一頁。
(17)　「内閣の組織」『時事新報』明治一八年一二月二四日。
(18)　前掲辻「戦時体制の内閣制度」、一二三頁。
(19)　同上、一二一〜一二三頁。
(20)　『日本官僚制の研究』(弘文堂・昭和二七年)及びその新版である『日本官僚制の研究』(東京大学出版会・昭和四四年)所収。両者の差異については、新版の「新版序」を参照。ただし本書で引用する箇所での異同はない。ここでは後者から引用し、その際は「基因」と記す。また、昭和一九年の原論文から引用する際には、「樹立」と記す。
(21)　「基因」、六六頁。この一節は原論文「樹立」の方には見られないが、内容上、辻が戦後になってようやく発見したものとは到底思えないし、当時何らかの禁忌に触れる一節であったとも考えられない。戦後に旧稿を見直した際、より説明を充実化すべく加筆した一節と見て良いだろう。

なお、辻は『日本官僚制の研究』収録に際して「この論文〈「基因」〉については、当時の原型をなるだけそのまま留めたいという筆者の気持から、加筆は最小限にとどめておいた」と注記しているが（「基因」、一一五頁）、例えば議院内閣制に関する記述（六〇頁）や統帥権の独立への言及（一一〇頁）を新たに加えている点は、この論文が何を問題としていたのかという点を考えるならば、やはり重い意味のある加筆ではなかろうか。更に、原論文「樹立」にある「むすび」四頁分が全て削除されている点も注意したい。ただ、論旨が変更された訳ではない。

(22)「基因」、八八頁。「樹立」、一〇四頁。

(23)「基因」、八八頁。この箇所も原論文「樹立」にはないが、前註引用部分をより明確にすべくいい換えているだけなので、「基因」論文と「樹立」論文との間の内容上の変化はない。

(24)辻は、「藩閥政府自体の直接的強化を目的とする制度的方策」として、統帥権の独立を挙げている（「基因」、一〇四頁以下及び一一〇頁）。「陸の長閥・海の薩閥という言葉が、いまに至るまでその跡を絶たないところからみて、統帥権の独立の実施と藩閥政府との親和関係は決して看却されるべきことではない」（一一〇頁）と彼は指摘している。ただ、この箇所は原論文「樹立」にはない。

(25)前掲鳥海『日本近代史講義』、二〇九頁。

(26)村瀬信一『明治立憲制と内閣』（吉川弘文館・平成二三年）、一五頁。

(27)同上、一八頁。

(28)「基因」、一一一頁。「樹立」、一二〇頁。

(29)前掲辻「戦時体制の内閣制度」、二四頁。

(30)同上、二五頁。

(31)戦後の辻は、「決戦体制」を軍部による「空念仏的標語」であったと批判している（辻「割拠に悩む統治構造」『潮流』四巻五号（昭和二四年）、八頁）。前掲辻『日本官僚制の研究』新版の序iii頁には、この「割拠に悩む統治構造」を基にしたのが『日本官僚制の研究』所収の「日本ファッシズムの統治構造」だと記されている。ただし、更に遡れば、「割拠に悩む統治構造」の一部

（全体の約三分の一程度）は前掲の昭和一九年論文「戦時体制の内閣制度」が基となっている（もちろん、昭和一九年には「空念仏的標語」などという批判的言葉遣いはしていない）。そして昭和二四年論文「割拠に悩む統治構造」で「空念仏的標語」なる批判が加筆された。しかしその後、『日本官僚制の研究』収録の「日本ファッシズムの統治構造」では、「空念仏的標語」という表現は削られている。

(32)　前掲辻「戦時体制の内閣制度」、二六頁。

(33)　よく知られているように、山本権兵衛内閣の下で「現役」の旨が削られ（大正二年）、現役以外の大・中将にまでその任用の幅を拡げた軍部大臣武官制であったが、昭和一一年、二・二六事件後の「粛軍」の一環として、広田弘毅内閣の下、再びその任用資格が「現役」に限られた。森靖夫によれば、陸相が「現役」の将官に限られるならば、統帥上の命令権を陸相が有することとなる為、この「現役」制復活を「肯定的に解釈すれば、統帥系統に属する現地軍を陸相がコントロールできるということにもなる」。すなわち、「現役」武官制復活は陸相による陸軍の統制の回復にも期待がこめられた措置であった、と（前掲森『日本陸軍と日中戦争への道』、一六二〜一六五頁）。この統制の成否が二・二六事件後の新陸相であった「寺内寿一の統制手腕にかかっていた」（同上、一六四頁）と評される時、陸相の能力如何によって軍令の憲法上のコントロールの実効性が左右されることとなる有賀長雄の統帥権理論が想起される。実に、陸海軍大臣の能力次第によって相当に左右されていたのが、明治憲法体制下の軍の統制であった。

(34)　参照、井出嘉憲「非常時体制と日本〈官〉制」東京大学社会科学研究所編『運動と抵抗』上巻（東京大学社会科学研究所・昭和五四年）、三〇八〜三〇九頁。

(35)　Paul Kennedy, *"In the Shadow of the Great War"*, The New York Review of Books, August, 12, 1999, p. 36.

(36)　藤原彰『軍事史』（東洋経済新報社・昭和三六年）、一三四頁。

(37)　山上正太郎『第一次世界大戦』（講談社・平成二二年）、四五頁。

(38)　もちろん、第一次世界大戦によってのみ事情が一変した訳ではなく、それ以前から総力戦の様相が徐々に現れた戦争がいくつか存在していた。日露戦争もまたその一つであり、石津朋之によれば、一九一四年にヨーロッパ諸国が動員を開始した時点では、これら諸国の軍人らは日露戦争こそが今次の戦争のモデルとなると考えていたという（石津朋之『戦争学原論』（筑摩書房・平成二五年）、二一三頁）。そして、ドイツ統一戦争やアメリカ南北戦争、そして日露戦争等で徐々にその姿を現してきた総力戦が、「誰の目にも明白になったのは、やはり第一次世界大戦においてであった」（同上）。

(39)　このように戦争の性格・形態を一変させた第一次大戦について、日本国内ではとりわけ陸海軍が敏感に反応し、その調査研究を進めた。陸軍のそれについては前掲黒沢『大戦間期の日本陸軍』、二三三頁以下、海軍のそれについては平間洋一『第一次世界大戦と日本海軍』（慶応義塾大学出版会・平成一〇年）、二六九頁以下をそれぞれ参照。また、黒沢文貴「二つの戦争と日本陸海軍」『日本歴史』七六九号（平成二四年）では、第一次大戦の与えた衝撃を「総力戦」と「大正デモクラシー」とに求めている。本書でも紹介した吉野作造の統帥権の独立批判は、「大正デモクラシー」の風潮の中で醸成されたものであった。また更に、第一次大戦期に唱えられた普通選挙論の一部は、「戦時下の国民協調」が「積極的な民主化によってはじめて可能になるという認識に基づいていた」という三谷太一郎の指摘にも耳を傾けてみると（三谷『近代日本の戦争と政治』（岩波書店・平成二一年）、五四頁）、総力戦体制とは《「国務」と「統帥」との調和》を要し、且つ、国家総力の傾注を必須とするため、そこでは「デモクラシー」が欠かせないとの当時の認識が見えてこよう。

総力戦の登場は、当然、日本軍の《戦い方》にも変化を迫った。これについて、山室信一が次の点を指摘している。すなわち、持てる資源・生産力を全面的に投入して戦うことになる総力戦を受けて、それに対応する戦略は二通り存在し、一方は長期戦を避ける為に精鋭軍による「速決戦戦略」を採るもので、他方はもはや短期決戦は無理なので「長期持久戦と大衆動員した軍隊による総動員体制を準備すべき」というものであった。一つ目のそれを採用すべきとしたのが上原勇作らであり、二つ目のそれを採用すべきとしたのが田中義一や宇垣一成らであり、この違いはその後の陸軍の「皇道派」と「統制派」との分裂を招くものであった（山室『複合戦争と総力戦の断層』（人文書院・平成二三年）、一六〇～一六一頁）。この点は、「持たざる国」の身の丈に合った戦争を志向して短期決戦戦略を構築した小畑敏四郎（皇道派）と、「持たざる国」を「持てる国」にする計画を持って総力戦体制を構築すべきとした石原莞爾（統制派）との違いに、如実に現れている（片山杜秀『未完のファシズム』（新潮社・平成二四年）、一〇九頁以下、一五七頁以下）。両派の違いは、昭和一五年以降の国防国家体制構築の推進勢力か反対勢力かという相違にも通じていく。雨宮昭一による整理を借りるならば、「統制派」は上からの軍需工業化等を目指す「国防国家派」に、「皇道派」は明治時代の政治体制等への回帰を唱える「反動派」に流れ着く（雨宮昭一『占領と改革』（岩波書店・平成二〇年）、四頁以下、なお参照、前掲雨宮『近代日本の戦争指導』、二五七頁以下及び雨宮『戦時戦後体制論』（岩波書店・平成九年）九頁以下）。これは、大正三年に始まった第一次世界大戦を受けていかなる戦略・国家を構想したかが、少なくとも昭和二〇年までの日本の国家運営に無視し得ない影響を持っていた一例といえるだろう。

(40)　前掲森『日本陸軍と日中戦争への道』、八〇頁及び前掲森『永田鉄山』、一〇五～一〇六頁を参照。森によれば、大正一〇年代の陸軍内では、軍部大臣の文官制導入の是非が真剣に検討されていたという（前掲森『日本陸軍と日中戦争への道』、四九頁以下）。大正一四年、陸軍省軍務局軍事課では「現場の作戦・用兵など狭義の」統帥権が独立してさえいれば良いという考えに立脚し、「党利党略によって作戦を運用することによって部隊の人命が犠牲になるという事態を防ぐことができれば、統帥権独立に再検討の余地はあると考えていた」という（前掲森『永田鉄山』、一〇六～一〇七頁）。なお参照、川田稔『昭和陸軍の軌跡』（中央公論新社・平成二三年）、六頁以下、特に一五～一六頁。

(41)　前掲稲葉「資料解説」前掲『杉山メモ』下巻、三二頁。

(42)　「国務」と「統帥」との分立という伝統によって昭和戦前期の軍人の活動を批判的に見ていた象徴的な史料としては、昭和一〇年三月の講演記録である林弥三吉講述「兵権政権の分界運用に就て」（国立国会図書館憲政資料室蔵『牧野信顕関係文書』一二六）がある。林は山縣有朋の副官や軍務局軍事課長等を歴任し、講演当時は予備役陸軍中将。彼は、とりわけ満州での軍人の跋扈する姿を見て、政治に「口も出せば手も出す」者を批判し、天皇が文武の大権を掌握して「武門政治」を排除してきたという明治以来の国政のあり方を強調している（二一頁以下、二六頁以下等）。そして、維新以来の「我国の兵権及政権、換言致しますれば文武権の運用」を研究する際の「根本の思想」は、「勅諭、勅語」に存すると述べている（三頁）。ここに林が示している「勅諭、勅語」とは、その後の記述から明らかなように、明治一五年一月の軍人勅諭を主に指している。林の説明によるならば、明治二二年の憲法制定以前に、既に「文武権の運用」を指し示す「根本の思想」が存在していたということになる。この体制運用の指針が、明治憲法制定後も有効なものとされ、慣習法となっているというのが美濃部や副島らの議論の骨子であった。このように考えてみると、やはり、憲法学者らの示した統帥権独立制度に関する慣習法論と、杉山や林の述べていた伝統としての兵制分離論は、畢竟、同じものであったといえるのではないか。昭和一五年以降の「国防国家」体制論が乗り越えなくてはならなかったものは、まさしくこれであった。

(43)　前掲種村『大本営機密日誌』新版、二〇五頁。この種村『大本営機密日誌』は、当時大本営陸軍部戦争指導班の班員らが業務日誌として記していた「機密戦争日誌」を基にしつつ、班員として同「日誌」作成に携わっていた種村が「日誌風叙述」(軍事史学会編『大本営陸軍部戦争指導班　機密戦争日誌』新装版、上巻〈錦正社・平成二〇年〉の「解題」、xii頁)に改めて書き直したものである。なお、「機密戦争日誌」原本では、昭和一九年二月二一日付の記述は以下のようになっている。すなわち、「杉山〔元――編者〕参謀総長辞任シ、陸軍大将東條英機、参謀総長ニ、陸軍大将後宮淳第一参謀次長ニ親補セラル、海軍モ亦島田〔繁太郎――編者〕大将総長ヲ兼務、現下ノ時局ニ鑑ミ統帥ト国務ノ協調ヲ愈々切実ナル折柄採ラレタル大英断ナランモ今後統帥ノ不羈独立ノ為ニハ具体的ニ如何ナル手段ヲ構スヘキヤ」、と(軍事史学会編『大本営陸軍部戦争指導班 機密戦争日誌』新装版、下巻〈錦正社・平成二〇年〉、四九五頁)。なお参照、木戸幸一著、木戸日記研究会校訂『木戸幸一日記』下巻(東京大学出版会・昭和四一年)、一〇八九頁。

種村の在籍していた大本営陸軍部戦争指導班は、「国務」と「統帥」との「統合運営」を意味する「戦争指導」の為の、大本営の陸軍側事務当局とでもいうべき部署であったが(前掲原「解題」前掲種村『大本営機密日誌』新版、四頁以下)、この「戦争指導」に関する参謀本部内の部署は、昭和一一年の「戦争指導課」(参謀本部第一部第二課)を皮切りに、「班」となったり参謀次長直轄とされたりと、何度か組織改編の対象となっていた。この点について、大本営参謀であった原四郎は、「参謀本部の戦争指導事務機構が頻繁に改変されたことは、その職務遂行が、如何に複雑、微妙、困難であったかを物語るものであろう」と述べている(同上、七頁)。また、かような組織改編を幾度となく経験しつつも廃止されるまでには至らなかったこと、すなわち「多くても約五名と少人数だった戦争指導課が、参謀本部内を彷徨いながらも廃止されなかったところに、その重要性が示されているともいえる」と評価するのが、陸軍内での終戦過程を研究し、「早期講和派」の存在を戦争指導課内に見出している山本智之である(山本『主戦か講和か』〈新潮社・平二五年〉、一七頁)。加えて、組織改編時に参謀本部内で「班」となることについて、軍制史に関する浩瀚な研究を残した山崎正男は次のようにいう。すなわち、「参謀本部ではときどき班というのが作られた」が、「参謀本部の課長の定員」や、平時編制によって「課の数」は決まっている。「課に相当するような仕事ができた場合には、やはり課を作りたい」となるも、「やたらと課を作ることはできない。仕方ないから班にしておこう」となる。例えば戦争指導班がそうであった、と(山崎正男講述「第五講・上　軍制よもやま話」森松俊夫監修、松本一郎編纂『『陸軍成規類聚』研究資料』〈緑蔭書房・平成二一年)、三九四頁)。

(44) 前掲清水『憲法総論』、一九四頁。

(45) 宮沢俊義「帝国憲法の特異性・下」『民政』一三巻一一号(昭和一四年)、五四頁。これは、民政党の「政治講習会」の「講演筆記」であるとされている。

(46) 同上、五五頁。

(47) 宮沢はこの講演記録の中で、統帥権にも触れている。曰く、「統帥権の問題にしても憲法では殆んど規定してゐない。第十一条に『天皇ハ陸海軍ヲ統帥ス』といふだけあつて、それだけで統帥権は独立であると言はれてをるが、一体統帥権に属する事務は何処にあるかといふ限界が極めて不明瞭であつて、その結果争ひ〔ロンドン海軍軍縮条約問題〕が生じたことは御承知の通りである。これを、規定の不備だ、これを判つきりしなければならんと言ふ人があるが私は寧ろこれは判つきり規定しない方がいゝ。本当は判つきり区別出来るものではない。統帥の事務も根本的に国の事務であつて絶対的に区別するわけにはゆかない。出来ない以上はその限界をその時々に変へる、或は話合ひで了解に依つて事を済ますより外に仕様がない。無論その間に争ひがあるだらう。併し明瞭に一線を引いてしまへばどうしても何方かで破るといふことが出来て、違法な行動に出ることを或る場合に余儀なくすることになつたならば宜しくない。ところが今のやうになつてをればさういふことはないのである。この点甚た詰らんことのやうであるが、私はこれは非常にわが国の憲法の大きな特色だと思ふ」、と(同上)。これもまた、「融通無礙」であることに引きつけて論じられた一点であった。

(48) 昭和期の政党政治(及び議会政治・立憲政治)に関する議論については、参照、米山忠寛『昭和立憲制の再建』(千倉書房・平成二七年)。

(49) なおこの点は、明治憲法論というよりは、日本憲法論として成り立ち得るであろう。「濃厚な護教的性格をおび、憲法を認識すること以上に憲法を賛美し、宣布し、擁護することに精力を傾けてきた」(長尾龍一「二つの憲法と宮沢憲法学」同『日本法思想史研究』(創文社・昭和五六年)三二〇頁)とさえ評される戦後憲法学も一因となってか、戦後の我が国では、「現行憲法の自主的改正」を「党の使命」に掲げた政党に長年政権を任せながらも、憲法改正が行われたことはない。その原因は、改正へのハードルの高さはもちろんだが、他方で、日本国憲法それ自身の、明治憲法との近しさがあるからではないか。それは、「融通無礙」であること、という近しさである。

　二つの憲法は、確かに、例えば議院内閣制が要請されているか否かといった点では、明確に一線を引ける。ただ、近時でも、日本国憲法を論ずる際、「規律力の弱い」さまが指摘され、それは「規定の分量が少なく、規律の密度が緩やかである」ことからそのようにいわれていること、そして、「規律力が弱いということは、法律が憲法の壁にぶつかることが少なく、法律で定められる範囲が広いことを意味し、逆にいえば、法律により政策を進めるうえで、憲法を改正する実際上の必要性が少ない」と指摘されていることに鑑みれば（曽我部真裕「憲法改正を考える・上」『日本経済新聞』平成二八年六月九日）、両憲法に共通する特徴として、「融通無礙」であるさまを挙げられよう。これは、本書での統帥権理論の観点を援用すれば（有賀長雄が着目していた点である）、例えば、ドイツ帝国のように帝国と各邦との権限をはっきりと確定させなければならない国と比較した際、一層際立つ特徴であろう。また、この問題は、「日本では憲法改正が行われたことは一度もない。にもかかわらず、半世紀前の憲法解説書はもちろん、一〇年前の憲法解説書ですら現在の利用に耐ええないのは、なぜであろうか」との問いから始まる大石眞「憲法典と憲法附属法」（及び同「統治構造改革の憲法史的展望」）同『憲法秩序への展望』（有斐閣・平成二〇年）で示された問題意識――「憲法改革」――とも関係しよう。なお参照、大石眞「憲法改正と憲法改革との間」同『統治機構の憲法構想』（法律文化社・平成二八年）、四一頁以下。

終　章　自衛隊法第七条の日本国憲法第七二条との整合性

――「最高の」を鍵とした自衛隊法第七条制定過程の再検討――

一　はじめに――昭和二九年の《決着》――

本書では冒頭で（四～五頁）、《権力の割拠性》を明治憲法体制の特色の一つに数えた鳥海靖の指摘を引用した。「国務」と「統帥」との分立構造は、まさしくその一つであった。そして、明治憲法下の統治構造では、この「国務」と「統帥」との分立が、若干の修正が試みられた事例を見出せるものの、基本的には一貫して維持された基調音であったといえよう。

では、この構造は、いつ克服されたのであろうか。一般的にはそれは、日本国憲法の制定の時であったと答えられるであろう。しかし本書では、「国務」と「統帥」との分立構造の克服という課題に、明確なかたちで《決着》がつけられたのは昭和二九年のことであったと考える。この点を検討すべく、終章では、日本国憲法第七二条と自衛隊法第七条との整合性をめぐる議論を取り上げたい。

戦後から今日までの我が国の防衛法制の中核は、昭和二九年制定の防衛庁（省）設置法及び自衛隊法――防衛二法――である。この二法の制定の現場にいた一人が、当時の保安庁人事局長・加藤陽三であった。彼は、保安庁法からの変更点の一つについて、次のように述べている。

「保安庁法においては、『保安庁長官は内閣総理大臣の指揮監督を受けて庁務を総括する』として（庁法第三条）、直接に部隊に対する内閣総理大臣の指揮監督については規定するところがなかった。これを三党（自由党、改進党、日本自由党（分党派自由党））折衝の合意に基づき、防衛二法においては、隊法第七条において『内閣総理大臣は、内閣を代表して自衛隊の最高の指揮監督権を有する』ものとし、同第八条において『防衛庁長官は、内閣総理大臣の指揮監督を受け自衛隊の隊務を統括する』ものと明瞭に規定した[1]」。

自衛隊法には、それまでの保安庁法にはなかった総理大臣の指揮監督権規定が明記された。その自衛隊法の法案作成は、保安庁の若手官僚とともに加藤が行った[2]。加藤の回顧録（『私録・自衛隊史』）を読む限り、彼はまさしく「防衛法制の生みの親[3]」である。

さて、以下では、自衛隊法第七条に係る問題――「自衛隊の最高の指揮監督権」――に触れていく中で、自衛隊法制定過程における二つの法制局――衆議院法制局と内閣法制局――の動きを観察する。それによって判明するのは、加藤の回顧録には登場しないながらも重要な役回りを演じた衆議院法制局の、法律案文への加筆修正作業である。加えてそれは、当時の佐藤達夫内閣法制局長官とのつながりからその重要性がより明確となるもので、憲法との整合性という一点に鑑みて行われたものであったことも判明しよう。

この終章は、大略、以下のようなものとなる。二では、自衛隊法第七条の解釈と、その基となっている日本国憲法第七二条の解釈とを整理する。三以下での歴史的経緯を正確に追う為の準備作業である。三では、先行研究に依拠しつつ、防衛二法制定過程の概略を示す。それを踏まえた上で、四では、いくつかの史料を追跡することで、自衛隊法第七条の制定過程における一議論を明らかにしていきたい。

二　自衛隊法第七条と日本国憲法第七二条――鍵となる「最高の」という三文字――

先述の通り、ここでは自衛隊法第七条にいう「最高の指揮監督権」に注目して、その制定過程での二つの法制局の動きの一端を追跡する。ここではその前提作業として、自衛隊法第七条の解釈を、それに深く関係する日本国憲法第七二条にも言及しながら確認したい。

まずは、関係条文を掲げておく。

自衛隊法第七条

内閣総理大臣は、内閣を代表して自衛隊の最高の指揮監督権を有する。

日本国憲法第七二条

内閣総理大臣は、内閣を代表して議案を国会に提出し、一般国務及び外交関係について国会に報告し、並びに行政各部を指揮監督する。

内閣法第六条

内閣総理大臣は、閣議にかけて決定した方針に基いて、行政各部を指揮監督する。

ここに日本国憲法第七二条を掲げたのは、自衛隊法制定時の政府が憲法第七二条との関係を踏まえつつ自衛隊法第七条を論じていたからである。当時、政府委員として国会答弁に立った加藤陽三は、次のように述べた。

「〔自衛隊法〕第七条の規定は、憲法第七十二条の内閣総理大臣が内閣の首班といたしまして内閣を代表して行政を指揮監督するという規定を第七条のような表現にしたものでありまして、これによりまして統帥的な権能を与えたという趣旨ではないのであります。現在の憲法に規定したところを別の表現で書き加えたというだけであります」(4)。

保安庁での自衛隊法案作成担当者であった加藤の答弁では、自衛隊法第七条と憲法第七二条との関係が明確に示されている。すなわち、自衛隊法第七条は現行憲法に規定されたものを「別の表現で書き加えたというだけ」だという(5)。

「行政各部」の一つたる「自衛隊」を「内閣総理大臣」が「内閣を代表して」「指揮監督する」という如上の政府答弁の構造は、自衛隊法第七条についての通説的理解だといって良い。例えば、杉村敏正は、「自衛隊の指揮監督」につき、次のように解説をしている。

「内閣総理大臣は、内閣を代表して自衛隊の最高の指揮監督権を有する。〔……〕防衛事務は、憲法七三条にいう『他の一般行政事務』として、内閣の事務と解せられているので、防衛事務の処理については、内閣が国会に対して連帯して責任を有し、その内閣の首長としての内閣総理大臣が憲法七二条にいう『内閣を代表して……行政各部を指揮監督する』一つの場合として自衛隊に対する最高の指揮監督権を行使するものと規定したのである。自衛隊に対する右の最高の指揮監督権の行使は、内閣を代表してこれを行うのであるから、その行使のためには内閣の閣議にかけて決定した方針に基くを要する。右の内閣の首長としての内閣総理大臣の自衛隊に対する指揮監督権は最高のものであって、総理府の長としての内閣総理大臣の自衛隊に対する指揮監督権と異なる。従って、又、自衛隊法七条は内閣の首長たる内閣総理大臣が直接に自衛隊を指揮監督する権限を認めたものでなく、内閣の首長たる総理大臣が総理府の長としての内閣総理大臣を指揮監督し、後者が防衛庁長官を指揮監督するのである。〔……〕即ち、防衛庁長官を直接に指揮監督する者は常に防衛に関する主任の大臣としての内閣総理大臣であって、この主任の大臣としての内閣総理大臣が自衛隊法により自衛隊の行動に関して種々の権限を与えられているが、右に述べたように、この主任の大臣としての内閣総理大臣の権限行使は常に内閣を代表して自衛隊の最高の指揮監督権を行使する内閣の首長としての内閣総理大臣の指揮監督に服するのである」(6)（傍点原文）。

杉村によれば、自衛隊法第七条は憲法第七二条の「一つの場合」である。それ故、そこでの内閣総理大臣の最高の指揮監督権は、「閣議にかけて決定した方針に基くを要する」（内閣法第六条）。内閣総理大臣のこの「指揮監督権」は「最高」のものであり、「内閣の首長たる内閣総理大臣が総理府の長としての内閣総理大臣を指揮監督し、後者が防衛庁長官を指揮監督する」という指揮監督の体系がある。かような理解は、保安庁法改正に立ち会った人物らも同様であった(7)。いうまでもなく、防衛庁（当時）は総理府の外局であったので、「総理府の長としての内閣総理大臣」が登場している。

杉村の右の説明は、例えば、宮沢俊義の憲法第七二条の解説とも合致している。宮沢は、憲法第七二条冒頭の「内閣総理大臣」とは「内閣の首長」としてのそれだとした上で(8)、次のように説く。

「内閣の統轄の下に行政事務を分担する行政機関は、国家行政組織法によれば、府・省・委員会および庁であるから（国家行政組織法三条二項）、〔内閣総理大臣が内閣を代表して行うとされている〕『行政各部』に対する指揮監督は、これらの行政機関の長、すなわち、総理府の長としての内閣総理大臣および各省の長としての各省大臣に対する指揮監督を意味する」(9)。

宮沢によれば、憲法第七二条にいう「行政各部」に対する指揮監督とは、「内閣の首長」たる「内閣総理大臣」から、「総理府の長としての内閣総理大臣および各省の長としての各省大臣」に対してなされるものである。この憲法第七二条の基本的骨格が自衛隊法第七条解釈の土台となっているのは明らかである。

このように、自衛隊法第七条を解するに当たり、憲法第七二条との関係を捉えつつ説くものを、一般に確認規定説と呼んできた[10]。最近時にこれについて整理の行き届いた解説をしているのが山中倫太郎であろう。山中は、同説を次のように「定式化」している。

「一般に、内閣の首長としての内閣総理大臣は、内閣を代表して『行政各部』に対して指揮監督権を行使し（憲法七二条）、その際、閣議にかけて決定した方針に基づいて『行政各部』を指揮監督する（内閣法六条）。確認規定説は、自衛隊も『行政各部』に他ならないことを前提としているから、内閣の首長としての内閣総理大臣と『行政各部』の関係について定める憲法七二条および内閣法六条の組織法規範は、内閣の首長としての内閣総理大臣と自衛隊の関係においても妥当することになる。そのことを確認的に規定するのが、自衛隊法七条である、ということである[11]」。

このように、政府答弁以来、研究者による解説もそれに加わり、山中が整理し切った確認規定説が自衛隊法第七条理解を支えてきた。また、憲法や内閣法に沿って展開される確認規定説は、山中の言葉を借りれば、「憲法との整合性」という点で、他の学説よりも「優れた解釈」と評し得る[12]。

ところで、本章の関心から注意しておきたいのは、自衛隊法第七条の「最高の」という三文字の意味するところである。

先程の杉村の解説文中では、「最高」に傍点が附され、それが、内閣の首長としての内閣総理大臣の指揮監督と総理府の長としての内閣総理大臣の指揮監督との別を指し示しているとあった。同様の理解は、防衛庁・自衛隊の中でも持たれていたと思われる。防衛庁陸上幕僚監部が編集した本には、次のような一節がある。

「自衛隊に対する指揮命令権は、内閣に課せられた行政作用から生ずる。即ち、内閣総理大臣は、内閣を代表して行政各部を指揮監督する（憲法第七二条）一つの場合として、自衛隊に対する指揮監督権を行使する。自衛隊法第七条には、更にこの関係を明確にして、内閣総理大臣は内閣を代表して自衛隊の『最高』の指揮監督権を有すると規定している。この意味は、『内閣の首長たる総理大臣』が『総理府の長たる内閣総理大臣』を指揮監督し、『総理府の長たる内閣総理大臣』が『防衛庁長官』を指揮監督する体系を述べたものである」[13]。

この資料からも分かるように、自衛隊法第七条に現れている「最高の」という三文字は、まさしく先に確認した指揮監督の体系、すなわち「内閣の首長たる内閣総理大臣が総理府の長としての内閣総理大臣を指揮監督し、後者が防衛庁長官を指揮監督する」（杉村敏正）という体系を明確に読み取らせる為のものに他ならない。

とすれば、この「最高の」という三文字は、自衛隊法第七条を憲法第七二条と関連付けて理解する為の《鍵》である。或いは、自衛隊法七条と「憲法との整合性」（山中倫太郎）を保つ為の《留め金》ともいえる。この「最高の」という三文字が、自衛隊法第七条解釈を下支えしている。

この三文字の出自に目を向けるのが本章四だが、そこへ進む前に、防衛二法のおおまかな制定過程を追う。それを踏まえて、自衛隊法第七条の要たる三文字の出自を探りたい。

三　防衛二法の制定過程

防衛二法の制定過程、なかんずく政治史的観点からのそれについては、既によくまとめられた研究が少なくない。ここでは、それら先行研究に依拠しながら[14]、二法の制定過程を簡単に述べておくに留めたい。

周知のように、日本国憲法が定まって以来、警察力を超える力を持たずにいた我が国は、朝鮮戦争とマッカーサーの指示、更には講和条約締結等に影響を受けつつ、警察予備隊、保安隊を有するに至った。かような流れの中で行われた一つの会談、すなわち「国力に応じた民主的自衛軍の創設」を政党結成時にうたった改進党の党首であった重光葵と、当時の自由党のトップであり内閣総理大臣であった吉田茂との会談は、保安隊を自衛隊とし、直接侵略への対応をするという合意が取り付けられる等、国内的に自衛隊創設へと進む重要なポイントであった（昭和二八年九月二七日）。

吉田率いる自由党は、この時期、衆議院で過半数割れに追い込まれていた。しかし、この少数内閣の目の前には、「占領終結にともなう重要法案」(15)が山積みであった。吉田自身も回顧しているように、「当時在野の保守政党であった改進党及び日本自由党の協力を必要とした」のである。(16)吉田・重光会談の実施は、このような政治情勢が一因となっていた。

この会談の合意内容を履行するには、保安庁法の改正を要する。その為、保安庁内部では、法改正についての担当者として当時人事局長の加藤陽三が指名された（一〇月六日）。(17)本章の冒頭で紹介したように、加藤はこの時以降、保安庁内部での法改正作業を指導していく立場にあった。

保安庁内だけでなく、政治家たちも当然この法改正作業をにらんだ議論を活性化させている。自由党と改進党、それに加えて日本自由党の三党は、来るべき法改正作業の議論の場として、三党委員会を設置した。この委員会では、昭和二八年一二月五日の初会合以降、翌年三月まで二〇回近い折衝を行い、例えば国防《省》への昇格案や国防会議構成員の資格について等、多くの議論をそこで戦わせている。(18)

この三党委員会は、まず、一二月中旬の段階で、法改正に関する二〇項目ほどの合意点を見出した。そして、保安庁に対し、合意項目を基にした保安庁法の改正要綱案の作成を求めた。その求めに応じた保安庁は、一二月二五日、改正要綱案を三党へと提示した。しかし、保安庁作成の要綱案は三党の了解点を充分に盛り込んだものではなかった為、三党はこれを受け容れなかった[19]。そこで改めて三党から要綱案を作成するよう依頼されたのが、衆議院法制局であった。

ところで、保安庁作成の保安庁法改正要綱案は、具体的にはどのような点で、三党委員会での合意項目を盛り込んでいなかったのか。これらについても先行研究が既に触れているが、保安庁内局幹部職員の任用資格制限規定についてのみ見ておこう。

そもそも保安庁法第一六条第六項には、「長官、次長、官房長、局長及び課長は、三等保安士以上の保安官（以下「幹部保安官」という。）又は三等警備士（以下「幹部警備官」という。）の経歴のない者のうちから任用するものとする。」とあった。これは、士官相当以上の経歴を持つ者は内局幹部職員に登用され得ないという、「任用資格に対する特別な制限[20]」であった。

三党委員会側、特に改進党では、法改正に際してこの任用資格制限規定の緩和を求めていた。しかしながら、保安庁が示した法改正要綱案では、任用資格制限規定については検討中のものとして、その緩和に消極的な姿勢を示していた。保安庁内局からすれば、この規定は、文官による軍事への統制を可能とするものであり、加藤陽三の言葉を借りれば「民主的コントロール[21]」の為の特別の配慮であった。それ故、保安庁内局では、その削除を賢明なこととは考えなかった。この問題について、両者の溝は深かった[22]。

この他にも、国防に関する重要事項を審議すべく内閣に設置されることとなった国防会議の構成員をどうするかという点で、特に改進党と保安庁とでは、その意見の隔たりが大きかった。総じて保安庁の内局は、旧軍関係者の復活傾向や、いわゆる制服組が内局の文官職員を乗り越える可能性を持つ法改正点に、極力反対した。かような姿勢を堅持していた加藤ら保安庁内局側が、内局幹部職員の任用資格制限規定の現状維持に拘ったのは当然である。しかし、三党合意項目に沿わない法改正要綱案を作ったことには変わりない。三党が自身らの合意項目を盛り込んでいない保安庁の案文を却下したのも、これまた当然であろう。

衆院法制局は、先に述べた経緯から三党より依頼を受け、三党合意項目に則した法改正要綱案を作成した（一二月三〇日には既に三党へと提示[23]）。これは、保安庁内局からすれば、「民主的コントロール」の一措置たる保安庁法第一六条第六項の削除等が本格的に懸念される事態に至ったことを意味したが[24]、議会に置かれた法制局としては、国会議員の求めに応じて案文を作ったに過ぎない。

さて、この衆院法制局作成のものを「たたき台」として、三党委員会では、残っていたいくつかの「食い違い」について議論を続けた[25]。先述の通り、三党での折衝は昭和二九年三月まで続き、遂に同一一日、防衛二法案が国会に提出された。

ところで、衆院法制局がこの件に関係していたことそれ自体は、隠された事実でも何でもない。例えば、当時の法律雑誌上でも、次のような一節を発見できる。

「防衛庁設置法及び自衛隊法については国会においては両院無修正で通過したのであるが、これは国会提出以前の立法段階で三党が話合いを進めるという事前折衝によって成立したものである。この間三党折衝は、その依頼により衆議院法制局が作成した要綱を基にして行われ、最後まで難航した防衛庁事項と自衛隊組織事項との分離については法律を二本建とし、国防会議への民間人の参加については未解決のままその構成は別に法律で定めることとして漸く妥結をみた[26]」。

防衛二法は、衆参両院で修正されることなく可決成立した。上掲の一文では、三党の話し合いでまとめきれなかった点が若干あったものの、衆院法制局作成の法改正要綱を基にして議論が展開していたことが、明確に記されている。この一文の書き手は、衆院法制局長の西沢哲四郎であった。

ここまでの流れを簡略化して示せば、次のようになる。(27)

昭和二八年九月二七日　吉田・重光会談

昭和二八年一二月五日　三党委員会初会合

昭和二八年一二月中旬　三党合意項目に基く法改正要綱案作成を保安庁へ依頼

昭和二八年一二月二五日　保安庁案が示されるも拒否、改めて衆院法制局へ作成依頼

昭和二八年一二月三〇日　衆院法制局案が示される

昭和二九年三月一一日　国会へ二法案を提出（修正なく可決成立へ）

立ち入っての検討は四で行うが、主な登場人物――三党、保安庁、衆院法制局――の動きは、おおよそ以上のようなものであった。

四　「最高の」の挿入――佐藤達夫の問題提起――

これまで述べたように、防衛二法は、昭和二八年より本格的にその法制定に向けた協議・調整が始まり、各党政治家、保安庁、衆院法制局を主要登場人物として進められた。ここでは、その経緯を踏まえた上で、先に触れた「最高の」という三文字（自衛隊法第七条）の出自を探りたい。先述の通り、この三文字は、自衛隊法第七条を憲法

と整合的なものとして理解する為の鍵である。

以下、まずは、順を追って自衛隊法第七条の諸原案を追跡することで、（一）「最高の」の三文字が姿を現した時点を判定し、その上で、（二）それが挿入された理由を洗い出したい。

（一）「最高の」が挿入された時点

改めて確認すれば、自衛隊法第七条正文は、「内閣総理大臣は、内閣を代表して自衛隊の最高の指揮監督権を有する。」である。最初にこれに近しいかたちの案文が関係者の中で編まれたのは、改進党が三党折衝以前から打ち出していた「自衛軍基本法要綱草案」（昭和二八年一〇月）においてであった。その一文は、「第六条 自衛軍の統率」という見出しの下、以下のようなものであった。

「自衛軍は国防会議の補佐により内閣総理大臣これを統率する。国防会議の構成員はその三分の二以上は文民でなければばならない」[28]。

改進党のこの案（前半）が現行自衛隊法第七条の《原型》であったといって良いであろう。以後、この案が徐々に修正され、現在の自衛隊法第七条が形作られていくことになる。

先述の通り、昭和二八年一二月から、三党での議論が開始された。そこでの議論は詳らかでないものの、一二月中旬の三党合意項目では、上掲「自衛軍基本法要綱草案」を基にして作られたと思われる一文を発見できる。

「自衛隊は国防会議の補佐により内閣を代表する内閣総理大臣が指揮監督すること」[29]。

本章三で述べたが、三党は、この一文を含む合意項目に則して要綱案を作成するよう、保安庁に求めた。しかし、保安庁はそれを忠実に模写することを良しとせず、両者の破談を招いた。この「指揮監督」項目についても、保安庁は、三党合意項目とは違った考えから要綱案を作成した。すなわち、保安庁作成の法改正要綱案（昭和二八年一二月二五日）では、内閣総理大臣の自衛隊への「指揮監督」条項は見出せない[30]。この点、陸上自衛隊の幕僚監部に籍を置いていた宮崎弘毅によれば、そもそも保安庁内局では、改進党の「自衛軍基本法要綱草案」等を検討した上で、昭和二八年一一月以来、「内閣総理大臣を自衛隊の長すなわち総指揮官として自衛隊を統率するという考えは時期尚早である[31]」と考えていたという。一二月二五日時点での三党への対応も、これと同様の姿勢からのものであろう。自衛隊の「指揮監督」権をめぐっても、三党と保安庁との間で意見の違いがあった。この違いが三党をして改めて衆院法制局へと要綱案作成を依頼させたということは、先に述べた。

では、衆院法制局は、件の「指揮監督」に関する問題にどのように応えたのか。一二月三〇日付「保安庁法改正要綱」という文書が、当時衆院法制局長であった西沢哲四郎の遺した文書群の中にある。日付からしても内容からしても、三党へと提示したものであろう。そこには次のようにある。

「六　指揮監督

(10) 内閣総理大臣は、内閣を代表して自衛隊の最高の指揮監督権を有すること。

（別案）内閣総理大臣は、内閣を代表して自衛隊を統率すること」（傍点引用者）[32]。

これによりまずは、「最高の」という三文字が姿を現したのはいつかという疑問には答えられる。この三文字は、西沢率いる衆院法制局作成の案文から登場したのである。

(二)「最高の」が挿入された理由

では、なぜ、この三文字が入ることになったのか。この点については、管見の限り、西沢哲四郎の手許にあった資料は何も語るところがなく、先行研究においても取り上げられていない。

これを探るには、内閣法制局へと目を向けなければならない。その長官であった佐藤達夫は、度々関係者の日記や証言に顔を覗かせている。[33] 先行研究では、佐藤には余り注意が向けられてこなかったように思われる。しかし、彼こそが自衛隊法第七条にある「最高の」の三文字の出現を促した人物であった。

ここでは、佐藤達夫の遺した文書中に収められている、ある手書きの資料に注目したい。佐藤自筆のそのメモには、「12-29 西沢氏へ 三党比較立案参考として」というタイトルが附されている。左に見るその内容、そして日付と「西沢氏」という名からして、《昭和二八年一二月二九日に、西沢哲四郎衆院法制局長に宛てて、佐藤達夫内閣法制局長官から投げかけられたもの》と見るのが自然である。これは、三党合意項目に基づく要綱案作成を求められた衆院法制局が「保安庁法改正要綱」を三党へ示す直前のタイミングに当たる。以下、その全文を掲げる。

「内閣を代表しての意味は
　a）内閣に代つて総理大臣が統率
　b）（イ）内閣の首長としての総理大臣が統率
　　（ロ）内閣の代表者として……

a）は違憲の疑いが出る
b）は内閣が統率権者、内閣直轄の如き感あり、然らずとしても（イ）総理府の長としての地位との差異不明
ことにb)の（ロ）は憲法七二条との区別がはつきりしない
以上に関連して保安庁を総理府の外局とするか、内閣直属にするかという問題があるか
この種の機関が内閣直属たるに適するか否か疑問あるのみならず、憲法七四条との関係上誰か主任の大臣がな

いと、法令の署名大臣がなくなる、主任大臣を定めれば、それはすなわち分担管理大臣権、内閣直属という観念と一致しない部面が出てくる。

要するに憲法を改正せざる以上従来の立前とあまり変つたことをすると説明ができないことにならないか。統率命令も総理が保安庁長官を通じてやることにすべきなるべし。

軍隊が兼ねて国内治安維持に当ることは、旧憲法下においても、外国においても通念となつている。憲法上そのことを明記している国もある。

従つて何かの形でそれを明記する要あるべし。[34]」

佐藤がここでまず問題としたのは、三党合意項目にも見られた「内閣を代表して」という一句にまつわる疑念であった。この言葉の意味は、佐藤の整理するところでは、a)とb)とに分類して考えることができるが、そのうちの一方（「内閣に代つて」と解する）では「違憲の疑い」が生じるという。恐らくこの辺りの佐藤の指摘は、憲法第七二条にいう「内閣を代表して」をどう解するかという議論及び内閣法第六条にいう「閣議にかけて決定した方針に基いて」をどう解するかという議論と連動している。[35]

後年の政府や学界での自衛隊法第七条解釈を知る我々からすれば、その後の展開が佐藤メモのb)を軸として進んでいったということを容易に推測できる。結局、b)の（イ）と（ロ）とにどのように応えるかが、衆院法制局へと課せられた問題であった。一二月三〇日付「保安庁法改正要綱」では、この佐藤の問題提起に応える為に「最高の」という三文字が挿入されたのだと考えられよう。

衆院法制局は、「最高の」という三文字を入れることで、憲法第七二条の枠組みの下で「内閣の首長たる内閣総理大臣が総理府の長としての内閣総理大臣を指揮監督し、後者が防衛庁長官を指揮監督する」（杉村敏正）という指揮監督の体系を読み取らせ、自衛隊法第七条と憲法第七二条との関係を明確にした。両条を接合させ、関連付けながら解釈する為の道筋をつけたということになる。憲法との整合性を保つという観点から考えた時、これに勝る案はなかったであろう。

この佐藤メモでは、その後の防衛庁を「総理府の外局とするか、内閣直属とするかという問題」にも言及されているが、重要なのは、「内閣を代表しての意味」を問うのも、その後の防衛庁を「総理府の外局とするか、内閣直属とするか」を問うのも、「要するに憲法を改正せざる以上従来の立前とあまり変つたことをすると説明ができないことにならないか」という懸念があったからこそだという点である。かような懸念を持っていた佐藤には、「最高の」という三文字の挿入策が妙案に思えたのではなかろうか。憲法を引きながらの自衛隊法解釈を可能としたからである。

すなわち、本章の見立てでは、衆院法制局は、憲法との整合性を鋭く問いかけた佐藤達夫に応えて、憲法第七二条とのつながりを保たせつつ自衛隊法第七条を理解させる為の三文字――「最高の」――を拵えた。これは、憲法との整合性という面に強く配慮しての加筆であった。憲法第七二条（及びそれと密に関係する内閣法第六条）という「従来の立前」と合致させねばならないとの問題意識が、自衛隊法第七条中の「最高の」という語を産み落としたのである。「最高の」が挿入されたことによって、より明瞭に、日本国憲法第七二条との整合性が確保されつつ自衛隊法第七条が理解されるに至った。これはまた、憲法第七二条と密に連なる内閣法第六条とも繋がることを意味するし、自衛隊の最高指揮監督権の議論が三者の連関の中で展開されることを意味する。

五　おわりに

終章では、防衛二法制定過程から、当時の保安庁官僚の回顧録中には登場しない一場面を取り上げ、そこでの作業が、自衛隊法第七条を憲法と整合的に解釈する為の《鍵》――「最高の」という三文字を生み出したことを指摘した。なお今後の検討を要するも、ここで取り上げた衆院法制局の作業及びそれに絡んでの佐藤達夫の動きは、憲法と防衛法との整合性を問う視角からすれば、日本防衛法制史上、無視できるものではない。

ところで、この終章で取り上げたことは、我が国憲法史上、何を意味しているのであろうか。

明治維新以来の日本憲法史を踏まえれば、明治憲法体制下の統帥権独立制度と比して、自衛隊法第七条が憲法との明確な合致を強く要請される中で形成された点は見過ごすことの許されない事件である。自衛隊法第七条にいう指揮監督が日本国憲法第七二条のそれの一類型だということは、自衛隊への指揮監督権が行政権に含まれることを明確に示している。そもそも内閣法制局では、昭和二八年一二月時点で、「自衛隊の統率権は、ことの性質上当然行政権の範囲に入る。行政権と特立する第四権的のものとするためには、憲法の改正を要する。故に、旧憲法下における ごとき統帥権の独立は、現憲法下では認められない」(36)(傍点引用者)としており、この考えは、法改正作業の最終盤でも維持されていた(37)。このような下地のある自衛隊法第七条は、「統帥」については国務大臣の輔弼の及ぶところに非ずという、明治憲法体制下の統帥権独立制度とは、明らかに一線を画している。

以上のことを踏まえた上で、最後に、「国務」と「統帥」との分立構造を憲法上疑いようのないかたちで修正すべきであるとした明治憲法改正作業中の一文書を、改めてここで思い返しておきたい。すなわちそれは、本書の最初で掲げた松本委員会「憲法改正要綱」(昭和二一年一月)である。いま一度、該当箇所を引用したい。

「〔明治憲法〕第十一条ニ『陸海軍』トアルヲ『軍』ト改メ且第十二条ノ規定ヲ改メ軍ノ編制及常備兵額ハ法律ヲ以テ之ヲ定ルモノトスルコト」。

「第五十五条第一項ノ規定ヲ改メ国務各大臣ハ天皇ヲ輔弼シ帝国議会ニ対シテ其ノ責ニ任スルモノトシ且軍ノ統帥ニ付亦同シキ旨ヲ明記スルコト(38)」。

軍の問題をいかにして憲法と合致的に展開させるかは、松本委員会にも参加し、戦前・戦中・戦後を法制官僚として生きた佐藤達夫にとって、どうしても取り組まなければならない課題であった。

上掲の明治憲法修正策は、日本国憲法第九条の成立によって、一度はさし措かれることとなった。しかし、視野を昭和二九年にまで広げ、統帥権独立制度に言及していた先の「自衛隊の統率権」に関する史料(昭和二八年一二月)にも目を向けるならば、「軍ノ統帥」を国務大臣の輔弼の範囲内へ収めるという考えが、自衛隊への指揮監督権を行政権の範囲に明確・確実に収めるという昭和二八・二九年の考えの基礎をなしていたと把握することも許されよう。自衛隊への指揮監督権は行政権の範囲内であるとの考えは、我が国憲法史の脈絡から捉えてみると、「統帥」を「国務」に組み入れることの延長線上にあった。

終章冒頭の問いかけに戻ろう。すなわち、明治憲法体制下の「国務」と「統帥」との分立構造が克服されたのは、いつであったか。それは、日本国憲法制定の時というよりも、実は昭和二九年という時に、明確に克服されたのだといえまいか。この意味で、自衛隊法第七条の制定過程からあぶり出されたのは、我が国憲法・憲法史的問題の一つにとっての《決着》の瞬間であった。

註

（1）加藤陽三『私録・自衛隊史』（「月刊政策」政治月報社・昭和五四年）、一〇一～一〇二頁。

（2）同上、九八～九九頁。

（3）安田寛「防衛法制の生みの親」加藤陽三追想録刊行会編『加藤陽三追想録』（加藤陽三追想録刊行会・平成五年）、一七七～一七九頁。

（4）衆議院内閣委員会、昭和二九年四月一二日、加藤政府委員（保安庁人事局長）答弁。

（5）加藤答弁中の「第七条の規定は、憲法第七十二条の内閣総理大臣が内閣の首班といたしまして内閣を代表して行政を指揮監督するという規定を第七条のような表現にしたものでありまして」という箇所につき、多少の確認を要する点は、憲法第七二条の「内閣を代表して」が果たして「行政各部を指揮監督する」にまで係る言葉か否かという問題であろう。ここでは、自衛隊法第七条にも言及している宮沢俊義の憲法第七二条の解説を引用しておく。「問題は、〔「内閣を代表して」の語が〕ことに本条の最後の『行政各部を指揮監督する』にかかるかどうか、にある。もし、『内閣を代表して』という言葉が『行政各部を指揮監督する』にかからないとすると、内閣総理大臣は、単独に、内閣の意志から独立に、行政各部を指揮監督することができるように読めるからである。立法者は、ここにいう『内閣を代表して』は、本条のすべてにかかるものと解している。たとえば、内閣法は、『内閣総理大臣は、閣議にかけて決定した方針に基いて、行政各部を指揮監督する』と定め（内閣法六条）、内閣総理大臣の行政各部に対する指揮監督権が、閣議にもとづいてなされるべきものとする趣旨を表している。さらにまた、自衛隊法が、『内閣総理大臣が、内閣を代表して自衛隊の最高の指揮監督権を有する』と定めている（自衛隊法七条）のも同じ趣旨にもとづくとおもわれる。この立法者の解釈が、本条の趣旨に添うものであろう」（宮沢『日本国憲法』（日本評論社、昭和三〇年）、五四七頁）。

（6）杉村敏正『防衛法』（有斐閣・昭和三三年）、三五～三六頁。

（7）高瀬忠雄「防衛庁設置法及び自衛隊法の概要」『警察学論集』七巻九号（昭和二九年）、五二頁、加藤陽三「自衛隊」田中二郎・原龍之助・柳瀬良幹編『行政作用』（有斐閣・昭和四一年）、一二八～一二九頁。

（8）前掲宮沢『日本国憲法』、五四六頁。

（9）同上、五五一頁。

(10) 例えば、安田寛『防衛法概論』(オリエント書房・昭和五四年)、六一頁以下参照。

(11) 山中倫太郎「自衛隊の指揮監督権に関する解釈学説の再検討」『防衛大学校紀要(社会科学分冊)』一〇七輯(平成二五年)、五八頁。

(12) 同上、七六頁。

(13) 防衛庁陸上幕僚監部監理部編『陸上自衛隊法制概要』(大成出版社・昭和三四年)、一四頁。

(14) ここでは以下、代表的な先行研究のいくつかを挙げておくに留める。政治史的観点からのものとしては、秦郁彦『史録 日本再軍備』(文芸春秋・昭和五一年)、読売新聞戦後史班編『「再軍備」の軌跡』(読売新聞社・昭和五六年)、大嶽秀夫『再軍備とナショナリズム』(中央公論社・昭和六三年)、植村秀樹『再軍備と五五年体制』(木鐸社・平成七年)、佐道明広『戦後日本の防衛と政治』(吉川弘文館・平成一五年)、同『戦後政治と自衛隊』(吉川弘文館・平成一八年)、同『自衛隊史論』(吉川弘文館・平成二七年)、増田弘『自衛隊の誕生』(中央公論新社・平成一六年)、柴山太『日本再軍備への道』(ミネルヴァ書房・平成二二年)。一方で、歴史的観点からの考察も展開されている小針司の一連の研究(『文民統制の憲法学的研究』(信山社・平成二年)、『防衛法制研究』(信山社・平成七年)、『続・防衛法制研究』(信山社・平成一二年)等)に加え、安田寛「防衛二法制定の経緯」西修他『我が国防衛法制の半世紀』(内外出版・平成一六年)、山内敏弘「日米安保条約と自衛隊法制」同『立憲平和主義と有事法の展開』(信山社・平成二〇年)等の制定史へと視野を広げた研究もあるが、憲法・憲法史領域での研究蓄積は政治史領域でのそれに比して少なく、なおこれからの課題であろう。

(15) 升味準之輔『日本政治史四 占領改革、自民党支配』(東京大学出版会、昭和六三年)、二〇一頁。

(16) 吉田茂『回想十年』第二巻(新潮社、昭和三二年)、一五四頁。なお参照、同『回想十年』第一巻(新潮社・昭和三二年)、一七四頁。

(17) 「加藤陽三『日記』」大嶽秀夫編『戦後日本防衛問題資料集』第三巻(三一書房・平成五年)、五六四頁。

(18) 近藤新治「初期再軍備と吉田茂」三宅正樹編『戦後世界と日本再軍備』(第一法規・昭和五八年)、七二頁。

(19) 三党が保安庁案を受け容れなかったのは、その内容のみならず、保安庁への不信感もあってのことであったと思われる。保安庁の作成した法改正要綱案は、二六日、早くも朝日新聞に掲載された(「保安庁法改正要綱案成る」前掲大嶽編『戦後日本防衛問題資料集』、五三四頁以下）。改進党で議論の舵取りをしていた芦田均は、「保安庁案は全部朝日新聞に漏れた。か丶る態度では保安庁当局とは安心して話ができない」（芦田均著、進藤栄一・下河辺元春編纂『芦田均日記』第五巻（岩波書店・昭和六一年）、昭和二八年一二月二六日の条）と日記に記している。

(20)　保安庁保安局編『保安庁法解説』（立花書房・昭和二八年）、一九頁。

(21)　加藤陽三「保安庁法の制定」前掲保安庁保安局編『保安庁法解説』、三～四頁。

(22)　制服組＝「武官」に対する内局での任用資格制限規定は、戦後の我が国の各場面で争点となってきた。保安庁法改正に際して争点と化したのは、本文にて言及した通りである。そこでは、保安庁内局と制服組との対立、さらには改進党をはじめとした政治家らの動きも当然影響したであろう（以下に示す宮崎弘毅の諸研究及び前掲佐道『戦後日本の防衛と政治』、三〇頁以下を参照）。やや粗雑ながら図式的に示せば、①任用資格制限規定を「民主的コントロール」（加藤陽三）の一措置として存続を訴えた保安庁の内局、②同規定の削除を提案した制服組（第一幕僚監部）、③緩和を求めた改進党、ということになる（なお、纐纈厚は、「制服組に肩入れした文民政治家たちの動き」もあったと述べている（纐纈『文民統制』（岩波書店・平成一七年）、一八～一九頁））。結果を見れば、任用資格制限規定は、適材適所・対立除去を望む木村篤太郎長官の「強い意向」（宮崎弘毅「防衛二法と文民統制について」『国防』二六巻五号（昭和五二年）、一〇三頁）ないし「決意」（宮崎弘毅「防衛庁中央指揮機構の諸問題（上）」『国防』二七巻一二号（昭和六三年）、五三頁）によって削られたが、人事政策上、内局に制服組が入るのは排除され続けた。この問題は、語の正しき意味でのシビリアン・コントロールとは違うものの、日本型の文官優位システムを考察対象に含む最近の憲法学研究の中でも注目を受けている（青井未帆「文民統制論のアクチュアリティ」水島朝穂編『立憲的ダイナミズム』（岩波書店・平成二六年）、一四四～一四六頁）。本稿の対象とする議論が憲法学の射程圏内にあることを示すものといえる。

また、少しく時代を遡れば、戦後の日本の防衛法制史の重要局面にて常にこの問題が噴出してきたことが分かるので、警察予備隊から保安隊へと改められた時のことにも触れておきたい。保安庁法制定に当たり、同法第一六条第六項（任用資格制限規定）の原案では、当時の制服組のみならず「旧軍人をも排除する定めになっていたが、さすがにそれでは基本的人権侵害の恐れありとの反論が与党自由党等から呈された為、保安庁法案が衆議院に提出された後に旧軍人排除の部分が削除」された（西川吉光「戦後日本の文民統制（上）」『阪大法学』五二巻一号（平成一四年）、一三七頁以下。また、前掲大嶽『再軍備とナショナリズム』、一一二

～一一三頁）。これについては、当時内閣法制局長官であった佐藤達夫の遺した文書の中に、「保安庁法16条六項《ママ》　旧軍人排除ノ原案、総理ノ意向デ衆議院修正デオトシテモラッタ」とある（前掲『佐藤達夫関係文書』、「二〇六四　自衛隊法案」に収まっているメモ。なお、「二〇六四　自衛隊法案」は憲政資料室の『佐藤達夫関係文書目録』では「昭和二七年謄写」と説明書きがなされているが、「自衛隊法案」それ自体はそれなりに完成形に近いもので、昭和二七年のものか、疑問がないではない。特に、同「法案」では、「第二条　この法律において『自衛隊』とは、防衛庁長官（以下『長官』という。）及び防衛政務次官並びに防衛庁の次長、参事官、内部部局、〔……〕を含むものとする。」（傍点引用者）という案文がある。ここに出てくる「参事官」制度は、昭和二九年一月になって初めて保安庁内で検討されたものだとされる（前掲佐道『戦後日本の防衛と政治』、八一頁））。

　このように、内局幹部職員の任用資格制限規定は、保安庁法制定時（昭和二七年）も――吉田茂「総理ノ意向」――、更には保安庁法改正時（同二九年）も――木村篤太郎の「強い意向」・「決意」――、《政治的配慮》によって左右され展開したものといえそうである。

（23）前掲芦田著『芦田均日記』第五巻、昭和二八年一二月三〇日の条。

（24）例えば加藤陽三は、衆院法制局へと要綱案作成が依頼されたと聞き、「困った事だ」と日記に書いた（「加藤陽三『日記』」前掲大嶽編『戦後日本防衛問題資料集』、五六九頁）。余りにも三党合意項目に忠実な案文が作られることを懸念しての一言であろう。

（25）前掲読売新聞戦後史班編『「再軍備」の軌跡』、四〇三頁。

（26）西沢哲四郎「問題を孕んだ第十九国会」『ジュリスト』六二号（昭和二九年）、一二頁。

（27）多少補足すれば、先に触れた通り、一〇月には既に加藤陽三が法改正作業の責任者に指名され、保安庁内局では法改正に関する検討が進行していた。また、宮崎弘毅によれば、制服組の側（第一幕僚監部）でも一一月に「保安庁法改正意見要綱」を保安庁内局に正式に提案していたという（宮崎「防衛二法制定のいきさつ」『国防』二六巻三号（昭和五二年）、一〇一～一〇二頁）。なお、宮崎は自衛隊法第七条について独特な解釈を示しているが、ここでは論及しない（これについては山下愛仁『国家安全保障の公法学』（信山社・平成二二年）、二八頁以下が詳しい）。宮崎の紹介するところに従えば、第一幕僚監部の提案には、先述の任用資格制限規定（保安庁法第一六条第六項）の撤廃が含まれていた。一方で、本章で関心を向けている総理大臣の指揮監督権については言及がなかったようである。また、衆院法制局案を土台として議論が進んだ後も、保安庁は議論に加わっている（「加藤陽三『日記』」前掲大嶽編『戦後日本防衛問題資料集』、五六九頁以下）。ただ、これらも総理大臣の指揮監督権に焦点を当てる限り省略できるものなので、ここでは触れない。

(28)「改進党防衛特別委員会小委員会『自衛軍基本法要綱草案』」前掲大嶽編『戦後日本防衛問題資料集』、五二八頁。

(29)前掲宮崎「防衛二法制定のいきさつ」、一〇三頁。宮崎弘毅「防衛二法と自衛隊の指揮監督権」『国防』二六巻八号（昭和五二年）、九三頁。前掲佐道『戦後日本の防衛と政治』、三四頁。ここでやや注意を引くのは、「指揮監督」という語である。後々に至るまで、この「指揮監督」の語に並び、当初の改進党案にあった「統率」の語も候補として残っていく。三党間での議論がどうであったかを詳らかにし得ない以上、この二つの語にどのような意図が込められ、どのような違いがあったのか、或いはなかったのかという点については不明である。ただ、後に言及するが（本章註（32））、「統率」の語が候補から落ちた理由は多少読み取れる。なお、実働の部隊に対する命令を、一般的な行政機関と同じ言い表し方で「指揮監督」と自衛隊法上に書いてあるのは不適当ではないか（「指揮監督というのは、どうも行政庁を監督するような規則正しいことを運用するための指揮監督としか解釈できないので、戦争の方のあの家を焼いてしまえとかあの人を殺してしまえというようなことは指揮監督とは言えないと思います。ですから軍隊の方は指揮命令というふうにしないといけないではないかと思います」）との指摘が、憲法・軍制研究者から提起されたこともある（藤田嗣雄「憲法における軍事条項について」自由党憲法調査会編『日本国憲法の性格と問題点』（自由党憲法調査会、昭和二九年）、六六〜六七頁）。

(30)「『保安庁法改正要綱案成る』」前掲大嶽編『戦後日本防衛問題資料集』、五三四頁以下。

(31)前掲宮崎「防衛二法制定のいきさつ」、一〇二頁。なお、宮崎によれば、一二月二五日の保安庁作成の要綱案には、「内閣総理大臣の指揮監督権は考えないこと」という一句があったという。

(32)国立国会図書館憲政資料室蔵『西沢哲四郎関係文書』、「六八五　保安庁改正（昭和二八・一二）関係書類」。前掲宮崎「防衛二法と自衛隊の指揮監督権」、九三頁。なお、「統率」という語を候補としていた別案については、昭和二九年一月段階で問題点を指摘されてから、「指揮監督」という表現を用いた案に統一されたと思われる。前掲『佐藤達夫関係文書』、「二〇七一　保安庁法改正」に収められている「保安庁法改正要綱についての問題点（昭和二九、一、九）」では、「統率という場合は軍令のみを印象せしめるので」、最高の指揮監督権を有するという「表現の方がよくないか」とある。少なくとも「軍令」のみを想起させる語を選ぶのは妥当ではないという判断から、「統率」の語が不採用となったと思われる。

(33) 前掲「加藤陽三『日記』」前掲大嶽編『戦後日本防衛問題資料集』、五六四頁、五六五頁等。また、増原恵吉・加藤陽三・麻生茂・宮崎弘毅「〔座談会〕自衛隊草創期におけるシビリアン・コントロール」『防衛法研究』三号（昭和五四年）、一五頁。

(34) 前掲『佐藤達夫関係文書』、「二〇七一　保安庁法改正」の「保安庁法改正要綱（二八・一二・一九）」の中に収められているメモ。

(35) 内閣総理大臣が内閣を離れて「単独」の権限として指揮監督するのではない旨、同時期のいくつかの文献として、清宮四郎『憲法要論』（法文社・昭和二七年）、二〇九頁、兼子一編集代表『注解　日本国憲法』下巻（有斐閣・昭和二九年）、一〇七六頁。また、前掲宮沢『日本国憲法』、五四六〜五四七頁、佐藤功『憲法』新版、下巻（有斐閣・昭和五九年）八七三頁。なお参照、森田寛二『行政機関と内閣府』（良書普及会・平成一二年）、七七頁以下。

(36) 前掲『佐藤達夫関係文書』、「二〇七一　保安庁法改正」所収の「自衛隊の統率権について（二八、一二、八）」。

(37) 前掲『佐藤達夫関係文書』、「二〇七七　自衛隊法関係国会想定問答集」に収められている「昭和二十九年三月二十五日　国会想定問答集　自衛隊法関係　保安庁」では、「自衛隊法七条の内閣総理大臣の指揮監督権は、統帥権と如何なる関係にあるか」との問いに対し、明治憲法下では統帥権が国務大臣の輔弼責任から除外されていたが、現在の憲法では「このような規定を欠いており」、行政権はすべて内閣に属し、自衛隊法第七条にいう指揮監督は行政権以外のものではないとしている。

(38) 前掲『佐藤達夫関係文書』、「二一二一　憲法改正要綱」。

あとがき

本書の基礎は、東洋大学へ提出した学位論文である。しかしそれは、著者の非力さの故に、手を加えざるを得ないものであり、今回、大幅に修正を施した。更に、学位論文の続きのつもりで書いた自衛隊法第七条に関する拙稿を基にした章を付け加えた。両者は、日本憲法史にとって大きな意味を持つ《昭和二〇年》を跨いでいる。そこでの関心は終章の末尾から判明するものだと思われるが、《今》の問題を見通そうとの気持ちもあるようだ、と受け取ってもらえれば幸いである。現行憲法体制下での諸問題の中には、戦前・戦中を見据えなければ理解し難いものもあろう。結局のところ本書を支えるのは、かような視点である。明治憲法を良いものとするか悪いものとするかといった類いのものでは全くない。

本書が成ったのは、多くの先生方のお力添えがあったからである。学部生の時から今日まで、一貫して道案内をして下さっているのは、森田明先生である。周囲からは、いささか古風な指導関係の残る研究室だと目されていたと思う。しかし著者にとってはそこでの色々の出来事が、今後の進む方向を考える時のヒントとなっている。先生は長い間、保護司としても献身的に活動されている。冗談半分――本気半分――だが、保護司とその下に通う若者、といった感があることも否めない。少なくとも私の方は、そう感ずることが、どうも時折ある。

また、学位論文審査に際し、副査を務めて下さった加藤秀治郎先生、原田一明先生、宮原均先生は、最後まで粘り強くお付き合い下さった。その上、今日に至るまでも、懇切丁寧なご指導を賜っている。ものを調べるということの幅広さと奥深さとを示して下さり、更に研究方法にも目を向けるよう促して下さったのは、長尾龍一先生であった。学位論文にもご指摘・ご助言を頂戴した上、多くの先生方との接点を作って下さりもした。更には、《兄貴分》と勝手に慕っている小島伸之先生には、同じく憲法・憲法史を専攻とする同門の先輩・後輩として、ことある毎に有形無形の手助けを頂戴してきた。

いうまでもなく、上記の先生方の他にも、多くの先生方から直接・間接にご指導を賜ってきたし、また、誤りをご指摘下さった方も少なくない。そして、物理的な《本拠》がない非常勤講師にとって、各学会・研究会等で出会った先生方とのつながりは、今日まで勉強を継続するのに不可欠な刺激であった。改めて、お力添えを頂戴した先生方に、厚く御礼を申し上げる。

本書は、出格の取り計らいを得て、成文堂から出版される。これは、初宿正典先生のお力添えと、成文堂編集部の飯村晃弘様、小林等様のご厚意とによる。初宿先生、飯村様、小林様に厚く御礼を申し上げる。

不充分なところも多い本書は、頓珍漢だとのご批判を受ける点もあるかと思われる。ただ、未熟な習作たる本書であっても、様々な議論に際し、僅かばかりでも参考となるところがあればと切に願う。

なお、本書は、「平成二九年度井上円了記念研究助成」（東洋大学）による刊行の助成を受けた。

平成二九年七月

著　者

【ら行】

【わ行】

人名索引

【あ行】

【か行】

【さ行】

著者紹介
荒 邦 啓 介（あらくに けいすけ）

昭和60年　千葉県生まれ
平成19年　東洋大学法学部法律学科卒業
平成26年　東洋大学大学院法学研究科博士後期課程修了、博士（法学）
現　　在　東洋大学非常勤講師（専攻、憲法・憲法史）

明治憲法における「国務」と「統帥」
統帥権の憲法史的研究

2017年11月15日　初版第1刷発行

著　者　荒　邦　啓　介
発行者　阿　部　成　一

〒162-0041　東京都新宿区早稲田鶴巻町514番地
発行者　株式会社　成　文　堂
電話 03(3203)9201(代)　Fax 03(3203)9206
http://www.seibundoh.co.jp

印刷　シナノ印刷　　製本　佐抜製本

ISBN978-4-7923-0621-2　C3032

定価（本体7400円＋税）